要少走弯路、不走错路。

这本书是创业者的良师益友

起業の科学
スタートアップサイエンス

创业学

[日] 田所雅之 著　陈朕疆　译
Masayuki Tadokoro

中国出版集团　东方出版中心

图书在版编目（CIP）数据

创业学 / (日) 田所雅之著；陈朕疆译. 一上海：东方出版中心, 2019.10
ISBN 978-7-5473-1528-6

Ⅰ. ①创… Ⅱ. ①田… ②陈… Ⅲ. ①企业管理 Ⅳ. ①F272

中国版本图书馆CIP数据核字（2019）第184639号

创业学

著　　者　田所雅之
策划编辑　郑纳新
责任编辑　杨　帆
封面设计　绿　豆

出版发行　东方出版中心
地　　址　上海市仙霞路345号
邮政编码　200336
电　　话　021-62417400
印 刷 者　昆山市亭林印刷有限责任公司

开　　本　890mm × 1240mm　1/32
印　　张　15.25
字　　数　320千字
版　　次　2019年10月第1版
印　　次　2019年10月第1次印刷
定　　价　68.00元

为了解决创业者最大的课题，我写下了这本书

本书由投影片集《创业的科学 STARTUP SCIENCE 2017》的内容为基础整理而成，里面包含了成功创业的必要知识。当初为了完成这 1 750 张投影片，我花了 5 年，约 2 500 个小时，访问了 1 000 位以上的创业者、投资者、创业相关人士。

我常被问到："为什么要整理出这份《创业的科学 STARTUP SCIENCE》？"

我之所以要整理这份投影片，并写下本书，是为了要解决许多创业者最大的课题。

我自己曾在日本创业过四次、在美国创业过一次，也参与了许多企业的新创事业计划，也曾投资过创业计划，因此能够从各种角度分析创业界的现状。

这些经验使我明白，从创业的瞬间开始，创业者就会面临一个接着一个的课题。其中最大的课题，就是没有一套好的判断基准，让创业者知道在新创事业成长过程的每一个时间点上该做到哪些事，这让许多创业者不知道如何往目标前进，迷失了方向，甚至原地踏步。

在非新创事业的一般企业内，会将提升既有事业的营收与获利作为行动准则。然而对新创事业来说，从筹谋创业到开始获利，是

一段很长的路。在这段路途中，到底该完成哪些任务，才能更接近目标一些？许多创业团队的成员常因为没有具体的判断标准而苦恼。

为了拯救这些陷入不安的创业团队，有许多优秀的书籍、博客、录像在市面上流通。每个参考数据都有着丰富而重要的内容，且都很实用。

然而这里有个问题。这些数据常缺乏前后连贯性，没办法告诉读者各项行动应该要在哪一个创业阶段实行才有效果。

因此，创业者很可能会在错误的时间点吸收到不适合这个创业阶段的信息。在构想还没经过充分琢磨时就投入开发计划，在初期产品还没有获得顾客青睐时就大笔投资以求成长，却在成功之前就把资金耗光。

另外，创业成功的路上所需要的信息大多分散在各个书籍、博客、录像中，不管是搜集这些资料还是阅读它们，都得花上许多时间。创业者从创业的那个瞬间开始，就有许多要亲力亲为的事，几乎没有多余的时间去搜集这些资料。

“不知道这些信息在什么时候用得上，又能达到什么效果”“信息散落在各处，忙碌的创业者很难一一掌握”。为了解决这些问题，让创业者知道在每个成长的阶段分别该做哪些事，我依照我自己的经验，整理出了创业的时序，成果就是这本《创业学》。

本书将相当受顾客欢迎的产品创业计划，从诞生到可自行持续成长的过程，分为“构想验证”至“规模化（事业扩张）”等二十个阶段。并详细介绍各个阶段中创业者应该要做到那些事，以及如何确认自己的创业是否在朝着适当的方向前进，又该如何在适当的时机扩张规模。

我认为像亚马逊（Amazon）或脸书（Facebook）那种“极为成功的创业”已达到了艺术的境界。或许本书没办法保证创业者能像它们那么成功，但至少应可提升“创业不会失败”的概率。我认为这就是一种科学，因此我把这本书的日文书名定为“创业的科学 STARTUP SCIENCE”。

从一名读者的角度来看，在创业者的经验尚浅时，容易被鱼目混珠的信息影响，就像是2011年在美国时的我一样。

我相信，如果世界上有更多的人投入创业，就可以促进人们的活动，使这个世界变得更好。若这本书可以帮助想开始创业的人、已经开始创业却一直碰到障碍的人、一般企业的新创事业负责人，那么作为作者的我亦会相当欣慰。

最后，写作本书时，我从书籍《精实创业》《精实执行：精实创业指南》、投影片集《创业构想的培养方式》中学习到了很多，在此再次表示感谢之意。

本书结构

本书由五个章节构成，介绍从创业开始到成功的二十个步骤。

第一章“构想的优劣（Idea Verification）”中，我们将说明在创业准备阶段时，该如何定义新创事业要解决的问题，以及如何琢磨新的构想。

第二章“提升问题的质量（Customer Problem Fit）”中，我们将说明如何验证在第一章中已琢磨过的构想是否反映了顾客真正的需求。

第三章“验证你的解决方式（Problem Solution Fit）”中，我们将试着讨论该用何种方法，才能适当地解决前一章中已验证过的需求假说。实际制作产品原型（prototype）供使用者试用，并访问使用者的心得。

第四章为“制作出人们想要的东西（Product Market Fit）”。本书最重要的目标，就是让创业者能够达成“制作出人们想要的东西”，也就是制作出能在市场上引起狂热的产品原型。本章将会讲述如何达到这个目的，首先须制作出拥有最低限度可行性的产品“最小可行产品”，将其投放到市场上观察市场的反应，并搜集顾客的意见，积极改进，以制作出可让顾客疯狂爱上的产品。

最后的第五章则是“规模化时须做出的改变（Transition to Scale）”。在产品达成“制作出人们想要的东西”之后，接着需要改变视角，从增加单位经济效益（从每位顾客上可获得的利益）的角度改善产品，使新创事业能最大化获利。本章将说明如何达到这个目的。在达成“制作出人们想要的东西”，且单位经济效益也大于零时，新创事业便可进入规模化（事业扩张）的阶段。

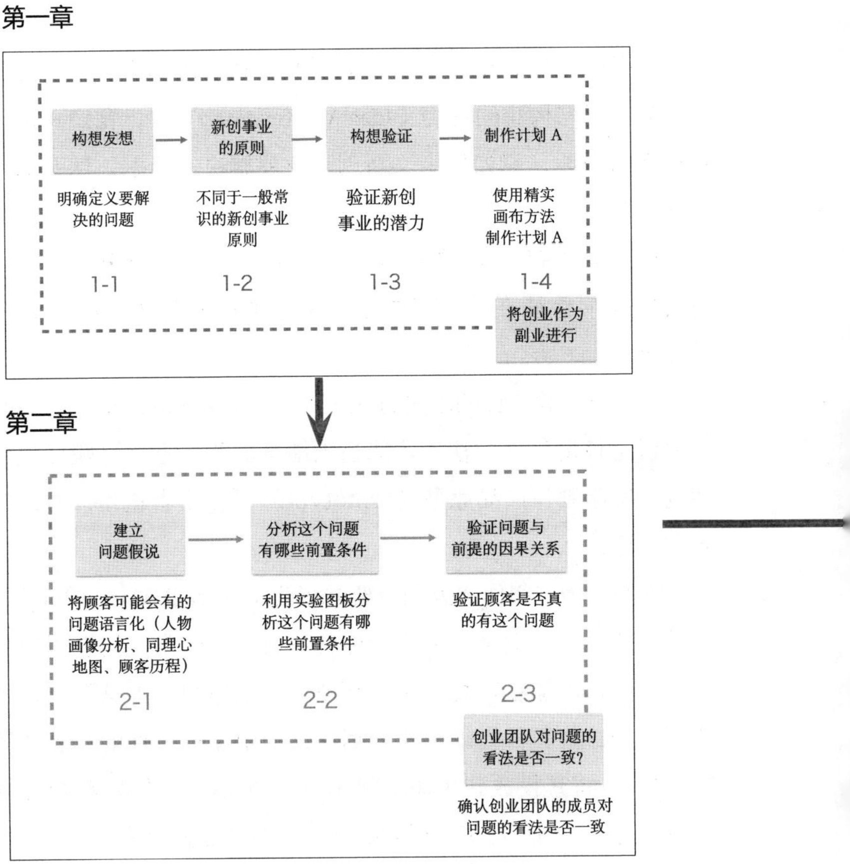

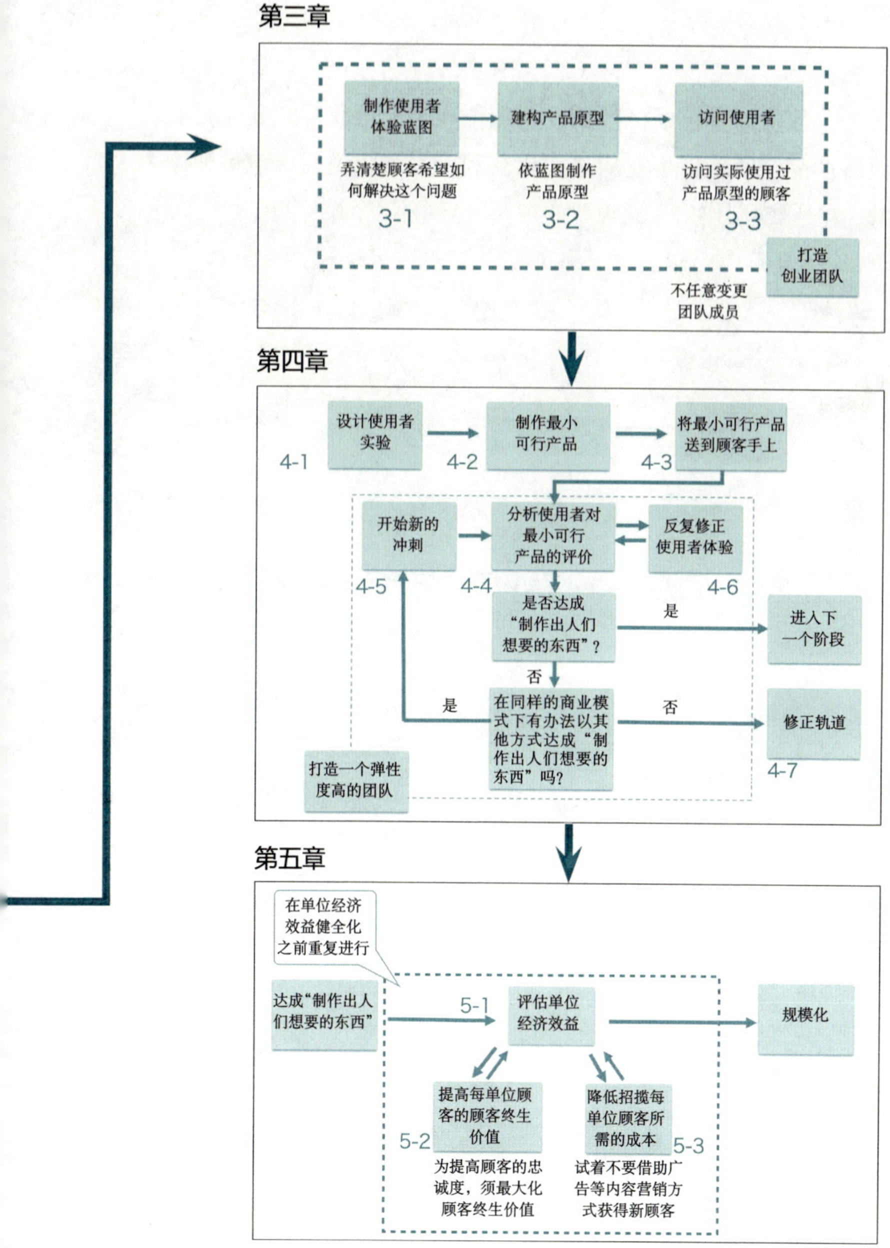
第三章
制作使用者体验蓝图
弄清楚顾客希望如何解决这个问题
3-1
建构产品原型
依蓝图制作产品原型
3-2
访问使用者
访问实际使用过产品原型的顾客
3-3
打造创业团队
不任意变更团队成员
第四章
设计使用者实验
4-1
制作最小可行产品
4-2
将最小可行产品送到顾客手上
4-3
开始新的冲刺
4-5
分析使用者对最小可行产品的评价
4-4
反复修正使用者体验
4-6
是否达成“制作出人们想要的东西”？
是
进入下一个阶段
否
在同样的商业模式下有办法以其他方式达成“制作出人们想要的东西”吗？
是
否
修正轨道
4-7
打造一个弹性度高的团队
第五章
在单位经济效益健全化之前重复进行
达成“制作出人们想要的东西”
5-1
评估单位经济效益
规模化
提高每单位顾客的顾客终生价值
5-2
为提高顾客的忠诚度，须最大化顾客终生价值
降低招揽每单位顾客所需的成本
5-3
试着不要借助广告等内容营销方式获得新顾客

本书提供的内容

让创业者能判断自己是否在正确道路上前进的指南

从新创事业开始活动，一直到做出能受到市场欢迎的“制作出人们想要的东西”产品，要掌握中间每一个环节并不是件容易的事。本书列出了在创业各个阶段中应确认的目标，让创业者能随时确认自己朝着正确的方向前进。

让创业者不至于在尚未成熟时就急于扩张的指导方针

许多创业者常在构想、问题设定、产品验证仍不充分的情况下，就急于扩张事业（许多新创事业就是因为在尚未成熟时就急于扩张而迅速凋亡）。为了防止这种情形，本书列出了每个阶段该做的事与不该做的事，作为行动的标准与创业的方针。如果限制创业时的资源，便可降低因无谓的努力而耗尽资金而导致创业失败的可能性。

让创业者知道想达成各阶段目标须做出哪些具体行动的知识、技术与工具

本书提供的不是抽象理论，而是让创业者能够真正实现新创事业的知识、技术、框架、核对清单等工具，让新创事业的经营者能

够明确地理解接下来应该要进行哪些具体的行动。

综合信息

我用了 5 年的时间，阅读了 300 本以上与新创事业相关的书籍、500 个以上的博客、1 000 部以上的影片。并曾与 1 000 位以上的创业者、投资者交流过，为他们提供建议，或者进行指导。再加上自己曾经历过的创业经验、投资经验，写成了本书。这本书将所有有用的信息都整合起来，呈现出创业的全貌，对忙碌的创业者而言，应可节省不少时间，是一个相当不错的信息来源。

目　录

第一章 构想的优劣 / 1

第四章
制作出人们想要的东西 / 291

本书所使用的图表、照片都来自投影片集《创业的科学 START-UP SCIENCE 2017》。另外，本书所提到的网址都是2017年10月初时的网址。

第一章

构想的优劣

本章目的

☆ 理解对于新创事业来说，什么是“好的构想”，并将应解决的问题定义清楚（1–1）。

☆ 了解新创事业的原则，明白思考构想时应有的方向（1–2）。

☆ 验证这个构想是否值得自己与团队全心全力投入（1–3）。

☆ 利用精实画布就最初的构想假说制作“计划 A”（1–4）。

决定新创事业能否成功的关键，就在于产品是否能够达成“制作出人们想要的东西”。

即使新创事业制造出产品，要是没办法达成“制作出人们想要的东西”，没办法受到顾客热烈欢迎的话，事业就不会成长，并且这个新创事业总有一天会因为资金耗尽而倒闭。

那么，为什么许多新创事业都没办法达成“制作出人们想要的东西”，进而倒下呢？

这是因为，在制作产品之前，他们没有充分验证自己的构想。

自己正在思考的构想，是否能够精准地解决顾客正在烦恼的问题呢？自己有没有像一个新创事业般，提出一个飞跃性的、“疯狂的”构想呢？

许多新创事业都是因为没有经过充分验证就推出产品，才会以失败告终。

在达成“制作出人们想要的东西”过程的一开始，创业者必须彻底验证自己手上的构想是否真的能成功，并持续不断地琢磨这个构想。

创业者必须理解新创事业是怎么一回事、自己手上的构想是否适合创业，并确认现在必须着手进行哪些工作。

积极投入创业教育的连续创业家史蒂夫·布兰克（Steve Blank）认为，创业者不应把自己关在象牙塔内，应该要积极地“走出户外（Get out of the building.）”；并指出，创业者应停止纸上谈兵，而是要积极与顾客对话，尽可能了解市场的动向。

不过，一开始就急着走出办公室也是不对的。创业者应准备好自己认为最有把握的构想假说“计划 A”，到顾客的面前与他们充分讨论才对。

那么，你手上的构想是否值得你全心全意投入呢？让我们开始验证这件事吧。

构想的优劣

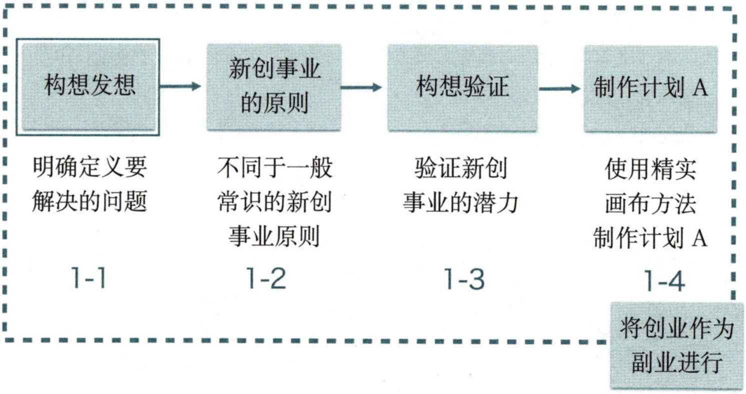

图 1-1-1

1-1 对新创事业来说，什么是“好的构想”？

是否把焦点放在待解决的问题上？

提升问题的质量

“有没有达到‘制作出人们想要的东西’（PMF，能引起市场热潮的产品），决定了一家新创事业的生死。”

美国一家大型创投基金（Venture Capital，VC）安德森·霍罗维茨的共同创业者，马克·安德森（Marc Andreessen）[①]指出了这一点。就算新产品再怎么优秀，要是市场没办法接受的话，新创事业就不可能成长。

那么，该怎么做才能达到“制作出人们想要的东西”呢？

走出办公室，直接面对顾客并与之对话当然是件很重要的事。不过在此之前，新创事业还得做一件事。那就是验证自己手上的创业构想是否为市场所需要。

说到创业构想，从切入的角度可分为各种类型，像“赚钱的构想”“有利基的构想”“使用最先进技术的构想”“贡献社会的构想”等。

那么，对于新创事业来说，构想最重要的又是什么呢？那就是，这个构想是否聚焦在问题的质量上。

至今我曾为近 1 500 家新创事业进行尽职调查（due diligence）。可惜的是，很少创业者的构想是“问题导向（issue driven）”，大多数的新创事业都是“解决方案导向（solution driven）”“产品导向”“技术导向”。

举个例子吧！

我目前在一家新创事业担任顾问，这家公司拥有优秀的物联网（Internet of Things,IoT）[②]技术。我与这个团队谈话时，可以感觉到他们对于自己的技术能力有很大的自信。“有了这样的技术，

---

① 马克·安德森是开发了著名浏览器 Mosaic 与 Netscape 的软件技术专家。他与《什么才是最难的事？》的作者本·霍罗维茨（Ben Horowitz）于 2009 年设立了安德森·霍罗维茨创投基金，投资于早期阶段的新创事业上。
上文的发言参考自安德森博客上的历史记录。
http://pmarchive.com/guide_to_startups_part4.html

② IoT 为 Internet of Things 简称，是将所有装置以网络连接起来的技术，也是搜集大数据、创造新型态商业模式的基础。

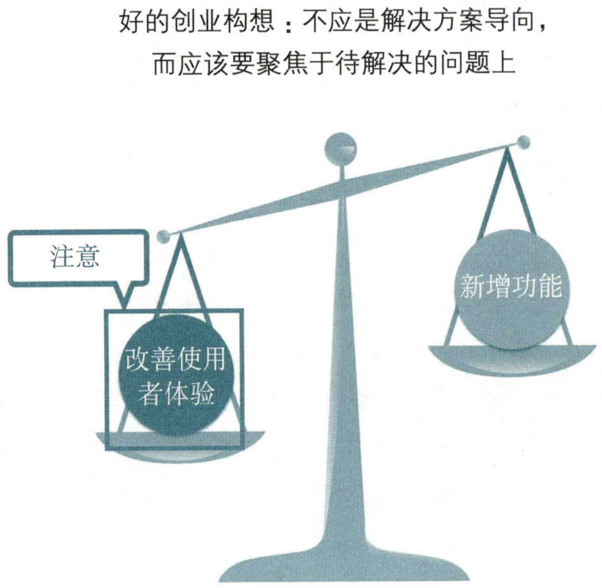

图 1-1-2

想必能够轻易拿下一般家庭的市场”，他们能够理所当然地讲出这样的话。

然而这却是新创事业中常见的典型误会。一般人常以为“好的解决方案”直接等于“好的构想”。

在还没充分验证过一般家庭是否有这样的问题时，就投入精力在解决方案上（本例中为物联网技术），是一件相当危险的事。即使真的存在需求，如果新创事业未琢磨过对问题的设定，就绝对无法在物联网市场上胜过拥有强大技术与丰沛资金的大型企业。

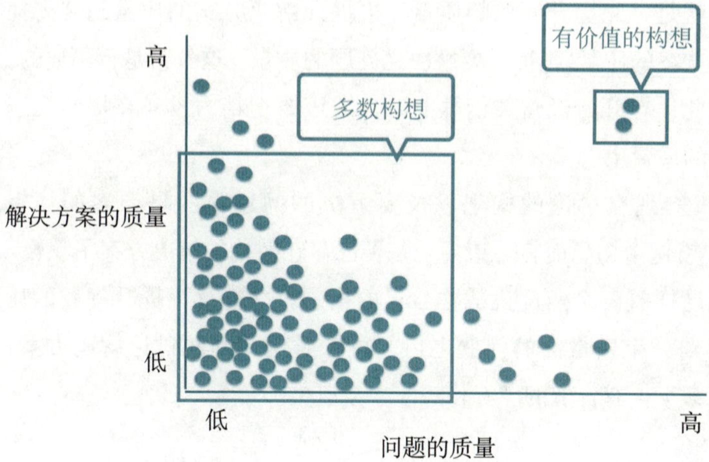

图 1-1-3

在日本雅虎（Yahoo）担任首席问题官（CSO）的安宅和人先生在他一本说明知识性生产的思考模式的著作《麦肯锡教我的思考武器》[①]中提到“如果想要提升工作的价值，就必须提高手上计划的‘问题质量’与‘解决方案质量’”。

也就是说，虽然世界上有许多创业构想，但我们应该要把焦点放在问题质量高、解决方案质量也高的构想上。只有同时满足这两个条件的构想，才有可能在市场上发挥出它的价值。

这项论述也能直接套用在新创事业的构想上。那么，该怎么做才能找出有价值的构想呢？

事实上，只有一条路可以走。

---

① 在《麦肯锡教我的思考武器》（安宅和人著）中，安宅先生将“问题质量”定义为“在自己所处的局面下，为这个问题寻找解决方案的必要程度”，将“解决方案质量”定义为“针对这个问题，能够回答出多明确的答案”。

那就是“先提升问题的质量，再提升解决方案的质量”。“先提升解决方案的质量，再提升要解决之问题的质量”这条路是行不通的。

因此，在开始经营新创事业时，应该要把精力投注在提升要解决问题的质量上。

“我们现在讨论的构想以及要解决的问题真的是顾客的痛点吗？”“就这个构想而言，市场上是否已存在替代的解决方案了呢？”

像这样从各个角度挑战你自己的构想，才能逐渐提升问题的质量。得到一个质量高的问题之后，再针对这个问题讨论解决方案，反复琢磨下，有价值的“好构想”才会诞生。

轻视问题而以大失败收场

如果不重视问题的质量，一味地追求解决方案的质量的话，就会在没有顾客想使用你的产品的状况下黯然退场。让我们来看看几个这类产品的例子吧。

【谷歌（Google）眼镜】

美国谷歌于2013年时，自信满满地发表了眼镜型装置——谷歌眼镜。却在2015年时宣布停止向一般大众贩卖谷歌眼镜。这就是因未能符合市场需求、未能达成“制作出人们想要的东西”，只好退出市场的典型案例。目前谷歌则致力于研发供法人顾客使用的产品。

谷歌眼镜失败的原因相当明确，这是一个因为研发团队自己想做而做出来的产品。换言之，这并不是问题导向的新产品。

谷歌眼镜的单价为1 500美元（约合人民币1万元）。虽然产品的功能相当新颖，但不是一般消费者说拿就拿得出来的金额。

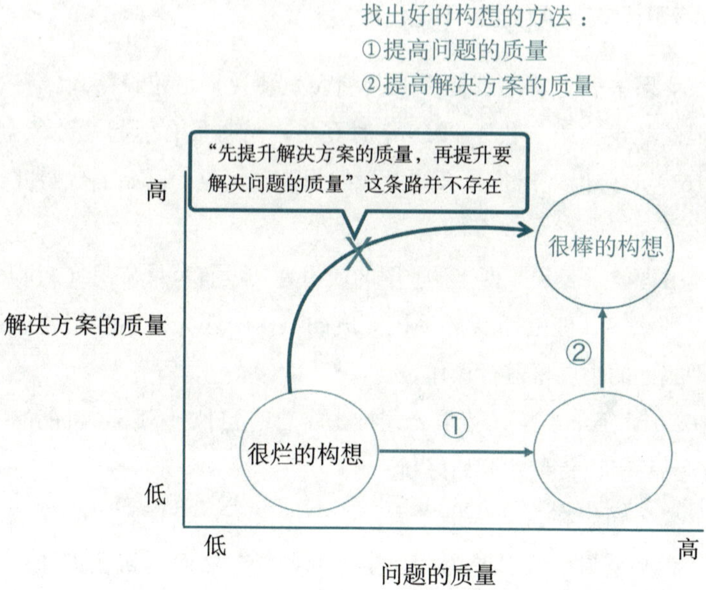

图 1-1-4

恐怕谷歌的目标是要在智能手机之后，推出新型网络装置的基本规格（版型，form factor）。或许他们判断“拥有这些功能的装置，应该能够以这样的价格卖出才对”，然而事实并非如此。

不仅如此，由于谷歌眼镜包含了相机装置，有侵犯个人隐私的嫌疑而引起了关注。美国酒吧禁止戴谷歌眼镜的人进入，甚至有些美国州禁止人们穿戴这样的装置驾驶车辆。没有充分检验过的构想，不仅没办法解决问题，甚至还有可能引发新的问题，最后只换得讽刺的结果，谷歌眼镜即为其中一个例子。

【苹果手表（Apple Watch）】①

以苹果手表为首的智能手表（腕表型装置）也曾经落入像谷歌眼镜般的状况。第一代于 2015 年时登场，当时虽有引起一阵风潮，但 2016 年时曾出现出货量大幅下滑的报道，可见一开始的气势并没有办法持续下去。

使用智能手表买东西、看地图的使用者并没有苹果公司（Apple）想象得那么多。能够用智能手机完成的事，一般人并不会想要通过戴在手腕上的小屏幕进行操作。

在 2016 年下半年，苹果公司推出了含有定位（GPS）机能的第二代产品后，出货量才开始好转。

苹果公司想在智能手机之后，抢先推出下一个代表性的穿戴式装置，想必苹果手表就是为此而生产的产品。然而当初在扩展苹果手表的生态系统时，却有着仓促扩张（premature scaling，在产品还未成熟，用户还未习惯使用该产品时，便急于扩张）的一面。

像苹果或谷歌这样的大企业拥有充足的现金，也聚集了来自世界各地的优秀工程师。他们选择在达成“制作出人们想要的东西”之前，就以庞大的资金量与品牌效应，强行打造出新的生态系统。

然而，产品却无法满足用户的期待，用尽心力制造出来的产品，销售量却不如预期。

不过，2017 年 9 月发布的第三代“Apple Watch Series 3”让情况出现了转机。手表本体可单独进行高速数据传输，使其功能变得更广、更有效率。或许从第三代开始，苹果公司终于制造出了能

---

① 苹果手表（Apple Watch）在第二代（Series 2）以前，仍无法单独对外通讯。如果使用网络，要通过 iPhone 本体进行连线才行。或许正是因为这样，使得苹果手表与人们想象中的腕表型装置有很大的落差。

正面响应用户需求的产品，并成为苹果手表开始成长的契机。

不重视问题质量，无疑是自杀行为

如前面的例子所示，即使是谷歌或苹果这种拥有丰富经验与资金的公司，若轻视了问题质量，仅一味地追求产品与解决方案，也很有可能会导致失败的结果。

那么，对于没有资金、没有人才，也没有知名度的新创事业来说，不重视问题质量，就更是自杀行为了。

智能手表的新创事业之一，鹅卵石公司（Pebble Technology）[①]在众筹[②]平台上为其第一个产品募得了约 11 亿日元的资金。然而与其他智能手表类似，鹅卵石掀起一阵波澜却后继无力，低价卖给了其他公司。公司搭上了穿戴式装置的热潮，却没有解决特定问题的念头，在这种情况下进行规模化，或许就是它失败的原因。

不过在三代以后，苹果手表可以单独使用其通话、电子邮件等功能，提升了用户体验（使用者体验）。未来的苹果产品仍值得期待。

不仅是鹅卵石公司，产品为小型装置（gadget）的新创事业在实现“制作出人们想要的东西”之前的阶段中，常能通过众筹的方式给人“好像有点厉害”的印象，进而募集到大量资金。因此，很容易在没有充分检讨问题质量以前就将产品规模化，并以失败收尾。

会在众筹平台上购买由新创事业所制作的小型装置的人们，并不是因为自己本身有着“会造成痛点的问题”而购买这些小型装置。

---

① 2016 年年末，手表型健康管理装置开发商乐活（Fitbit）买下了鹅卵石。

② 众筹是企业通过网络平台，使一般群众能以个人身份小额投资的募资方式。如果是硬件新创事业，多能以开发中的产品作为投资的回报，也就是所谓的“回报型（rewards）”募资。

大多数的人只是觉得“这玩意看起来好像很有趣”，才抱着小小的期待支持一下而已。

因此，即使新创事业的产品真的募集到足够资金并出货，也只代表这样的产品能够吸引“觉得有趣而买下的顾客”而已，并不代表新创事业能够抓到广大使用者的喜好，进一步将产品规模化。

决定问题质量的三个要素

那么，问题的质量又是由哪些因素决定的呢？能问出多好的问题，取决于创业者在以下三个要素上有多充分的准备。

- 高度专业性。
- 业界现场的知识。
- 对于市场环境变化（PEST）的理解。

观点、知识、经验。这三者极为重要，且都是创业者必备的条件。我们会在稍后详细介绍这些条件，这里先让我们以一个例子来说明。美国有一个名为 Instacart 的新创事业，使用者只要在智能手机上下订单，就会有人到附近的超市代为购买这些商品。Instacart 于 2012 年创业，而在 2017 年 3 月时，市值总额已达到约 34 亿美元。

建立起 Instacart 的是亚马逊公司出身的工程师。他曾参与亚马逊物流系统 FBA（Fulfillment Business by Amazon）的建构，相当熟悉物流方面的知识。他不仅了解物流与零售店之间的关系，对于物流业界也有着深远洞见。

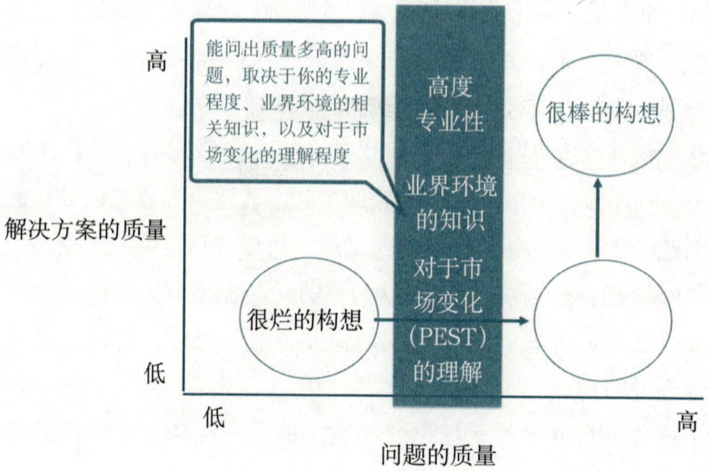

图 1-1-5

这项服务与既有的超市结成了共存共荣的关系，并弥补了电子商务无法直接确认食品质量的缺点。该创业者拥有专业与相关知识，并能掌握市场环境的变化，因此能够问出一个质量高的问题，成为他的创业构想。

先解决自己的问题

事实上，要提升问题的质量，还需要考虑一个要素。那就是，想解决的问题是否是“自己的问题”。

住宿出租服务网站爱彼迎（Airbnb）的创业者之一，布赖恩·切斯基（Brian Chesky）曾碰上付不起 1 150 美元房租的窘境（当时他的银行账户只剩下 1 000 美元）。为了解决房租的问题，他开始在博客上张贴“想要出租自己的房间”的消息（当时的名称为 AirBed & Breakfast）。

发明了高效率吸尘器的英国戴森创办人詹姆斯·戴森（James

Dyson）原本是一位工业设计师。他很爱干净，却觉得当时人们使用的吸尘器吸力太弱，且更换纸制集尘袋是件很麻烦的事，让他感到相当愤怒，于是着手开发气旋式吸尘器。

这些例子都是创业者在察觉到自己的痛点后，由一个具体的问题出发，一步步寻求解决这个问题的方法，才逐渐形成了创业构想。

因此，当你察觉到自己的问题之后，可以像这样询问自己：

“如果眼前有一盏神灯，可以为你的问题提出解决方案，你会希望那是什么样的方案呢？”（这又叫做“神灯”问题。我们将在第三章中详细说明）

由这样的自问自答所导出的答案之中，一定存在着尚待琢磨的钻石原石。

另外，虽然这里说要察觉到自己的问题，但当事者也不一定非得是自己才行。如果你周围的人有某些待解决的问题，而你也能够深切理解这个问题的痛点的话，也能够作为创业的构想。

找到问题，还只是“开始”而已

不过，发现待解决的问题仍只是创业开始。这时想到的构想再怎么说都还只是原石，之后的琢磨过程才是重点。问题越是琢磨，就越能深入核心，显露出被藏在表象底下，造成这个问题的真正原因。

如果自己并不是这个问题的当事者、没有强烈共鸣的话，能够把这个问题琢磨到什么程度呢？或者说，比起构想本身，创业者能不能把别人的问题当作自己的问题，试着实现这个构想，才是最重要的。实行（execution）的过程，才有真正的价值。

我是创投公司芬诺克思风险投资公司（Fenox Venture Capital）的合伙人，而在芬诺克思（Fenox）所举办的“创业世界杯 2017”（SWC）中，由来自日本名古屋市的新创事业优尼法（UNIFA）夺得了冠军。

要解决谁的问题?

谁的问题?	自己碰到的问题	自己周围的人碰到的问题	他人碰到的问题
优点	最容易有共鸣 信息性强烈	容易与之产生共鸣	可站在旁观者角度观察，不容易有偏见
缺点	容易将问题的痛点夸张化，需要客观的意见	视角可能较为狭隘，需要客观的意见	痛点的检验容易流于表面形式，有必要深入了解实际痛点所在之处

图 1-1-6

优尼法（UNIFA）的主题是“智能型幼儿园的实现”。他们的“Look-mee”服务可以让家长通过网络，看到孩子在托婴中心或幼儿园的照片，而“MEEBO”机器人则可协助幼儿园照顾园内的小孩。

优尼法（UNIFA）的土岐泰之社长在获得SWC冠军时的感言中提到“我是为了解决幼儿园的问题而生的”。当初他为了帮幼儿园做出一项产品，自己制作了数十个产品原型，可见最重要的是琢磨问题的过程。

土岐社长亲自拜访了日本全国约300个托婴中心与幼儿园，反复倾听他们的心声。与身在现场的幼儿老师直接对话、观察实际照顾的情形，试着找出连幼儿老师都没发现，却是强烈痛点的潜在问题。

为什么你要做这件事呢？

另一方面，新创事业必须避免的就是解决“第三者的问题”。

所谓第三者的问题，指的是自己没办法产生强烈共鸣，仿佛与自己无关的他人事务。既然没办法产生强烈共鸣，就不会把它当成自己的事，于是痛点的检验也只会流于表面。就结果而言，要碰触到真正问题所在是相当困难的事。

而且，因为自己没办法对这个问题的痛点有强烈共鸣，会使你创业的说服力不足，不容易获得来自周围的帮助（招募合伙人与资金募集等）。

硅谷最厉害的创投公司（孵化器），Y Combinator（YC）总裁，山姆·奥尔特曼（Sam Altman）曾这样说过[①]：

“Y Combinator会在面谈时问创业者，‘谁会打从心底想要这样的产品呢？’而‘最想要这个产品的就是创业家自己’就是最好的答案。能看出创业者十分了解日标顾客的答案，则是第二好的答案”。

顺带一提，至今YC投资了约1 500家新创事业，它们的市值总额超过了800亿美元。有非常多新创事业向它们提案，他们却只选择了不到3%的公司投资，是个很窄的门。作为世界知名的孵化器，YC会特别留意“有多了解产品用户”，他们认为这是创业者很重要的条件。

若完全不了解自己产品的用户，或者并不是想解决自己的问题，而是因为“想要变得有钱”“觉得很有趣”之类的理由而想要创业的话，那就不可能达到“发现高质量的问题的”。

也就是说，如果创业者对于问题的理解，和问题本身有落差的话，最好在损失惨重以前停止这项创业计划。

---

① 这段发言引用自山姆·奥尔特曼的网站“Startup Playbook”的Part I“The Idea”。http://play.book.samaltman.com/

借助创业者所提出的问题凝聚合伙人

在我为新创事业提供建议时，常会被问到："为什么一定要用自己碰到的问题当作创业基础呢？为什么要对问题有强烈共鸣才行呢？"最大的理由在前面也有提到，那就是强烈的共鸣可以让创业者彻底琢磨自己的问题。

另一个理由，则是创业者对问题的强烈共鸣，以及想解决这个问题的欲望，可以转换成新创事业的愿景与使命。在将产品正式投入市场之前，愿景与使命是新创事业最大的竞争力来源。

不管是使用者、创业团队、投资者——都是被创业者的愿景与使命号召而凝聚在一起的。如果在这个时候说出"让我们一起来解决陌生人的困扰吧"之类的发言的话,想必会很难得到共鸣。这么一来，有才能的工程师或设计师会宁可选择到稳定的大企业工作。

换句话说，没办法描绘出公司愿景和使命的创业者，就没有办法号召到有能力的人才。即使找到人才，也没办法让这些人才发挥出真正的实力。由于团队成员努力的方向各有不同，因此就一个组织而言会很难经营下去。

要重视自己的问题的理由还有一个。那就是创业这条路比一般人想象得还要艰辛。

从想创业的领域内有没有值得解决的问题都不知道的状态开始，最初建立的假说陆续被推翻。而且在这段时间内，原本就很有限的资金越来越少。要在这种困难的状态下持续前进，需要拥有很强的抗压性才行。

在创业的过程中，每天都会被对方拒绝而觉得消沉。不过，如果创业者对于自己的问题很有想法，认为未来一定会是自己描绘出来的样子，对新创事业的愿景与使命怀抱自信，就可以培养出很强的抗压性。

在什么样的经历下意识到这个问题

我们可以把“自己有没有这样的问题？”这样的问题，换个方式来问：“你是在什么样的背景（亲身经历）下意识到这个问题的呢？”

致力于眼虫相关应用的新创事业的Euglena的社长出云充在就读东京大学时，曾在暑假期间到孟加拉国实习体验，而这也成为了他创业的出发点。他在孟加拉国访问时，遇到了许多因营养失调而受苦的人们。

出云社长经过这样的体验后，便将援助这些人们视为自己的使命。于是他从东京大学的文学部转至农学部，并开始研究对人类有益的农业方式。

开发了排尿、排便检测装置“D Free”的是Triple W Japan的首席执行官（Chief Executive Officer，CEO）中西敦士。他想到这个构想的契机相当令人印象深刻。

他曾在美国加州大学伯克利分校留学，某天他在搬家时实在憋不住，就在路边解决了大便的问题。这实在是个会造成心理创伤的经历。

“如果可以在出门前就知道等一下会想大便的话就好了”。在这个深刻的体验下中西先生决定要发展能够预测排便排尿的技术。其中就包含了“希望不会再出现像我一样的牺牲者”这种强烈的意念。

任何人都觉得很棒的构想反而不应尝试

是很疯狂的构想吗？

直觉上来说，如果把构想拿去问一百个人，而一百个人都说“不错啊！”的话，这样的新创事业成功率应该会比较高才对。来自周围的评价越高，越能消除内心的不安，让自己更有自信。

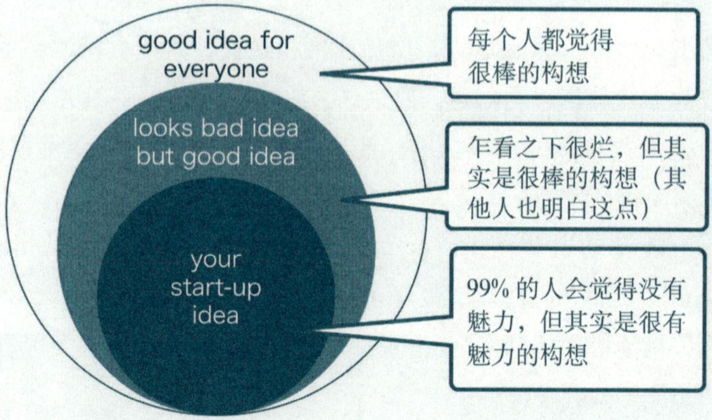

图 1-1-7

注：本图改自马田隆明先生制作的投影片《培育你的新创事业构想》第 10 页的图，本书作者另加了对话泡泡的部分。投影片的引用来源如下。

https://www.slideshare.neVtakaumada/how-to-get-your-own-startulp-构想 -46349038

但事实正好相反。每个人听了都说很棒的构想，反而是新创事业不应深究的构想。如果在告诉别人自己的构想后，大部分的人都说“这个不错啊”并表示认同的话，反而该远离这样的构想。

能够改变世界的新创事业所提出来的，通常是乍看之下着眼点很烂，没有人会想要碰触的构想。

由 CEO 冈田光信在新加坡所建立的新创事业 Astroscale 定下的使命是“回收宇宙垃圾”。想必一般人听到这样的目标时，十个有九个会问“这项服务的市场在哪里？”“要怎么赚钱呢？”这类问题。

冈田先生认为，周围的人们之所以会有那么多负面回馈，是因为“市场处于尚未被定义的状态”，故现在正好是着手发展事业的最好时机。

Astroscale 想解决的是一个十分重要的问题。地球周围的火箭与人造卫星残骸（太空垃圾）增加速度相当快，其严重程度甚至有可能成为火箭升空时的障碍。要是这么放任不管，到了 2100 年时，地球会被为数众多的垃圾包围，连离开大气层都可能会变得很困难，是未来宇宙开发的一大障碍。

山叶发动机集团的 Yamaha Motor Ventures & Laboratory Silicon Valley 的运营总监，乔治·凯勒曼（George Kellerman）就曾在一场演讲中提到，“找出乍看之下没有魅力，但事实上很有魅力的构想就是致胜关键”。

您有办法找出乍看之下没有魅力（unsexy）的构想吗？请您试着挖掘出一个“99% 的人会觉得没有魅力，但其实是很有魅力的构想”吧！

前面提到的预测排便装置 D Free 可通过超音波检测直肠与膀胱内的粪便量与尿液量，预测排便与排尿的时间点。护理市场对这项产品的需求相当高，创业团队已通过众筹网站 READYFOR 募集到资金，并已将产品实用化。这正是乍看之下没有魅力的构想，却在人力严重不足的护理市场中，成为了一个相当有魅力的构想。

对其他人说明这种疯狂又没有魅力的构想，常是一件难以启齿的事。说明自己的构想时之所以会觉得难以启齿，是因为还没建立起将这个问题语言化的说明框架，因此很难把自己的想法传达给其他人。

当然，这也是因为把目标放在这个问题上的企业尚未出现，就算出现了，数量大概也不多。

另一方面，如果可以用语言化的方式说明你想解决的问题以及想使用的构想，通常表示这个问题已被许多人注意到，且市面上已有类似的替代方案。由于相关市场已存在，因此你的创业目标其他企业也能轻易做到，于是你只能用为数不多的资源与其他企业打价格战，这并不是一个聪明的创业方式。

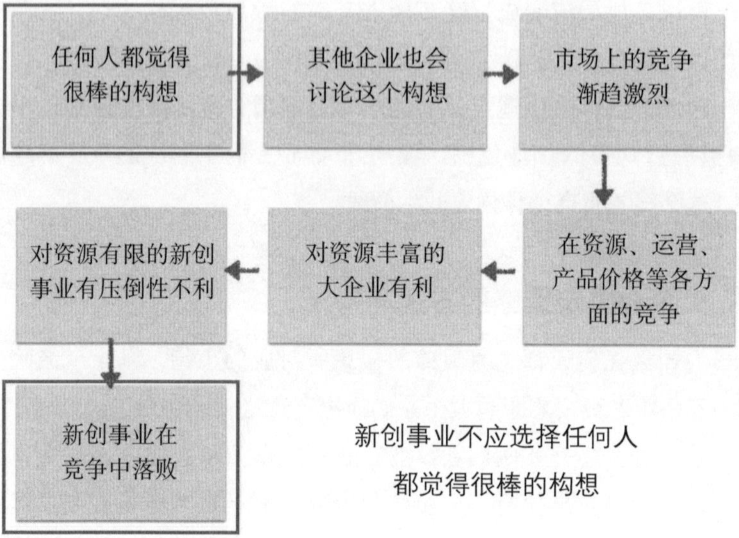

图 1-1-8

美国在线支付公司 PayPal 的共同创业者，投资家彼得·蒂尔（Peter Thiel）[①]曾在斯坦福大学的课程上断言“竞争是输家在做的事”。

若企业间开始抢夺顾客，就容易陷入价格竞争。这时各公司从每一位顾客身上所获得的利益，即顾客终生价值（Life Time Value，LTV）[②]就会瞬间缩小，且在这之后还得在资源、运营质量上彼此竞争。为了在竞争过程中获得较多顾客，广告费用等获取顾客的成本（Cost Per Acquisition，CPA）也会上升。

---

① 彼得·蒂尔是美国 PayPal 的共同创业成员，也是硅谷内最具影响力的“PayPal 黑手党”成员之一。《从零到一 你能从零中创造出什么？》（NHK 出版）是他的重要著作之一。文中的评论出自 https://www.youtube.com/watch?v=5_0dVHMpJlo

② 提升顾客终生价值以及减少获取顾客的成本的方法将在第五章中详细介绍。

再说，如果演变成抢夺市场占有率的激烈消耗战的话，资源丰富的大企业将会有压倒性的优势，新创事业一点胜算也没有。

因此，当你在描述自己的构想时，如果对方的反应或评论中显露出困惑，而且这个构想又能聚焦于世界上尚未解决的重要问题的话，这个构想将会是你创业的生命线。

大企业决定策略的方式

为什么任何人都觉得很棒的构想所对应的市场，马上就会陷入激烈竞争呢？只要想想看大企业如何决定策略就能明白了。

若大企业想开始发展新事业，必须取得董事会内大多数董事的认可，才会被批准执行下一步。而董事会成员在判断是否要发展新事业时，着重的并不是问题的质量，而是这项事业能够带来多少营收和获利、成功的可能性、与既有的核心商业模式是否会有竞争关系等。

大企业的新事业负责人在向董事会提交方案时，会一直被问到这类问题：“3 年内应该有办法把营收拉到 100 亿日元吧？不过，不能侵蚀到我们目前的事业喔。”

但是，如果被限制只能做确实能赚到钱的构想，那就只能选择“任何人都觉得很棒的构想”了。

美国知名创投基金安德森·霍罗维茨在推特（Twitter）和脸书（Facebook）的草创期便已注资，而这家创投基金的合伙人，克里斯·狄克逊[①]（Chris Dixon）曾在 Y Combinator 的一场演讲中，就新创事业该选择的构想提供以下建议：

---

① 克里斯·狄克逊为创业家及投资家。这段发言引自 http://www.youtube.com/watch?v=a-kOazwgDiSI

“不管是谁来看，开发蓄电量很高的移动电源都是一个很棒的构想。也因此，对于新创事业来说，这并不是一个很棒的构想。”

大企业一定会为“既有的使用者与既有的问题”提供解决方案，因此必然会想开发“蓄电量高的移动电源”。所以这种改善既有商品的持续性创新，交给善于此道的大企业就行了。新创事业应该要提出像是“不需要电池的智能手机[①]”，这种颠覆了既有基本规格的构想才行。

验证乍看之下没有魅力的构想，试着将其实现，是一条充满荆棘的道路。需要从假说的验证开始，试着思考以前没有人尝试过的解决方式。乘着新创事业这个载体，挑战未知的问题，最后成功跨越难关，正是其价值所在。

YC 的山姆·奥尔特曼曾在斯坦福大学的演讲中提到“新创事业中，看似困难的道路往往会是快捷方式，而看似简单的道路最后常让人绕一大圈”[②]。轻松就能成功回收投入心血的创业并不存在。

乍看之下很烂的构想才有改变世界的可能

看似疯狂的构想却可能会获得很大的成功，提供住宿预约服务的爱彼迎就是这类新创事业的代表。

这个服务于 2008 年开始运营。在犯罪大国的美国，让陌生人住在自己家里，或者住在陌生人的家里，毫无疑问是很烂的构想，何况当时并没有使用脸书账号认证本人的机制。

---

① 2017 年 7 月，美国华盛顿大学发表了不需要电池的移动电话开发结果。这种手机可以将无线电波与周围的光转换成微弱的电力。

② 山姆·奥尔特曼的发言引用自以下的演讲。
https://www.youtube.com/watch?v=CBYhVcO4WgI

布赖恩·切斯基对自家公司的服务曾这么评论："许多人都说爱彼迎是最烂的创业构想中，经营得最好的一个。"[①]当初他向别人说明自己的构想时，总觉得很难以启齿，周围的人也一直和他说"放弃吧"。

不只是爱彼迎，许多已成为我们生活的一部分的新创事业服务，都是从乍看之下很烂的构想开始的。

真要说的话，食谱网站 Cookpad 只是一般大众的食谱集而已，叫车服务优步（Uber）也只是让使用者搭上陌生人的车移动至目的地的服务而已。还有个例子是美国的聊天软件"Snapchat"(色拉布)，该公司于 2017 年时启动首次公开募股（Initial Public Offering,IPO)，很快市值总额超过了 250 亿美元。这个软件可以让用户在送出信息一段时间后，自动删除信息。

送出的信息过一阵子后就会自动消失，乍听之下是个毫无用处的工具。但仔细想想，在使用者把照片发送给亲朋好友的时候，不用担心个人隐私的泄漏，是个很吸引人的地方。

在优步还没有出现以前，如果说要提供"让任何人都可以用智能手机叫车的服务"的话，想必许多人都会响应"为什么要那么麻烦呢？拦出租车不就好了吗？"才对。

但实际上，出租车有很多问题。在拦到出租车以前得举着手好几分钟，而且美国有越来越多英文不好的出租车司机，乘客很难将目的地的位置准确地告诉他们。而且出租车只能以现金付费，要是没带那么多现金的话，就只能再到自动取款机（ATM）跑一趟。这种让人相当困扰的经验，却被美国人视为理所当然而被忽略，没有人会把这当成一个问题。

---

① 爱彼迎（Airbnb）的布赖恩·切斯基的发言引用自以下的演讲。
https://www.youtube.com/watch?v=RfWgVWGEuGE

2017年时，优步传出有公司内的管理问题，但其服务本身却有很高的水平。只要选好乘车地与目的地这两个地点（在智能手机上点两下），过一两分钟后，就会有登记在优步的车开到你的眼前。车费会从之前填写的信用卡账号扣款，不需要现金就能完成支付，且金额只有出租车的一半。司机友善，车内也很干净。

你能够像优步一样，从其他人都视为理所当然的事中提出你的疑问吗？能否提出这样的问题，就是你的新创事业是否能改变世界的分歧点。

你能察觉到他人察觉不到的秘密吗?

成功的人，能够察觉到他人所察觉不到的秘密。PayPal的共同创业者，彼得·蒂尔把这句话作为他的著作的主旨。

注意到其他人不曾注意过的地方，找出还没有人能够以言语定义清楚的秘密，才是催生出疯狂构想的途径。刚才提到的优步(Uber)正是一个很好的例子。

创业家们应利用人生至今所累积的专业知识、对于市场的洞见、在现场的经验，再加上独特的视点，建立出一个适合创业的构想。

Instacart成功的理由

让我们以不久前介绍的Instacart为例说明吧。

Instacart的使用者只要在智能手机上点两下，配送人员就会将蔬菜水果送到使用者的家中。用户输入目的地所在位置的邮政编码后，程序就会显示半径5英里内的超市，接着点击选择喜欢的超市，就能展示出所有商品。

选好商品并确认后，便会有登记于该服务下，称作“采购者”的一般人代替订购者到店里购买商品，并在 45 分钟以内送抵订购者的家中。

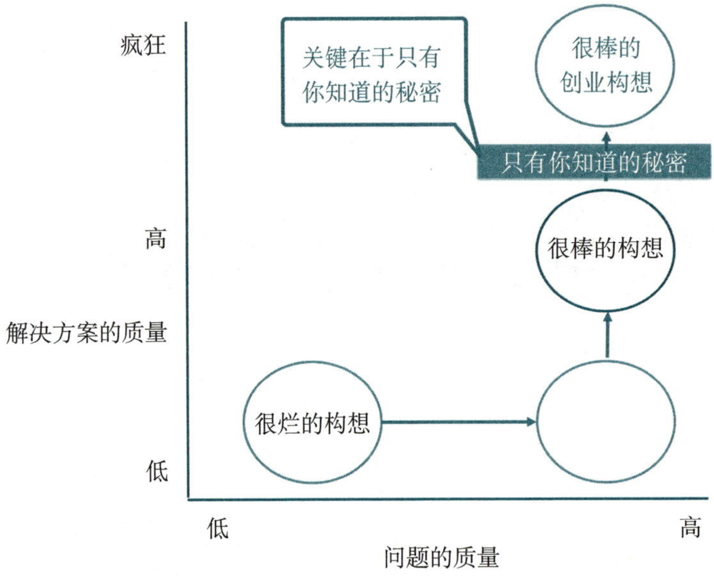

图 1-1-9

创业者阿伯娃·梅塔（Apoorva Mehta）是开发了亚马逊物流系统的工程师，在物流与零售等方面有一定的专业，能够掌握市场潮流，不过这里要谈的并不是这点。他对于“grocery shopping（购买家庭使用的食品及日用品）需要亲力亲为”这件事抱有疑问，这样的视角点才是最重要的。

由亚马逊这类电子商务公司所提倡的“建构出物流网与仓库等巨大的基础设施，让商品能更有效率地送到顾客手上”做法，在既有的物流模式下是一个很棒的构想。另一方面，“雇用当地的陌生人，请他们帮忙购买家用杂货”这样的构想乍看之下却很糟糕。

请一个从来没见过的人帮你选购要吃下肚的食品，这样真的没问题吗？把自己住的地方透漏给陌生人，这样真的好吗？随之而来的只有满满的不安全感。

为解决这样的不安，Instacart 导入了经过确认与训练计划等机制，安装了针对配送人员的顾客意见回馈系统。于是这项服务一口气扩张开来，在 2017 年 3 月的时间点，在全美共 1 200 个城市内皆可使用这项服务。

确实，以目前的观点看来，没有库存压力、不需要购买配送车辆或仓库等固定资产就能够贩卖食物日用品，这种商业模式相当独特，获利也高。然而当初却没有任何人能够理解这样的机制。是梅塔发现了这样的潜在需求与市场，并成为了踏出第一步的人（first penguin）。

事实上，梅塔还在亚马逊任职时，就曾经向公司提出这个新事业计划，却被驳回。虽然他的着眼点很好，是一个很棒的构想，但对于亚马逊高层来说，Instacart 只是一种会与自家事业竞争的奇特构想而已。

驳回的理由是，如果让使用者、零售店与代为购买商品的采购者建立起这样的关系的话，就等于是在否定过去亚马逊投入了庞大资金所建立的自家仓库，以及和 3PL① （Third Party Logistics，外部物流公司）之间的契约。亚马逊是一个上市公司，要做出这种否定自己的过去、发展会与既有事业竞争的新事业，并不是件容易的事。

不过，构想被驳回对梅塔来说反而是件好事。这表示在亚马逊现行的系统下，没办法开展这样的业务，也使梅塔察觉到这会是一

① 3PL 即第三方物流（Third Party Logistics），指概括承接物流业务的公司。

个足以威胁到亚马逊的巨大商机。

与零售商的双赢关系

Instacart 的解决方案之所以能获得成功，最主要的原因在于梅塔发现了一个很重要的秘密，并将事业聚焦在这上面。就是这个秘密，使 Instacart 与零售商得以建立起合作关系。

对于超市之类的零售商来说，亚马逊的抬头是很大的威胁，若亚马逊的营收增加，就代表着零售商营收的减少。这等于是一场抢夺顾客钱包的战争。

而与 Instacart 合作，增加在商超购物的人数，则可单方面地增加当地超市等零售店的营收，达到双赢。

换句话说，对于既有的零售店来说，Instacart 可能会是很好的合作伙伴，因此梅塔便成功开创了这项服务。

人们在美国各地都可以看到这样的场景。进入美国的天然食品超市、全食超市（Whole Foods）店面后，残疾人专用的停车场旁边，就设置了专供 Instacart 的采购者使用的停车场。店内也有采购者专用的结账柜台。

Instacart 有在 45 分钟以内送到顾客手上的限制，为了尽可能缩短花费在购物上的时间，全食超市这边也全面配合。

为什么全食超市会特别优待 Instacart 呢？

Instacart 的使用者在购物时并不追求便宜，故零售店不需要为了售出商品而勉强降价。而且，如果采购者能协助将产品迅速送到顾客手上，再次购买的顾客也会增加。使全食超市有办法抢回过去被亚马逊定期寄送服务以及 Amazon Fresh（生鲜产品配送）抢走的顾客。

与零售店建立起双赢关系，是 Instacart 能够在短期内规模化的最大原因。

Instacart 并非只是采购者与顾客之间的中介，他们也拥有使用大数据的优秀技术。他们的服务价值在于，顾客所订购的食材与物品“能在指定的时间内送到正确的地方”这样的使用者体验（UX）。

为了实现这样的使用者体验，Instacart 必须搜集交通信息、天气、时区的状况等数十种参数，才能通知顾客精准的配送预测抵达时间。

2017 年 8 月，亚马逊完成了收购 Instacart 的盟友——全食超市的程序。由于全食超市拥有 Instacart 的股份，所以这也使亚马逊成为了 Instacart 的股东。目前，Amazon Fresh 的势力还未扩展至整个美国。想必未来亚马逊会活用全食超市的店面与 Instacart 所建立的基础建设，扩大生鲜食品的配送产业。

为何要追求疯狂的构想?

我们之所以能看到那么多人在追求疯狂的构想，是因为在信息技术（IT）的进步之下，市场的典范模式转移也跟着高速化。

大约从 2014 年起，独角兽企业（市值总额超过 10 亿美元的新创事业）如雨后春笋般陆续冒出。

而这些企业市值评价的上升曲线也相当惊人。开发 AR(增强现实)装置的 Magic Leap 只花了一年就成为了独角兽企业。先前提到的色拉布（Snapchat）、提供创业家共享工作空间的 WeWork，以及爱彼迎（Airbnb）等，都在创业两年内成为了独角兽俱乐部的一员。

这些事实，代表典范模式转移的高速化，使产品和服务的“脚步”也变快了。科技如指数函数般地进化，对所有产业都会造成强烈影响。

在这个变动如此迅速的世界，即使是看到先行者[①]出现后马上决定“好，我们也跟上”，也可能为时已晚。

因此，要成为市场上的胜利者，谁先达成“制作出人们想要的东西”就是一件很重要的事。当然，能否达成“制作出人们想要的东西”的关键，并不在于已被他人检验过的构想，而是在于“乍看之下很烂，但其实是很棒的构想（=疯狂的构想)”。

靠着针对既有问题，为既有顾客提供既有解决方案而累积获利的企业，常会对现状变化作壁上观。然而，在这个典范模式转移高速化的时代，企业若无法应对状况变化，将会失去市场。

影像出租产业的百视达、大型书店巴诺（Barnes & Noble)、百货公司西尔斯（Sears）等原本规模很大，现在却越来越小的企业不胜枚举。

创新曲线的变化

过去的创新曲线中，一开始使用产品的是创新者以及早期采用者（early adopters)，在跨过了营销权威杰弗里·摩尔（Geoffrey Moore）[②]所说的“鸿沟（chasm)”之后，才能真正培养出早期大众(early majority)。

在这种过去的创新曲线中，需要花不少时间在产品的验证上。然而，在智能手机已普及的现在，信息传达速度相当快，这样的创新曲线模型早已过时。

---

① 先行者（First Mover）指的是第一个开拓出新市场的新创事业。

② 杰弗里·摩尔为市场营销顾问。在他1991年的著作《跨越鸿沟》中提到，早期采用者和一般多数（majority）之间有一道鸿沟（chasm)，许多失败的商品就是落在这个鸿沟内。该书的日语译本为《鸿沟 Ver.2 增补改订版 让新商品突破困境的“超”市场营销理论》（翔永社出版）。

现在已不像过去般，慢慢等待市场接受商品，进而培养出早期大众。而是分成试用顾客（喜欢尝试新东西的顾客）与跟风大众（在一般顾客中爆发性成长）两个阶段，迅速渗透至市场。

创新曲线改变了。现在的使用者只要看到有点兴趣的东西就会去试试看，当有使用者被感染并产生热情，就会迅速传出口碑、引起热潮，席卷整个市场。这种模式的产品越来越多。

最近的例子如“精灵宝可梦 GO”、以比特币交易个人价值的“VALU”①、只要上传照片就能进行典当的“CASH”②等，都是通过社交媒体在短时间内爆发热潮。

“深度连结（deep link）”的普及，更是加速这种趋势。深度连结能够让使用者直接从网站跳到苹果手机或安卓的应用程序（app）画面。举例来说，若用户在脸书上的动态消息中看到有兴趣的 app 广告，在点击后便可直接下载该 app，并马上开始使用。深度连结的普及改变了使用者的习惯。

此外，末端顾客于众筹③网站上看到喜欢的尖端产品时，可通过小额赞助成为赞助者或试用者，并给予开发商适当的回馈。

现在的新创事业不需要等待使用者数超过某个特定值，只要有了一定量的试用者回馈，就能以此为基础再次琢磨产品。在商品的生命周期变快的现在，正是向这个世界提案新产品，打造新创事业的好时机。

---

① VALU（东京涩谷区）的用户可以发行代表个人价值的“VA”。VA 类似股票，可以用比特币进行交易。

② “CASH”是 BANK（东京港区）所运营的服务。使用者以智能手机拍下自己想卖掉的物品，并传送照片后，便可马上获得以该物品作为担保品的贷款。最后可选择将贷款加上手续费归还，或者将该物品交给运营方。

③ 众筹的代表性运营公司包括美国的 indiegogo 和 Kickstarter，日本则有 Makuake、CAMPFIRE、READYFOR 等。

寻找没有替代方案的构想

克莱顿·克里斯滕森的名著《创新的两难》的日文版修订者玉田俊平太在他的著作[①]中提到，克里斯滕森常说："在思考新创事业方向时，应以非消费者为目标。"所谓的非消费者，指的是对这样的消费完全没概念的顾客。克里斯滕森认为，如果顾客原本对这样的消费完全没概念，较容易接受简单而便宜的产品。

也就是说，当市场上不存在可替代的服务时，代表这项服务没有先例、没有既有的消费者。假如创业者能发现这样的市场，并使产品达成"制作出人们想要的东西"的话，便能获得很大的成长。

若你到新兴市场，会发现没有人在使用只能通话的功能手机，几乎所有人都在使用智能手机。虽然诺基亚的简单型手机曾打入某些新兴市场，但多数消费者要打电话时仍以使用固定式电话为主。当便宜的智能手机进入印度与中国等新兴市场后，智能手机的市场占有率便迅速超越了功能手机。

另一方面，中国的去现金化速度也在日本的10倍以上。举例来说，通讯应用"WeChat(微信)"[②]可借助读取条形码的方式完成支付(微信支付)，其使用人数已超过了两亿人。现在连街边小摊都经常使用这种支付方式。

因此，假设有人开发出了用区块链技术实现的智能手机汇款系统，也不应选在ATM和网上银行已普及的先进国家创业。把目标放在印度尼西亚或菲律宾等国家，一口气扩大市场的机会可能更大一些。

---

① 《日本创新的两难》(玉田俊平太著，翔永社出版)。

② "WeChat(微信)"是由中国的IT企业腾讯所提供的通讯app。相当于日本的"LINE(连我)"。

将已在新兴国家市场琢磨过的产品拿到先进国家上市，称为逆向创新（reverse innovation）。举例来说，共享单车“Mobike”[1]在中国创业，提升在中国的市场占有率，持续琢磨他们的产品，之后才陆续在日本、美国、英国等先进国家市场上市。像这种由新兴国家开始的逆向创新越来越常出现，也成为了典范模式转移高速化的原因之一。

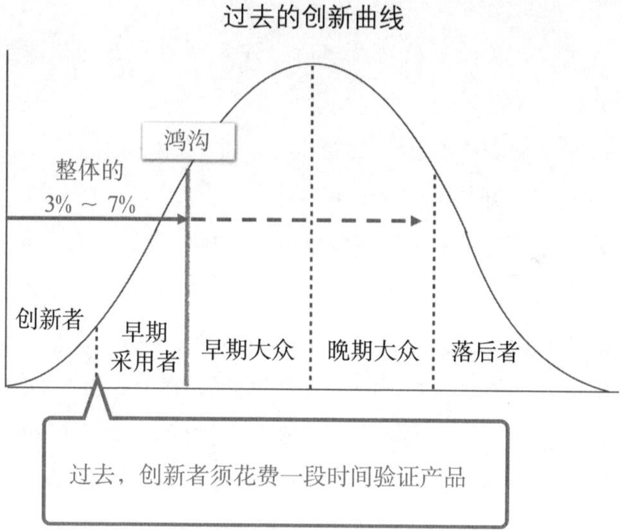

图 1-1-10

忠诚循环的剧烈变化

典范模式转移的加速还有一个很重要的原因，那就是大数据与

---

① Mobike 为中国北京市的新创事业，在日本福冈市设有据点，2017 年 8 月末时，在札幌市开始提供服务。https://mobike.com/jp

智能手机的普及，让使用者对服务的忠诚循环也极端地高速化。

所谓的忠诚循环，指的是听过这个产品的人在开始使用后逐渐喜欢上产品，并以用户的身份持续使用，且越用越喜欢，成为一个循环。

过去的忠诚循环中，会通过媒体上的广告“引起顾客注意、使顾客产生兴趣、激发顾客欲望、强化顾客记忆、促使顾客行动”，也就是所谓的 AIDMA[①]模型。用户会花上一段时间选择一个产品或一项服务，验证是否有使用的价值。

然而，在智能手机普及之后，许多网络服务却不适用于如此漫长的 AIDMA 循环。

在网络服务大量出现的情况下，忠诚循环的入口，也就是顾客历程的起点（开始使用 app 的契机）急速增加。假如要让使用者黏着在某项服务上，该如何建构接下来的故事就是一大重点。

在第一时间发送出信息，借助用户的口碑推广服务，增加与用户的接触频率，提高服务的“大脑占有率”(mindshare)，使服务的黏着率上升。最后将可提升顾客终生价值（单位用户的终生价值）。

几乎所有服务都会有“首月免费”的免费增值（freemium），让使用者先试试看，如果觉得好用再购买。于是顾客能先随意试用，用到一定程度后转变成忠实使用者，黏着于这项服务（舍弃其他替代方案），这就是新型态的忠诚循环。

让我们以 J 联盟的足球直播服务为例来说明这个过程。过去人们会使用 DVD 录下影像，故 CD、DVD 商店会贴很大的广告海报，且商家会利用传统的四大媒体（足球杂志、广播节目、电视的足球节目、

---

① AIDMA 为引起注意（Attention）、产生兴趣（Interest）、激发欲望（Desire）、强化记忆（Memory）、促使行动（Action）的一连串过程。

体育报纸）来引起观众的注意。

不过到了现在，如果要吸引喜欢足球的潜在观众，在搜索引擎放上广告、在优兔（YouTube）放上前导广告（teaser）[1]影片、在脸书放上广告影片等方法会更有效率。

新的创新曲线

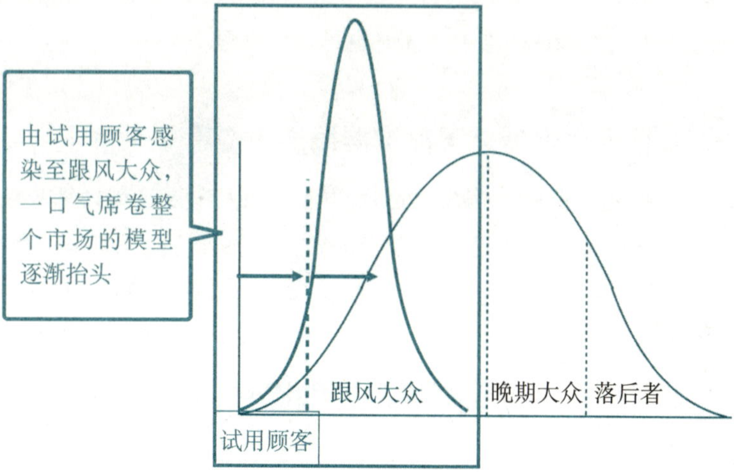

图 1-1-11

举例来说，如果有“首月免费”的活动，那么 J 联盟的狂热粉丝就会马上跑去申请。如果他们获得了很棒的观赏体验，就会想购买一整季的影片直播服务，成为黏着度高的使用者。

而如果商家针对持续使用的顾客推出更多免费增值服务、定额

① 前导广告会隐瞒部分产品元素，以引起用户的兴趣。汽车与智能手机厂商在公布下一代产品时，常只公开其中的某些元素吊人胃口。而放在影片网站上的前导广告，就称作前导广告影片。

订阅服务[①]等，以留住顾客，并快速搜集来自顾客的回馈，基于这些回馈意见持续改善服务，就能够提高粉丝的质与量（高顾客终生价值、低解约率）。

新创事业应该要避免的七种构想

在本节最后，让我们将新创事业应该要避免的七种构想整理出来，作为自我验证的参考，同时也可当作复习。

1. 任何人乍看之下都觉得很棒的构想

乍看之下很棒的构想，通常已有其他人做过，却大都失败了。要是这样的商业模式还不存在于世界上，很有可能是因为不存在达到“制作出人们想要的东西”的道路，或者已存在着很好的替代方案。

就算你从网络上找不到竞争者的存在，世界上的某个角落中，有个优秀团队在进行准备的概率几乎100%。因此没有必要特地闯入这个市场。

2. 利基过小的构想

就算创业者有一个疯狂的构想，也不代表找到利基后，抢下市场就稳了。创业者除了确定市场当下存在利基，未来也需要有一定的成长空间。

2013年登场，以奇特设计的产品为卖点的电子商务网站Fab.

---

① 许多定额订阅服务会使用一项名为“Net Promoter Score”的指标，估算顾客将商品、服务推荐给其他人的可能性。为使商品持续拥有很好的口碑，并提升商品本身的魅力，企业会持续搜集来自使用者的回馈。

com 就是一个失败例子。该网站以会冲动购买设计奇特商品的顾客为目标，主打“偶然相遇（serendipity）”。

然而其利基市场就只有会冲动购买奇特商品的使用者，这样的利基市场实在过小。Fab.com 当初募集了 400 亿日元的资金，最后却没能规模化，并以 15 亿日元的价格卖出。

3. 只是刚好做得出来，不是自己想做的构想

2015 年登场的产品“SEMG Pod”是一款能够检测肌肉运动的穿戴式装置。SEMG 指的是表面肌肉电位，不过这种测定方式并不是很新的技术，创业团队只是因为做得出来才做这个产品，而不是因为自己有什么待解决的问题，这也成为了他们的失败的原因。

4. 没有根据、流于空想的构想

“KOLOS”是一项让用户在玩平板电脑上的赛车游戏时，可以操控游戏中赛车的产品。平板电脑可放置在相当于方向盘的位置上，用户则看着上面的画面进行游戏。团队于众筹网站 Kickstarter 上募集到一亿日元的资金，却没能实现这个产品。

事实上，该创业者一开始甚至连平板电脑都没有，只是单方面想象“这种东西应该有需求吧！”并在 Kickstarter 上获得部分人士的支持，却在开发过程中完全没有进行问题的验证，才导致失败。

若使用众筹网站募集资金，有时会出现这样的例子：创业者在上传了概念影片后，募集到了必要以上的资金，却没办法把这些资金退回去。这就是在没有实现“解决顾客问题”（CPF）的情况下，只达成了表面的“制作出人们想要的东西”的状态。

如果一开始这项产品的目标客户群仅定位成那些愿意在众筹网

站上赞助的人们，把产品做出来卖给他们就算了也无妨。不过，如果一开始就希望未来能够规模化，就必须验证这样的产品能够解决哪些问题才行。

5. 只用数据分析得到的构想

2011 年，提供优惠券与团购服务的高朋（Groupon）登陆日本时，市场上出现了许多山寨版。其中一半以上的企业都遵循着高朋（Groupon）的机制，计划攻下高朋（Groupon）尚未拿下的市场，但最后都以失败告终。

新的忠诚循环

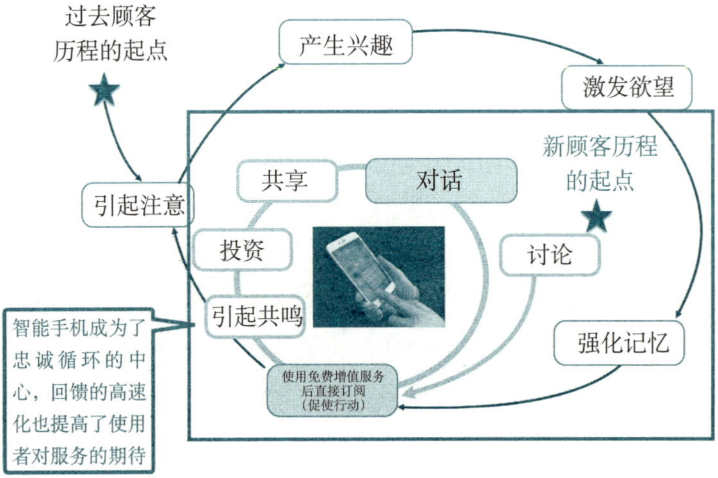

图 1-1-12

他们从上方俯瞰整个市场，寻找尚未被占据的空间，仅做到了由上而下的分析。却完全没有规模化计划，创业者也没有自己的想法。

以这种方式开始的新创事业没办法好好琢磨产品，当市场环境出现些许的改变时，将无法进行适当的轨道修正（修正轨道），许多案例便是在空想中自己分解。

6. 会演变成激烈竞争的构想

在高朋的山寨热潮结束后，2012 年左右掀起了另一波与社交网站有关的创业热潮。当时典范模式转移已逐渐进入终盘，市场上的既有业者与新加入的业者却进行着激烈竞争。新加入的业者即使拥有其他后进者所没有的竞争优势，却难以在与大企业的价格持久战中获得胜利。

新创事业的战略第一要务就是“要避免竞争”，这点请随时铭记在心里。

7. 难以用一句话表达的构想

“要用什么方式解决谁（顾客）的什么（问题）。”如果没办法像这样用一句话讲出你的构想的话，就表示构想琢磨得还不够。要做出能对这个世界带来冲击的产品，突显出产品核心是一大重点。假如能够用一句话明确地表示出你的构想，就可以减少创业合伙人彼此间的误会，也容易凝聚对此问题有共鸣的成员。

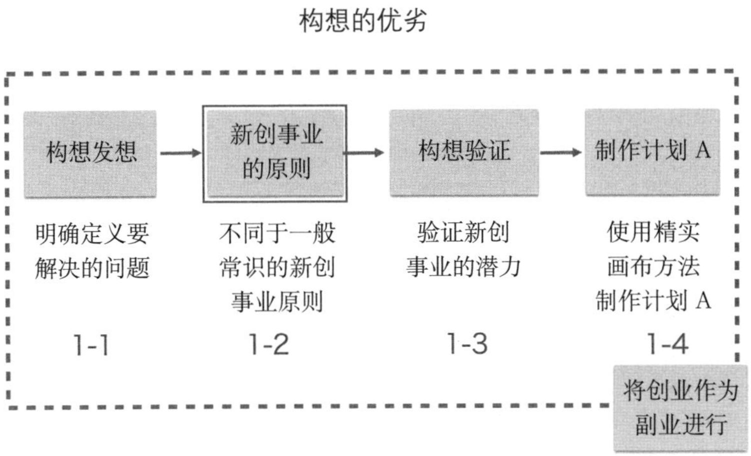

图 1-2-1

1-2 了解新创事业的原则

新创事业与小型企业的差别

从我以一个创业投资家的身份开始活动后，每天都会有许多创业者和我联络。他们大都是为了募集资金才来找我，并会说着“这个商业模式的市值总额约为 5 亿日元，这次我们想要募集 7 000 万日元，请您考虑一下这笔投资”之类的话。

然而，仔细听他们所说的内容，会发现许多人并不是要展开新创事业，而是要开一家小型企业（small business）。

新创事业与小型企业的差别

	新创事业	小型企业
成长方式	J型成长 若是成功，可在短期内获得巨额报酬	线性成长 确实可获得还不错的报酬
市场环境	未确认是否真的存在市场 在不确定的环境下进行竞争 时机相当重要	已证明市场存在 市场环境变化较小
规模化	初期规模很小，但可以一口气触及许多人	可由少数客户群慢慢成长 即使顾客少也经营得下去
利害关系人	创投基金或天使投资者	自有资金、银行
执行动机	股票选择权在公司上市、被收购后的资本利得	稳定的薪水
潜在市场范围	在任何地域都能提供服务，调集到劳动力	只在特定地域提供服务，并使用当地的劳动力
创新方法	重新定义既有市场的破坏式创新	以既有市场为基础的持续性创新

图 1-2-2

许多创业者并不了解新创事业与小型企业的不同。

其中也有人认为“自行开业＝创业”，然而自行开业大多属于小型企业，只有一小部分是新创事业。新创事业与小型企业有所不同，得持续琢磨自己的构想才行。接着让我们从这两者的差异，进一步思考新创事业是个什么样的组织吧。

差异 1　成长方式

在新创事业的理想曲线中，现金（手上拥有的资金）会先减少，降幅逐渐趋缓后突然暴增（像是二次函数般，有时甚至可以用三次函数描述），看起来就像一条 J 形曲线。事业成功的话，可以在短期内获得巨额报酬。

另一方面，小型企业不管在员工数目的增加、商品种类的增加、店铺扩张等方面，在初期阶段都是像线性函数（一次函数）般缓缓成长，脚踏实地地获得还不错的报酬。

差异 2　市场环境

这项差异应该是最易理解的。小型企业是以既有的市场为目标，另一方面，新创事业却是把目标放在连是否存在都不确定的市场上，所以在创业初期需要从发现构想、假说验证等开始。

因此，新创事业瞄准的是高风险、高报酬的构想。而本书的目的就在于降低创业的风险。

另外，由于市场的不确定性很高，所以切入的时间点相当重要。

举例来说，如果想开一家很漂亮的咖啡厅，什么时候开业都可以。让人能放松心情喝杯香醇咖啡的价值，以及咖啡厅的商业模式须具备的要素等，现在与 10 年前并无太大差别，恐怕 10 年以后也不会有什么改变。

不过，就像我们在 1–1 所介绍的，以打造智能型幼儿园为目标的新创事业 UNIFA，选在现在这个时间点创业，便有其意义在。如果在 5 年前创业，从机器人制造成本与智能手机普及率等外部环境条件看来，大概不容易成功；而如果是 5 年后，市场应该已经饱和了才对。

因此，创业者在准备要创业时，一定要针对“为什么要在现在创业？”这个问题，给出一个合理的说明。

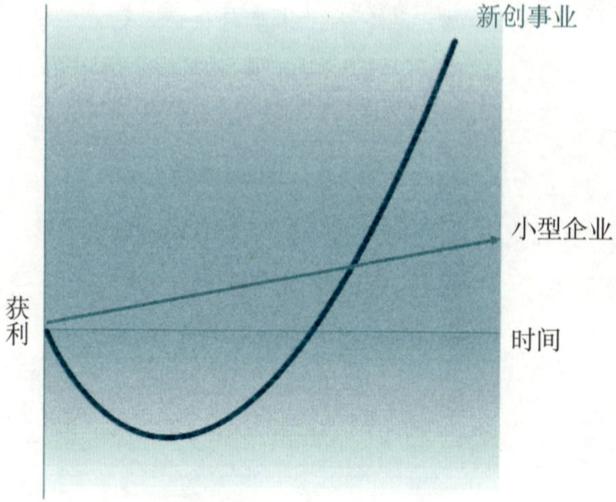

新创事业会在短时间内快速成长
小型企业则是会慢慢地成长

图 1-2-3

差异3 规模化（扩大事业）的意义

新创事业若能达成本书第一章至第五章中所说明的五个阶段目标，便能够一口气规模化，或者也可以说“创业是否成功，就取决于能否规模化”。在新创事业超过一定规模的瞬间，便可借助网络效果（顾客越多，每一位顾客所获得的好处就越大）以及规模经济效应，一口气席卷整个市场，形成二次函数般的成长曲线［如脸书（Facebook）、谷歌（Google）、爱彼迎（Airbnb）、Mercari 等］。

另一方面，小型企业已有既定市场存在，能够制造已达成“制作出人们想要的东西”的产品并借此展开市场，所以比起规模化，更应重视事业的获利（单位经济效益，unit economics）。只要能确保事业的获利，就没有必要赌上企业的存亡去进行规模化。

差异 4 利害关系人

提供新创事业资金的是创投基金或天使投资者（个人投资者），而提供小型企业资金的则是银行或信用合作社等金融机构。

创投基金对于出资所要求的回报为资本利得（卖掉股票的获利），所以只会投资在未来有可能一口气规模化的新创事业。而金融机构所要求的回报大都是固定报酬（利息），所以只会投资在有担保品或有过去业绩作为基础的健全获利预测的商业模式上。

差异 5 潜在市场范围

像拉面店、摩托车快递、理发店这种，仅限于某商圈内的商业模式并不算是创业。

如果是以经营商标为目标，消费者有可能会扩及全国，然而产品本身仍只能在某些商圈内买到，所以也只能算是小型企业（要是有地理限制的话，便不可能产生二次函数般的成长）。

差异 6 创新方法

就像是脸书改变了人与人之间的交友方式，就像是智能手机改变了我们的生活形态，许多新创事业所带来的破坏式创新打破了既有市场的秩序。

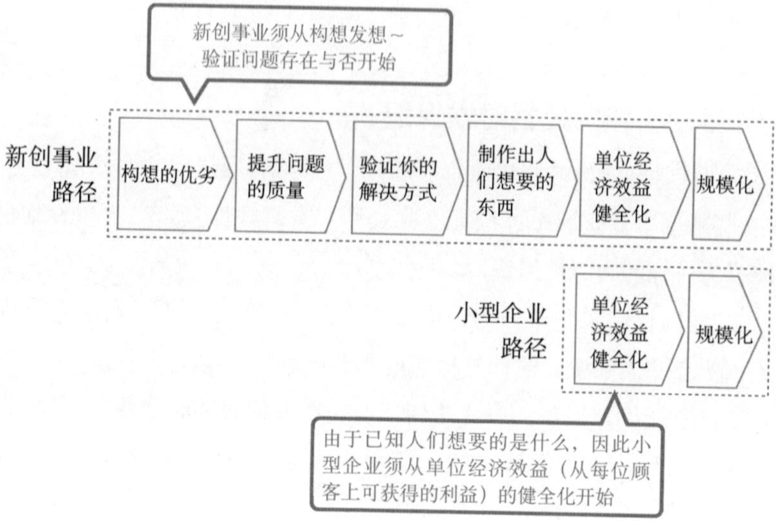

图 1-2-4

以改良既有市场为目的的持续性创新，并不是新创事业该去做的事。

我并不是要在这里否定小型企业。重要的是，新创事业与小型企业的前提完全不同。

在已达成“制作出人们想要的东西”的状态（已清楚知道市场或人们想要的东西是什么的状态）下开始经营的小型企业，不论是价值提案或解决方案，大都已有可参考的答案，因此如何有效率地执行，才是经营的重点。也就是说，若要提升竞争力，关键在于流通方式、广告、价格、商品齐全度等。

与之相较，创业者所面对的不确定性，是小型企业经营者难以想象的。要创业就必须有这样的觉悟才行。

不过，只要能达成“制作出人们想要的东西”，顺利规模化的话，将获得相当丰硕的果实。拥有脸书两成股票的 CEO，马克 · 扎克伯格（Mark Zuckerberg）的个人资产就将近10兆日元。

新创事业只是暂时性组织

以优秀创业教育家著称的史蒂夫·布兰克将新创事业定义如下[①]：

“新创事业是一个以探索有成长性、有再现性、能够获利的商业模式为目标的暂时性组织。”

“暂时性组织”这样的评论可能让人听不习惯，不过对于有志成为创业者的人来说，这却是相当重要的一点。

也就是说，当新创事业达到“制作出人们想要的东西”，并顺利规模化之后，重点就该由新商业模式的探索转向经营效率的提升，逐渐转变成“一般企业”[②]。

这是每一个新创事业都无可避免的过程。即使核心成员都相同，也不代表团队必须永远停留在新创事业的阶段。随着创业的进展，成员们也必须有所改变（进化）才行。

创业界中有一个词是“僵尸创业”。这是指创业开始后10年、20年还没办法规模化，却也没有倒闭的公司。

事实上，这样的公司也不少。它们大多在一开始时募集了足够的资金，却错过了首次公开募股（IPO）的时机，而当时为了确保公司活得下去而接下的业务（包括各种委托以及顾问工作），不知何时竟成为了该公司的支柱。

有些新创公司从创投公司那里获得资金援助，却没有规模化，

---

① 史蒂夫·布兰克的发言引用自以下网页。
https://steveblank.com/2010/01/25/whats-a-startup-first-principles/

② 在新创事业进入规模化阶段，转变成一般企业后，自身公司仍可继续研发市场上尚未被定义清楚、如新创事业般的产品或服务。

也没有被收购，而是转为小型企业经营。当创投公司想要回收资金时，手头上的资金却已用尽，只能解散。

谷歌（Google）、苹果（Apple）、脸书（Facebook）、亚马逊（Amazon）等公司，是许多创业者憧憬的目标。然而，这些公司已经规模化，现在的它们并不属于新创公司（这些企业虽然也试着发展各种新事业，但基本上，它们还是从确实成长的本业赚取资金，再将其投资于新事业上。组织本身并不属于新创事业）。

归根结底，新创事业是让产品的市场大小从“0”转变成“1”的组织。人们所说的连续创业家（serial entrepreneur）便十分擅长琢磨构想，使其达成“制作出人们想要的东西”，由“0”转变成“1”。他们对此充满着热情。

当新创事业规模化，转变为一般企业时，管理阶层会被要求拥有扩大事业的能力，以及保持组织整体动力的能力。这个阶段所要求的是从“1”到“100”的能力，故管理阶层的任务与新创事业会有很大的差异。

“Start”之后，可以“Up”吗！？

曾我弘[1]先生是一位传说中的创业家，也是我的导师之一。

曾我先生从新日本制铁（现在的新日铁住金）退休后，移居至硅谷，并在那里创立了7个公司，前6个公司以倒闭收场。而第7个公司Spruce technologies，则在与史蒂夫·乔布斯（Steve Jobs）直接交涉后，于2001年卖给了苹果公司。

曾我先生曾对我说，世上的创业几乎都“只是模仿个样子而已”。

---

① 曾我弘所创立的Spruce technologies致力于DVD的编辑、管理系统的研发。

连路径怎么走都不清楚的状态下勇敢地“Start”，并在短时间内交出“Up”的成果。若没有这样的觉悟,则称不上是创业（startup)。

Y Combinator（YC）的创业团队之一，保罗·格雷厄姆（Paul Graham）也曾说过：“新创事业应该要是一个急速成长的企业。就算拥有尖端技术、有来自创投公司的投资、有被收购的战略，只要没有急速成长的话,就不能叫做新创事业。”[1]这和曾我先生的说法一致。

在达成“制作出人们想要的东西”之后，应健全化单位经济效益[2]（从每位顾客上可获得的利益），在大企业还没进入市场时，一口气规模化席卷整个市场，这就是新创事业的宿命。

想要创业的人们，应该把这件事铭记于心。

你能对 97% 的常识说不吗?

如同至今我们所看到的，经营新创事业与经营小型企业（一般企业）有很大的不同。经营一般企业时用到的常识，在新创事业的初期几乎都没什么用。

YC 的总裁，山姆·奥尔特曼曾说过：“新创事业的创业者需要对 97% 的常识说不。”[3]

接着我们将会介绍一些适用于一般企业，但却是新创事业需要避免的行动与思考方式。让我们来看看专注于琢磨构想的新创事业，与一般企业会有什么不同吧。

---

① 保罗·格雷厄姆的发言引用自他的个人网站。
http://www.paulgraham.com/growth.html

② 单位经济效益的健全化将于达成“制作出人们想要的东西”后的第五章中详细说明。

③ 山姆·奥尔特曼的发言引用自以下演讲。
http://www.youtube.com/watch?v=CBYhVcO4WgI

差异 1 制作过于详细的事业计划

许多新创事业会在初期阶段便制作详细的事业计划。曾在大企业做过企划管理工作的人特别容易做出这种事。

他们常以为，将计划做得越严密、考虑的范围越广、说明得越详细，投资者应会更容易接受这项计划才对。

但事实上，当新创事业将产品或产品原型拿到顾客面前给他们使用，并获得顾客回馈后，最初的问题假说①以及解决方案假说，很有可能需要大幅更动。

即使创业团队在一开始建立了详细的计划，并设计了用以验证绩效的 KPI（关键绩效指标），作为其前提的价值提案或问题假说也很有可能说变就变。这么一来，之前拟出详细计划所花费的时间就白白浪费掉了。

对于新创事业来说，产品的持续迅速改善（sprint）与修正轨道（pivot）是常有的事。以不考虑修正轨道之可能性为前提，制作出长达 10 多页，详细说明了商业模型的策划书，从根本上来说就是错的。

此外，如果事先做好详细的计划，就会倾向把达成这个目标当作正确答案。若以此为前提进行创业的话会很危险。这使得创业团队无法彻底验证问题假说与解决方案假说是否正确，而这正是创业最大的风险。

我曾看过某些创业者会进行严格的绩效预算管理。在剩下的跑道（runway②，距离资金见底前还有多少时间）中，为了不让资金枯

---

① “问题假说”指的是创业者认为使用者可能有什么样的痛点，而解决痛点的可能方法就称作“解决方案假说”。

② runway 指的原本是机场的“跑道”。这里指的是计算每个月必要的资金（资金消耗速率，burn rate）后，预计距离新创事业的规模化（起飞）还能撑多久。要是在规模化之前就冲到“跑道”尽头的话，新创事业便会死亡。

竭而慎重使用预算固然是很重要的事，然而，与其为了节省预算而消耗大量劳力，不如把这些钱用在产品的持续改善上，快速、反复进行改善还比较恰当。

差异 2 制作精准的财务预测

同样的，在“制作出人们想要的东西”之前制作精准的财务预测也是没有用的。

当然，在 A 轮融资、B 轮融资等阶段提出有一定完成度的营收计划，且实现可能性高的财务预测，对创业来说是很重要的事。但如果商业模式的前提还不明确，仍在构想验证（verification）阶段时，财务预测完全没有任何意义。

以前，一间仍处于种子期的新创事业公司请我作顾问，他们的财务负责人想先做出财务预测。

虽然我全力阻止他这么做，但他最后仍做出了为期 5 年的财务预测，并通过 DCF 法（由未来获得的现金流为基础计算出企业价值的方法）计算出当下的市值总额。

在达成“制作出人们想要的东西”以前，即使只是小幅度地修正轨道，像是销售方式稍有变更之类，便会使这些试算工作的前提整个改变，让之前算的结果完全失去意义。如何运用宝贵的时间，在对的时机“画大饼”，是对于创业者的一大考验。

顺带一提，像我们这样的创投公司，有时候会从仍处于种子阶段的新创公司收到做得相当精致的财务预测，但其实看了意义也不大，因此我从来都没有打开过相关档案。

差异 3　执著于精致的报告书

制作精致的报告书也是浪费时间。曾在一般企业工作过，已习惯他们的报告途径（reporting line）的人，总会认为“制作报告书”给上司看是很重要的工作。许多会计部门出身的人会致力于制作会计报告，曾担任主管的人则会制作绩效报告。

然而，对于新创事业来说，用报告这种形式来进行定型化考核，或期中、结果报告并不是一件很重要的事。

比起这个，新创团队更该把时间花在进一步探究那些在既有框架下看不到的顾客意识（顾客洞见）、发现潜在问题、找出隐藏在市场内之构想的秘密，然后迅速地传达给所有成员知道才对。

差异 4　“大部分的人都觉得不错”的创业计划

大企业擅长的持续性创新，是以自家公司过去的计划或竞争对手的计划为基础，试着做出再更好一点的产品。也就是说，如果你能做出“大部分的人都觉得不错的产品”，获得广大既有顾客的支持的话，上司就不会有任何意见，也会把你当作公司内的“优等生”。

但对于新创事业来说，制作“大部分的人都觉得不错的产品”却意味着失败。这种产品无法重新定义市场，达成破坏式创新的目的，要从目标市场上取得压倒性的市场占有率想必也不容易。就算之后能开始获利，在资金上不至于出现困难，也只能以缓慢的速度成长，就像是之前所提到的，一直无法规模化的僵尸创业一样。

比起“大部分的人都觉得不错的产品”，做出“能让一部分的人疯狂爱上的产品”，才是新创事业者的使命。

差异 5　制作详细的规格书

这是有系统工程师经验的创业家常落入的陷阱。新创事业应建立在快速的持续改善循环之上，没有必要制作详细的规格书。

“敏捷开发（agile development）”是开发风险最小的软件开发方式，“比起总括性的文件，更重要的是软件要跑得动”是开发业界的格言。有时间去写规格书的话，不如把那些时间拿来制作跑得动的产品，尽快获得来自顾客的回馈。

基本上，从开始写规格书的时间点起，工程师就与创业团队和顾客拉出了一道距离。无论如何，都应该要与团队站在一起和顾客持续对话，以琢磨自己的构想为优先才行。

疏于和顾客对话，觉得“因为自己是程序设计师，专心写规格书就好”，这种对工作自我设限的人，绝对不能让他成为初期创业团队的核心成员。

差异 6　执著于一开始想到的商业模式

这点与“制作过于详细的事业计划”共通。曾在过去的商业模式中获得成功经验的人，特别容易迷信、执著于一开始所建立的商业模式，认为那是最好的。

当然，确实有极少数的例子是靠着一开始想到的商业模式成功的。

airCloset 的社长天沼聪先生在 2014 年成立了这家主打女性顾客的服饰租借服务公司，从创业以来，他们的商业模式就未曾改变过，并顺利规模化。顾问出身的天沼社长想出了近 100 个构想，并访问了 200 人左右的顾客，彻底琢磨了他的商业计划。天沼社长曾在乐天担任过项目经理，相当了解要让一项生意成功的关键要素，是一位专业人士。

虽然不是没有这种一开始就能够找到最佳商业模式的例子，但如果创业进展得不顺利却又一意孤行的话，将是最可怕的事，这会让创业者永远都做不出顾客需要的产品。

成立新创事业时，需要视顾客的反应随时改变商业模式。不要不敢去否定一开始的构想，而是该从这个过程中持续学习。

差异 7　过度重视与其他公司的竞争

意识到潜在竞争者的存在并不是件坏事。此外，关注能够左右商业环境的大型公司，如谷歌、亚马逊的动向也是件很重要的事。

然而，若把竞争者当作指标，有“那家公司都这么做了，所以我们也要这么做”这种想法的话，就成为了他们的追随者，等于一开始就认输了。再怎么紧追在后，也无法找出顾客洞见，在竞争中永远无法居于优势。

差异 8　过度重视产品的市场区隔

有营销经验的创业者，常会把做出“市场区隔”挂在嘴边。然而对于新创事业来说，市场区隔仅是结果论的产物，并非创业的目的。“做出与竞争对手有市场区隔的产品”这样的想法很常见，但这并没有考虑到顾客的声音，却落入了开发者的陷阱。

制作新产品的时候，不应以做出市场区隔为目的，而是该以如何提供更好的使用者体验为基础进行开发。

差异 9　追加许多“可有可无”的功能

我常看到许多创业者想着“如果有许多方便的功能，用户也会很满意”，于是在创业初期就在产品上安装了许多“可有可无”的功能。

然而，能否达到“制作出人们想要的东西”，并非取决于产品有多少“可有可无”的功能，而是取决于产品是否安装了“必要”的功能，使其能够解决造成顾客痛点的大问题。

因此，新创事业应该要投注心力在“必要”之核心功能的提升，彻底埋首于该功能的实现。

而且，如果一开始产品的功能过多，会模糊掉核心功能的存在，使创业者难以验证是哪一项功能吸引用户使用这项产品或服务。在达成“制作出人们想要的东西”、准备要规模化的阶段，再来考虑追加“可有可无”的功能也不迟。

差异 10　一开始就很坚持产品设计与产品操作性

这是设计师常犯的错误。只要不是硬件产品，产品设计与操作性的细节等应该在之后再来考虑。

为了提升设计细节的完成度而投入资源，只是在浪费时间与金钱而已。在完成度 70% 左右时，迅速生产出产品原型，以获得顾客的回馈才是最重要的。等完成度达到 80% 或 90% 之后，再来改善细节也还来得及。

差异 11　一开始就进行系统自动化、最优化

这是技术高超的工程师们常犯的错误。

现在，即使是人工智能（Artificial Inteligence，AI）的深度学习（deep learning）这种复杂的技术，工程师也可利用身边软件内的函式库（library）[①]任意操作。

---

① 函式库指的是为了实现有某项功能的程序，利用其他程序制作出来的“功能集”。新增产品功能时，只要知道如何呼叫出想要的功能，就不需要亲自写出程序代码。

因此，有些仍在创业初期的创业家在进行简报（pitch）时，会做出“我们公司将会利用人工智能技术进行流程的自动化”之类的说明。在初期阶段就考虑要将系统自动化、产品最优化的新创事业，等于是在彻底验证自己的构想之前就想着成长之后的事，实在为时过早。

在需要仔细倾听顾客的声音，以验证构想的初期阶段，不应放任人工智能自行理解顾客的意见，而是要由创业者自己想办法理解才对。

举例来说，东京的世田谷区有一个新创事业，正试着开发出能针对学生理解程度，在命题时列出适合问题的人工智能，并用这个产品作为补习班运营的方针。

创业者神野元基在着手进行人工智能开发之前，先以纸张制作专用教材，在自己经营的补习班内反复验证自己的假说。在确认到一定成果之后，才邀请认识的工程师加入，委托他们进行产品原型的开发。这才是开发新产品的正确顺序。

差异 12　在商业模式还没确定之前就雇用大量人手

愿景是企业的基础，商业模式建立在此之上，产品、用户体验、商业模式的建立则是之后的事。

换句话说，在“制作出人们想要的东西”之前，团队还没摸清楚商业模式，因此公司内的工作流程与成员分工应持续保持着模糊的状态。当商业模式改变时，就可以立刻重新分配拥有不同能力的人才。

因此，在商业模式还没确定以前，不应积极雇用大量人手。新创事业的初期阶段，包括创业者在内，团队成员应在 10 名左右，且每位成员必须有什么都要做的拼劲，不应执著在分工上，只选择自己想做的事做。

特别注意的是，不要过早雇用拥有特殊技能的人才。特定领域的专家常会提出最直接的解决方案。由这样的人才所开发出来的产品就不是问题导向,而是解决方案导向的产品。如果之后要修正轨道,就有可能会改变产品的必要要素，以此为前提，创业者必须谨慎考虑成员人选。

举例来说，为了进行市场验证而制作拥有最低限度可行性的产品，即最小可行产品[①]时，邀请图像辨识算法的专家加入团队，并给予10%的股份。然而当团队收到顾客使用最小可行产品后的回馈时,发现重要的并不是产品的图像辨识而是声音辨识，那么一开始给予该工程师的10%股份就白白浪费掉了。

因此，对于现在的新创事业来说，招募一位了解许多技术的通用能力高的人才作为技术负责人是一件非常重要的事，甚至可以说是决定新创事业生死的关键。

即使开发产品时所需的技术在修正轨道时稍有改变，一个好的技术负责人仍能保持着宽广的视野。在非自己专业领域的工程师进入公司时，也能够正确评估出该工程师的价值，不管碰上什么样的状况，都能在带领团队前进时保持着灵活度。

差异13　参加许多与本身产品无关的聚会

令人遗憾的是，世界上有很多想成为创业者的人都只是嘴巴上说说而已（我把这样的人叫做wanna–be startup)。

这类创业者很喜欢参加交流活动，以他们为目标而举办的活动

---

① 最小可行产品（Minimum Viable Product，MVP）是为了获得使用者的回馈而投入市场，安装了最低限度功能的产品。我们将在第四章中详细介绍。

也相当多，大公司的新事业负责人也会为了“搜集信息”而参加这类活动。因此参加这类活动时，总有种能够创造出什么东西的气氛。

但是，创业者最该接触的对象是自己的顾客，接着是与自己一起参与创业计划的伙伴们。和那些“憧憬创业者的人”与“搜集新创事业信息的人”会面所花费的时间并不符合创业者的成本。

我能够理解那些在学生时期就想要创业的人为什么会想参加这类活动，但如果要认真投入创业的话，应该没有时间去听其他创业者在讲什么才对。

差异 14　雇用经历辉煌的人担任营业经理或事业开发负责人

我明白有些创业者为了提升自己企业的价值、弥补经验上的不足，会想要雇用经历辉煌的人加入团队。然而要雇用这样的人，通常需要准备相应的“厚礼（如大量股份、选择权，或者极高的报酬等）”才行，这对新创事业来说有很高的风险。

创业初期，团队成员应该要不分彼此，一起处理各种事物才对。若团队中有人说出“我是以管理者的身份加入计划的，不想做杂事”“我是拥有实绩的工程师，才不去做客服的事”之类的话，想必那些什么事都做的成员也会觉得不公平。

这将使创业团队失去整体感以及主导权等被认为是新创事业特有的竞争优势。

当然，如果能够找到不在意低报酬，愿意与年轻成员们一起处理杂务，积极参与团队活动的人也很不错。但如果他们说自己“只坐头等舱”之类，要求要有和过去职位相同待遇的话，最好敬而远之。创业团队需要的并不是经理人，而是实行者（doer）。

差异 15 在商业模式还未确认以前，就签订合作关系或独占契约

我们常可见到某些新创事业的目标是与其他企业组成合作关系，一口气将产品规模化。确实也有许多公司在还没达成“制作出人们想要的东西”以前就走上了这条路。

举例来说，假设有个拥有优秀技术的新创事业，在创业初期就与大型家电厂商建立了合作关系，或与少数大企业签订了独占契约。如果契约中明确规定技术的黑盒化（专利化或机密化）要做到什么程度的话就还好，然而大公司常会要求解开技术黑盒，舍弃产品的泛用性而追求定制化。这么一来，新创事业就不再是新创事业，而只是通过接受委托来支撑运营的承包商，也就是小型企业。或许大公司能借此获利，但新创公司却会沦为失败者，而造成令人遗憾的结局。

新创事业为了要规模化，必须自己直接将产品送到顾客手上，以筑起竞争优势。依靠与特定企业的关系成长，且只能通过该企业，间接获得来自顾客的回馈，是新创企业应极力避免的情况。

在达成“制作出人们想要的东西”之后，能够在商业模式中获得合理利润时，再来考虑与其他企业建构合作关系也不迟。

在某些例子中，确实有经验丰富的创业者能在适当的时机，活用与大企业的合作关系扩大事业，但大多数情况下，应该要避免与单一公司签订独占排它契约，将“脱逃路径”保留下来才对。

差异 16 把焦点放在营销与公关却不直接与顾客对话

营销与公关确实是很重要的元素，但在达成“制作出人们想要的东西”以前招来再多使用者，也只是往破洞的水桶里倒水。就像

是服务不好、食物难吃的餐厅，却在积极招揽客人一样。

举例来说，假设你的新创事业刚做出来的产品刚好登上了TechCrunch这类专门报道新创事业消息的媒体。敏感度高的使用者看到网站上的报道后会想试试看，短时间内或许能增加不少使用者。

但是，当人们知道你们的产品其实还处于未成熟的阶段的话又会怎么样呢？想必应用商店(app store)的评论栏以及推特(Twitter)的推文，将会永远留下最坏的评论。

因此，在创业的初期阶段应该要着重在销售（sales）上。但这里说的销售并不是指把商品卖给顾客，而是与顾客直接对话，大量听取包含负面意见在内的顾客回馈，持续琢磨产品。创业者需要亲自到现场接触顾客，与顾客对话才行。

差异17 严格区分不同职位的工作

不管擅长还是不擅长，创业初期的成员们每件事都得做。

工程师要能够与顾客对话，客户开发人员也要懂得一定程度的系统。使用者体验更是要全员一起琢磨才行。

在创业初期，让所有团队成员一起建构商业模式是一件很重要的事。因此成员间私底下的交流非常重要，在这个阶段时，不应以擅长或不擅长为标准，将每位成员负责的工作彻底分离。创业成员们应该要持续学习有关事业的任何事项才行。

差异18 签订保密协议

有些创业者会在与投资者见面时签订保密协议（NDA）。然而这样的创业者并不明白两件相当重要的事。

首先，在投资者与新创事业的世界中有所谓的介绍文化。投资者们经常交流，并交换彼此的信息，谈论“之前我有看到一个很不错的新创事业”之类的话题。但如果投资者与新创事业签订保密协议的话，就没办法与其他投资者谈论这个话题了。

其次，构想本身其实没有太大的价值。

像是半导体或生物科技之类拥有划时代技术的创业，或许有必要以保密协议之类的书面数据保护。除此之外，构想只是一个“原石”，在这之后的产品开发与寻找顾客洞见①的过程中，持续琢磨产品才是更重要的事。

“构想本身是廉价的，实现方式才是产品价值的全部（Ideas are cheap，execution is everything.）。”②

不要忘了这样的观点。

前面也有提过许多次，新创事业在与顾客对话，反复检验过构想之后，一开始想到的构想大都会再修正轨道。若在一开始时便执著于自己的构想，出现想要守护这个构想的想法的话，就会限制住思考的范围与想象力，故须特别注意。

差异 19　承接过多的开发委托及业务委托

IT 类的新创事业为了确保运营资金，常会接受开发委托或顾问等工作以获得非经常性收入（non-recurring revenue，本业以外的营收），这是很正常的。脸书在缺乏资金时，其创业者马克 · 扎克伯

---

① 顾客洞见指的是借助访谈顾客等方式，导引顾客说出本人原先未意识到的真正想法、深层心理状态等。

② “构想本身是廉价的，实现方式才是产品价值的全部。”出自优步与推特的早期阶段投资者，克里斯 · 萨卡（Chris Sacca）的发言。

格也曾接受外部的系统工程委托。

然而，绝不能因此而疏忽了本业的进行，要极力避免接受长期开发的委托计划，以及难以脱身的工作。

无论如何，都应该要尽早将事业主轴移回经常性收入（recurring revenue，来自本业的营收）才行。

差异 20 过于依赖业界专家的建议

接触自己不熟悉的领域时，谋求业界专家的建议是很重要的一环。但如果把思考工作都交给他人的话，就显得过于依赖他人了。资金募集、人事任用、战略拟定等方面可以寻求专家意见，但做出最后判断的仍是身为公司所有人的新创团队，千万别忘了这点。

差异 21 积极接触创投基金

像金融科技、硬件开发、生物科技这类初期投资（设备投资或专利费用）庞大的新创事业，某些情况下确实要从一开始就积极募集资金。

但基本上，新创事业在达成“制作出人们想要的东西”，拥有一定驱动力（事业的推进力）之前，没有必要积极接触创投基金，或者积极争取登台简报的机会。未达成“制作出人们想要的东西”的新创事业简报缺乏说服力，公司估值也很低，只能以大量股份换取外部投资人的少许资金。在达成“制作出人们想要的东西”后，事业规模化的概率也跟着提升，这时再去募集资金，在交涉上会更加有利。

而且，如果一个新创事业有希望成功，他们的故事很快就会在创投基金界传开，马上就会有创投基金主动来敲门。在日本，积极的创投基金会从 PR TIMES、日经产业新闻、TechCrunch、THE BRIDGE、Pedia News 等报道新创产业相关信息的媒体中，仔细确认每一则消息，如果看到有趣的新创事业，就会主动上门询问。

在创投基金主动来敲门以前，拼了命地琢磨自己的构想是新创事业最重要的工作。

当问题与解决方案的验证结束，找到产品方向之后，再来认真募集资金就好。永远别忘记“现在的自己该专注在什么事上”。

丢掉假工作

YC 总裁山姆·奥尔特曼曾说过：“和应做的工作相比，假工作做起来更简单轻松。”[①]

不只是新创事业，许多商业人士常会说着“好忙好忙”，却把自己本来该处理的难题放在一边，把时间花在“假工作”上。

这么说或许有点夸张，对许多公司的员工来说，就算一直把时间花在无法增加客户价值的假工作上（像是为了开会而开会，在报告途径不只一条的矩阵组织中准备给多个上司的报告等），每个月拿到的薪水也一样。然而对于新创事业来说，如果不以最高效率催生出结果的话就会惨遭淘汰，根本没有花在假工作上的余力。

网络相册网站 Flickr 的创业者，亦为连续创业家的卡泰丽娜·费克（Caterina Fake）就曾指出“比起有没有拼尽全力处理问题，有没有处理到正确的问题比较重要”。[②]

---

① 山姆·奥尔特曼的发言引用自以下博客。
http://blog.samaltman.com/the-post-yc-slump

② 卡泰丽娜·费克的发言引用自以下网址。
http://www.businessinsider.com/working-hard-is-overrated-2009-9

新创事业的创业者应该要专注在了解顾客痛点所在，成为相关问题的专家，制作出顾客喜爱的产品才对。

在达成“制作出人们想要的东西”之前，90% 的时间都应该要花在找出顾客自己无法语言化的潜在问题（洞见）上，试着将其语言化、结构化，以找出问题真正的原因，并制作出可以解决的产品。其他工作的优先程度则应降到最低。

新创事业相当违反直觉

在达成“制作出人们想要的东西”以前别在意表面工夫

新创事业通常看起来会很“土气”。

1939 年，两位工程师在加利福尼亚州帕罗奥图的自家车库内创立了惠普公司（顺带一提，这间车库被视为硅谷的发祥地，现在亦被认定为历史建筑物保存下来）。

微软公司是由保罗・艾伦（Paul Allen）邀请当时还在哈佛读大学的比尔・盖茨（Bill Gates），于 1975 年创立的。一开始的办公室是在新墨西哥州的阿布奎基，那是一个外观不起眼，像日本长屋般的办公室。当时的照片中，完全看不出艾伦只有 20 岁出头，盖茨则完全是个少年。

如各位所知，2004 年创业的脸书是马克・扎克伯格就读于哈佛大学时，在宿舍里一步一步做出来的产品。

2016 年时，我曾访问硅谷一家做资料分析的新创事业。他们没有印着公司 logo 的豪华招牌，只有在办公室的门上贴着一张印有 logo 的纸而已。即使他们已从硅谷顶级的创投基金募得了近十亿日元的资金。

进到办公室内，在狭小的空间挤了约 10 名埋头苦干的工程师。

不过，该新创事业的创业者曾担任美国英特尔公司的首席科学家，拥有印度理工学院 Ph.D（博士学位）与近二十个资料分析专利，有着一身尖端技术。其他工程师也有着类似的辉煌经历。在壁纸已到处剥落、破破烂烂的办公室内，他对我说："我们的使命，就是取代掉世界上所有数据科学家与商业顾问。"让我印象非常深刻。

就像这些例子一样，在达成"制作出人们想要的东西"以前，新创事业的公司位于何处、长什么样子和成不成功一点关系都没有。只有在公司要规模化的阶段，需要募集人才或品牌化时，才需要开始做一些表面工夫。创业的初期阶段不应聚焦在这上面。

该忘掉的游戏规则

如同我们一直强调的，你在一般企业、学校、考试中学到并已习惯的游戏规则，在新创事业的世界中大都不适用。

就像 YC 的共同创业者保罗・格雷厄姆曾说过的"新创事业非常违反直觉"①一样，若不自觉地把过去的常识与思考方法套用在新创事业上，容易让自己陷入险境，故反而应该要"拿掉这些念头"才对。

接着让我们列举几个应该要被抛弃的常识。

1. 忘掉在满分 100 分的答案纸填上正确答案的游戏

不管是在学校还是在企业，都把没有犯错视为一种美德。换言之，人们都把能够在答案纸填上模范解答，获得满分 100 分的人视为优秀人才。

---

① 保罗・格雷厄姆的发言引用自他的个人网站。
http://www.paulgraham.com/before.html

但是，认为新创事业的事业中有答案纸或模范解答的想法，本身就是一大误解。

自行设定新的问题，并自己找出与之相应的独特解决方案，才是新创事业的目的。

2. 忘掉向上司做出完美报告的游戏

在一般企业中，员工的评价是由上司依照报告的优劣决定的。因此员工为了让自己看起来更优秀，会花费许多资源来做出更好的报告书。

但很明显，这在新创事业的世界中一点意义都没有。

3. 忘掉取悦多数人的游戏

每个人都希望被他人喜爱。想必许多人都曾经有过积极参加活动、想办法在社交网站交到更多朋友的时期，只为了让自己看起来很厉害、很会炒热气氛。

然而，这些努力并不是新创事业最直接的成功因素。相反的，最好把想让自己看起来更厉害这种“想被他人认同”的欲望丢掉。

如果你现在准备要做的事颠覆了至今的常识与手法，那么只会有一小部分的人能够理解你的想法，而无法理解的人就会在社交网站留下“这种产品红不起来”之类的话。这样也没关系。对新创事业来说，重要的是专心做出能让一部分人疯狂爱上的产品。

4. 忘掉慢慢改善产品的游戏

持续进行 PDCA 循环是一般商业的基本功。

不过，新创事业需要在资金与时间有限的情况下催生出结果，在许多案例中，与其一步步慢慢地改善细节，不如一口气修正轨道还比较好。把产品功能整个改头换面，瞄准不同的市场。等找到达成“制作出人们想要的东西”的路径之后，再来一步步慢慢地修正产品就好。到了那时，为了增加用户在产品上的黏着率，需要进行用户测试持续改善用户体验，并活用博客、社交网络等内容营销，逐渐增加接触到的顾客才行。

5. 忘掉击败许多竞争对手以获得第一名的游戏

与100位同期加入公司的职员彼此竞争抢出风头、在全国考试中争得好名次，拥有这类成功经验的人常会有很强的竞争心理。在竞争越激烈的环境下，他们的干劲就越强。

然而，新创事业并不是要和一大堆人一起竞争。而是应该要挑选竞争对手很少的领域，以席卷这个领域的市场利基为优先。先从独占特定市场开始，再慢慢拓展至周围的市场，才是新创事业的王道。资源有限的新创事业，并没有富余和为数众多的对手竞争。

6. 忘掉消化预算的游戏

新创事业的经营就像是特技飞行一样，消耗着有限的资金，在即将坠落之际想办法让它急速上升。像大企业那种“申请到预算后就想办法把它全部花光”的想法，一开始就要把它丢掉。

很显然，在募集到资金之后就开始挥霍，无端浪费资金或到处乱投资的创业家并不在少数。事实上，新创事业滥用资金的话会让投资者产生不信任感，当创业者想再募集更多资金时常会失败。

7. 忘掉从一开始就瞄准广大市场的游戏

以广大市场的顾客为目标，是大企业的策略。PayPal 的共同创业者彼得. 蒂尔也曾说过同样的话。新创事业若想要提升成功率的话，就要先从独占较小的市场开始。这可说是创业的定式。

亚马逊在创业开始的 3 年内只贩卖书籍，在获得了压倒性的市场占有率以后，才涉足影像及 DVD 产品等周边市场。重要的并不是顾客的绝对数量，在限定的市场内从竞争对手的手上获得压倒性的市场占有率才是重点。

8. 忘掉把事情进展不顺利的责任归咎到某个人身上的游戏

当工作出现差错时，大企业就会开始玩起寻找犯人的游戏。在报告途径固定的大企业中，明确追究责任所在，或许是管理员工时的必要之恶。在新创事业中，检讨责任归属也有其必要。但如果一直强调工作上的差错是因为谁的失败而造成的，就会形成害怕失败的企业文化。

真正重要的并不是“谁（who)”出了差错,而是“为什么（why)”会失败。

在新创企业中，该彻底检讨的不是“谁”犯了错，而是“为什么”会犯错，以让整个组织都能深刻地学习到这个教训。

构想的优劣

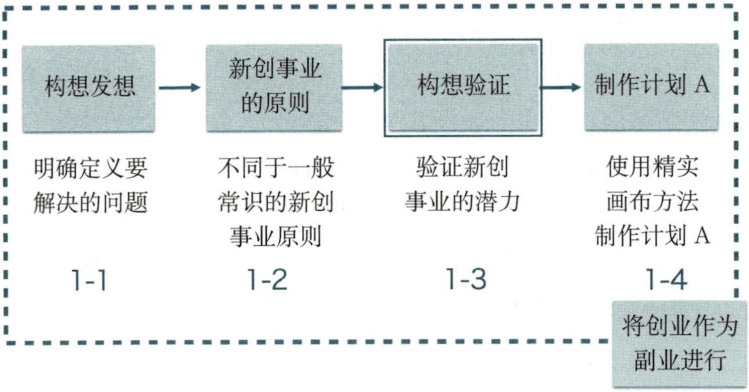

图 1-3-1

1-3 分析构想的可行性

新创事业的时机就是一切

在了解了对于新创事业来说，“好的构想”有哪些基本原则之后，接下来就必须进入“构想验证”阶段。在这个阶段中，请你仔细评估你想尝试的构想是否值得你赌上自己的人生去实现。

新创事业之所以能成功，最重要的原因是什么呢？ Y Combinator（YC）的总裁，山姆·奥尔特曼曾说过："新创事业的成功率由以下五个项目决定，分别是'构想、产品、团队、执行方式、时机'。"[①]

当然其他还包括资金能力等各式各样的元素，但最重要的就是这五个项目。若被问到创业时最需要注意的是什么，许多人可能会回答钱或构想。但决定新创事业能否成功的关键因素，其实是时机。

我们曾提到"Why you？"（为什么得由你来做？）很重要，然而"Why now？"（为什么是现在做？）也同样重要。

200 家新创事业成功的原因 Top 5

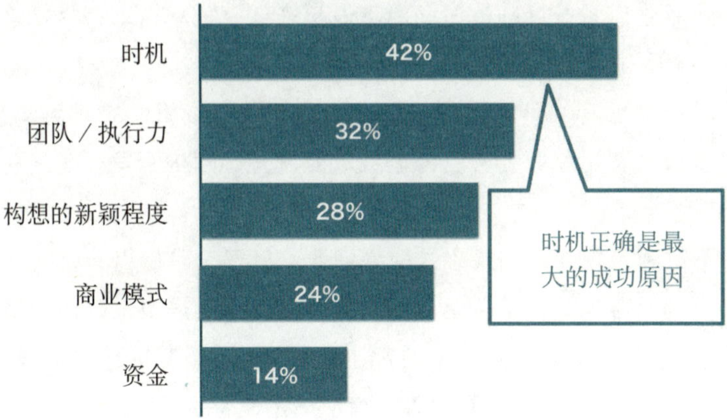

图 1-3-2

图片来自由连续创业家比尔·格罗斯（Bill Gross）的演讲整理而成的著作。

https://www.ted.com/talks/bill_gross_the_single_biggest_reason_why_startups_succeed#t-218886

① 山姆·奥尔特曼的发言参考自以下网址。
https://www.youtube.com/watch?v=CBYhVcO4Wgl

奥尔特曼在听创业者推销自己的构想时，一定会问："为什么不是在两年前、也不是在两年后创业，而非要在现在这个时间点创业不可呢？"

如果不能为"Why now？"这个问题给出一个明确的答案，或许再重新考虑一下这个构想会比较好。

市场经常在变化

新创事业的相关信息网站"AngelList"的共同创业者纳瓦尔·拉维康特（Naval Ravikant）曾说过："市场随时在进化。创业者所瞄准的业界生态系统会随着时间的流逝越来越有效率，未来将能够用更少的资源做到更多的事。"[①]

回过头来看，2000 年代初期，如果想做网络相关的新创事业，光是服务器费用就需要数百万至数千万日元。建构开发环境、登广告等也相当花钱。

不过到了现在，如果想做网络创业，只要一张信用卡就能准备好必要的基础设施。随着时代的演变以及技术的进步，制作产品时所需的关键技术成本也会越来越便宜，这使市场竞争越来越激烈。因此，当你觉得时机到了的时候，就应该迅速着手进行。

虽说如此，太早下去做也不行。

"dodgeball.com"是 10 多年前美国一家针对移动电话用户提供位置信息的服务。这就像最近的 Foursquare，提供用户与位置信息连动的社交软件服务，在当时是一个非常新颖的构想。

---

① 纳瓦尔·拉维康特的发言引用自以下网址。
https://www.youtube.com/watch?v=2htl-O1oDcI

为什么不是在两年前、也不是在两年后创业，而非要在现在这个时间点创业不可呢？

山姆·奥尔特曼，Y Combinator 总裁

市场随时在进化。创业者所瞄准的业界生态系统会随着时间的流逝而越来越有效率，未来人们将能够用更少的资源做到更多的事。

纳瓦尔·拉维康特，AngelList 创业者

然而，那时智能手机还未普及，当时的手机性能又无法满足这样的功能，从而使这家公司最后无法规模化。创业数年后这家公司就被谷歌收购，现在该服务本身也已结束运营。

或许有些人还记得，日本在 2003 年时有一项名为“Second Life”的服务，可以让人化为 3D 虚拟人物，住在虚拟空间。当时的装置以个人计算机（Personal Computer，PC）为主，虽名为虚拟空间，却不是使用 VR 眼镜，而只是看着液晶屏幕的画面而已。

这个构想在当时相当新颖，引起了一阵话题，吸引了许多早期采用者的加入。然而对于大多数人来说，这个构想太过新颖，使该公司无法跨越鸿沟，找到稳定的市场。

像这种着眼点很好，但“为时过早”的构想并不少见。当然，

要抓准时机确实是件很困难的事。过早加入的话会有成本太高或者性能太低的问题，有意愿的使用者不多，但如果等到市场成熟时才加入的话，又会输给大企业，那时已不可能席卷整个市场。

因此，对这个构想以及这个市场来说，现在创业是否正处于恰当的时机，是创业者必须看清楚的重点。

顺带一提，由美国的学术书籍出版社 John Wiley & Sons 所出版的 *The Business of Venture Capital*①中，统计了 1983 年和 1985 年创业的 IT（信息技术）相关事业最后能够 IPO 的概率，1983 年为 52%、1985 年为 18%，相差近 3 倍。

即使方向性相同，要是时机稍有不对，市场的潜在上升幅度(upside) 便会有很大的改变。

有哪个领域已经停止进化了吗？

有一个方法可以作为找出最佳创业时机的提示，那就是试着寻找有没有哪个领域的产品已经停止进化。

产品停止进化有可能是因为法律规定，有可能是因为既有的业者几乎独占了整个市场，也有可能是该市场不容易发生竞争。只要仔细观察市场，就能够发现许多领域中，末端使用者正被迫使用既有的平庸服务或平庸产品。

举例来说，我们常常使用的电子表格软件，由微软公司开发的“Excel”已成为了电子表格的标准，这 20 年来几乎没有什么变化。然而并不是所有人都很满意这项产品，只是因为大家都在使用，便

① *The Business of Venture Capital: Insights from Leading Practitioners on the Art of Raising a Fund, Deal Structuring, Value Creation, and Exit Strategies, 2nd Edition*: Mahendra Ramsinghani 著，John Wiley & Sons, Inc 出版。

使 Excel 持续独占整个市场。

若新创事业的成员们想要共同编辑电子表格时，可以直接在网页浏览器上使用由谷歌所开发的“谷歌电子表格”。谷歌电子表格可以让多人同时编辑同一份电子表格，在使用上方便许多。

但大企业目前仍将 Excel 视为珍宝。由于大企业只用 Excel，使得与大企业进行交易的中小企业也只能跟着用 Excel。就结果而言，大多数人的个人电脑或苹果电脑（Mac）里面都会安装 Excel。

对于新创事业而言，若想要为市场带来重大创新，就要试着探索有哪些领域已经僵化，并试着打破这个僵局，投入“能够重新定义市场的产品”的开发才行。

你能够重新定义市场吗？

基本上，如果自己的思考模式被既有的典范模式限制住，那么不管再怎么思考，想必也很难想得到能够重新定义市场的构想才对。不过，反复质问自己的构想“是否能重新定义市场”，在验证新创事业的潜力时会有很大的帮助。

举例来说，WHILL 就重新定义了轮椅。

不可思议的是，轮椅在过去的 80 年内，几乎没有任何进化。于是创业者杉江里利用最尖端的科技（借助智能手机的 app 遥控操作、轮内马达、轻量化电池等）一口气将轮椅改头换面。

此外，2017 年由芬诺克思（Fenox）所举办的创业世界杯中，来自美国的 SnappyScreen 重新定义了防晒保养品。

过去的防晒乳液是用手将其涂抹至全身，不仅容易涂得不均匀，还会弄脏手，也很花时间。由 SnappyScreen 所开发的装置可以把身体整个罩住，只要双击触控面板，等 10 秒钟左右，这个装置就可以为用户涂上一层均匀的防晒乳液。丽思卡尔顿、安达仕、万豪国际等世界知名的连锁饭店皆导入了这个装置。

英国的金融科技类新创事业 TransferWise 重新定义了海外汇款。

过去，当我们想汇款至国外时，仅能委托银行办理，而且就算我们只是想汇出少量的金额，也会被收取数千日元的手续费。这种让消费者利益严重受损的服务实在难得一见。

在 TransferWise 的机制下，当 A 先生想要汇款给国外的 B 先生时，TransferWise 系统会分别寻找 A 所在的国家内可收取的对象，以及 B 所在的国家内可支付的对象，然后让 A 与 B 在各自的国家内分别支付与收取款项。

表面上看来，似乎是由 A 把钱汇给了 B 没错，实际上却完全没有将钱汇至国外，这种方法可以让手续费降得非常低。目前 TransferWise 的使用者已超过了 100 万人，每个月撮合了 12 亿美元以上的“汇款”。

要重新定义市场，需要以时代的脉络为基础，思考由其衍生出来的可能性，因此也与“Why now？”有关。

过了 80 年也没有任何变化的轮椅，之所以会到了现在才重新定义，是因为相关技术的成本下降了许多，智能手机也已普及化。防晒保养品的创新，也是因为相关硬件价格的下降。

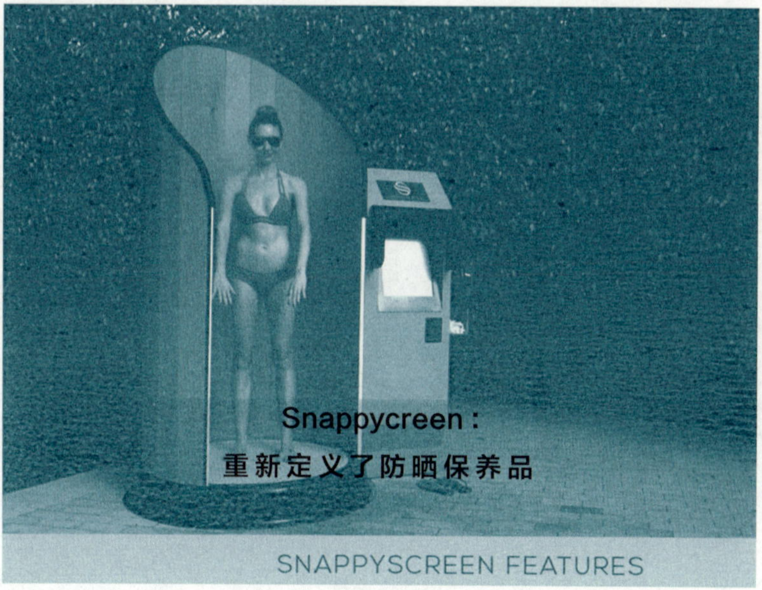

图 1-3-3

照片取自 SnappyScreen 的网站 http://www.snappyscreen.com/。

看懂市场环境的潮流

“在产品的历史上有哪些关键的进步？”

“未来产品会朝哪个方向演变？”

“如果是因为时间点正确，才让这样的解决方案适用于这个问题，那么使这种解决方案成为可能的关键技术，其趋势又是如何？”

创业时，必须像这样质问自己，确定自己有看清市场环境的潮流才行。

爱彼迎（Airbnb）与雷曼兄弟事件

要想说明新创事业的商业模式如何在时代潮流下一口气规模化，爱彼迎（Airbnb）会是一个很好的例子。

爱彼迎（Airbnb）包含了租出住宿用房间的屋主与租用这间房间的旅客，也就是所谓的双边市场，要是其中一边没有使用这项服务的话，交易就不会成立。爱彼迎（Airbnb）就是利用了这一点，满足了两边的需求。

首先来谈谈提供住宿的屋主。爱彼迎（Airbnb）于 2008 年创业，那时美国发生了雷曼兄弟事件。雷曼兄弟事件的起因在于金融机构未尽监管责任，滥发次级房贷。原本以投资为目的购入住宅的人们难以脱手这些房屋，空屋率居高不下，使许多屋主相当懊恼。而爱彼迎（Airbnb）便提供了一个机会，让屋主能把房屋租给其他人住，以减缓房贷利息支出的压力。

此外，当时脸书刚好开始启用了个人认证机制。一般人大多会排斥让陌生人住在自己的房子内。不过在脸书的帮助下，屋主可以轻易确认旅客的背景。这也成为了爱彼迎(Airbnb)扩大规模的助力。

于是，在 2008 至 2010 年左右，爱彼迎（Airbnb）就在时代潮流的帮助下迅速成长。

搭上两阵潮流的优步（Uber）

叫车服务优步（Uber）又是如何呢?

优步（Uber）于 2009 年时创立于旧金山，至 2017 年时市值总额已达到了 680 亿美元（约 7 兆 5 000 亿日元）。这个数字甚至超过了本田（Honda）的市值总额（约 6 兆日元）。其急速成长的原因有两个。

第一，“mobile only”战略。比起 PC，优先使用智能手机与平板电脑的“mobile first”策略。2016 年时，美国智能手机的普及率达到了七成以上，平板电脑的普及率亦超过了五成，这样的上升曲线与优步的急速成长会在同时发生，绝非偶然。

第二，共享经济的抬头亦推了优步一把。①

现在只要去旧金山一趟就能明白，即使是在被喻为“车轮上的国家”的美国，会考驾照的年轻人也越来越少。不仅是因为只要在优步里点击两下就能叫到车，而且由于保养车子的费用很高，喝了酒之后又不能开车等原因，许多年轻人对自驾敬而远之。拥有自己的一台车变得没有那么重要了。与 10 年前相比，拥有汽车驾照的人少了 15%。

爱彼迎（Airbnb）使用者人数的变化

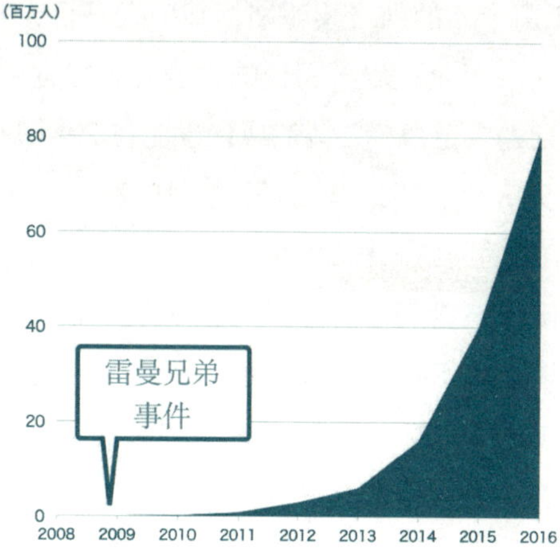

图 1-3-4

① 以下网站的内容详细说明了为什么美国年轻人越来越不想去考驾照。
https://www.usatoday.com/story/money/cars/2016/01/19/drivers-licenses-uber-lyft/78994526

让自己的资产最小化，选择更为轻松的生活方式的“轻资产（asset light）世代”逐渐增加，也是优步能够壮大的原因。

想象5年、10年后的市场

我们一直反复提到“Why now？”的重要性，但如果想借助分析当下的市场需求来抓住时机的话，已经晚了一步。

如果要从现在开始创业的话，该看的就不是现在这个瞬间，而是5年、10年后的状况。“未来，供给会远远小于需求的领域是什么？”“下一个典范模式转移会是什么？”该想的是这样的问题。

日本的代表性创业者之一，Metaps的佐藤航阳在他的著作《准确预测未来趋势的思考术》中提到“明白世界潮流，准确看出目前哪个地方有庞大利益，是创业者必须拥有的能力”。

在1990年前半年的网络黎明期，某些人将目光放在网络上，而他们也在未来席卷了全世界。同样的，若有人察觉到某些在2017年时仍处于黎明期的典范模式，他们或许也能在20年后席卷整个世界。像是区块链、无人机、VR、自动驾驶、ICO[①]（首次代币发行）等，正处于与20年前的网络同样的情况。

YC的合伙人，投资者保罗·布赫海特（Paul Buchheit）[②]曾这么说过：“想象我们在未来会缺乏什么，然后把它做出来吧。”也就是要我们想象2022年或2027年的世界会是什么样子，然后反过来推论我们现在该做些什么。

---

① ICO（首次代币发行）为Initial Coin Offering的简称。独自发行虚拟代币token募集资金，取代一般企业的发行股票的机制。投资者可利用比特币等虚拟货币购买这种token，而这种token则可用在发行公司所提供的服务上。此外，这些token也可在网络上的交易所进行交易。

② 保罗·布赫海特在设立FriendFeed之前于谷歌工作，以创立Gmail而为人所知。

谷歌走在尖端的理由？

谷歌的创业者，现在也是持有谷歌股票之控股公司 Alphabet 的 CEO 拉里 · 佩奇（Larry Page）曾在一个 2002 年的访谈中，对于谷歌的发展做了如下评论：

“我们的搜索引擎在没有人工智能的帮助下是不可能完成的。”①

用户在谷歌的搜寻栏内输入的关键词，会被当作人工智能的“训练数据”，使算法逐渐进化。当时的他已经在谈论这件事的重要性了［远在谷歌买下以阿尔法围棋（AlphaGo）著名的英国深度思考（DeepMind）公司之前］。

2015 年时，AI 专家桑达 · 皮查伊（Sundar Pichai）就任谷歌的 CEO 时，说出“Mobile first 的时代已过去，接下来是 AI first 的时代”这样的话。这个蓝图却已规划了 10 年以上。

在现在这个时代，光是要想象数年以后的状况就已经很不容易了，要想象 5 年、10 年后的时代决不是件简单的事。

由此便可明白谷歌为什么能够总是走在时代的前端。

> 想象我们在未来会缺乏什么，然后把它做出来吧。
>
> 保罗 · 布赫海特，FriendFeed 共同创业者及 Y Combinator 合伙人

---

① 拉里 · 佩奇的发言出自 *The Big Switch: Rewiring the World, from Edison to Google*［尼古拉斯 · 卡尔（Nicholas Carr）著，W. W. Norton & Company 出版］。

以 PEST 分析找出“预兆”

在观察细部状况之前，先观察整体状况

能够预测出 10 年后的社会是什么样子的预兆，一定存在于现在这个时间点上。是否能够找出这样的预兆，又是否能够实现这样的可能性，就决定了新创事业的命运。

能够协助找出预兆的方法中，又以从各种角度分析总体环境的框架，“PEST 分析”最为有效。PEST 分析是由以下四个领域的第一个字母所组成。

1. Politics（政治）

=影响市场组织、规定的项目

例：法律、政治、条例的动向为何？

2. Economy（经济）

=影响价值链的项目

例：经济动向为何？所得与消费的动向为何？

3. Society（社会）

=影响需求结构的项目

例：人口动态的变化为何？文化、流行的变化为何？

4. Technology（技术）

=影响竞争环境的项目

例：技术革新的方式为何？大型科技公司（tech giants）的动向为何？

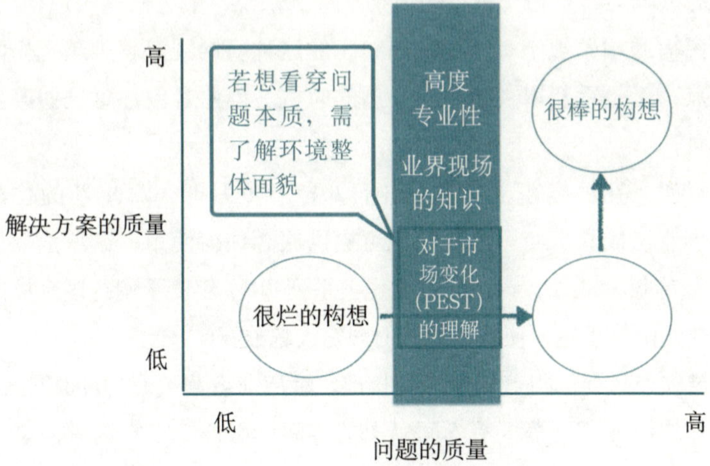

图 1-3-5

搜集来自各个领域的信息，针对未来会演变成何种情况，自己建立出一套假说。再进一步思考这样的变化，会对自己的创业构想带来什么样的影响。

这听起来很像是教科书中会出现的框架。不过，即使你是很依赖直觉思考商业策略的人，也可借助这个框架，冷静地判断市场整体的状况。“在观察细部状况之前，先观察整体状况”。新创事业需要随时保持这样的想法。

就算只有 3 天，如果把一部分时间花在这方面的研究上，大概就可以看出哪里有商机、哪里又是“地雷”。

越受管制的产业机会越大

在 PEST 的分析中，政治与法律隐藏着足以翻转整个商业环境前提的影响力，是相当重要的因素。举例来说，最近常有报道指出，日本民宿的相关规定有放宽的趋势。像这种新制规定越来越宽松的时间点，正是重新审视法律、条例的时机。创业者应注意这些改变的动向。

例如，在民宿事业的领域中，2017 年 6 月时，日本新的住宅宿泊事业法成立，使一般住宅也可提供旅客住宿使用，这项法案于 2018 年施行。此外，该法的成立也关系到 2017 年度于例行国会提出的旅馆业法修正案，使旅馆业法的规定大幅放宽。

过去如果要取得旅馆业法的核准，饭店业者需要有 10 间以上的房间，旅馆业者则需要有 5 间以上的房间，而该修正案则倾向废除这样的限制。虽然该修正案将延至 2018 年度的例行国会继续讨论，但一般认为，未来民宿以旅馆的形式加入市场的门槛将会下降。

对于新创事业来说，法律管制有时可帮助成长，有时则会阻碍成长。当受长年管制保护的领域放宽规定、市场开放时，通常就是个很好的机会。

这是因为，对于因管制而被保护的大企业来说，不需要考虑使用者体验等末端使用者的感觉。由于没有其他选择，故使用者只能乖乖使用同一项产品。

当管制缓和之后，新的业者加入时会变得如何呢？当然，基于顾客至上的想法制造出来的产品、提供方便使用的使用者体验的企业，使用者数目会一口气大增。

因此，最理想的方式就是预先猜测到未来管制可能会放宽，然后在管制真的放宽以前，做好问题与解决方案的验证，达成“制作出人们想要的东西”（PMF）等前置准备。在管制放宽的瞬间，就能一口气规模化。

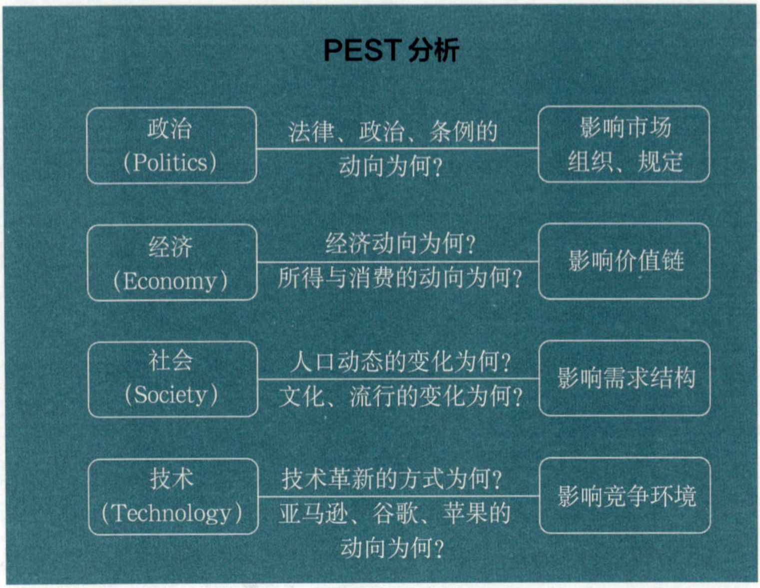

图 1-3-6

经济变化也存在着机会

新创事业也需要关注经济动向的变化。美国人均国民生产总值（平均每人 GDP）每年都在增加，但富人与穷人的阶级落差却逐年增加，故以贫穷阶级为对象的教育服务（如依使用者的程度选择教材，调整进度教学的 Khan Academy）或贷款服务（如 LendUp）等都引起了话题。

过去在融资时，银行会借助信用分数（以信用卡、贷款、房屋贷款的使用与缴款记录为基础，将个人信用数值化的分数）决定融资额度。而 LendUp 的创业者萨莎·奥尔洛夫（Sasha Orloff）除了信用分数之外，还加上了社交网站的使用记录与居住地点等各种项目作为评断标准，总评价越高的人，就能获得比其他银行提供的利率更低的贷款。

由社会环境的动向看出商机

接着要讨论的是，如何根据人口动态与人类的偏好在未来的变化看出商机。举例来说，在观察人口动态趋势时，思考未来哪个领域的供给会远远小于需求，就是很好的方向。

日本的护理人员就是一个例子。到了 2025 年，护理人员会有 38 万人的缺口，这明显是一个机会。比起面向年轻人的服务，面向老人服务的需求似乎更大。

而在偏好方面，最近美国越来越多人开始注重健康与环保，素食者与弹性素食者（较没有那么严格的素食者）的增加，创造出了一个新的市场。以制造“植物肉”（用植物性蛋白质制成的绞肉）为主要业务的新创事业的出现，即是一个象征。

制作植物肉的 Beyond Meat 与 Impossible Foods 两家美国公司察觉到人类偏好的改变，成功募集到巨额资金使公司成长。

关注技术的变化

PEST 分析的四个要素中，明显与其他要素不同的就是技术。从 Brexit（英国脱欧）或特朗普当选美国总统等事件可以看出来，政治、经济、社会等要素都有可能会回复到以前的典范模式（如反全球化、国家主义等），所以难以预测。

另一方面，技术的进步则是不可逆的过程，我们不可能再回去使用 10 年前的技术。举例来说，由英特尔提倡，并亲自实现的摩尔定律（集成电路上可容纳的晶体管数目，每 18 个月就会变成两倍）就是一个典型的例子。

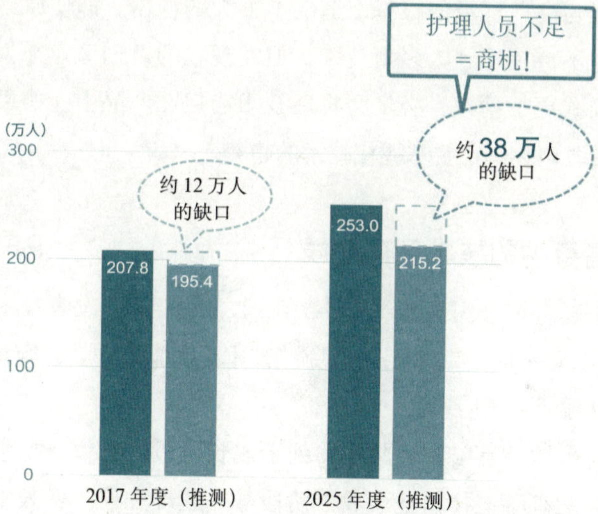

图 1-3-7 日本市场对护理人员的需求缺口

此图为作者根据日本厚生劳动省资料自行制作。

还有一个例子可与摩尔定律相提并论，那就是最近逐渐受人瞩目的基因分析成本[1]。2001 年时，对一个人进行基因分析的所需成本接近 1 亿美元，到了 2015 年时则降到 1 300 美元，仅为过去的七万分之一。而到了 2025 年，估计只要 100 美元左右就可以完成基因分析。

① 可降低基因分析成本的新装置如以下网站所示。
https://www.illumina.com/company/news-center/press-releases/press-release-details.html?newsid=2236383

借助这样的服务，可以依据各人的基因信息，提供更适合每位病人情况的预防与治疗方式，即所谓的精准医疗（precision medicine）。这也马上成为了新创事业的目标。

技术的革新，包括网络与智能手机的登场等，改变了我们的生活环境与商业环境的根基，造成了很大的冲击。即使原本的商业模式中并不会使用到太多新技术，但对现在的新创事业来说，为了让商业模式更加精致，必定会将新技术应用在产品上。如果你是一位创业者，请你一定要掌握住技术的趋势。

高德纳的技术循环曲线

美国咨询公司高德纳（Gartner）[①]每年都会发表技术循环曲线（hype cycle）[②]，说明目前有哪些技术正在发展中，并衡量这项技术进行到哪个应用阶段。

高德纳将目前有哪些技术处于成长阶段、有哪些技术受到人们瞩目、又有哪些技术处于成熟阶段等，整理在同一张表中。在预测由技术进步所带来的典范模式转移时，有很大的帮助。

图 1-3-8 为技术循环曲线的概念图。

① “Gartner Research Methodology, hype cycle” 的出处如下。
https://www.gartner.co.jp/research/methodologies/hype_cycle.php

② 2017 年 8 月时，高德纳以技术循环曲线的形式发表了“尖端技术的技术循环曲线：2017 年”。
https://www.gartner.co.jp/press/html/pr20170823-01.htm

看懂技术的潮流

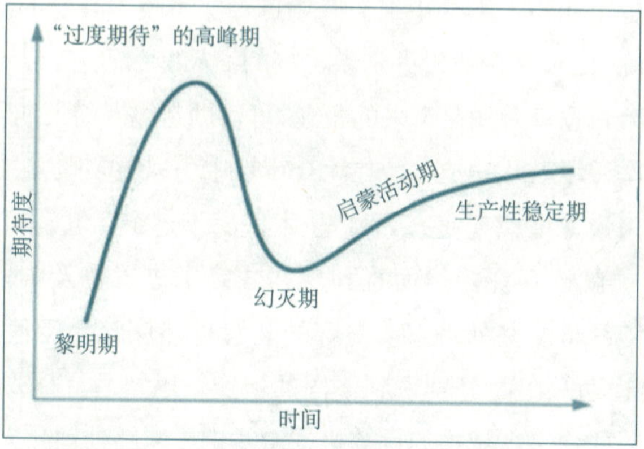

黎明期：技术潜在的可能性受到期待与瞩目

幻灭期：延后实际应用时间点，会让使用者失去兴趣

图 1-3-8　美国咨询公司高德纳的技术循环曲线

技术循环曲线将技术的生命周期分成五个阶段。“黎明期”时，会对该技术的基础概念进行实证研究，而对该技术可能性的期待，常使之受到媒体瞩目；当这样的期待越来越高，到达极限时，即进入“‘过度期待’的高峰期”；而在该技术的进展不如周围的预期般顺利时，期待度便会往下掉，进入“幻灭期”；若应用实例增加，使其再度受到瞩目的话，就会进入“启蒙活动期”；技术进展稳定下来时，则是“生产性稳定期”。

目前仍处于“黎明期”的技术，很有可能在 5 年、10 年后成为技术革新的重点。

2017 年版中，“量子计算机”“泛用人工智能”“人类增强（human augmentation）”的技术常为各媒体津津乐道。而在曲线高峰处则有

“纳米管电子组件”“区块链”等技术。这些技术正逐渐走出镁光灯的焦点，各企业为了生存下来，开始进行实用技术开发的激烈竞争。在这个阶段中，要是企业没办法做出好的商品吸引顾客，就会被淘汰。

经过激烈竞争后残存下来的企业，可借助走过“幻灭期”的低潮，期待度再次缓缓上升的技术，在大众市场中争取更多顾客。

举例来说，虚拟现实（VR）技术便属于这个区域。该技术本身在数十年前就已存在，然而直到现在才终于进入普及阶段。今后，VR 末端装置与能够处理 VR 内容的装置价格应该会迅速下降才对(VR 需要让两只眼睛分别看到不同的影像，以实现立体视觉。然而现阶段仍需要使用高规格的计算机或游戏机才能够处理)。

你可以试着确认你的新创事业中想要使用的技术，在目前这个时间点位于曲线的何处。

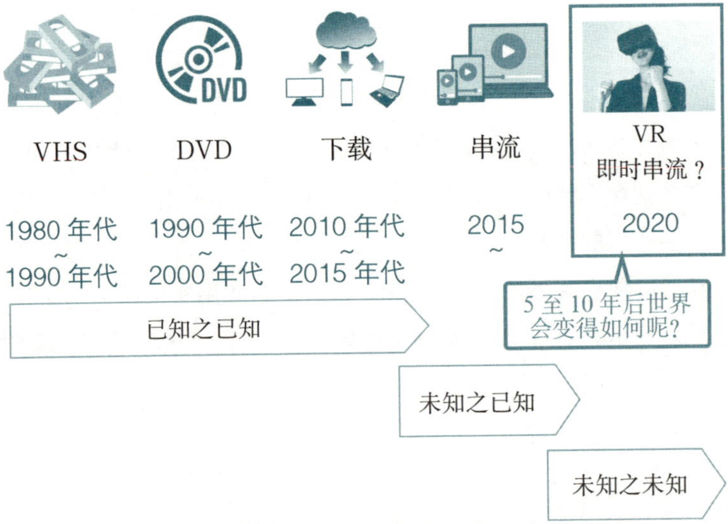

图 1-3-9

KPCB[①]的报告很有帮助

创业者最好能够像这样持续关注总体趋势，尽可能确认最新技术的新消息。以技术为核心的新创事业更需要多加确认“Why now？”对于相关新闻也该要更敏感才行。

举例来说，2017 年 4 月时，脸书的产品开发、研究团队“Building 8”的雷吉娜·杜根（Regina Dugan）发表他们正在研究让人可以在不说话的情况下，将思考语言化的技术。特斯拉的 CEO，埃隆·马斯克（Elon Musk）也创立了一项新事业，计划打造出连接人脑与 AI 的接口。

要是这种新型接口真的实现，那么人与人的交流方式、工作方式，甚至连恋爱方式都有可能会改变。

如果要问哪里有可靠的信息来源，我推荐由美国的创投基金之一 KPCB，于每年 5 月左右发表的“Internet Trends”报告。报告内以简单明了的方式整理了技术动向与市场动向，可作为创业者在验证构想时的参考。

此外，新创事业中的 HootSuite[②]每年公布的报告中也提到了世界各地的数字产业动向，是很棒的报告。

为了避开正在萎缩中的夕阳产业，找出未来能够引起典范模式转移，催生出新市场的产业，创业者必须时常关注技术动向。

---

① KPCB 的“Internet Trends”。
http://www.kpcb.com/internet-trends

② 推特的网页客户端服务“Hootsuite”的开发者 HootSuite 每年都会公布一份报告，说明数字趋势。以下为 2017 年的版本。
https://hootsuite.com/de/newsroom/press-releases/digital-in-2017-report

思考有哪些“未知之未知”

还有一种用来预测未来的方法，那就是整理出目前有哪些是已知（known）、哪些是未知（unknown）。

举例来说，让我们回顾过去25年来，用来看影片的技术与平台趋势变化。由VHS转变成DVD，再由DVD转变成直接下载影片本体。由于这些是已发生的事，故属于“已知之已知”。

而到了现在，网络影音串流已相当流行，包括网飞（Netflix）、Hulu、亚马逊等，参与者相当多。我们几乎已可确定未来网络影音串流会成为主流，但却不知道谁会成为最后赢家，这可以说是“未知之已知”。

问题在于5年、10年后。

我们连未来会出现什么样的平台都不知道，自然也不知道到了那时会有哪些参与者。在这层意义上，我们对于未来的预测就像是思考有哪些“未知之未知”。

要是完全没有任何信息的话，就只是在凭空臆测。不过如果能参考刚才所介绍，由美国高德纳公司所制作的技术循环曲线或Internet Trends，就能做出“或许未来VR影音串流会成为主流”这样的预测。像这样思考、看穿有哪些“未知之未知”会在未来成为潮流，并积极搜集信息、投入其中的创业家，就能打造出新的世界。

新的典范模式转移在何处

创投公司安德森·霍罗维茨的合伙人马克·安德森曾在网络兴盛期留下“Software is eating the world（软件正在蚕食这个世界）”这样的名言。这句话说明了，所有产业都将因软件产业而发生改变。

随着时代不断进化，现在亚洲各国提倡的是“SNS is eating

the world”。举例来说，泰国人在搜集信息的时候并不是使用谷歌搜寻，而是利用脸书（Facebook）的群组询问朋友。这是因为，除了新加坡以外的东南亚国家，并不像美国或日本一样，经历过由谷歌主导，方便用户在网络上搜集信息的环境，也就是没有经历过Web 2.0的世界。

那里的人们跨过了使用博客的时代，直接开始使用脸书（Facebook）与照片墙（Instagram），因此即使他们用谷歌来搜寻，通常也找不到有用的相关信息。就结果而言，脸书（Facebook）与照片墙（Instagram）之类，信息来自信息发送者的社交网站就成为信息来源。人们在照片墙（Instagram）上浏览店家,用连我（LINE）问客服问题并结账，所有问题都可以在社交网络服务app上解决。

另一方面，中国与日本甚至可说已进入了“信息服务正在蚕食这个世界（Message service is eating the world)”的状态。

请你打开智能手机里的连我（LINE），看一下它有哪些服务。不知道连我（LINE）在什么时候又多了新的功能，不仅能传送信息，还能够玩游戏、听音乐、支付、管理日程表、找兼职工作等。

每月活跃用户（MAU）达7亿，由中国腾讯打造的微信除了通讯功能以外，还可以玩游戏、使用优惠券、交友、支付、上传影片，安装的功能比连我（LINE）还要多，大多数的事情都可以在app上完成。

那么，不久后的未来又会如何呢？

谷歌主张的则是“AI is eating the world”。将所有信息输入至计算机内的AI，作为训练数据源，提升算法的精准度，使AI有办法针对不同属性用户，输出他们都能够理解的内容及答案。

举例来说，你注意到你在谷歌上的搜寻结果与其他人的搜寻结果完全不同吗？谷歌累积了每个账号的搜寻记录，并会依照这些记录提供相应的搜寻结果。

同样的，脸书动态消息的内容，也是基于至今使用者的行为（点赞的内容或阅读过的文章），在机器学习之下，将与使用者连结性最高的内容，或使用者可能有兴趣的广告刊登在动态消息中。

因此，在人工智能的发展下，用户体验优异的产品将成为未来的主流。

但未来的主角也可能不是人工智能，如果数年后虚拟现实技术（VR）一口气普及的话，“交友 VR”“VR 电子商务”、“VR 教育”等服务也会随之登场，使“VR is eating the world”成为未来的样貌。

之前我们也提到忠诚循环发生的变化。随着智能手机与人工智能的普及，忠诚循环的圈子变得比以前更小，使产品能够以更快的速度循环。

这提升了用户对产品的期待度，期待企业打造出能搔到自己痒处的产品与体验，提供更无微不至的服务。想必这样的流程应会逐渐加速。

在 2025 年左右，人工智能和物联网会成为理所当然的基础设施，将我们的行动与选择逐一记录下来。那时的我们将会连续不断地收到各种商品与服务的推荐，使我们购入更贴近需求的商品与服务。想必商业流动的速度可能也会越来越快。

观察大型科技公司的动向

这也是 PEST 分析的一环，在验证自己的构想时，也需要观察谷歌、亚马逊、脸书、苹果等大型科技公司的动向。因为当他们这些建构平台的厂商做出某些关键行动时，将会影响到整个业界，所有的前提条件都可能发生变化。

近年来，大约每 5 到 10 年，硅谷就会发生一次历史性、足以改变整个市场规则的大事。

1995 年的大事是网页浏览器，2007 年则是苹果手机。如果问下一个大事会是什么，或许会是 Amazon Echo 或 Google Home 这类活用了语音辨识的用户接口吧。

声音辨识接口在美国已有一千万以上的使用者，许多人说"用过一次后就不会想要再回去使用智能手机了"，可见声音辨识接口已跨过了技术发展的鸿沟（在技术普及之前碰到的障碍）。随着各种专用 app 陆续登场，生态系也逐渐建立了起来。或许数年后的日本家庭内，使用有声音辨识功能的家电已是寻常的光景，而没有声音辨识接口的产品将会被淘汰。

与物流、零售相关的新创事业，绝对要确认亚马逊的动向才行。

如无人超市、Amazon Go（亚马逊无人便利店）般，没有收银台且不用现金购物的时代即将到来。

改变了移动方式的特斯拉

若要说与汽车相关的产品，就不能不提以电动车著名的特斯拉。

收到了 37 万预购单而备受瞩目的 2017 年车种"Tesla Model 3"很可能与 10 年前的第一代 iPhone 有着同样的地位。这款电动车只卖 35 000 美元，是许多人可以负担得起的价格（过去的 Model S 和 Model X 的价格超过 7 万美元）。

特斯拉的 CEO，埃隆・马斯克曾说过："我们的目标并不是打造出高级轿车，而是打造出任何人都买得起的汽车。"

不只要关注大型科技公司的新产品，也需要时常确认他们定期发表的未来计划（roadmap）。当然，他们发表的内容一定会有夸大的部分，但这却是窥探他们脑中暗自盘算哪些目的的好机会。像是脸书每年都会在研讨会中说明自家公司的未来计划。

也需要多加注意企业收购的新闻。

举例来说，2016 年时，微软公司买下领英（Linkedin）。前文提到 Instacart 与全食超市曾有过合作关系，不过 2017 年时亚马逊却收购了全食超市。

其意图为何？目标又是什么？就结果而言改变了什么？

不能只是单纯接受事实，而是要习惯于追究收购行动的真正原因，这样也能提升从单一新闻中所获得的信息量。

寻找技术混乱之处

Box 是一家提供云端型储存（数据保管）服务的公司，他们的年轻 CEO 亚伦・利维曾说过一段有趣的话[①]：

“试着去寻找哪里有技术混乱的情形。掌握目前的潮流，找出现在的人们最需要哪种技术。如果现有技术与人们最需要的技术之间落差越大，你的机会就越大。”

这里说的混乱指的是使用者不知道自己需要什么的状态。能够找到那样的市场，仔细分析顾客需求并做出价值提案的企业，才会是最后的赢家。

顺带一提，亚伦挑战云端储存领域时，该领域正处于混乱的状态。亚伦认为，对云端不熟悉的一般使用者，应该会选择相对简单、相对便宜的产品。于是 Box 采用了最简单的用户接口，用户人数也大幅增长，在 2015 年时于纽约证券交易所（NYSE）上市。

---

① 美国 BOX 的 CEO 亚伦・利维的发言参考自以下网址。
https://www.youtube.com/watch?v=tFVDjrvQJdw

总体分析关系到构想的质量

如前所述，验证构想时，借助 PEST 等分析，了解市场环境的变化是相当重要的事。大前研一也曾说过“若想看穿问题本质，须了解环境整体面貌”这样的话。创业家须先从总体的视点找出自己应该要前进的道路，再来从个体的视角思考自己的产品。

将业界的景象、整体面貌（landscape）或未来蓝图好好地印在脑海里，不但能成为新创事业前进的路标，也能明白哪些路径行不通。就结果而言，是能提升问题假说及解决方案假说的质量的。

破坏式创新与持续式创新

创新的两难

对资源不足的新创事业来说，和大企业正面对决并不是一个很好的选择。尽可能避免竞争，保持自身的速度感，在大企业的笨重机制还没启动前，以迅速独占市场的气势冲刺，才能提高达成“制作出人们想要的东西”的概率，这点请铭记于心。

在验证构想时，须时时自问：“这是否为大企业难以办到的事？”大企业所面对的“创新的两难”，就是新创事业的突破点。

我们将针对这点详细说明吧。

大企业很擅长持续性创新。他们为了不被既有顾客抛弃，会以既有顾客的价值观为标准，对既有产品进行改良。于是，他们的开发工作便会聚焦在“已明朗化的需求”上,就“已明朗化的商业模式”提供更有效率的服务、产品等。

在这样的市场中，参战企业会把焦点放在资源如何分配，以及以市场领导者为标准的标杆管理上，以强化自身在产品改良上的战斗力。当然,这对资源充足的大企业相当有利。大企业的特征（优势）

就在于，他们为了提供既有市场的既有顾客更好的服务，已摸索出一套优化的行动方式与组织结构。

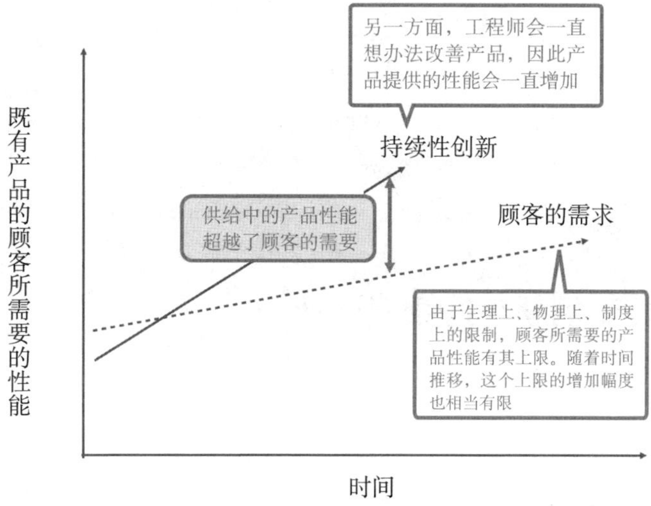

图 1-3-10

另一方面，既有的顾客虽然会要求功能更多、性能更高、更便宜、更好的产品或服务，然而顾客的需求却只会缓缓上升。由于生理上、物理上、制度上的限制，需求并不会一口气提升太多。

也就是说，随着时间推移，大企业持续性创新所制造出来的产品，其提供的性能会在某一天超越顾客需要的性能。

改变了电热水壶市场的 Tefal

虽然不是新创事业，但这里让我们以 Tefal 为例说明这个概念。

某个大型家电厂商生产的最新电热水壶，只要 30 秒就能将水煮沸，即使拔掉插头，也可以在两小时内将水温维持在 90 度。显示功能可以在英语和日语间切换，还能够预约开始煮水的时间。

但是，这个电热水壶要价两万多日元。每个人都想要一个高性能的电热水壶，但想必没有人会想花大钱去买一个功能过剩的产品。

Tefal 的电热水壶就在这个时候登场。它们的产品仅专注于尽快煮沸热水，拿掉其他多余的功能。重量只有过去电热水壶的四分之一，相当轻巧。而且这款电热水壶只要 3 000 日元左右就买得到。

在 Tefal 开始贩卖电热水壶时，或许还没有达到顾客的需求，但在某个时间点，终于让使用者的使用感追上了他们的期望。在商品评论栏中一条条写着“买了真是太好了”“每家都需要一个”的评论，正是满足了需求的证明。

到了这个阶段，大型家电厂商的电热水壶已没有任何胜算。这是因为，从使用者的角度来看，这两种商品的效能都能够满足使用者的期待，既然如此，当然是选择价格上有压倒性优势的 Tefal 电热水壶。

在价格 .com[①]的电热水壶排名中，Tefal 占据了第一名与第三名的位置（2017 年 10 月 16 日）。

这种大型家电厂商执著于既有产品的改善，而制造出超越了用户需求、功能过剩的产品，却被 Tefal 的破坏式创新夺走了一大半的市场占有率的现象，就叫做“创新的两难”。

掀起破坏式创新

所谓的破坏式创新，指的是借助能够破坏过去产品的价值、催生出新价值的破坏性技术，或新型态商业模式所带来的创新。这样的创新将能够创造出新的市场。

① 价格 .com（価格 .com）为日本著名的比价网站。

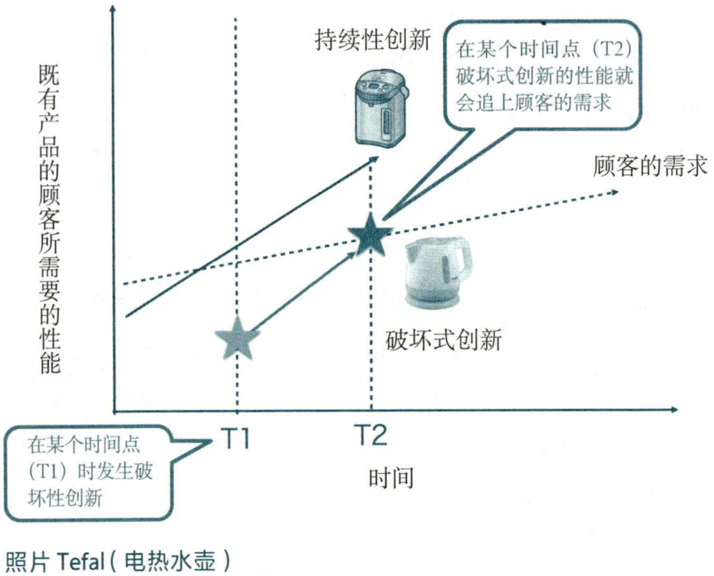

图 1-3-11

新创事业所提供的产品或服务，必须要有破坏式创新的要素才行。

2007 年 1 月 9 日，史蒂夫·乔布斯在洛杉矶国际会议中心发表了第一代 iPhone。他拿着一个小小的黑色装置高声宣告：“今天，苹果重新发明了电话。”这就是破坏式创新发生的瞬间。

索尼（Sony）的共同创业者，井深大先生在 1946 年，东京通信工业（现索尼）的设立典礼上，用以下的话鼓舞员工①：

“如果和大公司做一样的事，我们不可能会有胜算。然而，技术的夹缝随处可见。我们应该要试着去做那些大公司做不到的事，以

① 井深先生的发言引用自“Sony History”的第一章。
https://www.sony.co.jp/SonyInfo/CorporateInfo/History/SonyHistory/1-01.html

技术之力协助祖国复兴。”

当时以真空管作为家电控制系统的核心是理所当然的事，然而东京通信工业却决定不把焦点放在真空管应用的持续性创新上，而是使用没有人想用的晶体管一决胜负（当时晶体管的温度适应性很差，如果用来放大收音机播放频率带内的信号，会有不稳定的情次）。

这个决定催生出了之后的破坏式创新产品，也就是使用了 5 个晶体管，可以带着走的电池式携带型收音机。

持续性创新的淘汰

囿于过去典范模式的产品，被破坏式创新产品淘汰的过程大都大同小异。

典型的“破坏循环（disruption cycle）”大致上会经过以下四个阶段。

（1）过度自信：“我们好得很。任何时候我们都可以击溃对方！”

（2）急速失势：“怎么会这样。市场占有率被抢走了一大半！”

（3）发现为时已晚：“不管用什么方式都追不上。”

（4）撤退：“从市场上撤退吧。”

拿融合电话与计算机的装置的始祖“黑莓机”为例。回想 10 年前，经常会看到有些对科技敏感的商业人士拿着黑莓机，用那极小的键盘输入文字。那是当时的标准配备。

第一代 iPhone 就在这样的时代登场。

这时，不只是黑莓机，连夏普和 NEC 这些日本功能手机厂商也理所当然地宣称 iPhone“流行不起来”。“没办法用来支付，键盘很难按，相机只有两百万像素，电池很快就会用完。而且还得通过 PC 进行某些设定，颜色又只有黑色一种。这不可能会大卖。”

微软的前 CEO，史蒂夫·巴尔梅（Steve Ballmer）也补了一脚。他曾提到，iPhone 在市场上获得足以造成威胁的市场占有率的概率“是零。完全不可能”[①]。

今天，苹果重新发明了电话。

史蒂夫 · 乔布斯（苹果创业者），于 2007 年 1 月 9 日的发表会

有办法超越既有的服务吗？

然而，在第一代 iPhone 出来的数年后，苹果根据使用者的回馈，又增加了许多更好用的功能（如复制黏贴、多任务、文件夹管理、录音、推送通知等）。这使得 iPhone 的功能一口气达到了用户的要求。再加上 iPhone 能与 iTunes、苹果在线商店（Apple Store）等苹果的平台无缝对接，使用者体验更是压倒性地胜过其他公司。

想必苹果手机让过去的移动电话厂商吃了一惊吧。不过在这之后，安卓的登场使智能手机的市场成为双巨头的状态。而没有搭上这波典范模式转移的黑莓机与诺基亚则逐渐衰退。

让我们来看看其他产业吧！

酒店可说是服务业的代表，从酒店这种商业模式诞生以来，该产业便一直在进行持续性创新（企业为了提供质量更好的服务而持

① 史蒂夫·巴尔梅的发言参考自以下网址。
http://usatoday30.usatoday.com/money/companies/management/2007-04-29-ballmer-ceo-forum-usat_N.htm

续努力)。

然而爱彼迎[1]这种破坏式创新出现了。借助爱彼迎,一般人(屋主)可开放自己的家给陌生人（旅客）住宿。不管屋主在不在场，对旅客来说都是世界上独一无二的旅行体验（借用 CEO 布赖恩 · 切斯基的话，这是一场“真实的体验”），这就是爱彼迎所提供的服务。

一开始，当时的万豪国际董事长比尔 · 马里奥特曾说过“概念是很好”“但质量很难兼顾吧，会变成龙蛇杂处的感觉不是吗”。不过爱彼迎的势力却逐渐追上了一般酒店。

举例来说,2014 年爱彼迎宣布与出差管理服务公司 Concur 合作，被认可为正式的商务旅行住宿提供机构（于 2015 年时提供了用于出差的程序）。

这使得爱彼迎的顾客不再限于以观光为目的的长期住宿旅客，也拓展至以商务旅行、员工旅游为目的的旅客上。

也就是说，对于多数的使用者来说，住在一流酒店内的体验，与在爱彼迎住宿的体验之间，差异并没有那么大。

顺带一提，2017 年的爱彼迎的市值总额被认为有 300 亿美元左右（至今仍未上市），比希尔顿酒店集团和凯悦酒店集团还要高。

他们不像过去的酒店集团般拥有建物、土地等固定资产。之所以会被认为有那么高的市值总额，是因为他们拥有优异的使用者体验以及优异的技术。

他们拥有数百位机器学习工程师。假设用户输入旧金山以及特定日期，系统就会从附近数万个待出租房间中找出五六个符合用户偏好的房间信息。工程师每天都在对这个系统的算法进行优化。

---

① 爱彼迎的故事参考自《爱彼迎创业生存法则：多次启动、敏捷应变、超速成长的新世代商业模式》[利 · 加拉格尔（Leigh Gallagher）著]。

大企业无法改革的原因

多数的商业竞争都是比谁资源多。然而在资源丰富的大企业里面，几乎不可能会发生破坏式创新。

因为他们是“优等生”。

之所以说他们是优等生，是因为市场就像一张满分100分的考卷，而他们会以拿90分为目标。如果想要90分，最重要的就是想办法减少出错的机会，因此大企业会进行组织最优化。

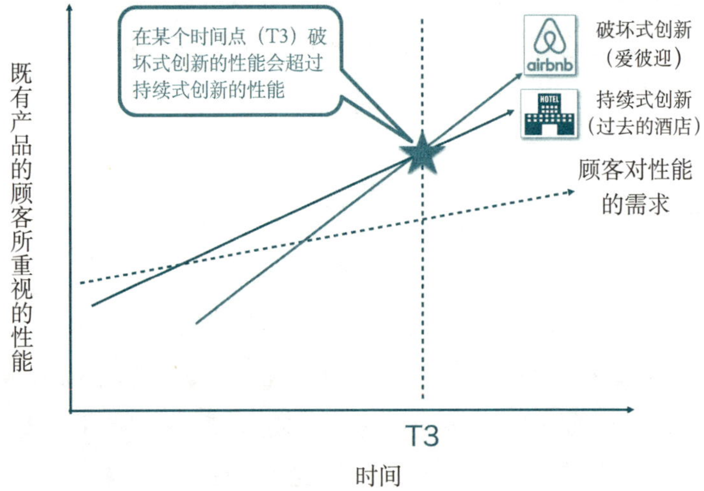

图 1-3-12

这么一来虽然可以让工作变得更有效率，提升获利率，但也会造成组织分离、组织僵化等负面效果。在上下关系的纵深形成后，便难以否定公司过去的成功经验。

“去年推出的电热水壶，功能已经相当完备了。”即使负责这个案子的工程师能理解这一点，也仍会被上面要求要追加新的功能，制作出高规格的电热水壶。

此外，如果是上市企业的话，利害关系人中的股东们就会要求一定的财务报酬，这也是难以进行改革的主要原因。

比起 10 年后的获利，股东们更在乎明年的获利。即使公司经营者有一定的先见之明，认为应将部分核心业务转移到新的典范模式上，大多数情况下，股东会因为这有造成短期获利减损的风险，而拒绝让经营者这么做。

最近越来越多创业者不喜欢这样，所以在确立新事业的商业种子以前不会上市，也有些企业直接下市，从根本上改变事业形态。

归根结底，重视纵向关系而不在乎横向联系的组织，与从零催生出一的新创活动可说是完全相反的概念。

举例来说，隶属于公司新创部门的员工没办法和顾客直接对话，向财务部门申请预算时，却被要求“制作未来 5 年内精确的财务预测”等。这种会造成新创活动障碍的事时常发生。

这就是为什么大多数企业不会出现破坏式创新的原因。

协同式创新

新创事业成功的方法不是只有破坏式创新一种。

新创事业可与既有企业合作改变市场，这种方式称为协同式创新（collaborative innovation）。Instacart 即为一个例子，他们与既有商业模式下的零售店合作，提供划时代的使用者体验。

被称为中国版优步的滴滴出行，是一家叫车服务的新创事业。这也是一家选择了协同式创新的企业。

滴滴出行像优步一样可让司机以自用车注册，但事实上，注册者大多是出租车司机。中国的出租车业与其他区域类似，几乎没有任何革新，所以使用上有许多不便之处。在滴滴出行提供叫车 app 与支付服务后，才提高了末端使用者的使用者体验。

与优步直接从出租车公司抢夺市场占有率的成长模式不同，滴滴出行与出租车公司合作，协助叫车服务的完善，改变了产业结构，使失业的煤炭矿工也能成为司机，带动产业成长。

滴滴出行通过与其他公司的合作，扩大了供给面（司机），就结果而言，方便性提高了，使用者也随之增加，使公司享受到规模化效益。由此可看出滴滴出行与既有的出租车公司应为互补关系。

这就是协同式创新。

大企业不会涉足的领域？

新创事业的优势，就在于他们可将用以实现创新（破坏式或协同式创新）的机能置于“组织中心”。组织设计得好，是新创事业能够赢过大企业的少数优势之一。

举例来说，爱彼迎的共同创业者，乔·杰比亚（Joe Gebbia）在创业时，一整天都在电话在线服务客户。直接倾听使用者的声音，包括他们的抱怨与各种意见，这对他们商业流程的改善有很大的帮助。

同样的，爱彼迎共同创业者布赖恩·切斯基也会每周亲自出差到顾客（爱彼迎的屋主）所在的城市，持续寻找顾客潜在的需求。

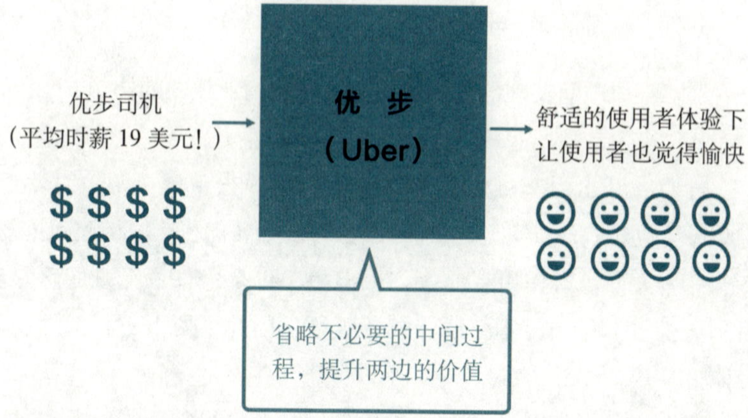

图 1-3-13

结果他们发现，如果屋主上传房间照片的话，房间的预约率会一口气暴增。虽然切斯基并不是专业的摄影师（他毕业于设计学校），却化身为摄影师，拍出优质的房间照片。

DeNA 的创业者，南场智子在 Bidders（DeNA 早期提供的拍卖网站）刚成立时，会亲自看所有使用者寄来的信，不管是严重的问题还是激烈的指责、抱怨，她都会代替客服人员亲自回信。这造就了经营团队会亲自面对顾客的公司文化，也成为未来 DeNA 成长的基础。

像这样，在机能、职位、分工上没有明确分离的组织形态，正是新创事业面对大企业时最大的竞争优势。

新创事业的十个框架

新创事业的商业模式构想可分为数种形式。确认自己的构想属于哪一种形式，也是一种验证构想的方法。以下介绍十种代表性的框架。

框架 1 剔除中间过程

剔除赚取中间获利的参与者，重新建构商业模式的构想。

举例来说，请回想一下优步普及以前的样子。

若要靠开出租车赚钱，就要花一大笔钱去申请执照，时薪低，劳动环境也很差。事实上,美国每年都有数千名出租车司机遭到抢劫。

另一方面，对使用者而言，乘出租车也是一件很无聊的事。出租车司机多为移民，不会说流畅的英语，因此会留下不舒适的使用者体验。

那么，当优步剔除了中间过程之后又会变得如何呢？首先，可以提高优步驾驶的时薪。前阵子我到旧金山时用过一次优步，司机是一位墨西哥人，很有精神的中年人。据他所说，开优步每个月可以赚到 8 000 美元。不管再怎么不眠不休地开出租车，也赚不到这样的收入。

另外，在优步制定的规则中，当用户评价从 5 分掉到 4.6 分以下时，该名驾驶就没办法再做优步的司机了。换句话说，顾客的回馈会直接影响到自己的生计。

这让优步的车随时都保持得很干净，司机也很友善，就结果而言，使用者的满意度也随之上升。

框架 2 解开绑定的产品，使其优化

如果将过多个功能绑定在一起的话，使用者体验会变得很糟糕，会让顾客不容易感受到产品的价值。将各项功能先打散，提出价值提案更为明确的构想，即称作“去绑定（unbundle)”。

举例来说，过去报纸的商业模式是由新闻报道、广告、分类广告（包括招聘信息等依主题分类的广告)、报纸摊、配送员、印刷公

司等组成，将媒体功能与物流功能绑定在一起。但这么一来，使用者就会看到他们没什么兴趣的内容。而且花在物流上的固定成本也是一个不小的负担。

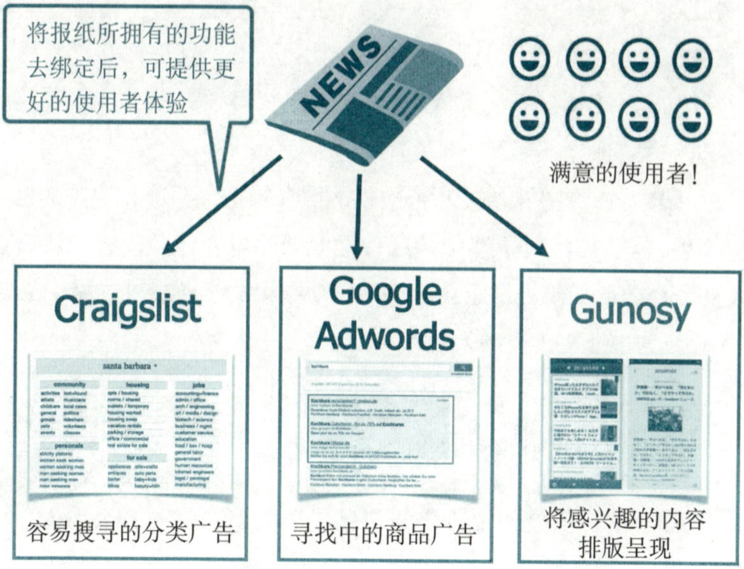

图 1-3-14

经过去绑定、优化的过程后，可将其分为分类广告的“Craigslist”、商品广告的“Google Adwords”，以及新闻内容的“Gunosy”“SmartNews”等服务。[①]

另一方面，在金融科技类的新创事业中，有些公司就是将银行等金融机构至今绑定在一起的服务去绑定化，提供优质的使用者体

① Craigslist、Google Adwords、Gunosy 的图片皆源自各服务的网站。

验与压倒性的高附加价值，一口气抢走市场。

前面提到的“TransferWise”就是海外汇款的例子，而“WealthNavi”等机器人理财顾问则在资产运用的领域上，在美国和中国皆有很大的市场。此外，“网络借贷（P2P lending）”[①]的借贷方式也让共享机制进入了融资领域。

将目前由银行所负责的功能一个个取出，打造拥有优异用户体验产品的新创事业，在年轻一代中常能获得很大的支持，使其能够急速扩大事业规模。

只是，如果在去绑定后所提供的服务或产品只有比原来的好 10% 或 20% 的话是绝对不够的。这种程度的使用者体验改善，没有去绑定化的价值。如果去绑定化后，可以使原来的服务改善超过 10 倍以上，才是新创事业应该要涉入的领域。

框架 3　将分散的信息整理起来

将散落在各处的片段化的信息或功能整合在同一个地方，可以提供更多价值的构想。

“价格 .com”便是一个很好理解的例子。过去，如果我们想要在网络上用便宜的价格买到想要的鞋子，需要一一连到各个电子商务网站，比较各网站的商品价格。不仅非常花时间，也会烦恼是不是能搜集到所有信息。

这时只要在价格 .com 的搜寻栏中输入商品的关键词，便会自动列出各个店家相关商品，只要看一眼，就知道各个网站中各个商

① “网络借贷”是让个人与企业的债权人和债务人可以借助网络上的平台进行借贷的服务。

品的价格与规格。此外，还有整合了餐厅信息与评价的“Tabelog”，整合了地区产业信息的“Yelp”等，都属于这个框架下的创新。

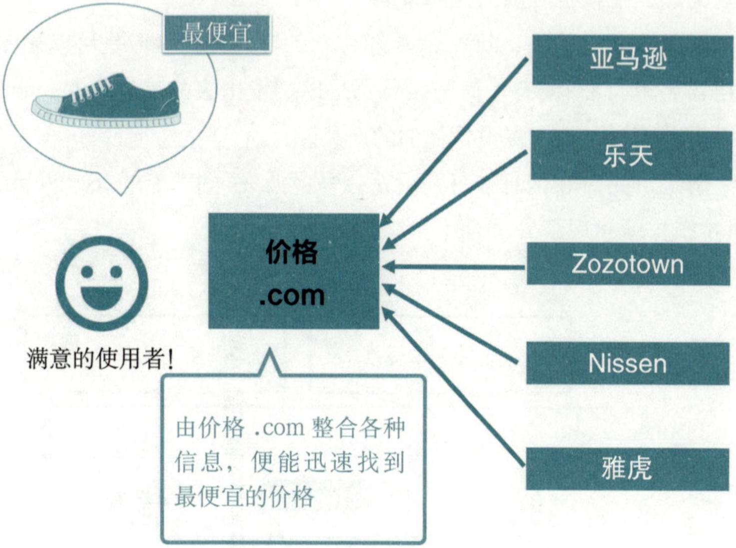

图 1-3-15

框架 4 活用闲置资产

活用闲置资产，使其能转换为营收的构想。

爱彼迎便成功地将闲置中的房间变成了摇钱树。

说是资产，却也不限定是物品或金钱。像时间也是一个很好的资产，云资源便是让使用者能利用空闲的时间接下零碎的工作，而优步则是让休假的人们可以当司机赚取外快，这些都是能让当事人活用闲置资产的构想。

最近则是有许多公司研究如何活用供给方与需求方的属性数据（过去的行动记录、购买模式等），实现精确度更高的媒合工作。

框架 5 提升战略自由度

勇敢跳出既有的框架，将至今仍未有人提过的价值提案化为可能的构想。也就是所谓的蓝海策略。

以通讯 app 为例，每家 app 都有着各自的特征（像是可以贴图、使用实名等），却没有任何一家公司是以“发出去的信息会在一定期限内自动消失”为前提设计他们的产品。

于是，拥有“在信息被打开后就会马上消失”的功能的“Snapchat”（色拉布）就出现了。

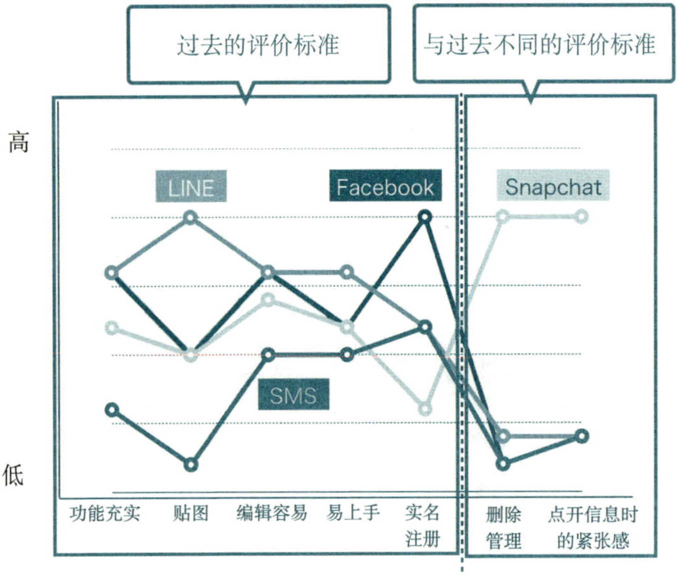

图 1-3-16

已经玩腻既有通信 app 的美国年轻人，在使用色拉布时感受到了“点开信息时的新鲜感与刺激感”。而且对那些会烦恼自己会不会传错信息的人来说，“时间经过后就会自动消失，可以更自由地谈话”是一个很好的价值提案。

色拉布在年轻客户群中获得了压倒性的支持，市场占有率大幅提升，并于 2017 年时上市。

无视至今人们所使用的战略或价值提案框架，在自由发散想象下提出一个与众不同的价值提案。在还没有人注意到，甚至连顾客自己都没有察觉到，也无法将其语言化时，独自挖掘出这种价值提案，并将其实现。持续琢磨产品与用户体验，使之吸引到顾客的目光，渐渐打入市场，这里想谈的就是这样的构想。

框架 6　新的组合

这是商场构想的铁律，是将来自两个完全不同领域的服务组合在一起，创造出新价值的构想。

创业者须拥有高度抽象化能力，以找出各要素间的相关性；还须拥有足够的洞察力与创造力，以找出新组合的成功之路。让我们以“airCloset”这个面向女性的服饰租借服务为例来说明。

只要每个月缴 6 800 日元，就有设计师帮顾客挑选适合服饰，并送至顾客家中。顾客在穿过以后无须洗涤，可直接退还，亦不须缴任何费用（如果喜欢的话也可以买下来）。这个新创事业可说是由设计顾问、免运费、免洗涤、免费衣橱等四项服务组合而成。

创立 airCloset 的天沼聪先生，过去曾是 ABeam Consulting 的员工，原本就拥有将商务及业务抽象化的思考模式。之后他到乐天工作，而在买断式的电子商务公司里服务时，他注意到与顾客关系较紧密的会员制服务，可以创造出更高的价值，于是想到了这个构想。

框架 7　时间差

将在某个市场内已验证完毕的模型或产品拿到其他市场的构想。

我从 2015 年起担任东南亚的投资负责人，常与当地的创业者进行交流。印度尼西亚一个创业家所说的“我们不造车轮（We don’t invent wheels)”让我留下了很深的印象。也就是说，他们认为，只要把已在国外验证完成的商业模式（车轮）搬到国内使用就好。

虽说是模仿别人的策略，却也不表示不会大成功。

airCloset 实现了四种服务的整合

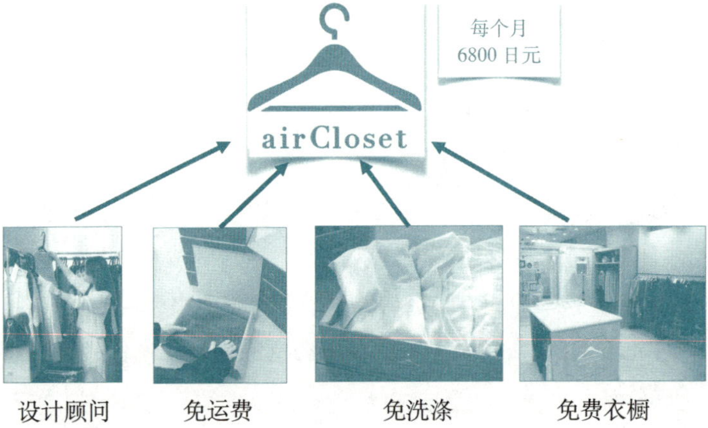

照片 airCloset

图 1-3-17

印度尼西亚的共乘服务“GO-JEK”是随选摩托车共乘服务。在雅加达市内有越来越多戴着 GO-JEK 绿色安全帽的摩托车骑士。虽然他们只是将优步的商业模式原原本本地带进来，却能够成为独角兽企业的一员。

为了使该服务本地化，他们做了两项调整。

首先，印度尼西亚的塞车相当严重，所以不使用汽车，而是提供摩托车的叫车服务（虽然不够安全，但摩托车在壅塞的车流中机动性较高）。其次，由于当地的信用卡渗透率相当低，只有几个百分点，因此支付方式改为 prepaid 或 top up（之后再加值的方式）。

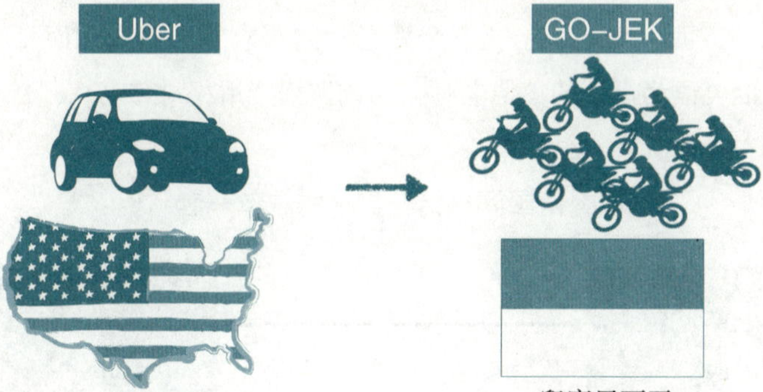

印度尼西亚

2009 年创业
- 按需式（on-demand）共乘（汽车）服务
- 以美国的大都市起家，现以扩展至全世界 60 个以上的国家

2011 年创业
- 按需式共乘（机车）服务
- 在堵车情况世界第一的印度尼西亚的雅加达提供服务

图 1-3-18

GO-JEK 的例子告诉我们，要使用时间差模式获得胜利，最重要的是要了解创业地区的基础设施特性，打造出符合当地使用者期待的使用者体验。

框架 8 套利

将资源从供给过多的市场，转移到需求远大于供给的市场的构想。

举例来说，菲律宾以英语作为第二语言，许多人能够流利地使用英语。然而在菲律宾当地，英语会话老师要找工作时，却因为供给过多而很难找得到满意的工作。

另一方面，日本对于英语会话老师的需求相当高，然而日本却很少有以英语为母语的英语老师，因此课程费用相对较高。

填补两国间供给与需求的缺口 = 套利

英语学习者

- 可以在自己喜欢的时段学习，想学多少就学多少
- 可以享受到便宜的课程价格

英语老师

- 教学的机会增加
- 由于英语会话教学的需求增加，因此可拿到较高的酬劳

照片 RareJob

图 1-3-19

于是，RareJob 便提供人在菲律宾的英语会话老师，以及人在日本的学生的媒合工作，填补需求与供给的缺口，创造出新的商机。

框架9 低规格式的破坏

当既有产品的性能过高，超过了多数顾客要求的水平时，将产品多余的部分剔除，使售价得以降低的构想。

前面曾提到 Tefal 的破坏式创新，即属于这类。

还有一个有趣的例子是只要花费 500 日元就可以接受健康检查的 Carepro 服务。

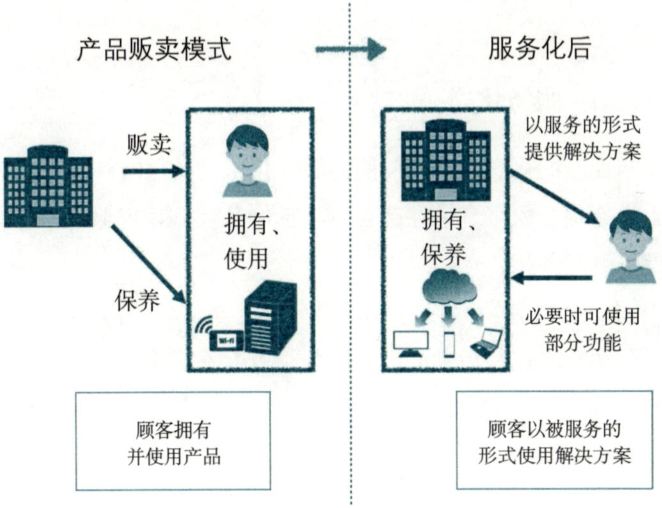

图 1-3-20

如果是让真人医生进行检查的话，通常得花费数万日元才行，且最少也要耗上半天。如果受雇于公司，由公司负担全额或一部分检查费用的话就还好；但对于自营业者来说，这样的负担实在过大。于是 Carepro 这家公司便推出了简化的体检流程，使成本下降许多。检查项目包括被看作重要健康指标的九大项目（血糖、肝功能、血管年龄等)，只需要几分钟时间就可完成。

大多数人只是为了求一个安心而接受健康检查。如果是这样，只确认重要项目的Carepro服务，与过去可获得详细结果的健康检查，对使用者来说，体验效果应该不会差太多。

在持续性创新的框架下，很容易诞生出功能过剩且价格过高的产品。低规格式的破坏就是将产品拿掉多余功能，只留下必要、最低限度的功能，并以便宜的价格提供产品或服务，一口气将产品拓展至至今未曾触及的客户群。

框架 10　服务化

将卖断商品的概念抛开，使商品服务化、会员化的构想。

日本也有这样的概念，在硅谷更是不论B to C或B to B，各种产品都能够服务化。

在美国，公司后勤部门的服务约有八成是与公司内部业务切割开来的，公司会将这些后勤部门的服务外包给外部业者。

产品服务化可以增加公司与顾客的接触，对于公司和使用者双方都有好处。

在卖断型的商业模式中，商品卖出去的那一瞬间是使用者的满意度最高、精神最亢奋的时刻。在售出商品之后，虽然公司仍会持续追踪产品状况或提供保养服务，但在这之后公司与顾客的接触会片段化。

产品服务化后，想办法让顾客在购入产品后会长期使用，便是一大关键。积极与顾客接触，获得顾客意见回馈，将会使公司能够持续改善服务或使用者体验（对于服务化后的会员制事业来说，最重要的目标就是降低解约率）。

最近，使人工智能得以前进一大步的技术之一，深度学习（deep learning）的服务化案例便在持续增加中。

现在，想要制作图像辨识模块的企业不用请一大堆懂得机器学习的工程师，也不用自己准备用来储存训练数据的服务器，只要使用由美国 Clarifai 公司提供的拥有深度学习功能的在线服务便能完成这个模块。

hachidori 是一个将聊天机器人的开发工具服务化的日本新创事业。

2016 年可说是“聊天机器人元年”，将自家公司的客服人员换成聊天机器人的企业大幅增加。然而，真要制作一个聊天机器人却比想象中还要麻烦，光是开发费用就得花费数百万日元。不过，只要每个月缴纳 980 日元，就能使用 hachidori 所提供的聊天机器人。

未来，在顾客支持、Web UI（用户接口）、手机 app、装在各种装置上的传感器（物联网装置）等方面，厂商与顾客之间的接触会越来越频繁。除了已明朗化的需求之外，能够从顾客行为中挖掘出潜在需求的产品，才能够获得竞争优势。

框架仅是框架

这十个框架只是“守破离”[①]的守，仅为新创的基础而已。实际上，新创事业的构想大多是多种框架排列组合下的产物。

最重要的是，了解到这些创业基础后，创业家能不能将其对照到自己的故事（经验、专业知识、顾客洞见、问题假说）上，找出还未有人发现、还未有人关注的秘境，创造出独特的产品。

---

① “守破离”日本传统拜师的学习过程。“守”指的是学全师父的技能，“破”指的是将传统技能进行改良，“离”指的则是开发新的技术。

PayPal 的共同创业者彼得·蒂尔曾说过:“世界上还有许多还未明朗化的秘密。能挖掘出这些秘密的创业家，才有办法打造出未来的世界。”[①]

“Demo day”可说是构想的宝库

顺带一提，如果想要一次看到许多构想，推荐你去看看由 YC 主办的 Demo day[②]。Demo day 聚集了该年最先进的新创事业，可说是创业最顶尖的舞台。这里聚集了约400位来自全世界的顶级投资者。像是 Instacart、多宝箱(Dropbox)、爱彼迎、Stripe、Zenefits 等，都是在这个 Demo day 中一跃龙门。

2016 年的春夏间，在创业界中最受关注的 Demo 内容，都在日语版的 TechCrunch 中有详细报道。报道内详细说明了每一个产品，对创业者来说有很高的参考价值。这场 Demo 的简报内容，也映照出了未来 3 年、5 年的市场趋势。

瞄准目标市场

在验证构想的好坏以及潜在性时，也须好好研究目标市场的状况。这里我们常会用到名为“TAM”的概念，这是“Total Addressable Market”的简称，翻译过来是“潜在市场范围”，也就是可以接受自家产品的市场范围。

潜在市场范围可由以下公式计算出来。

---

① 彼得·蒂尔的发言引用自以下演讲。
https://www.youtube.com/watch?v=yODORwGmHqo

② 关于 YC 的 Demo day 可参考以下网址。
https://www.ycombinator.com/demoday/

“潜在市场范围（TAM）”＝“末端使用者数”×“使用者每年花在该项产品或服务上的金额”

创业时，找出没有任何人发现的利基市场是很重要的事，但如果这样的市场太小的话，未来进行规模化时很快就会抵达上限。作为一个参考，潜在市场范围最好能在 100 亿日元以上。

过度焦急的话便难以在广大市场中扩大潜在市场范围

有一点须注意。

在产品刚发售时，想必市场占有率不会太高。然而，在市场上有不错的表现时，就会让经营者有想要扩张事业范围，扩大潜在市场范围的想法。他们常以为，如果能参与更大的市场，即使只拿到少许的市场占有率，也能大幅提升销售额。这是个很大的误区，一开始绝不能把目标放在过大的市场。

举例来说，“Homejoy”是一项随选居家清洁服务。Homejoy 于 2010 年创立，2013 年募集到 4 000 万美元，但到了 2015 年却停止营业。一名管理人员在之后的访谈中提到“我们明明都还没发展出核心商业模式，就想要拓展新市场，现在想起来一切都是胡闹”。

在这 4 000 万美元的出资者的压力之下，他们决定要尽快提升公司的营收，于是在未达成“制作出人们想要的东西”，单位经济效益也尚未健全时，就积极拓展新市场（在 6 个月内扩大至 30 个城市）。

“想在广大的市场中获得 1% 的市场占有率就好。这是创业者常犯的典型错误。”投资家盖伊·川崎（Guy Kawasaki）[1]如此说道。

要从已明朗化的广大市场中获取 1% 的市场占有率是非常困难的

---

① 盖伊·川崎是苹果创业时期的团队成员之一，对于 Macintosh 的成功有很大的贡献。后来以创业家、投资家的身份活跃，创立了创投公司 Garage Technology Ventures。

事，为达到这个目标所需要的资源相当可观。由于得和已控制了广大市场的既有大型企业正面对决，难度高也是理所当然的。

想必前面提到的 Homejoy 经营团队以为，只要继续扩大市场、提高营收、再调集足够资金，应该就能撑过难关了才对。但他们没注意到，要涉足已成熟的广大市场，就必须与提供替代方案的对手竞争，陷入顾客争夺战。Homejoy 是靠着优惠券起家的服务，虽然可以通过大打折扣增加顾客人数，然而由这种方式获得的顾客忠诚度并不高。

新创事业投入广大市场，就是刻意在削减自己的体力。不如专注于未受瞩目、范围较局限的市场，以取得压倒性的市场占有率为目标，难度还比较低。

市场小也没关系，先独占一个市场再说。竞争是输家在做的事。

彼得·蒂尔[①]，Paypal 共同创业者

先在局部范围的战争中取胜

以来本国旅行的外国旅客市场为例，创业者不应从一开始就把“打倒大型旅行社！”当作口号，以成为综合旅行社为目标。而应该要先试着展开某些面向外国旅客的服务，如提供 SIM 卡、可兑换外

① 彼得·蒂尔的发言参考自以下演讲。https://www.youtube.com/watch?v=z6K8PZxyQfU

国硬币的兑币机、让旅客可以在咖啡厅寄放行李的服务等（顺带一提，在日本，上述服务分别由 WAmazing、Pocket Chage、ecbo cloak 提供）。

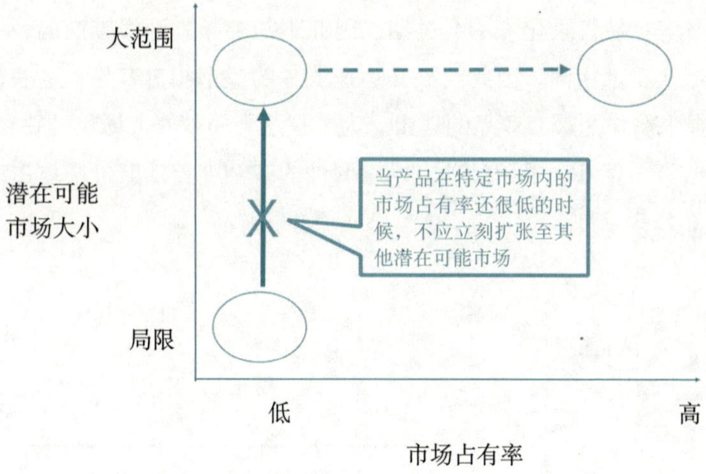

图 1-3-21

如果能顺利做到这点，该领域对你的新创事业来说就成为了一个可以带来稳定获利的现金牛（Cash Cow）。可以想象未来会出现品牌效果，提升民众的认知度，这时，募集资金的难度也会下降许多。在持续累积运营经验，知道如何有效率地吸引顾客之后，单位经济效益也能更加健全，使事业获利变得更稳定。

到了这一步，在想办法涉足周围市场，慢慢扩大潜在市场范围，才是最踏实、成功率最高的规模化方式。

关注大型活动的爱彼迎[①]

举例来说，亚马逊于 1994 年创业，创业者杰夫 · 贝佐斯（Jeff Bezos）的脑中，就有着支配在线零售市场（成为一个 everything store）的目标。他大胆地从书籍领域开始进入这个市场。

书籍容易目录化、不会过期，因此不需要频繁地报废商品。书的外形几乎都相同，因此要提升运送业务的效率相对容易，这些都是选择书籍作为最初商品的理由。为了在这个局部的市场获得胜利，他推出了一百万个书籍品项，以压倒性的齐全度与低廉价格攻占市场（图 1–3–22）。

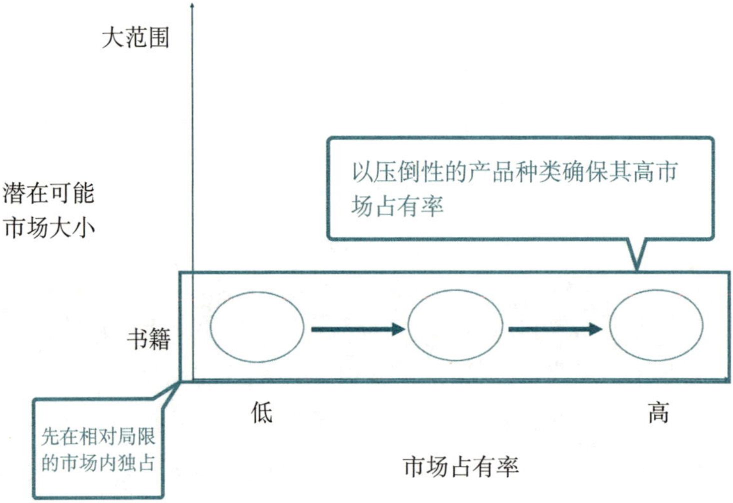

图 1-3-22　亚马逊的战略 1

① 爱彼迎的轶事参考自 *Airbnb Story*［利 · 加拉格尔（Leigh Gallagher）著］。

于是亚马逊在书市的市场占有率越来越高，从 1990 年代后半开始，渐渐涉足 CD、DVD、游戏等周边市场，扩大他们的潜在市场范围。不过，要是亚马逊突然把目标转往食品、鞋子等范围很大的市场的话，事情又会变得如何呢？

恐怕会变得像 Homejoy 一样，短时间内虽然可以提升营收，但花太多时间在让获利健全化上，于是在开始赚钱以前就烧光资金停止营业了吧。其他大型零售店也可能会推出降价活动，一口气把亚马逊击败。

爱彼迎也是从很小的市场开始的。他们并不是一口气将住宿服务推广到全美各个城市，而是以大型集会或活动为目标。

书籍 *Airbnb Story* 中提到了以下的故事。

2008 年，贝拉克·奥巴马（Barack Obama）被提名为总统候选人时，受到许多媒体的关注，民主党大会也成了众所瞩目的焦点。

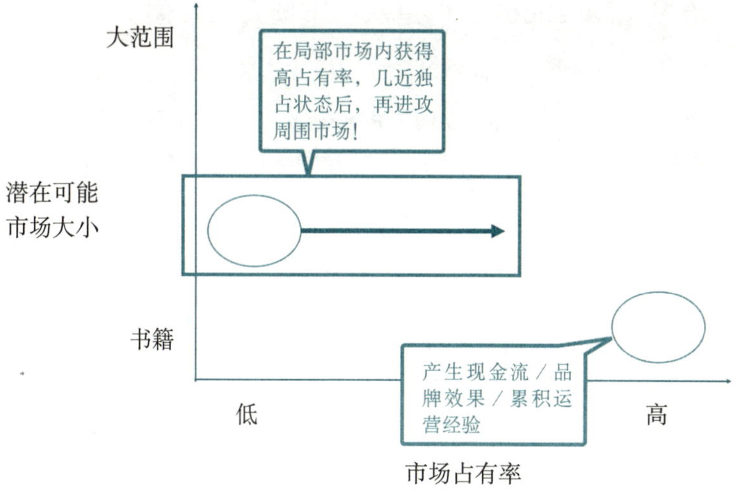

图 1-3-23 亚马逊的战略 2

预定于美国科罗拉多州丹佛市举行的奥巴马提名演说，临时改至可容纳 8 万人的大型会场举行。然而丹佛的饭店只能提供 27 000 个房间，当地报纸纷纷报道住宿地点严重不足的相关新闻。而一部分博客则介绍了爱彼迎的服务，使许多大型媒体注意到了他们的服务。结果，在该活动期间内，有 800 位屋主在爱彼迎注册房间，还有 80 人预约了房间。这对爱彼迎来说是一项很特别的记录。爱彼迎的切斯基在一场演讲中提到了当时的状况，他说："那一场活动刚好可以用来验证我们的商业模式。"[①]

由于还没达成"制作出人们想要的东西"，因此他们没有将其拿到广大的市场上验证其服务好坏。而是在特定地区、特定活动的举行期间内进行实证实验，反复验证其假说，以提高服务质量。

在小市场的验证工作结束，且募集到足够资金以后，爱彼迎才开始拓展在大城市的业务。

脸书（Facebook）也是从小市场开始发展

脸书（Facebook）也是以同样的模式拓展事业。

即使他们在哈佛大学校内发展得还不错，也没有马上把业务推广至全世界。当时已有"Myspace"与"Friendster"等竞争者存在，脸书（Facebook）则避免与之直接对抗。

脸书（Facebook）在 2004 年创业时，使用者范围仅限于常春藤联盟的学校内，而且是一个学校一个学校慢慢开放服务（先从校内已有类似社交网站的学校开始开放，在了解自己的优势与弱势后逐步修正服务）。而且他们还定下了"如果任一个学校的注册人数没有

---

① 切斯基的发言引用自以下演讲。https://www.youtube.com/watch?v=03kSzmJr5c0

超过 75%，就不会再涉足下一个学校”这个非常严格的目标。

不过，也因为他们立下了这个高难度的目标，所以他们在运营初期阶段能够迅速改善（sprint），在 2006 年开放给一般民众使用前，经过千锤百炼的服务已相当完善（日语版于 2008 年开放）。

回头看当时的情景，马克·扎克伯格这样说道：

“我们一边开放更多大学加入脸书（Facebook），一边优化我们的服务。我们在增加一个功能后，会先确定能够顺利运作，再打入其他大学的市场。这就是我们拓展市场的过程。”①

虽然现在的脸书（Facebook）有 1 万多个功能，但其实一开始只有 8 个功能。重要的并不是功能的数目，而是用户是否会疯狂爱上这样的服务，扎克伯格深知这一点。

直觉上，人们会以已明朗化的广大市场为目标。如果是曾协助大企业争夺市场占有率的人，一开始都会想着要怎么夺取这庞大市场的市场占有率。然而对刚成立不久的新创事业来说，这样的想法相当致命。

对新创事业而言，将眼光放在没有人注意到的潜在市场，以获得压倒性市场占有率为目标，避免与他人竞争，才是最重要的战略。

这是没有任何人注意到的市场吗？

为了将前面的叙述做一个整理，我以市场成长性与目前的市场规模为双轴，画出一个二维矩阵（图 1-3-24）。

---

① 马克·扎克伯格的发言引用自以下演讲。
https://www.youtube.com/watch?v=oz7muQxug_M

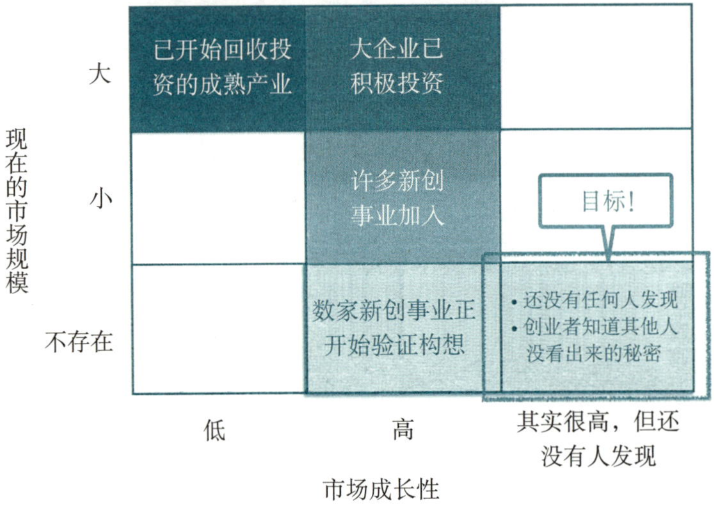

图 1-3-24

“成长性高且规模大的市场（上列中央）”是最混乱的区域，未达成“制作出人们想要的东西”与单位经济效益的新创事业如果突然跨入这个区域，无疑是自杀行为。

新创事业的构想应该要把目标放在“市场规模小，成长性却很高的区域（图 1-3-24 的中列中央）”。事实上，多数新创事业也确实是从这个区域开始的。

不过，也有一部分前卫的新创事业处于“市场还不存在，成长性却很高的区域（下列中央）”，持续验证自己的构想；甚至也有些新创事业处于“市场还不存在，大多数的人也没发现其成长性（下列右端）”的阶段，却仍持续在这个区域中努力。

虽然现在共享经济与随选服务等用词已十分普遍，但在爱彼迎与优步的事业刚开始服务时，根本没有人在使用这些词。因此这些构想连大型企业也不在意，大多数人也觉得这样的构想很“疯狂”。

你的创业构想又是如何呢？是否还没有人能将其语言化？是否有跨入未知的领域呢？能够勇敢挑战这样的构想的人，才能够创造出新的市场。

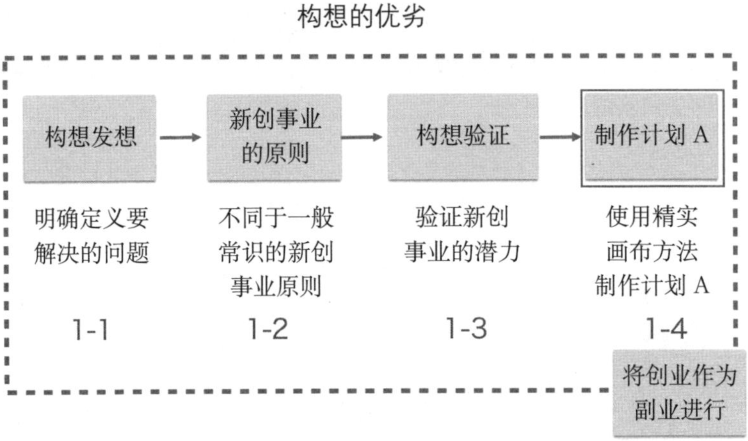

图 1-4-1

1-4 制作计划 A（可行性最高的计划）

如何撰写精实画布

构想是创业者自己，或者是创业团队头脑风暴下的产物。而本节将会介绍如何使构想逐渐成形。

在这个步骤中，许多新创事业的创业者（特别是有管理企划经验的人）会制作格式繁复的事业计划书，然而正如我们先前提到的，制作事业计划书须耗费的时间过长，基本上不适合新创事业。

这个阶段的构想还只是个草稿，因此将未来一定会发生变化的构想巨细靡遗地描述清楚，也只是在浪费时间。这里需要的是计划A，也就是创业初期时，创业者认为可行性最高的默认商业模式（在计划A之后，还会有B、C、D等版本）。

精实画布的优点

那么，该如何让计划A成形呢？

我认为使用由阿什·毛里亚（Ash Maurya）[①]在他的著作《精实执行：精实创业指南》中所提到的精实画布（lean canvas）是最有效的方法。这是一个可以让新创事业将他们的商业模式可视化的工具，由在商业界中常使用的工具商业模式图（business model canvas）修改而成。

基本上，商业模式图的框架适合让拥有丰沛资源的大企业在讨论新事业时使用。对于资源较少的新创事业来说，商业模式图的某些项目并没有那么重要。

举例来说，新创事业不需要过度重视商业模式图中的“关键合作伙伴”项目（新创事业需要与顾客对话，因此与其通过合作伙伴贩卖产品，不如自己卖。而且要是通过合作伙伴贩卖产品，产品会有合作伙伴的影子，当产品要规模化时可能会成为一道枷锁）。

相对于此，精实画布在设计时，则聚焦于对新创事业来说特别重要的项目，包括顾客、问题、产品等。

---

① 阿什·毛里亚为User cycle的创业者。即使创业者不是资料科学家，该公司也能帮创业者分析资料，做出决定。该公司在开发新产品时，会使用精实画布的方式积极运作，并因此而为人所知。主要著作为《精实执行：精实创业指南》。

最重要的是，完成一份精实画布很短，而且不管是谁都能马上理解其内容。最简单的精实画布只要 10 分钟就能写好，只要 5 分钟就能看完。

因此，与其耗上 2 个月左右来制作事业计划书，不如将这 2 个月拿来修改花 10 分钟就能写好的精实画布，修改个几百次，效果更好。

精实画布的填写顺序如下

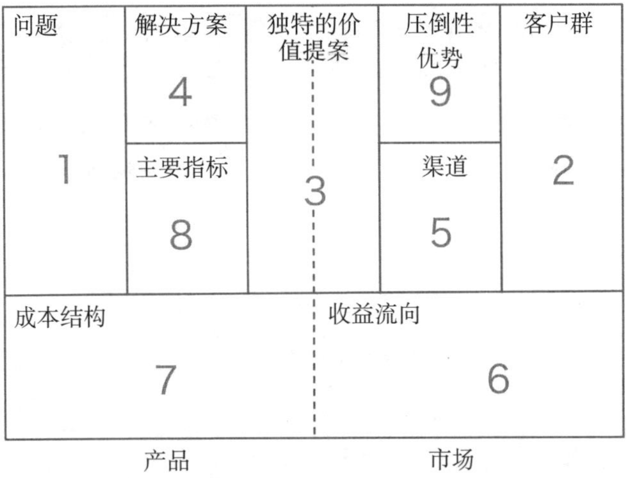

图 1-4-2

精实画布是根据《精实执行：精实创业指南》（阿什·毛里亚著）制作而成。

精实画布如图 1-4-2 所示，依照顺序填入各部分。

我推荐以团队形式运作的新创事业，在白板上写出你们的精实画布，并将各项目的内容用便利贴贴在上面。不仅可以让成员对最后结果留下实体印象，也能凝聚团队间的共识。

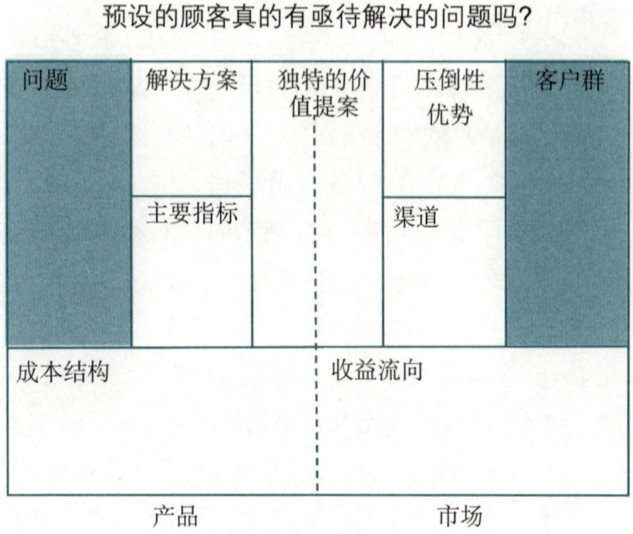

图 1-4-3

最重要的是“问题”与“顾客”

在第一章的开头我们就有提到，新创事业要以问题导向为基础。如果以精实画布整理构想，就能够以“问题”与“顾客”为中心进行讨论。

让我们来简单看一下精实画布中各项目提到的内容吧。

1. 问题（问题假说）

对于我们预设的顾客来说，或许有不少问题（问题假说）亟待解决，这里先选出三个并填入最重要的问题。请记得，在实际与顾客谈过以前，这些问题都还只是假设性的问题而已。

2. 客户群

确定顾客是谁。填写这个部分时，应以产品的早期采用者为目标。

早期采用者对信息的敏感度较高，平时就会针对问题积极寻找替代解决方案。在一开始将产品投入市场时，包含给予负面评价的人在内，能够给予回馈的人们，就是所谓的早期采用者。若这些顾客喜欢这个产品，就会向他们周围的人推广，成为所谓的传教顾客。

举例来说，在讨论护理的解决方案时，“客户群”的早期采用者会是最关心护理、双亲正处于需要护理年龄的50多岁女性。

之后我们还会再提到，对客户群的描述不应只是“50多岁女性”那么笼统。应该要塑造出更具体、更有临场感的人物画像，才是这一步的重点。像是“白天得去工作，但因为担心一个人待在家的母亲，需要时常和家里联络的50多岁女性”这样的描述，能让客户群变得更具体。

3. 独特的价值提案

针对该问题，应思考自家公司的产品或服务能够提供什么样的独特价值。

或许你已经注意到了，在验证问题的过程中，会一直重写“问题”与“客户群”栏，反复琢磨一个问题。重点是要在整理眼前已明朗化之问题的同时，寻找潜在问题并将其语言化。

已有人发现、已明朗化的问题，大多已有适当的替代方案。某些问题虽然还没被任何人发现而未明朗化，但在与顾客对话的过程中，创业者可以慢慢挖掘出隐藏的需求，找出这些潜在的候选问题，这才是重点。

先做出一个构想的计划 A，而在将其更新至新的版本 B、C、D 的过程中，预设顾客、问题假说、默认价值提案也会不断进化。

最初的“问题”与“客户群”两栏,就是用来厘清“要解决谁的、什么样的问题?”这个要素，以建立新创事业的基础，这个动作应该在创业初期就进行彻底思考。这是为了确保新创事业的问题假说与顾客实际的问题一致，也就是为了实现“解决顾客问题”（CPF）的关键。

回答不出所有问题的答案也没关系

填完上面三个项目之后，就要开始建立“可实现这个价值提案的具体计划”。

4. 解决方案

从问题的具体解决方案中选出三个可行性最高的填入。要记得的是，在计划 A 的阶段还不需要直接与使用者对话，验证你的问题假说，故没有必要执著在解决方案的确实性与细节上。

5. 渠道

思考获取顾客的渠道。虽是这么说，但新创事业可选择的渠道并不多。在这个阶段只要试着思考如何增加与自己的目标客户群接触的机会，以及如何与他们直接对话就可以了（如在社交网站上成立社群、举办活动等都可以）。

6. 收益流向

试着写下收益模型。想象当实际的商业模式成形时，会以何种形式获得收益。此外，试着计算包括产品单价应该是多少、可服务多少顾客、顾客终生价值（从每一位顾客身上所获得的利益）是多少等问题，写下预估利益大致是多少。

7. 成本结构

包括顾客获得成本、流通成本、主机成本[①]、人事费等，将产品送进市场前所需花费的成本列出一张清单。对于创业初期需要花费庞大费用在设备投资上的金融科技与生物科技创业来说，这是很重要的要素。

8. 主要指标

在新创事业达成“制作出人们想要的东西”（PMF）以前，设定一个定量指标以评估事业进展。在计划 A 的阶段时，要找到正确的指标并不是件容易的事。

戴夫·麦克卢尔[②]所提倡的 AARRR[③]指标（海盗指标）便是一个值得推荐的泛用型指标。其中，在“制作出人们想要的东西”前

---

① 主机成本指的是建构网站时，使用服务器等设备的所需费用。

② 戴夫·麦克卢尔（Dave McClure）是大型创投基金 500 Startups 的创业者。500 Startups 以支持刚创业不久的新创公司成长而著名（目前麦克卢尔已经退出了创投基金的经营）。

③ AARRR 指标包括 Acquisition（获取顾客）、Activation（开始使用）、Retention（持续使用）、Referral（介绍其他顾客）、Revenue（产生营收、转化为付费使用者）等五个指标。我们将在第四章中详细说明。

的阶段需要特别注重的指标为开始使用（Activation）与持续使用(Retention)。

9. 压倒性优势

写下能让你在竞争中取得压倒性优势的条件。在验证构想的阶段，要填好这栏并不是件容易的事，因此即使写不出来也无须太过在意。可以填入的内容如内部信息、专家支持、梦幻团队、网络效果、社群、既有顾客等。

在达成“制作出人们想要的东西”，准备将商业模式规模化时，应先聚焦在其中一个优势上（也就是说，不应盲目地规模化，应要在确认自己有某方面压倒性优势后，再进行规模化，这是很重要的一点)。

如果一开始提到的三个项目（问题假说、客户群、独特的价值提案）稍微有些变动，后面的六个项目可能会有很大的改变，即使在产品发布后，也有可能持续变化。

因此，在构想还没成形前的创业初期阶段，如果有觉得不够清楚的部分只要将想象中的样子简单写下来即可。毕竟这个阶段中最重要的，还是在于厘清“问题”与“客户群”是什么。

将市场上双方参与者分开讨论

需要有贩卖商品的人与购买商品的人才能运营的拍卖app，Mercari；需要有出租房间的屋主和租用房间的旅客才能运营的爱彼迎；需要司机与乘客才能运营的优步等，其商业市场需要同时拥有供给方与需求方才建立得起来，这被称作双边市场（two-sided market)。

以Mercari为代表的C to C市集型服务，像是爱彼迎或优步这样的共享经济服务，像是优兔（Youtube）这种用户生成内容（user generated content）服务等，皆属于双边市场。

对于双边市场来说，需求与供给两边的顾客越多，对这两方来说，服务的价值也越高（这也称作网络效果）。以优步为例，当优步的乘客增加后，司机也会增加；而当司机增加使优步变得更方便时，乘客又会再增加，两者就像鸡生蛋蛋生鸡一样。

因此，双边市场的商业模式中，需要同时提供双方够好的价值提案才行，只专注于其中一方的顾客是一大禁忌。

所以在填写精实画布时，最好能分别站在双方的立场上思考他们的想法是什么。

作为参考，我们试着写出爱彼迎的精实画布如图1-4-4。

爱彼迎的精实画布

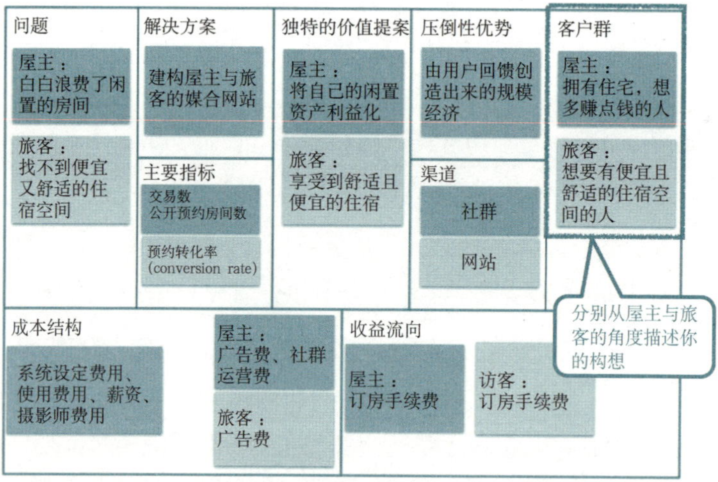

图1-4-4

这样，屋主（服务提供商）与旅客（服务使用者）各自的问题、可提供价值、渠道等皆一目了然。

在制作精实画布时，适用于“服务提供商”“服务使用者”“两者皆是”的观点，可用三种不同颜色的便利贴表示，在整理论点时会比较容易。

而最后，则需要验证“服务提供商”“服务使用者”“平台提供者（创业者本身）”是否都能享受到好处、是否为三赢局面。

再次强调一点，在新创事业的种子期时，不需要准备格式严谨的事业计划书。

创业者最好能有效利用如精实画布这类能迅速完成、轻松分享的工具，以最高效率制作出计划 A。

《精实执行：精实创业指南》作者，阿什·毛里亚曾在一场演讲中这么说：

“对于新创事业来说，最宝贵的资源是时间。在资源耗尽以前，能学到最多的创业者就是赢家。”[①]

在制作计划 A 时，为了加快学习的速度，创业团队全体成员应该要一起参与假说的建构。

“Tinder”的精实画布

只要亲自参与精实画布的制作，马上就能够掌握到诀窍了。

以下整理实际存在的交友 app Tinder 的功能说明。请试着以这些信息写出精实画布。

---

① 阿什·毛里亚的发言引用自以下网址。
https://www.youtube.com/watch?v=iAuSEThxJ0s

Tinder 的精实画布

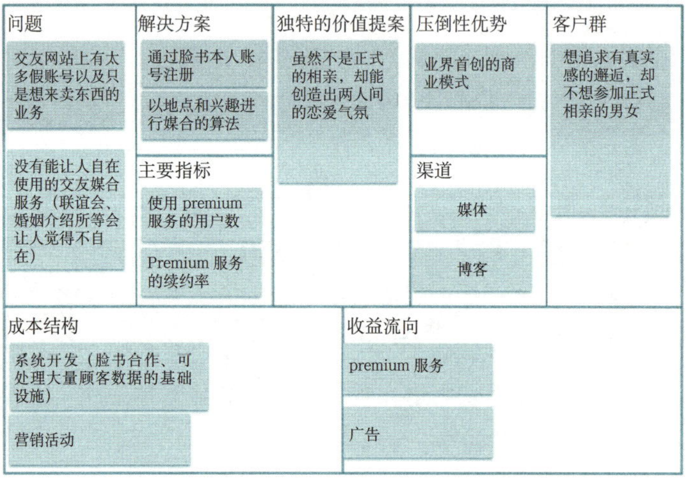

图 1-4-5

图 1-4-5 列出了我所写的精实画布。不过我写的不代表就一定是正确答案，只是作为书写精实画布的参考而已。

Tinder 的基本操作

(1) 下载智能手机用的 app，以脸书账号登录。

(2) 设定交友对象的条件。

(3) 在自己所在地的周围会陆续出现可选择的对象。感兴趣的话就往右滑、没兴趣就往左滑。

(4) 要是两个人都对彼此有兴趣，配对便会成功。

(5) 配对成功的人可以彼此聊天。

(6) 实际上是否能约得出来，就凭个人本事了。

Tinder 的 premium 服务（每个月 1 200 日元）

- 有无限次滑动候选对象的机会。
- 可变更自己的所在地。
- 可停止显示广告。

即使这项服务曾引起一阵话题，并在全世界急速成长，也很难一眼看出为什么会红成这样。不过，如果将该服务的构想整理在精实画布上，好好分析其内容，就能够看出其商业模式的核心（该商业模式可以用什么样的方法，解决谁的、什么样的问题）与差异化的重心。

精实画布的共同语言

前面提到，精实画布是在塑造计划 A 时最好的框架。之所以会这么推荐这个框架，不只是因为写起来很简单，更重要的是它能够简洁而全面性地让创业者掌握整个商业模式。

如同史蒂夫·布兰克在他的著作 *The Startup Owner's Manual*[①] 中曾提到的："若问十个人什么是商业模式，常可得到十种回答。"商业模式的定义会随着每个人的看法不同而有不同的样子。

举例来说，业务员出身的人会说"商业模式应以顾客为重"，工程师则可能会说"解决方案才是商业模式的重点"。如果创业成员彼此间不够了解，对问题前提的认识也有差异的话，就很难在讨论中找到交集，无法让组织更有效率地运作起来。

在填写精实画布时，将讨论的重心聚焦在"要解决谁的什么问

---

① *The Startup Owner's Manual* 的日语版译本为《Startup Manual 从新创事业到大企业的新事业部门》（翔泳社出版）。

题？”上面，才能更好地让原本拥有不同意见、从不同角度看事情的成员们，找到彼此想法的交集。

如果将精实画布作为团队的共同语言，就能够更有效地沟通，使团队成员们建立的假说与未来的方向更加明确。

持续修正计划 A

即使精实画布上的计划 A 在目前这个时间点看来是最好的设计，未来也必须持续修正才行（也就是要继续制作计划 A、B、C）。

这项作业不能只由创业者一人进行，而是要创业团队全体成员一起来做。

在一般企业中，如果想让其他员工理解某项信息，就必须制作一份像事业计划书一样复杂的文件，用来说服公司内的成员。不过，事业计划书较重视表现方法与格式等细节，在论点本质的讨论上（这个计划要解决谁的、什么样的问题？又该如何解决？）可能很难充分交换意见。因此不适合作为寻求全体成员理解、认同的方法。

让创业团队全员一起头脑风暴，发想构想，互相补充彼此没注意的地方，在持续验证的过程中，在精实画布上琢磨构想。

精实画布最重要的效果就是，能够让每位成员成为创业的当事人，为构想的琢磨做出贡献，并认同这个团队。如果成员彼此能互相理解认同，也能减少团队内的龃龉，提升琢磨构想的效率。

精实创业模型

像这样将假说与实现过程可视化，并时常反复验证，可以避免新创事业浪费时间，是创业初期的一大重点。

这种想法与埃里克·莱斯（Eric Ries）的著作《精实创业》[①]的脉络相同。这本书被许多创业相关人士视为圣经。

埃里克·莱斯所提倡的精实创业，是先塑造出新构想或新概念的外型（制作最小可行产品），并反复进行建构（Build）、测量（Measure）、学习（Learn）等步骤的循环过程。

过去常为人们所使用的瀑布式（waterfall）开发方式中，须制作缜密的规格书，一开始就将产品与服务的要求条件（Requirement）写清楚，并依照规格书制作出同样的产品。然而多数情况下，都是将产品投入市场后才知道哪个部分需要改进，这时再来学习却又太晚了，而且产品还有可能会出现多余的功能。

在瀑布式开发方式中，刚开始在定义产品的要求条件时，当然也会倾听使用者的意见，但在这个阶段，通常使用者自己也不知道自己想要什么、不知道自己有什么问题需要被解决。因此通常也难以挖掘出使用者的潜在问题（在表面现象之下的真正原因）。

举例来说，花了半年开发出来的产品，并将其交给使用者，却得到“用了之后才知道，其实我没有很想要这样的东西，这没办法解决根本上的问题”这样的反馈意见的话，这半年来在开发过程中所花费的心血全都白费了。

另一方面，精实创业的开发模式中，一开始并不会去制作产品的最终形态，而是只做出以验证为目的的最小可行产品，随时准备发布。这样才能及早获得来自顾客的反馈，并随即依照顾客的意见修正轨道，迅速改善产品。

---

① 《精实创业》（埃里克·莱斯著）。埃里克·莱斯为创业家，现在也致力于为许多新创事业提供建议。

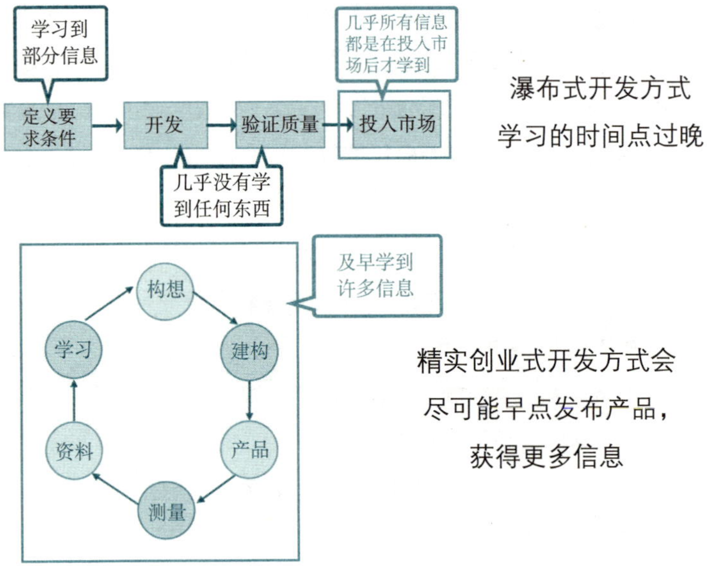

图 1-4-6

换个方式来说，瀑布式[①]开发这种过去的方法会花很多时间在会议上，以提升假说的精致度；而精实创业式的开发则倾向于将假说立刻投放到市场验证，并以最快的速度持续改善。由于现在产品的寿命越来越短，因此后者的方法也更有效率。

而且，刚才提到的精实画布不仅能迅速完成、明白易懂，也相当适合作为精实创业模型在验证假说时的框架。

在时间用完以前找出商业模式

创业者需要找出精实画布中每一个项目的最优解，而这也是在

① 瀑布式模型是用来表示系统开发流程的古老模型之一，须依照定义要求条件（决定系统的规格）、开发、质量验证等顺序进行开发。

和时间赛跑。

阿什·毛里亚在《精实执行：精实创业指南》中，重点介绍了找出最优解的步骤。

看过这些之后应该就能理解大致上的流程了。

（1）在精实画布上制作多个版本的计划 A。

（2）分析各个计划中不确定性最高的项目是什么（问题真的存在吗？真的有这样的客户群吗？解决方案适当吗？）。

（3）以四个阶段验证计划。

a）厘清问题。

b）定义解决方案。

c）以定性方式验证。

d）以定量方式验证。

经过这些验证过程后，就能在最后得到每个项目都让人接受的精实画布，而这也就是你的商业模式原型。

而在试着找出商业模式最优解时，特别重要的是，定性方式验证与定量方式验证要由创业者自己进行。

虽然我不怎么建议这么做，但对某些新创事业来说，有时须将产品的开发工作委托给外部厂商。即使真的要委托外部制造产品，如计划 A 的定量验证与定性验证这类，能让创业团队成员学到东西，并能将成果累积下来的开发过程，绝对要死守在公司内部。

根据定性、定量的验证结果，如果判断沿着至今的创业方向（客户群与解决方案的内容）前进，最后能达成“制作出人们想要的东西”的概率不高的话，就需要修正轨道。

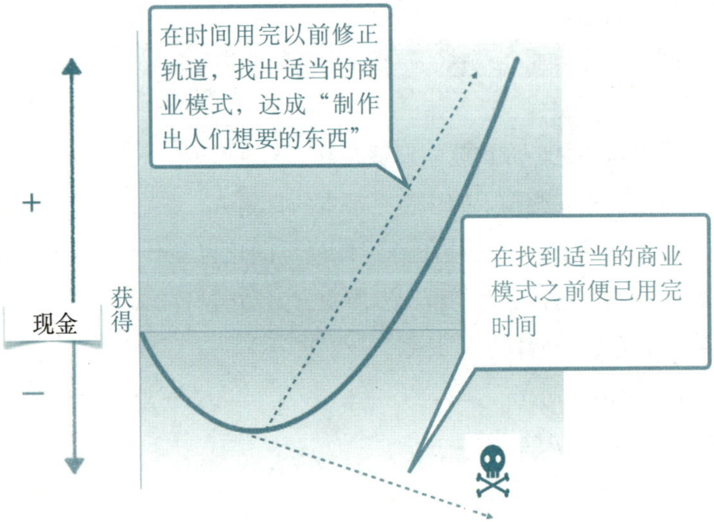

图 1-4-7

新创事业须在资源（时间、金钱、经营团队的忍耐力）耗尽、时间用完以前，持续修正轨道，以找出商业模式与产品的胜利之路才行。

修正轨道的重要性与注意事项

莱斯曾说过：“修正轨道指的是，在不改变愿景（vision）的情况下改变战略。”①事实上，据毛里亚的说法②，约有 66% 的新创事业大幅改变了当初的计划。

让我们再来看一次新创事业的 J 成长曲线。

要是在发现最佳商业模式，进入曲线上升阶段以前耗尽资金、

① 莱斯的发言引用自以下演讲。https://www.youtube.com/watch?v=dC_IG-EZQUY
② 毛里亚的发言引用自以下演讲。http://www.youtube.com/watch?v=Nhl5nzUNQCA

时间的话，对新创事业来说唯有死路一条。

而如果能在新创事业死亡前，反复验证商业模式，根据情况修正轨道，达成“制作出人们想要的东西”的话，就能乘着上升气流升天。

团队成员能接受吗？

虽说如此，修正轨道对于新创事业来说绝对不是件简单的事。创业者不应过度恐惧修正轨道，但要是看轻这件事的话也会尝到苦果。

特别是那些没有认真读过著作《精实创业》的创业者们，常会在没有足够验证、没有充分学习的情况下，只是碰上了点障碍就轻易决定要修正轨道。

然而，修正轨道就是在否定团队至今所累积的成果，自然会有人感到不满。

我过去也曾有过这种痛苦的经验。当时我在美国经营一家新创事业，在我们第二次修正轨道时，一位对此感到不满的工程师就这样离开了团队。

当时我还没听过精实创业、精实画布，因此不知道创业者应与团队成员共享构想，也不知道应该要以最快速度验证所有事项。

如果那个时候用到精实画布之类的工具让成员们共享构想的话，状况或许会有些改变吧。如果能将商业模式可视化，设计一套指标（metric）作为“制作出人们想要的东西”过程中的参考，使修正轨道的理由能更为明确，这么一来，工程师或许就不会离开团队了。

初期新创成员通常是由 3 到 10 人的小型团队组成。但不能因为人数不多，就以为沟通上不会出现障碍。

即使团队很小，每个人的经验与立场也各有不同，因此参与创业的前提条件与思考方法也会有所差异。

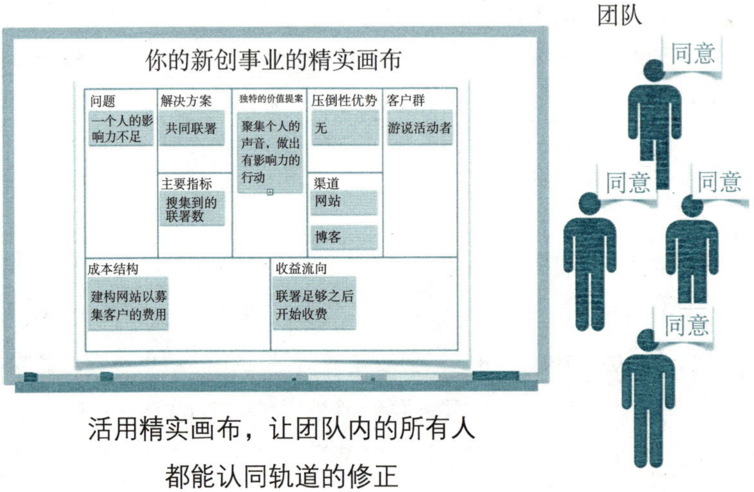

图 1-4-8

在新创事业的初期阶段，特别需要用精实画布之类的工具，将思考可视化，经过每天的充分讨论“不能这么做、也不该那么做”后，获得一个所有人都能接受的商业模式，是这个阶段的重点。

修正轨道等于是要改变新创事业整体的方向，可说是非常具冲击性的行动。因此，须通过与创业团队成员的对话，获得他们的认同才行。

要是在没获得团队成员的认同前就强行修正轨道，可能会成为组织崩溃的契机。

若团队成员能够理解修正轨道并不代表要停止开发，仅是要改变开发方向的话，想必新创团队也能够更加“自在”地修正轨道。

但要注意，修正轨道对于新创事业来说可以说是一次濒死经验。对没有时间也没有金钱的新创事业来说，得将自己至今所累积的成果丢掉，要是走错一步，就会面临与死亡只有一线之隔的处境。

因此，一旦决定要修正轨道，就需要创业团队全体成员的鼎力相助。而为了达成这个目标，须利用精实画布等工具反复对话，让所有人都能认同修正轨道的判断，并把这件事当作自己的事。

愿景是不能修正的

然而，可修正的对象仅止于产品与战略（商业模式）。创业者应该要意识到，一开始指引新创事业整体方向的愿景，创业后就不能轻易改变。

举例来说，Cookpad 所提出的愿景就是“让人们每天都能享受料理的乐趣”。创业者佐野阳光也提到，团队不会去做与这个愿景冲突的事。在如此简单易懂的愿景下，即使未来组织规模化，员工们也不容易迷失方向。

决定新创事业愿景的人正是创业团队。团队成员能否在很早的阶段，就找到足以让他们为此拼尽全力的愿景，将会是新创事业能否成功的关键。

让成员彼此的想法撞出火花，花些时间好好酝酿出团队的愿景，并将其明文列出。我认为新创团队应如此描绘自己的愿景。

“制作出人们想要的东西”是条困难之路

老实说，新创事业要让产品或服务达成“制作出人们想要的东西”，是一条困难重重的道路。

先预设顾客可能拥有哪些问题，再直接与顾客对话，学习该问题的相关信息，并持续发布产品（最小可行产品），以了解顾客真正的想法。

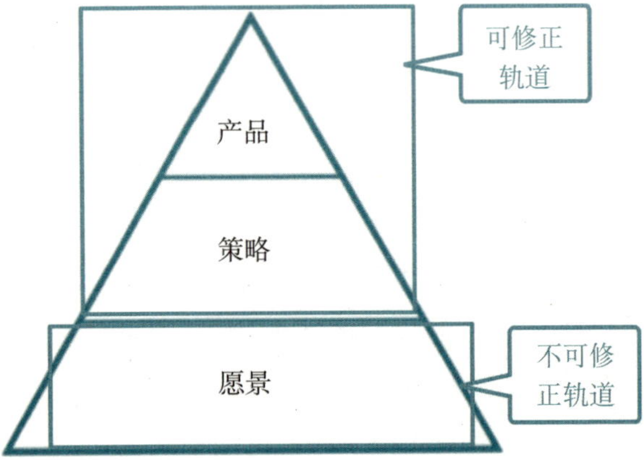

图 1-4-9

新创事业须在手上的资金用尽以前，反复执行这些行动。而最让人感到痛苦的，就是把之前花了许多精力想出来的构想，以及花了许多时间做出来的产品舍弃掉的那一瞬间。在决定要不要舍弃掉产品时，就像是在与“又不是 100% 确定做不出来，为什么不继续开发下去呢？”的念头对抗一样。

我所尊敬的投资家，本·霍罗维茨就曾在他的著作《什么才是最难的事？》中提到，创业就是一连串“hard things”，只有愿意走上这条“hard way”的人才有机会成功。

反过来说，若只执著于做出自己想做的东西，只顾着把自己的猜测正当化的话，就像是走在一条“easy way”上，最后只会做出一点用都没有的产品，还会使公司走上成为“假新创”公司的道路。

COLUMN

利用副业来琢磨你的构想

第一章中，我们说明了如何验证新创事业的构想，包括构想的基本形式、精实画布的书写方式、如何决定你的目标市场所在等。

希望你能理解，这些是在你实际走出户外，与顾客直接对话之前的准备阶段中，需要具备的知识。

和伙伴们一起制作精实画布，边听取顾客的意见边进行研究，这就像是周末创业一样，是一个能自由经营的副业（side project）。针对一个构想做过讨论后，认为“不要创业”是最佳决定的情形也经常发生。在琢磨构想的阶段中，不要成立公司，以经营副业的形式开始会比较好。

Y Combinator 的共同创业者，保罗·格雷厄姆曾说过一段有趣的话：“要想到创业构想的最佳方式，就是不要一开始就把这个当作创业构想。”①

还未被发现，能成为新创事业基础的构想，通常隐藏在我们的日常生活，或者是平时就在做的业务中。当我们看着许多理所当然的事时，如果心中突然出现“这种做法真的是最好、最正确的吗？”“有没有其他方法呢？”这种寻常的疑问，或许就会是找到构想的契机。如果能够把握住这些每天的发现或来自内心的感觉（洞见），试着努力追求这些问题的答案的话，或许很快就能够找到适合用来创业的

① 保罗·格雷厄姆说的话引用自他的网站 http://www.paulgraham.com/startup idea s.html

好构想。

在讨论构想时，不应局限在“能否商业化”的议题上，而是应该要毫无保留地把想法一股脑“发散”出来，再慢慢“收束”回去，并反复进行这样的过程。而在这样的过程中，就有可能会突然发现不曾有人注意到，却会对生活或既有商业模式带来很大影响的构想。

由正业的经验诞生出的构想

事实上，大多数新创事业的构想都是创业者在正职工作中想到的。

亚马逊的 CEO 杰夫 · 贝佐斯就是在金融机构工作时发现了电子商务的机会。有许多创业者与贝佐斯一样，是在有正职的情况下，利用空闲时间思考构想，将其当作副业经营。

而且，即使有正职，也能够同时进行多个副业。

事实上，我现在就同时进行着数个副业，而真正能事业化的工作却只有一小部分。而之所以要同时进行数个计划，是为了要厘清这些计划想解决的问题，是否真的适合由我来做（关于这一点，我们将在第二章中详细说明）。

当然，或许有些人会认为 ：“既然要做的话，就应该自断后路，逼自己认真做下去才对。”

在准备各种资格考试的时候，这么做或许无可厚非，但如果想要开始一个新创事业的话，这么做却会有反效果。

向公司辞职后，虽然能够全心投入创业，但如果没办法马上做出成果的话，也会变得更加着急。即使创业者全心投入，也不代表一定能得到一个好的构想。要是过于执著，反而会让人着急起来，只想着要快点得到“结果”。比起好好地验证问题，反而会把大部分的精力放在看得到的结果上，只想着要快点制造出产品。结果反而常常制造出没有人想要的产品，使创业失败。

副业与正职的差别

在自己的正职上执行的计划，与在拥有正职的情况下进行的副业计划有什么样的差异呢？我把这些差异整理如图 1-5-1。

正职	副业
义务感	好奇心
在公司扮演自己的职位该有的样子	扮演自己
以紧迫性为重	以重要性为重
需要考虑限制条件	跳出“窠臼”
需要考虑与一般业务的关系	拿掉一般业务上的限制
现在想做的事	未来想做的事
既有的解决方案	新型解决方案
现行商业习惯	从未来的商业模式回推
担心失败而踌躇不前	即使失败也能马上尝试下一个
须花费固定费用	可大幅减少固定费用

图 1-5-1

由图 1-5-1 所列出的条件可以看出，如果把创业当成副业进行，在验证构想时会有利许多，不是吗？其中特别值得一提的是，副业可以让人在思考构想时，跳出由原本的常识和限制条件所构成的“窠臼”，也就是所谓的 out of the box。如果把创业当成正职在做，会想要尽可能早一步让构想成形，而在不知不觉中忽略了其他可能，思考方式也越来越僵化。当你限制了自己的想法，就与新创事业的特点——疯狂想法离得越来越远。

另外，如果只想着要快点做出结果，便容易使创业者在观察某个顾客所拥有的问题时，对市场上已存在的替代方案给予过低的评价。

事实上，许多市场上已明朗化的问题已有替代方案可以解决，创业者制造出来的产品，对顾客来说通常不是必要的东西。

当创业团队想到了一个可以解决问题的构想时，有没有余力去思考“归根结底，这个问题真的存在吗？日前已存在的解决方案能充分解决吗？”等问题是很重要的。

“首先该做的，是想办法精炼你的构想。真正的创业是在那之后才开始。”[1] YC 的山姆·奥尔特曼曾这么说过。

要成为创业者，不代表一定要马上去登记成立一家公司。如果能在正职以外的时间，每天勤于奔走，寻找能成为构想的原石并加以验证，也能成为一个厉害的创业者。

充分确认团队成员是否适合一起创业

此外，在验证构想的阶段中不要成立公司的理由还有一个，那就是这时有可能会发生团队成员彼此不合的情况。

不管是头脑风暴，还是制作计划 A，实际与团队一起工作时，常会发生彼此性情不合、想法有差异、成员彼此间对于商业模式的方向不一致的情形。

---

① 山姆·奥尔特曼的发言引用自下列网址。
http://www.youtube.com/watch?v=CBYhVcO4WgI

如果在充分确认团队成员彼此性情和想法之前就成立公司，大家拿出自己的资金并获得相应的股份后，就无法轻易要求别人退出了。事实上，我也看过许多新创事业因为初期的资本政策失误而创业失败的案例。

在这层意义上，共同创业者就像是结婚的伴侣一样。男女双方也需要在结婚前，也就是交往期间内充分确认彼此是否合得来。

一边琢磨构想，一边寻找创业团队的候选人

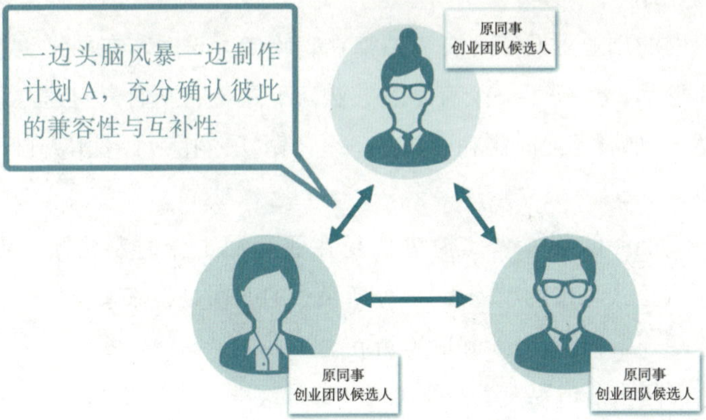

图 1-5-2

而在新创事业中，则需要确认彼此的愿景是否一致，技能与经验是否能互补。与结婚相同，创业时若急于行动、急于达成目的的话，通常不会有好结果。

新创事业的团队伙伴常会是原本的同事不是吗？

如果成员们已掌握彼此的某些特性，那么在头脑风暴或者是计划开始进行的途中，还能更进一步地了解彼此的性情与技能的互补性，逐渐成为一个固定的团队。这种培养团队的方式是最好的。

找到方向之后再成立公司

而且，太早成立公司的话也有其他不方便的地方。

开始有一些事务性杂事要做，也开始要负担一些成本费用。是否能适当分配出资者的股票也会成为一个风险。

在成立公司以后，所有业务就必须以让公司生存下去为前提，反而有可能使目标变成公司经营的维持。

在找到创业的方向以前最好不要成立公司，而是以私下运作的方式展开计划。

脸书的创业者马克·扎克伯格在念哈佛大学时，在网站上浏览学生年鉴后，想到了一个有趣的想法，于是与朋友们一起建立了脸书网站。“那时还没有想到要成立一个公司。”[①]扎克伯格本人自己也这么说。

Instacart 的创业者，梅塔也是在亚马逊工作时制作了 app 的 beta 版（正式上市的前一版）。他所负责的明明是物流系统的开发工作，他却开始制作 iPhone 用的 app。

雅虎是由斯坦福大学的学生杨致远与戴维·费罗（David Filo），以上课时做出来的门户网站为原型制作出来的产品。

苹果公司的第一台计算机“Apple I”开始接受订购时，共同创业者之一斯蒂芬·沃兹尼亚克还在惠普工作。

还有一个将副业引进企业的例子是绝不能忘的，那就是许多人所熟知的谷歌“80/20 法则”。谷歌鼓励员工利用 20% 的工作时间做和自己的本业无关的服务开发工作。谷歌将副业计划视为创造有潜

---

① 马克·扎克伯格的发言参考自以下网站的内容。
http://www.businessinsider.com/mark-zuckerberg-advice-on-starting-a-company-2016-8

力的新事业的方法，因此将 80/20 法则应用于此处。Gmail、谷歌地图（Google map）、Google hangout 就是由这 20% 的副业诞生的。目前占谷歌收益最多的广告服务 Google AdSense 也是由副业计划诞生的。

创业初期不要建立上下关系

在验证构想的阶段中，需要在持续不断的头脑风暴下，进一步探究你们的构想，与创业团队成员们一起讨论应该要对哪些概念进行验证。这个阶段中，新创事业的团队内基本上不存在上下关系，以扁平式的组织结构进行讨论是最重要的。

若想要找人协助你的副业，或者想协助其他人的副业，可以试着参加创业周末（startup weekend）[①]、黑客松（hackathon）、创意马拉松（ideathon）[②]等活动。这些是利用一个周末的时间，体验从构想建构到制作出产品的活动，也是个寻找未来能共同创业的候选人的好机会。

---

① 创业周末是一个于周末时举办，让参加成员们能够体验到从构想到产品成形过程的活动。
http://nposw.org/

② 黑客松是将工程师与设计者聚集起来，举办为期一天至数天的 app 原型开发活动。而创意马拉松则是由主办方给出主题，让参加者讨论彼此的构想的活动。

第二章

提升问题的质量

本章目的

☆ 利用各种框架与工具建立问题假说（2–1）。

☆ 为了验证问题假说是否存在，需要与最前卫的顾客实际对话（2–2）。

☆ 通过对话琢磨你的假说，使该聚焦的问题更加明确（2–3）。

在第一章中，我们利用精实画布精炼了我们的问题假说。然而再怎么说，这也只是由制造者想到的假说而已。

就这个假说所考虑到的问题而言，预设客户群究竟会觉得这个问题有多“痛”？多希望能尽快解决这个问题？我们须通过与顾客的实际对话来验证这些问题，以实现本章的目的“解决顾客问题”（与顾客心中所想的问题一致）。

若创业团队拥有技术能力越强的工程师，就越倾向于跳过验证问题假说这个步骤。技术能力越强，通常代表竞争力也越强，因此这倒没什么关系。但这里有一个很大的陷阱。当团队得到一个技术能力很高的成员时，常会轻视那些不熟悉技术的一般使用者的第一手意见。

新创事业的产品基本上还是为了解决顾客的问题而存在的解决方案。然而许多新创公司却会反过来根据自己公司所提出的解决方案，捏造出方案可解决的“问题”。

没有比这种捏造出来的问题更糟的东西了。即使团队成员也隐约感觉到对问题的琢磨不够，却会假装看不到自己的天真，一味地琢磨解决方案。对新创事业来说，没有比这更危险的事。

于是，花了时间琢磨过的解决方案却没有顾客能够接受，这时才发现解决方案与顾客碰到的问题有很大的落差。这种白白浪费资源的新创事业撑不了多久就会挂掉。为了避免这种惨痛的失败，本章将介绍如何琢磨你的问题假说。

“这个问题真的存在吗？”

“你真的想解决这个问题吗？”

能够对默认用户抛出多少这样的问题便决定了新创事业的命运。

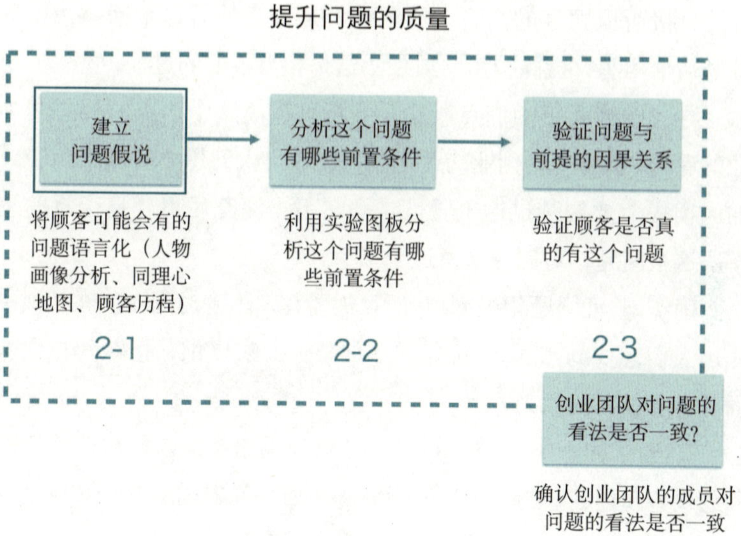

图 2-1-1

2-1 建立问题假说

提高问题的品质

不要疏于对问题的验证

前一章所提到的，利用精实画布制作出计划 A 终究只是在踏出办公室与使用者对话以前，在室内自己做的“假说”而已。

直接听取顾客的声音，验证他们是否真的有这个问题，以持续琢磨这个构想，提高构想的质量，这是相当重要的过程。

寻找顾客真正的痛点所在，并将可解决这个痛点的构想视为创业的课题，就是决定创业能否达成“制作出人们想要的东西”（PMF）的大前提。要是跳过这个验证步骤，不去深究使用者是否真的想要解决这个问题，对创业来说过于草率。

确实，验证问题相当麻烦，而且需要花上不少时间。但在达成“制作出人们想要的东西”，确定产品的整体面貌以前，把时间花在这上面却有着很大的意义。

美国的 Startup Genome 对 3 200 家网络类的新创事业公司进行问卷调查[①]，达成“制作出人们想要的东西”的新创事业有八成在“解决顾客问题”（CPF）的阶段就专注在“问题的发现与验证”上。

另一方面，失败的新创事业则有 74% 在创业初期便把大部分时间花在“产品（解决方案）的验证”上。

换句话说，在问题的验证还不够充分的时候，就突然开始进行产品的开发。这又被称做仓促扩张（premature scaling），是许多新创事业在早期阶段失败的最大原因。

前一章中，我们提到新创事业须找到“乍看之下很烂，但其实是很棒的构想”。创业者所想到的构想是否真的有想象中那么好，就要根据接下来要介绍的问题验证方法来判断。

① 问卷调查结果的数字来自美国 Startup Genome 的报告“Startup Genome Report Extra on Premature Scaling”。

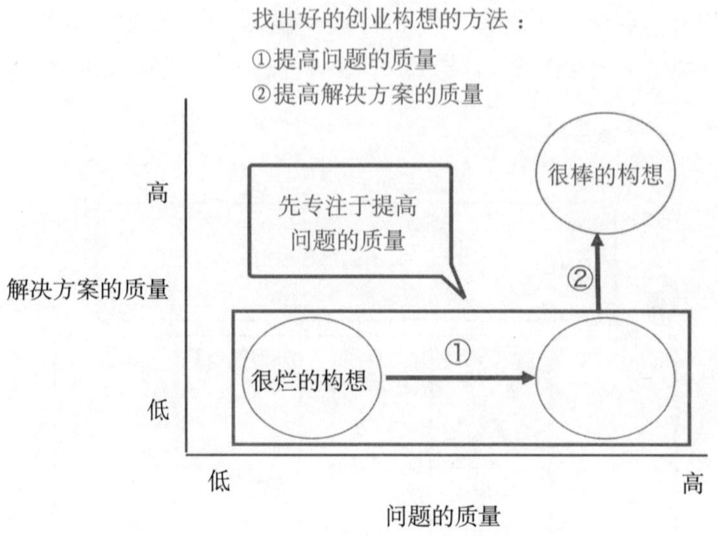

图 2-1-2

“乍看之下很烂，但其实是很棒的构想”并没有那么容易被发现。事实上，大部分的构想乍看之下很烂，实际上也很烂。问题验证的终极目标在于找出潜藏在深处、连顾客自己都没发现的问题，再使之明朗化，最后得到一个很棒的问题。

问题真的存在吗？

新创事业的初期阶段中，最重要的问题就是：“预设顾客会碰到的问题真的存在吗？”

基本上，考虑解决方案，制作新产品的过程大多是很愉快的（对于工程师或设计师而言更是如此）。此外，当解决方案成形时，就会让人有种前进了一步的充实感，也能够去除“该做出些看得到的东西才行”这种焦躁感。

因此，许多新创事业的内部会对“做出产品”无条件地给予奖励，使负责实际操作或设计的工程师及设计者不顾一切地先把产品做出来。

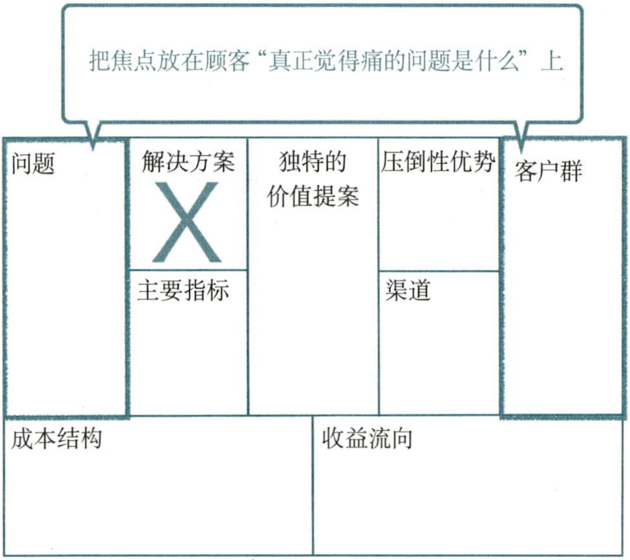

图 2-1-3

做出产品的技能相当宝贵，是很有价值的人才。但正因如此，更不可以无端浪费这样的资源。而为了不要浪费这样的资源，就必须让自己从“因为想制作这样的东西，就做了这个产品”这样的束缚中解放出来。陷入这种束缚的新创事业实在数不胜数。

虽然在工作上寻求快乐与充实感很重要，但在此之前，应该要先专注于解决社会上实际存在问题的充实感，以及在这个过程中获得顾客好评时的满足感上，这样才是健全的新创事业该有的态度。

想要解决目前世界上还未解决的问题，新创事业是最有效率的

“载具（vehicle）”，其扮演的角色比“个人的兴趣”还要重要得多，创业者需要随时认识到这一点。

在这里，请您试着思考一件事。

为什么许多人会以谷歌[①]当作搜索引擎呢？

因为谷歌使用了人工智能优化了它们的算法吗？因为它们拥有世界级的巨大数据中心吗？

都不是。谷歌之所以会成为最受欢迎的搜索引擎，是因为谷歌“能够解决使用者的问题（能够让使用者获得与自己所关心的事项相关性高的信息）”。

顾客通常没有意识到自己真正的问题，因此难以将其语言化，毕竟问题的语言化并不是顾客的工作。

创业者必须彻底接近顾客，确认问题假说是否真的是顾客的痛点。

或者说，创业者必须找出连顾客都难以语言化的潜在问题，将其语言化，并整理问题的结构，再提供最适当的解决方法，这样的新创事业才会成功。

谷歌的算法会基于反向连结（backlink，即某个与相关网站连过去的连结）的数目，测出“网站的重要程度”，并以此作为排序的基础。在这种网页排序方式出现以前，对于网络用户来说，“与自己关心的事项相关性高的信息”的定义并不明确。

在谷歌发展出这种网页排序方式后，让使用者注意到一个自己过去不曾想过的问题，那就是想要快速找到与自己所关心的事项有关的信息。谷歌把这个问题明朗化，使“Google”成为了在网络上搜索信息的代名词。

---

① 谷歌的搜寻排名决定机制“网页排序”相当重视反向连结的数目。这是因为如果越多网页连向某网页，就越表示该网页上有很重要的信息。

然而就像刚才所提到的 Startup Genome 的问卷结果一样，大多数的新创事业都会跳过问题验证这个步骤。

会跳过那么重要的步骤，一个很重要的原因是思考上的偏差，也就是创业者的自以为是。

借用 Y Combinator 的共同创业者，保罗·格雷厄姆所说的话，这又被称作“自我中心与怠惰”。如果有了“自己对问题有了一番见解以后，就认为其他人对这个问题也有同样的见解”这种先入为主的想法，往后很有可能会大意失败。

人们只会看到自己想看的东西

图 2-1-4 的绘画是著名的隐藏画“我的妻子与我的岳母”。

每个人都有自己的偏差，会将现实歪曲成自己想看到的样子。

“将现实看成自己希望看到的样子”

||

确认偏差

图 2-1-4

图片来源：“My Wife and My Mother-in-Law”，William Ely Hill，1915. Prints & Photographs Online Catalog.Library of Congress.

随着观看者的不同，这张图会被看成一个转向后方的年轻女性，或者是看着旁边的老婆婆。

由于每个人至今经历过不同的事，每个人的大脑也会产生不同的偏差，所以人们只会看到自己想看的现实。

这又叫做确认偏差。人们会在无意识中，只注意到“能够证明自己的想法是正确的信息”，这是人脑的自然特性。

虽然每个人都有这样的偏差，然而许多创业者在这方面的偏差上又更加严重。他们有强烈的自我主张，并曾以此做出过许多成绩而将其视为属于自己的成功模式。这样的人相当多。

《精益客户开发》[①]的作者辛迪·阿尔瓦雷斯（Cindy Alvarez）曾说：“要以能够被反证为前提，去设想创业时的问题假说以及解决方案假说[②]。”

这是很重要的一点。

为了不落入自以为是的陷阱，让自己在审视各个事物与各个问题时能保持客观，需要能够将之可视化、语言化的“后设原则观点”。而且还需要意识到构想随时有被反证的可能性，因此在思考问题时需要随时保持思考的弹性。

将自己的想法可视化、语言化的工具除了精实画布之外，还包括了人物画像（persona）分析、顾客历程（customer journey）、同理心地图（empathy map）、实验图板（Javelin board）、KJ 法等方式。这些方法都会在后面一一介绍。

活用这些方法，让自己的想法与共同进行这项副业计划的成员

---

① 《精益客户开发——让卖不出去的风险极小化的技术》（辛迪·阿尔瓦雷斯著，O’Reilly Japan 出版）。

② “解决方案假说”指的是针对顾客拥有的问题提出预设解决方案后，为验证这个解决方案是否有效而建立的假说。

们（未来共同创业的候选人）的想法，以及利害关系人的想法一致，防止任何一人被确认偏差[①]所迷惑。当意见相左时，也能够明确说明逻辑与前提，以及为什么会这样想。

《精实创业》中的问题

本书所介绍的思考方式是以1–4中所介绍的精实创业（lean startup）[②]方法为基础。

精实创业这个名字是来自丰田汽车的“丰田生产方式”(lean construction)。

查看工作现场，找出疑问点，反复改善工作方式，这就是丰田生产方式。同样的，反复验证顾客的问题，累积学习到的经验，制作出能满足顾客的产品，就是精实创业的目标。

为了达到这个目的，精实创业会尽可能快点进入下一个循环。将构想与概念制作成MVP（最小可行产品)，并以此观察、测量顾客的反应，搜集相关资料，再由这些数据学习到新的信息，如果有必要就得修正构想或概念（轨道修正)，然后再次将最小可行产品推向市场。

如果将这个循环画成图的话，就如同图2–1–5的六边形。

---

① 确认偏差为心理学的用语，是指人们只会搜集能够证明自己的想法是正确的信息，而忽视那些证明自己的想法是错误的信息。

② “建构—测量—学习”的循环。参考《精实创业》(埃里克·莱斯著）制作而成。

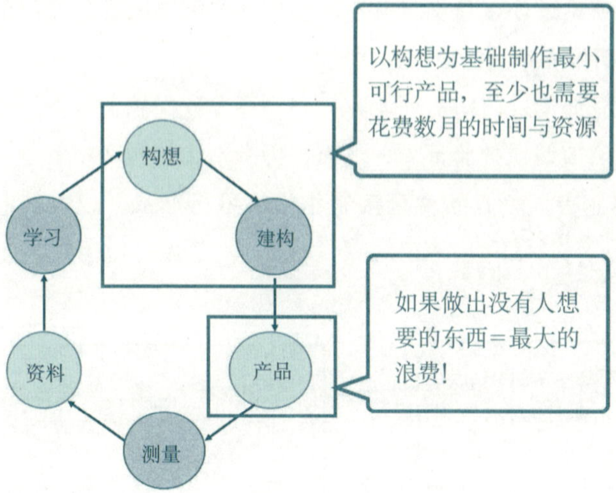

图 2-1-5

《精实创业》一书中提到，通过这样的循环验证“价值假说”，同时累积学习经验是一大重点。所谓的“价值假说”，是用来判断顾客在使用产品时，是否真的能获得价值的假说。

新创事业的初期，累积学习到的经验固然是件很重要的事。然而，我并不建议在充分确认问题存在以前，突然进行价值验证。

因为突然开始进行产品验证的团队，常常都是白费工夫。我认为创业团队在刚开始时应该要专注在琢磨“问题假说”上，持续验证这个问题是否真的是使用者的痛点，使其达到“解决顾客问题”（CPF）[①]。

---

① 2011 年发行的原著《精实创业》中，对于制作出最小可行产品后，验证解决方案的“验证解决方式”以后的阶段有较为详细的描述。而自 2012、2013 年以后，目前在东京大学产学协创推进本部工作的马田隆明则开始提倡“解决顾客问题”的重要性。

我至今见过许多新创事业，确实达到“解决顾客问题”的新创事业，之后发展顺利的概率也比较高。

如果仔细读过《精实创业》一书，可发现问题假说的验证，已被包括在价值假说的验证中。然而，仍有不少读过《精实创业》这本书的创业者，一开始就直接制作最小可行产品并以其进行“价值验证”。

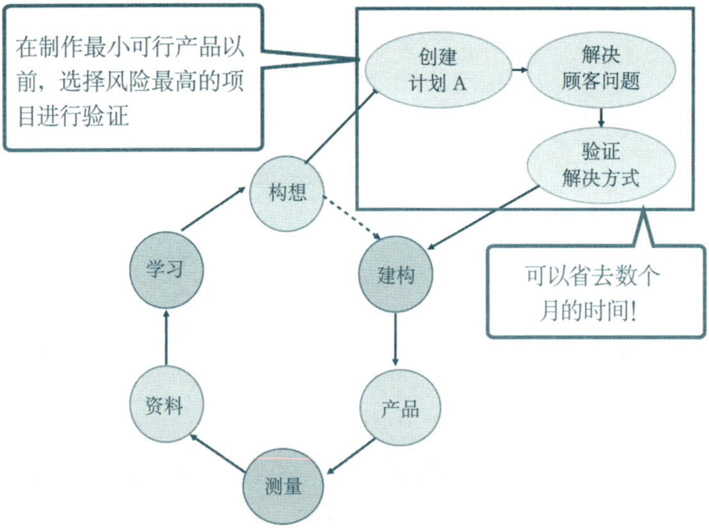

图 2-1-6

当然，我们在第一章中也曾提过，精实创业是一种创业的有效手法。但马上就开始制作最小可行产品并不是一件值得鼓励的事。

制作最小可行产品少说也得花上数月的时间。对于新创事业来说，这数个月的时间相当宝贵。如前一章所提到的“为什么不是在两年前、也不是在两年后创业，而非要在现在这个时间点创业不可呢？”时机对于新创事业来说是非常重要的要素。如果在没有验证问题的状况下就将最小可行产品投入市场，却发现仍须修正而重新设计产品，等于是白白浪费了数个月。这对新创事业来说是很严重的打击。

因此本书认为，在开始制作最小可行产品之前，要先经过以下阶段才行。包括琢磨构想并整理思路的“制作计划 A（第一章）”、本章的“解决顾客问题”，以及“验证解决方式”（第三章）等。乍看之下增加了许多步骤，感觉很麻烦。但就是在经过这些步骤后，才能够避免做出“没有人想要的最小可行产品”，白白浪费数个月的时间。

设想顾客的人物画像

描绘具体的人物画像

那么，接着让我们来谈谈具体而言，该如何验证我们的问题假说是否符合“解决顾客问题”、对顾客而言是否真的那么重要。

验证问题假说的第一步，须运用营销工作中常用到的“人物画像建构”。

所谓的人物画像，是将对预设客户群的印象具体描述出来，如“25岁、女性、外国旅客”之类的。设定出一个具体的人物画像后，再详细列出这个人物有可能会有什么样的问题。

在前一章中所制作的精实画布中，描述了哪些客户群可能会有我们预设的问题。而为了要进一步探究这些问题，须写出客户群的人物画像，以抓住客户群的心情与行动焦点。

设想人物画像时，描绘出一个真实存在的人物是很重要的。如果要凸显出问题的本质，就必须持续抛出“‘谁’想要‘如何’（用什么解决方案）解决‘什么’（解决什么问题）”之类的疑问。

多数情况下，若突然问“谁”有这样的问题，一时间会让人摸不着头绪，但如果不具体描述出这个“谁”的使用者人物画像，就没办法提出更具体的问题假说。如果没办法准确掌握客户群所在，就没办法详细描写出用户的行动特征、期待什么样的事物、对什么事感到不满、不便等。

具体来说，人物画像中需要包含以下要素。

• 年龄、职业、性别、兴趣、生活形态、居住地、出生地等。

• 平时用什么方式获得信息、最近关心什么议题？

• 平时给人什么印象、性格如何？

• 行为有哪些特征？在智能手机或其他 IT 产品上的信息素养如何？

•（若考虑进行 B to B 的商业模式）顾客的主要业务或主要工作为何？

依照这些设定，接着思考两个重点。第一，拥有这个人物画像的客户群，对于我们在第一章的“制作计划 A”精实画布中所设定的问题会有什么样的感觉；第二，解决这个问题之后能够实现什么目标。

• 有哪些觉得困扰的问题（不满、不便、不安）？

• 想达成什么目标？

• 顾客洞见（顾客真正的心声是什么？举例来说，像是内心深处的情节，想被他人认同的欲望等）。

人物画像并非一次就能完成。就像是精实画布的循环一样，当创业者获得实际的顾客反馈时，也应持续修正人物画像，使其越来越具体。

为了让本书内容看起来更为具体，我们设定了一个参考的人物画像（图 2–1–7）[①]。

---

① 图 2-1-7 所介绍的人物档案是本书为了说明而虚构出来的档案，与照片中的人物没有任何关系。其他附图也是同样的情形。

姓名	凯瑟琳·哈姆雷特（Catherine Hamlet）
年龄	25 岁
出生地	澳大利亚 悉尼
兴趣	背包客旅行、摄影、电影
职业	在悉尼当地担任护士。大学毕业后在同一个医院工作 3 年。
生活	到世界各地旅行是生活的动力。每年会当两次背包客，每次为期两周。十分享受旅行带来的乐趣。
旅行习惯	旅行时会在当地搜集旅游信息。会想要尽可能地利用在旅游当地获得的信息，体验只有在当地才能获得的经验。
IT、智能手机的信息使用情况	偶尔会在脸书上写下旅游记事。会利用 Whats app 发信息。兴趣是摄影，也会将作品上传至照片墙（Instagram）。会将自己拍的照片在网络上开放浏览，有 5 000 人关注这点让她有些自豪。

图 2-1-7　想像的顾客人物画像

这个人物画像是提供免费 Wi-Fi 服务给旅行者的 Anywhere Online 想象出来的一位来日本旅游的外国旅客的样子。使用者可通过观看广告的方式，补充更多的 Wi-Fi 使用量。

这里提到的 Anywhere Online 的商业模式会在本书中反复出现，不过这只是我虚构的公司，并没有实际验证过其内容，这点请特别留意。

使用人物画像的三个目的

设想一个人物画像的目的有三个。

第一个目的，产品的设计过程须以使用者为中心、以问题为中心（而非以解决方案为中心、以产品为中心）。

或许有些人不太擅长定性分析，但如果只靠数值化或定量化的分析，很可能会不小心忽略掉本质上的要素。

人类会根据经济的合理性来行动，然而有的时候却会出现违反经济理论，基于感情的行动。如果能将这种无法以单一理论描述的矛盾行动与不合理之处可视化，可以让故事更具体、更有真实感，有助于创业团队进一步探究这个问题。

能否明确地描绘出“围绕着问题的故事”，会大大地影响到假说的精密程度。如果本人或身边的人是问题的当事者，想必能描写出更为具体、更为深刻的心理状态。

第二个目的，则是为了要确保自己的产品是针对特定人群提供的服务，剔除“让所有人都喜欢上这个产品”这种没什么帮助，却深植于许多新创事业内的想法。如同我们在第一章中所说的，新创事业如果能于初期阶段独占特定的市场，将会是决定胜负的关键。

与其想着如何制作出让所有人都能接受的产品，不如先以某些特定人群为对象，想办法获得他们压倒性的支持。而人物画像则能够帮助我们塑造出这些顾客的样子。

而最重要的第三个目的，则是让团队内的成员共享同样的想法。

即使创业团队只有三个人，也会因为彼此经验与知识的差异，使每个人心中对顾客的人物画像也不尽相同，而有着各自的确认偏差。这种状态下，即使再怎么讨论，到了制作产品的阶段时，也会因为成员们对使用者的印象与预设条件不同，使沟通产生困难，最后则会把时间浪费在一直重新制作产品上。

人物画像的建构可具体化、可视化使用者的样子，减少团队内的沟通成本。

照片　本田

图 2-1-8　Super Cub 发售时的广告

在人物画像的建构上，本田的摩托车“Super Cub”系列即为一个很好的例子。这款摩托车的第一代于 1958 年登场，至 2017 年年中时，在全世界的累计销售量已达到了 1 亿台。而这款摩托车的顾客人物画像则是荞麦面店的外送员。

变速的操作简单、能轻易跨过椅垫的设计等，相当适合荞麦面的外送员在工作时使用。这款摩托车的实用性也迅速在其他业界的外送员间传开，席卷了包括派送报纸在内的各种业务，造成爆发性的销量增长。

像这样设定顾客的人物画像，有助于提升对于问题假说的验证速度。若没有设定顾客的人物画像，会使得目标客户群过于广大，找不到适用于该项产品的顾客，难以进行验证。

虽然一开始常会设定过多条件而让人觉得难以处理，但先设想“顾客最有可能的人物画像”是相当重要的事。

筛选条件的诀窍

虽说如此，光由想象建构出虚构的人物画像，仍有着相当多的变量。

要整理这些条件，我认为最有效的方式是依照“场所”“时间”“事件”的脉络慢慢缩小范围。在这样的筛选下，可以使顾客的不便感、不满感更加明确，使人物画像更为具体。

举例来说，在提供预约住宿服务的爱彼迎一开始发布时，并不是突然在各大城市大规模展开，而是把目标放在特定的活动上。如同我们在第一章中曾提过的，他们瞄准的是在美国科罗拉多州举办的总统选举提名演说的相关活动的商机。

他们已经知道会有许多旅客来参加活动，而旅馆房间数明显不够。于是爱彼迎的创业者们便在一般的旅客人物画像上，加上“为了参加总统选举活动而来到此处旅游，却因找不到住宿而感到困扰”的条件，开始进行推销活动。

当顾客的人物画像越来越明确时，便可发现旅馆的供给量远远比不过需求量，这是一大重点。在这种情况下，顾客除了选择既有的旅馆以外，还会积极寻找其他的替代方案，使新创事业得到一个验证问题假说的机会。

不要以为顾客想的和你一样！

如果要从现在开始创业的话，许多人会试着开发能在智能手机上运行的服务。假设你想做一个给待在护理机构的人使用的产品，那么设想的顾客人物画像就会是 70 岁以上的老人。

然而比起智能手机，你所预设的顾客应该更习惯使用功能手机，或者直接通过护理设施的工作人员口头沟通。当人物画像改变时，与顾客之间的交集也会跟着改变。

CookPad 的创业者佐野阳光在《受 600 万女性支持的“Cook-pad”》[①]一书中这么说：

“提供服务的一方常会在不知不觉中以为顾客和自己想的一样，先入为主地以为顾客一定会照着自己想的样子去做。”

如果制作产品或服务的人是男性，而目标客户群是家庭主妇的话，这些男性常会自以为是地认为“嗯，家庭主妇的时间应该很多吧”。

但事实上，家庭主妇在傍晚时除了要准备晚餐以外，还有接送小孩、买日用品、处理脏衣服等家务要做。如果在这忙碌的过程中，想要查一下食谱看晚餐可以煮什么而打开网站，却又因为读取太慢而一直不出来的话，就会马上跑去看其他网站。

理解到这样的脉络，使 Cookpad 专注在提升显示速度上。只要工程师能够让自家网站的显示速度快一秒钟，作为使用者的家庭主妇脸上就能够多一分笑容。

Cookpad 在 2017 年 6 月时能够拥有 5 860 万人之多的使用者，其秘诀就在于他们能够站在顾客的角度，彻底改进自己的产品。

利用同理心地图进一步探究人物画像

我们要使用同理心[②]地图（empathy map）来进一步探究顾客

---

① 《受 600 万女性支持的“Cookpad”》：上阪彻著，角川 SS Communications 出版。

② 同理心（empathy）指的是与顾客的共鸣或能够感同身受之处。

的人物画像(图 2–1–9)。该图为 Anywhere Online 设想的人物画像，凯琵琳（Catherine）的同理心地图。这是一个进一步探究顾客心理状态时会用到的框架。

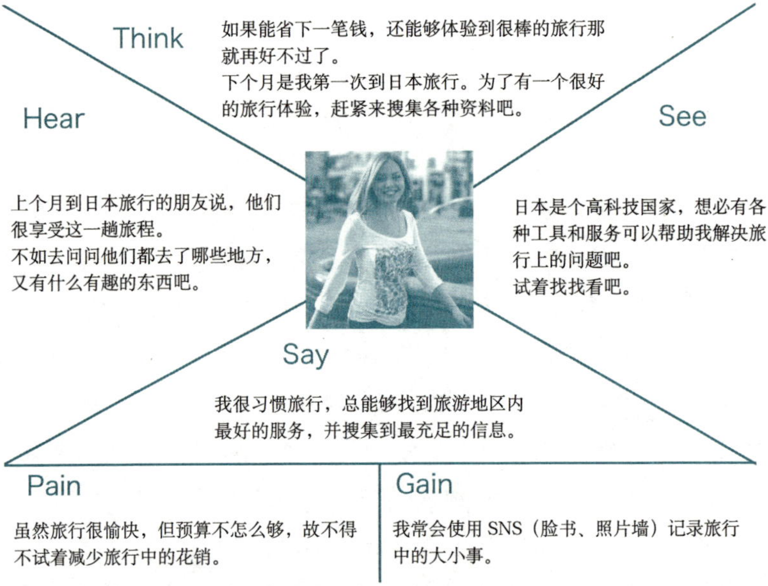

图 2–1–9 设想中的顾客同理心地图

同理心地图不像人物画像那样单纯列出觉得舒适或觉得不舒服的项目就好，而是要详细写出顾客内心的想法。与人物画像相比，同理心地图能够让创业团队更能体会到顾客的感受。

同理心地图包含以下六个项目。

• 在想什么，感觉到什么？（Think）会担心什么？想得到什么？

• 听到了什么信息？（Hear）周围的朋友、上司、名人都在谈什么呢？

• 看到了什么？(See)生活环境与交友关系如何？如何看待市场？

• 说了什么？做了什么行动？（Say）在这样的环境下以什么样的行动响应？

• 感觉到什么样的痛点？（Pain）有什么烦恼、障碍、挫折？

• 想得到什么？（Gain）想要的东西（Wants）、必要的东西(Needs)、成功指标分别是什么？

将这些项目设想周全，就能够让人物所处的状况显得更为具体。

倾听顾客体验

制作顾客历程

人物画像与同理心地图能够在某种程度上，将顾客所处的状态或心理状态语言化。然而如果只靠人物画像的分析，可操作空间仍然太大。

创业者在设想顾客人物画像时，往往会在不自觉中让虚构的人物画像“扮演”拥有自己所预设问题的角色。换句话说，创业者会优先将人物画像塑造成自己想要的样子。

为了避免这一点，使顾客更加真实的样子浮现出来，除了人物画像与同理心地图之外，我们还需要制作顾客历程。

所谓的顾客历程，是将顾客是在什么样的心理状态下、走过哪些历程、完成了什么样的行为等顾客行动过程明确写出来的记录。

将设想中的顾客行动具体化，并将这个历程（故事）分成一个个步骤，可以使预设的客户群变得更为立体。

说故事可说是创业者最重要的资质。创业者须设法从顾客的角度将故事娓娓道来。

在说故事的时候，不能只是将顾客的行动说出来，而是要聚焦于顾客行动下所蕴藏的感情波动。

顾客在哪个点上会觉得很不舒服（不方便、不满、不愉快、不完全），使心情低沉下来。如果能够将这种不舒服的状况描写得很有临场感，就能使问题假说琢磨得更好。

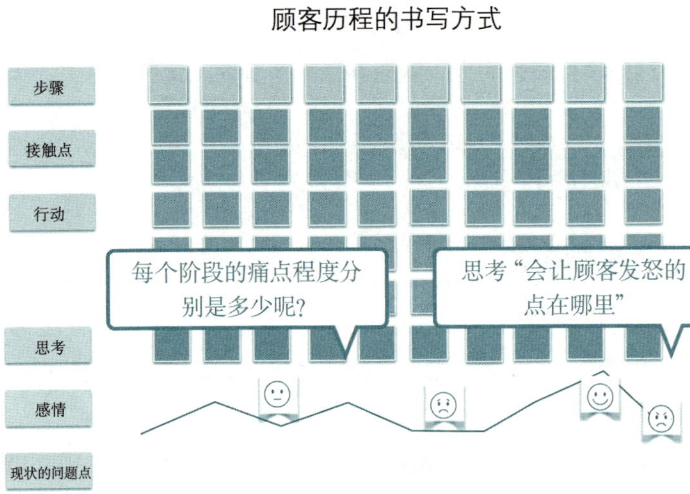

图 2-1-10　设想顾客历程

制作顾客历程的主要优点如下。

• 将顾客的行动一一描绘出来，能够让团队察觉原本没发现的事情，还可能突然想到原本不曾想过的构想。

• 也可以加深团队成员对彼此的理解。制作产品时，可借助使用者体验[①]／用户接口的改进过程，厘清使用者的心理与行动，而这也

① 使用者体验（User Experience，UX），指的是从开始使用产品到使用结束时，使用者所体验到的所有事物。

能成为和设计师与工程师对话时的共通语言。

• 在某些状况中，若要谈论某个特定的行动，可以使论点更加具体。

• 让各个团队成员自己试着写出想象中的顾客历程，可以互相指出彼此没有注意到的观点。

制作顾客历程的步骤

我们可借助以下八个步骤制作出顾客历程。

步骤 0　确认人物画像

重新确认一遍至今所写下的精实画布、人物画像、同理心地图，确保顾客的形象设定没有问题。

步骤 1　思考这个人物的目标

顾客想达成什么目标？明确指出其理由。

步骤 2　写出步骤

在进行某个特定行动时，顾客会做哪些事？粗略分成几个步骤写下。

步骤 3　写出详细行动

将粗略的步骤分解成较为详细的行动。

步骤 4　写出行动背后的内心想法

所有的行动都有理由。为什么顾客会进行这样的行动呢？试着站在顾客的角度上思考。

步骤 5　写出顾客的接触点

包括人、店、网站、app、业务系统等，将每一个步骤中顾客会接触到的要素条列出来。

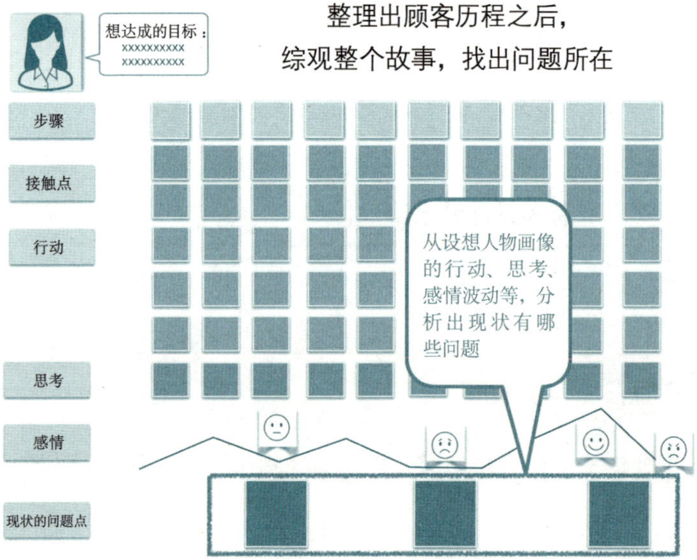

图 2-1-11　由顾客历程提炼出问题

要特别留意的是，智能手机、社交网站等接触点会是主要的讨论项目。请以智能手机的使用为主轴，依序写出顾客历程。

用户接口(User Interface，UI)，指的是产品或 app 的操作方式。

步骤 6　写出感情

场景转换时，人的感情也会随之起伏，试着将这样的感情变化加以可视化。

最好能试着讨论“在不同场景下，顾客分别会觉得有多痛？”以及“顾客的不满会使他们的情绪恶化到什么样程度？”这类问题。

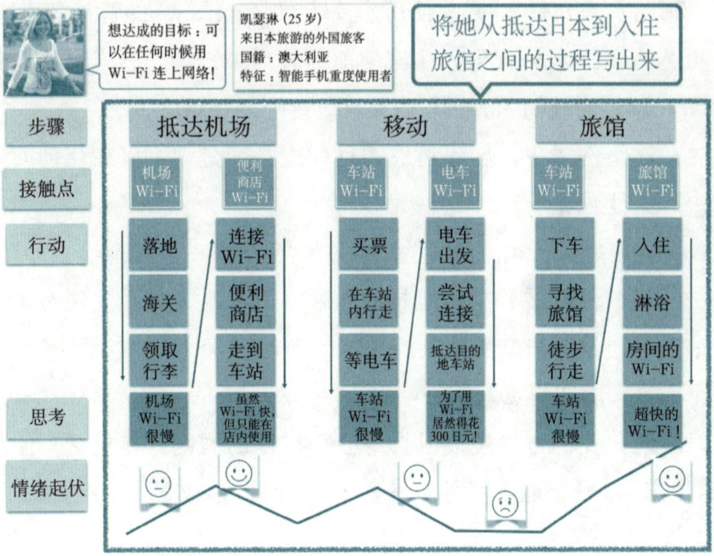

图 2-1-12　Anywhere Online 所想象的顾客历程

顾客的不满是由什么造成的？尽可能分析其原因是这个步骤的重点。

步骤 7　写出现状的问题所在

其他项目完成后，综观整个顾客历程，试着分析出顾客面对的是什么样的问题。

顾客历程的范例

作为参考，这里让我们试着整理 Anywhere Online 的使用者人物画像，以及我们设想的使用者，凯瑟琳（Catherine）有什么样的顾客历程。

第一次来到日本、喜欢使用照片墙（Instagram）的背包客凯瑟琳，从抵达成田机场一直到入住旅馆前的过程中，会一直尝试使用路上的 Wi-Fi。而她的顾客历程就建立于这样的脉络上。

在这个例子中，她想达成的目标想必会是“可以在任何时候用 Wi-Fi 连上网络”吧。

首先将她的行动大致分为“抵达机场”“移动”“旅馆”三个阶段。

当我们开始试着写出凯瑟琳的顾客历程时，就会发现在她抵达旅馆以前，没办法享用到让她满足的 Wi-Fi 环境，对她而言应该是一个非常大的“痛点”。

因此，我们可以预设凯瑟琳会有这样的问题“在机场、便利商店、电车、车站等地方使用 Wi-Fi 很不方便，造成很大的挫折感”（图 2-1-13 最下方的“现状的问题点”）。

制作顾客历程时，创业团队全员要把自己当作凯瑟琳，从她的角度去想象她的故事。“便利商店的 Wi-Fi 热点连接页面是日语，根本看不懂”“机场的网络速度很慢”“电车内的 Wi-Fi 需要事先注册才能使用”“我只是想把旅游时拍的照片实时上传到照片墙上，却完全无法上传我拍的照片”等，试着想象她的不满，制作出她的顾客历程。

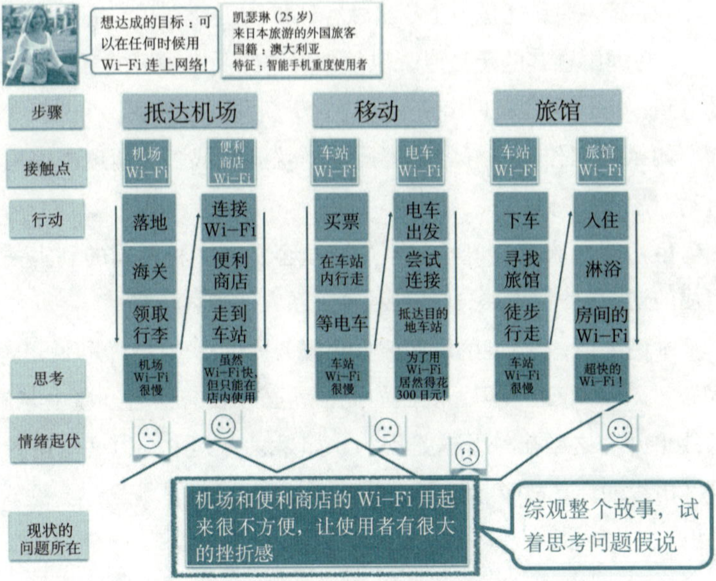

图 2-1-13　找出 Anywhere Online 应解决的问题

在顾客历程上填入内容时的要点

最后，我们把创业团队在制作顾客历程时须注意的要点整理如下。

- 使用便利贴或卡片等道具，所有人都可以看到填写的要素、指出位置、追加内容、移动要素位置等。
- 将与顾客人物画像的行动或思考有关的构想以单字的形式写在便利贴上（构想发散）。
- 将便利贴贴在白板或墙壁上，对其他创业团队成员说明，获得其他成员的回馈。
- 一开始先不要填入完整的内容，而是定期慢慢更新（与人物画像相同，顾客历程也需要一定时间慢慢琢磨）。

• 需要认知到这是为了找出顾客痛点的工具，并不是万能的。

• 在理解顾客的想法时，也须试着“感受”顾客的意识。将顾客的意识、感情明确整理出来后，同时更新同理心地图。

如果能制作出良好的顾客历程，就能够从多方角度观察顾客的行动、思考、感情。

虽然听起来有点麻烦，不过当顾客是由多种不同的利害关系人组成的话，就需要考虑到各种利害关系人的顾客历程。

举例来说，爱彼迎的顾客就分为服务提供商（屋主）和使用者（旅客），是一种双边市场。既然如此，就必须设想两者（屋主与旅客）的故事并将之写出来。这是因为，如果只有其中一边（使用者）的顾客历程的话，故事就没办法成立。

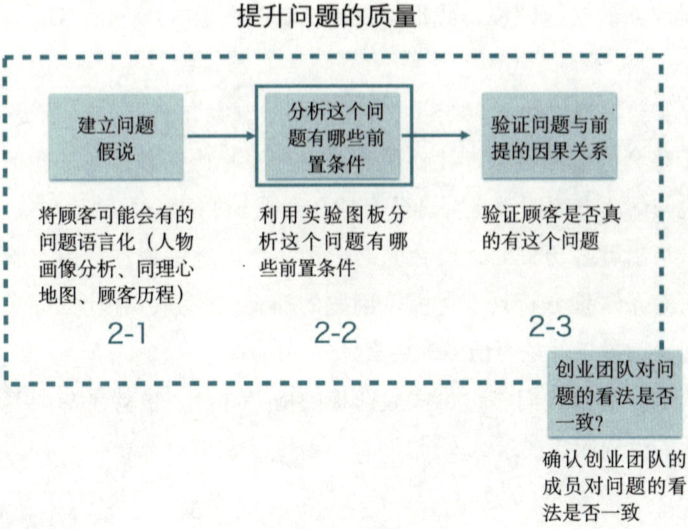

图 2-2-1

2-2 分析这个问题有哪些前置条件

如何撰写实验图板

实验图板是什么？

经过从人物画像开始，一直到顾客历程的一连串作业后，应该可以让创业团队对于问题假说更有临场感。如果还想要进一步了解自已所建立的问题假说，我推荐使用“实验图板（Javelin Board）”[①]这个工具。

实验图板包括了“顾客”“问题”“解决方案”“（问题的）前提条件”等一整套的假说框架，让使用者可以在实际访谈顾客时，验证问题假说与解决方案假说是否恰当，是一种很方便的可视化工具。

写出顾客历程时，也会同时出现多个问题假说。利用实验图板便可有条理地分析现实中哪个问题的痛感比较强、替代方案实用度如何、前提条件是否恰当等要素。

这一节中我们将讨论实验图板的前半部分，也就是与顾客实际对话的流程应该要怎么安排。

以四个要素为中心进行头脑风暴

实验图板的应用，以创业团队的头脑风暴作为开始。

头脑风暴的内容包括“顾客”“问题”“解决方案”“（问题的）前提条件”四个。

步骤 1　顾客是谁?

首先是预设的顾客在哪里?

先前已先制作出了人物画像，故可以此为基础，思考预设的顾客应包含哪些要素，并将这些要素贴在实验图板上。

Anywhere Online 所设定的顾客人物画像，可以是想使用免费 Wi-Fi、从国外来日本旅行的凯瑟琳；也可以是商业旅行者；或者是

---

① 实验图板是由美国的捷福林公司（Javelin）所发表，可以用来进一步了解问题假说、解决方案假说的框架。目前该公司网站也提供访客登录其网站版实验图板（beta 版）。

短期居留者等各种角色。创业团队可在便利贴上写出这些角色，再由这些候选者中选出“最有可能成为顾客的角色”，将代表这个角色的便利贴贴到图板右侧“实验 1”（图 2–2–2 中的“1”）的“顾客”这一栏内（2–3 中将会访谈各个候选顾客，在筛选要访谈的顾客时，可以使用这里列出来的条件）。

步骤 2　问题是什么？

实验图板

从这里开始头脑风暴	实验	1	2	3	4
顾客是谁？	顾客				
	问题				
问题是什么？	解决方案				
	最难以确定的前提条件				
解决方案是什么？	验证方法 验证标准				
	结果				
该验证的前提有哪些？	学习到的信息				

图 2–2–2

思考步骤 1 中所预设的顾客，他们会碰到什么样的问题。若已经制作出了顾客历程，便可由这个历程推导出他们会碰上的问题。将这些问题填入右侧“实验 1”这一行内的“问题”栏内。

步骤3 解决方案是什么?

筛选出顾客的问题以后，思考能够解决这些问题的“最有效的解决方案”，将之填入图板右侧。

在这个阶段，解决方案是否适当并不重要。解决方案的内容可以等到第三章再行琢磨。

以 Anywhere Online 为例，针对他们的问题假说，可以想到“让顾客以观看广告为代价，使用免费的 Wi–Fi”这样的商业模式（解决方案）。

步骤4 前提条件有哪些?

顾客、问题、解决方案，即使建立好这三个假说，也不代表可以马上进行验证工作。实验图板就是方便创业团队讨论，在哪些前提条件下，顾客会符合我们的问题假说的工具。

举例来说，如果预设顾客会碰到的问题是“外国旅客没办法使用公用 Wi–Fi”的话，就必须去查看机场、电车内的公用 Wi–Fi 实际上有哪些人可以使用。

试着查看每个机场的 Wi–Fi 的网络速度如何、是否每条电车路线都有 Wi–Fi 可以用、便利商店的 Wi–Fi 是否有多国语言可以选择（特别是英语）等信息。

如果设想中的旅客大都带着携带型 Wi–Fi 路由器，或者会事先购买、注册智能手机用的 SIM 卡的话，那么“顾客觉得这会是个问题”这个前提就会崩溃（也就是说，顾客已有有效的替代方案）。

因此，“旅行者不会带着携带型 Wi–Fi 路由器”就成了一个必须要验证的前提条件。

问题假说要成立，需要不少前提条件才行。下面让我们试着列举出这些条件。

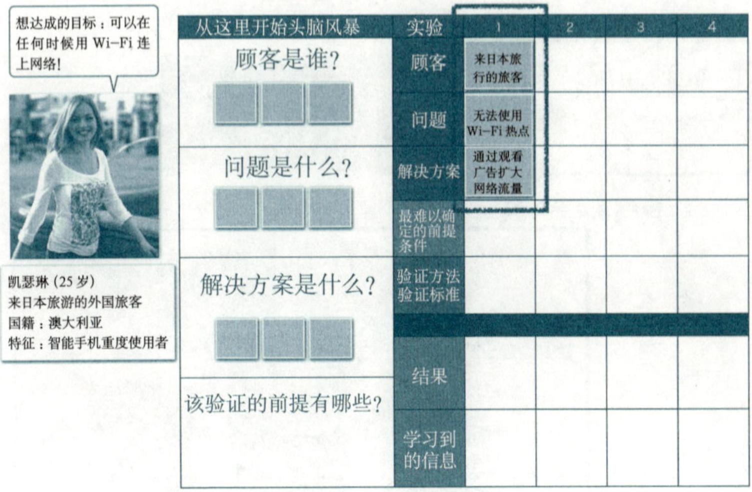

图 2-2-3

• 带着智能手机旅行（有办法使用 Anywhere Online 的 app）。

• 不知道日本哪里有免费的高速 Wi-Fi 热点。

• 会使用流量需求大的服务，如观看影片。

• 来到日本前不会购买 SIM 卡。

• 不会把能在日本使用的携带型 Wi-Fi 路由器从原本的国家带到日本。

• 机场的 Wi-Fi 很慢。

• 车站的 Wi-Fi 很慢。

• 电车内的 Wi-Fi 使用费很高。

• 移动时也须常常使用网络。

将这些前提条件写在便利贴上，依照前提崩溃时造成的冲击大小，以及验证的必要程度（也就是能否明显看出前提条件成立），将便利贴贴在双轴坐标上。

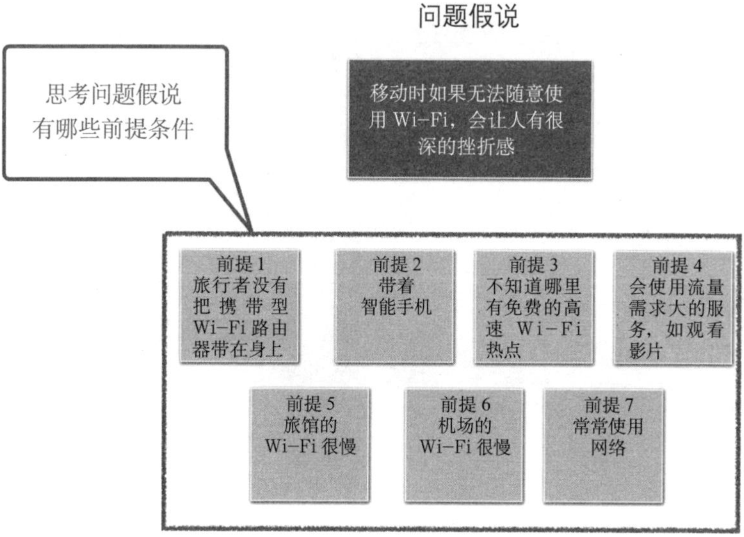
问题假说
思考问题假说有哪些前提条件
移动时如果无法随意使用 Wi-Fi，会让人有很深的挫折感
前提 1 旅行者没有把携带型 Wi-Fi 路由器带在身上
前提 2 带着智能手机
前提 3 不知道哪里有免费的高速 Wi-Fi 热点
前提 4 会使用流量需求大的服务，如观看影片
前提 5 旅馆的 Wi-Fi 很慢
前提 6 机场的 Wi-Fi 很慢
前提 7 常常使用网络

图 2-2-4

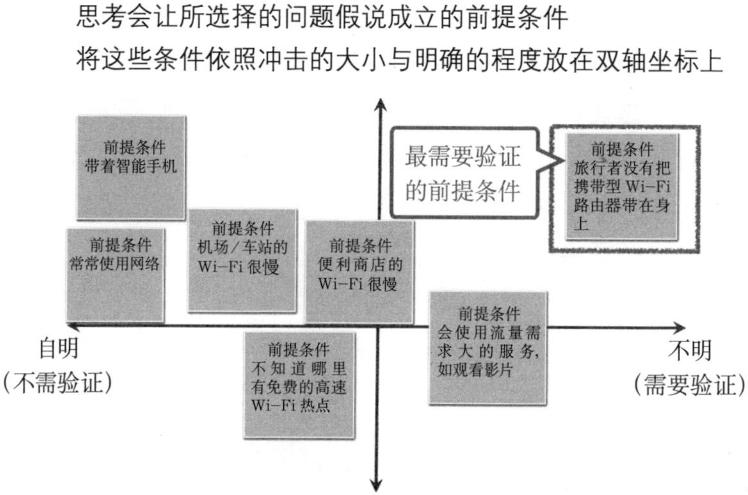
思考会让所选择的问题假说成立的前提条件
将这些条件依照冲击的大小与明确的程度放在双轴坐标上
前提条件 带着智能手机
前提条件 常常使用网络
前提条件 机场/车站的 Wi-Fi 很慢
前提条件 便利商店的 Wi-Fi 很慢
最需要验证的前提条件
前提条件 旅行者没有把携带型 Wi-Fi 路由器带在身上
前提条件 会使用流量需求大的服务，如观看影片
前提条件 不知道哪里有免费的高速 Wi-Fi 热点
自明（不需验证）
不明（需要验证）

图 2-2-5

这么一来，就能够选出“冲击很大，且验证必要性高”的前提条件，再将其贴在实验图板右侧的“实验 1”这列的第四行“最难以确定的前提条件”栏内。

像这样将便利贴一一贴上，便能让创业团队全员看到验证的进度。

步骤 5　决定验证方法、验证标准

最后，则是要决定如何验证步骤 4 中所列出的“前提条件”，以及验证的标准。

举例来说，如果要调查设想中的顾客“有没有把携带型 Wi-Fi 路由器带在身上”的话，只要到机场寻找年轻女性的背包客，直接问她们这个问题就好。

这时，需要自行决定、判断前提条件是否成立的标准，像是“如果回答没有把路由器带在身上的旅客占了六成以上，前提条件便成立”之类的。而如果要做出适当的判断，至少需要访谈 5 名以上的顾客才行。为了厘清前提条件，需要反复进行这样的实验，以提升验证的精确度。

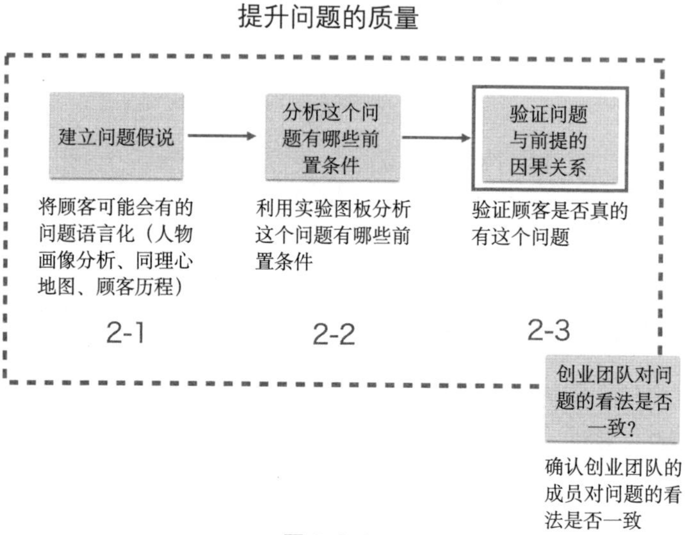

图 2-3-1

2-3 验证问题与前提的因果关系

走出户外！

寻找“传教者”

在筛选出应验证的前提条件，并将之语言化之后，接着就要直接与顾客对话了。也就是要直接与我们预设的顾客对话，确认我们从实验图板的“实验”筛选出来的假说是否正确。

要注意的是，在没有琢磨过问题假说前就直接与预设的顾客对话，通常是没有用的。在没有一个好的问题假说的情况下，没办法向顾客提出好的问题。Get out the building！——“走出户外”是在琢磨过问题之后才要做的事。

该如何选择顾客访谈的对象呢？这也有一定的诀窍。如果只是从路上随便抓一个人来访谈，或者是在社交网站上随机挑人来访谈的话，是得不到什么洞见的。

如果要询问顾客的意见，最好去访谈那些对新创公司的新产品或新服务有兴趣，未来很有可能会成为产品初期用户的“传教者（evangelist）[①]”或“早期采用者”。

他们对流行很敏感，会自己去搜集、判断信息。而且他们对其他消费者的影响力很大，也常被称作意见领袖。

致力于创业教育的史蒂夫·布兰克认为，会成为“传教者”的顾客有以下五个特征。

- 有使用这种解决方案的预算。
- 已使用过各种产品，对于该问题有一定的解决方式。
- 积极寻找各种解决方案。
- 有认知到这个问题。
- 正在厘清这个问题。

---

① “传教者”指的是将最先进的技术或产品推广至周围群众的人。原本指的是基督教的布道者。

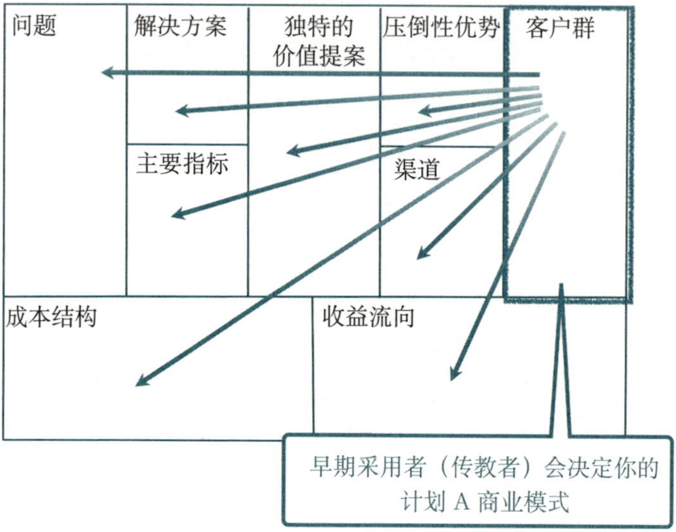

图 2-3-2 客户群会影响到其他项目

他们对于各种不方便的情况相当敏感，且会积极寻求解决方案。与一般人相比，这些人能够将他们觉得不方便的状态语言化，且对于目前能解决这种不方便状态的替代方案，也会有一些批判性意见，非常具有参考价值。

并非一定要技术专家才会是传教者，每个人都有可能是某个特定领域的传教者。

假设你想做一个登山的社交软件，那么有 40 年登山经历的 65 岁登山爱好者的意见就会是很好的参考（也就是说，连智能手机都没有的人，都有可能会成为新产品的传教者）。

“传教者”顾客的寻找方式

能够成为传教者或早期采用者的顾客并没有那么容易找到。

当然，也可以采访一般用户搜集信息，然而通常许多人已满足该问题目前的解决方案，或者其他替代方案，很少人能提供有用的洞见。

有几种方法可以帮助我们寻找传教者顾客。

- 由认识的人介绍。
- 以推特的“进阶搜寻”功能搜寻相关的单字。
- 利用脸书社团等论坛寻找。
- 利用热点咨询（spot consulting）寻找。
- 参加相关的研讨或展示会（如果社群内有专家参与的话会有很好的效果）。
- 直接拜访现场（如果你想做登山社交软件的话，就直接到有许多使用者的山上）。
- （若还没辞职的话）在公司内寻找（因为公司内的信息敏感度较高，应有许多人为了将问题明朗化而持续寻找新的解决方案）。
- 如果认识相关的业界人脉，请他吃个午餐进行访谈。

其中我特别推荐的是“热点咨询”。在日本有一个名为 visasQ 的机构，让创业者可以咨询到各领域的专家。这可以帮助新创事业进一步提升问题质量。

举例来说，想要讨论一个面向幼儿园的产品的可行性，创业者却没有在幼儿园现场待过的经验。如果是这样，创业者就不知道照顾幼儿的现场会碰到什么样的状况或问题，也不知道目前的替代解决方案是什么，自然也没办法发现会造成痛点的潜在问题。

不过，如果借助 visasQ[①]的引荐，与 10 位待在幼儿园业界的人碰面，与每个人分别进行一小时的对谈的话，便能了解利害关系人

---

① visasQ 是一个让客户能够找到详知某方面信息的专家的媒合服务。http://service.visasq.com/

的人物画像（幼儿、家人、幼儿教师），描绘出他们的顾客历程，并能看到只有现场人员才看得到的问题。

访谈顾客以梳理问题

访谈时的五个重点

与传教者顾客接触后，便可以开始实际的访谈了。

虽然某些情况下会使用焦点团体（focus group）这种一次与多数人对话的方法进行访谈，但如果想挖掘出客户真正的心声，最好能够进行一对一访谈，让对象不用顾虑到周围的反应。

以下我试着整理了访谈顾客的方法。

重点有五个。

（1）仔细了解访谈对象。

（2）把自己当成访谈对象的徒弟。

（3）注意访谈对象的非语言信息。

（4）亲自进行访谈。

（5）分析访谈对象说的话。

重点 1　仔细了解访谈对象

仔细询问了解访谈对象，确认访谈对象满足 2-3“寻找传教者”中列出的五个传教者条件。

顺带一提，如果能够具体回答出以下问题的话，是传教者顾客的可能性便相当高。

- “为解决目前的问题，会使用哪些替代方案呢？”（How）。
- “对于这个替代方案有什么不满意的地方吗？”（What）。

- “愿意花多少预算在解决这个问题上呢？”（How much）。

如果访谈对象是一位曾经深刻思考过该问题的人，也就是我们所谓的传教者顾客的话，可以试着拜托对方多给一些访谈的机会，可以针对问题再深入访谈，或者在解决方案假说出炉时邀请对方参与访谈，询问对方是否愿意试用最小可行产品。也可根据情况给予报酬，以获得相应的咨询。

借助与传教者顾客的对话，我们可以将问题假说琢磨得更好。

重点 2　把自己当成访谈对象的徒弟

如果觉得访谈对象可以让你获得更多有益洞见的话，可以试着把自己当成对方的徒弟进行访谈。

先将自己既有的成见放在一边，试着提出一些朴素的疑问或“根本上”的问题（根本上来说，为什么这样的业务是必要的呢？根本上来说，为什么业务的效率一直那么低却没有人管呢？像这样之类的问题）。

问出这样的问题后，可能会得到像是“没什么特别的理由，只是业界习惯是这样，那也没办法”或“业界存在着执牛耳的供货商，所以难以改变现状”这类描述业界特有情况或特有问题的答案（如果不是在业界待了好几年的话，通常不会知道这类信息）。

具体来说，如果能在“请求教导”→“归根结底地询问”→“确认”→“从谈话中找到新的问题”这样的脉络下进行访谈，便容易获得这些信息。

★脉络式询问流程 A〔请求教导〕

以向师父求教般的态度（包括语言以外的态度）询问对方问题，是很重要的原则。

应该注意的是，对顾客（访谈对象）来说，你想问的事可能是他们的“日常活动”“工作”“习以为常的作业”。他们或许是这方面的专家,却不一定习惯将其语言化(使问题明朗化)。须随时提醒自己，把问题明朗化是访谈的重要目的。

★脉络式询问流程 B〔归根结底地询问〕

若想获得更多信息，基本态度应该是“Focus on listening not pitching[①]（专心聆听，不要一直讲自己的事）”，以及“Shut-up and listen to customer（闭上嘴巴专心听顾客的意见）”。

采访者可试着尽量抛出无法以 Yes 或 No 回答的“开放式问题”[②]，使采访者可暂时不用说话，较容易挖掘出对方的洞见。

如果想要再引出更多内容，可以这样回答：“原来如此，这还真的非常耐人寻味。能不能请您再说详细一点呢？”让对方想多聊一些，通常会有很好的效果。

访谈对象通常不会想要深入了解自己平常的行动与工作，所以在访谈中也可能会发现过去不曾注意到的事。能够引导访谈对象说出多少像是“现在讲起来我才发现，其实——”之类的话，也是一大重点。

★脉络式询问流程 C〔确认〕

在访谈对象说的内容中，常会用自己的方式解释情况，却与实际情形有落差。为了防止这一点，采访者在倾听对方说话时，须确认每一个部分的内容是否正确。

而确认的方法包括“复述”，将对方讲过的话原原本本重述一次；

---

① Pitch 指的是新创事业在预设客户群或创投公司之前，为自己的构想有多优秀进行简报。

② 与开放式问题相对，只能以 Yes 或 No 回答的问题，叫做封闭式问题。

“概括”，整理内容重点再次确认；“另一种说法”，将对方说过的话用自己的话再说一遍以确认内容无误。

通过确认过程，可以让顾客仔细听过自己讲的内容，并对此重新思考，使访谈能延伸至更深入的内容。

★脉络式询问流程 D〔从谈话中找到新的问题〕

与其一直向顾客抛出事前准备的问题，不如在仔细听过顾客说的话后，找出新的问题，这才是访谈最大的效果。如果能仔细倾听顾客说的内容，一定会产生新的疑问。根据这些内容提出新的问题，再仔细聆听回答。重复这样的过程，较容易获得更多成果。

有技巧地提问，以提升搜集顾客洞见的效率，让创业者能够将有限时间做最大利用。

依照脉络提问，引导顾客说出对他们来说最重要的问题。在这个过程中，最重要的是“流程 B”的“归根结底地询问”。

接着让我们详细说明“流程 B”阶段中，该如何抛出好问题给访谈对象，并将具体的问题清单整理出来。

【流程 B 中提问的重点】

★专注在“现在”，而不是“未来”

现在的行动，才是设想明日行动时的最佳提示。与其询问“今后预定要怎么做呢？”“之后想怎么做呢？”不如问“现在是怎么做的呢？”还比较好。与其问“如果这个产品做出来的话，愿意花多少钱来购买呢？”不如问“若能够解决现在的问题，愿意出多少钱购买这个产品呢？”比较好。因为人们对未来的判断与想象通常会出错。

★提出“具体”问题，而非“抽象”问题

用具体的方式提出疑问较有临场感,才能引导出洞见。举例来说，与其问“这种事的频率大约如何呢？”，不如用“过去一个月内实际上发生过几次呢？”这样的方式询问会比较具体。

★询问“过程”，而非“结果”

访谈的目的并不是要知道结果，而是要试着让访谈对象说出过程中的每个阶段，形成一个完整的故事，以抓住问题的背景与脉络。比起语言上的说明，如果能请访谈对象将造成某个结果的过程以示意图表示，会更容易了解。

★询问碰到的“问题”，而非“解决方案”

避免谈到自己制作的产品有哪些功能之类的话题，而是聚焦于顾客碰到了什么样的问题。可以试着询问“若将‘痛点’的程度分成十个等级，您认为这个问题会让你有多‘痛’？”这样的问题，对问题的严重程度做出大致的评价。

【流程 B 中具体的提问清单】

• 目前是如何进行＜工作或作业＞的呢？在什么时候、有什么目的、在什么地方、和谁一起进行呢？

• 可以告诉我们您进行这项＜工作或作业＞的流程吗？可以的话，能够请您重现整个过程吗？或者可以请您将过程写在白板上吗？

• 这个＜工作或作业＞会持续多久呢？真要说起来，您又是以什么为契机开始从事这个工作的呢？

• 在进行这个＜工作或作业＞时，有没有碰上什么问题，或觉得什么事很麻烦、没有效率、不满意、让您感到痛苦的呢？为什么您

会有这样的感觉呢？

• ＜对方的名字＞先生／小姐在进行＜工作或作业＞时，有没有自己的一套方法呢？您在哪些部分会特别下功夫呢？如果您有用到一些特殊技巧、工具、app，或者使用任何产品作为替代方案的话，可以告诉我们吗？

• 可以请您具体说明这种替代方案在使用上的操作步骤吗？

• 您觉得这种替代方案有哪些地方不周全呢？会花掉多少时间或成本呢？哪个部分让您觉得最不方便、最麻烦呢？

新创事业进行访谈时最常见的错误，就是会用诱导性提问的方式，让被采访者回答创业者想得到的答案（创业团队想制作的解决方案）。但这么一来，便无法引导出顾客的洞见，也不会是一个有效率的采访。

举例来说，即使问对方“会不会觉得应该要用○○来解决 ×× 这个问题呢？”并得到“说的也是，我也觉得应该要用○○来解决这个问题”这样的答案，也不会得到任何洞见。

重点 3　注意访谈对象的非语言信息

有时候可以从受访者的回答中看出，受访者并非传教者（或者非早期采用者）类型的顾客。这类受访对象没有充分认识到这个问题，也不会去思考替代方案。要从这种人身上获取各种洞见并不是件容易的事。

我们可以从以下几个点看出受访对象是否真的对我们要解决的问题有兴趣、是否会成为传教者。

• 表情（表情是否认真，说明痛点时的表情是否真切）。

• 动作（是否集中精神在访谈上，是否做出像在否定的肢体语言）。

• 态度（有没有表现出积极的态度）。

• 发言（“听你这么一讲，我才发现一件事”由这样的发言可以看出对方平常是否意识到这个问题）。

重点4　亲自进行访谈

这是访谈时最重要的一点。那就是创业者必须亲自进行访谈。

能够站在顾客的立场，深刻理解顾客的痛点与需求，并从顾客的角度讲出一套故事，是制造出人们喜爱的产品的前提条件。

爱彼迎的共同创业者，布赖恩·切斯基在服务上线以后，曾一一访问位于纽约的屋主。

他在这些访谈中注意到了两点。一个是，许多屋主不知道住宿费应该要收多少才合理。另一个则是屋主大都不太会拍照，所以在2009年时，很多人还不知道怎么把照片上传至网络上。

也因此，许多实际上很棒的房间，照片看起来却很灰暗、房间看起来很脏。由于切斯基没有钱雇用摄影师，所以向就读艺术大学的朋友借来照相机，自己拍摄房间的照片。结果确实让房间的预约频率大幅上升。这就是只有亲自到当地（纽约），看到实际产品（屋主的家）后才会发现的洞见。

重点5　分析访谈对象说的话

如果只是将搜集到的顾客反馈照单全收的话，是学不到太多东西的。即使是早期采用者，顾客也大都只会描述表面上的现象，访谈者往往一句接着一句，源源不绝地说出想法，信息量过多，且过于片段。如果只是单纯进行访谈，或大略看过访谈内容，并不容易发现客户真正想要什么。

让我们在这里引用苹果的创业者史蒂夫·乔布斯说过的话：

“你不能只是询问顾客需要什么，并提供他们要求的产品。如果你这么做，那么在产品完成时，他们又会需要更新潮的玩意。”[①]

知道自己真正想要什么，并不是顾客的工作。找出顾客真正想要的东西，才是新创事业该做的工作。

要找出顾客“想要”，且尚未被其他人语言化的东西，并不是件容易的事。创业者须分析用户语言化的表现，解读出隐藏在其中，仍处于不完全状态的心声，相当麻烦也很花时间。

不过，主导产品整体设计的创业者们正好有这个精力深入了解顾客真正想要什么，这正是新创事业能够赢过大企业的最大竞争优势。

使用 KJ 法[②]进行系统化的分析

KJ 法是一种让创业者能够以访谈结果为基础，有效地将问题真正的原因语言化（议题化）的方法。虽然这是 1967 年时发展出来的古典方法，但到了现在仍是十分实用的工具。

KJ 法可分为以下六个步骤。

（1）搜集访谈资料。

（2）将数据分成许多较细小的单位，誊写在卡片上。

（3）将许多卡片摊在一个平面上，再将其群组化。

（4）为每个群组设定适当的标签。

---

① 史蒂夫·乔布斯的发言引用自以下网页。
https://www.inc.com/magazine/19890401/5602.html

② 如果想进一步了解 KJ，可以参考创立这种方法的川喜田二郎的著作《发想法 改版》（日文版由中央公论新社出版）。

(5) 写出每个群组之间的关联性。

(6) 将问题真正的原因语言化。

为说明 KJ 法的具体操作方式，我们准备了一套访谈样本以及以 KJ 法整理后的结果，请用作参考。

顾客访谈的例子

下面以一个在线学习服务的新创事业为例。

KJ 法的步骤

（议题化的方法）

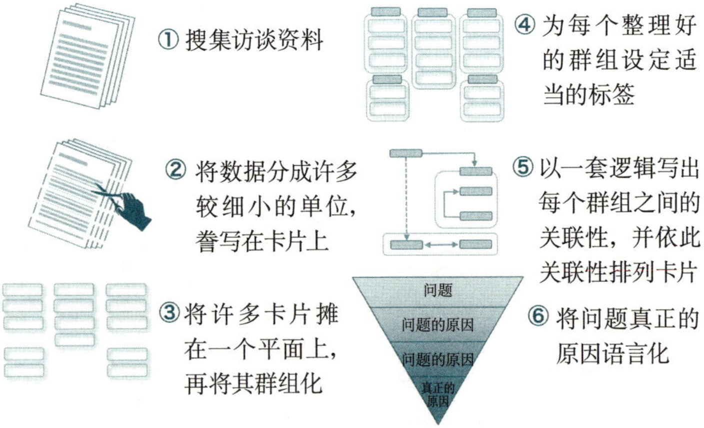

图 2-3-3

Q　在用哪些在线学习服务呢？

A　这个嘛，因为我听得懂英文，所以会通过 Udemy、Coursera、Schoo、Dotinstall 等网站来学习。

Q　会利用这些服务学些什么呢？

A　我不是工程师，不过为了掌握一些工程师的技能，我开始学一些程序语言。还有就是设计软件，像是Illustrator的使用方式之类的。

Q　你在一个月之内会花多少时间上课呢？

A　每周两三次吧。每次30分钟左右。

Q　原来如此。能不能请您再详细说明一下您是在什么样的情境下学习的呢？

A　目前我常在Udemy上课，由于课程视频放在网络上，所以我会在周末时到咖啡厅之类的地方看这些视频。

Q　能告诉我们您是如何利用这个网站学习的吗？是怎么开始的、又是怎么样吸收知识的，可以的话能请您演练一遍给我们看吗？

A　（拿上课视频给采访者看）如果要在Udemy网站上课，一开始要购买课程，一个课程平均约有50个视频，每个视频时长为5到10分钟。买下课程后照着顺序把视频看完就好了。要是有不懂的部分，可以看讨论版上有没有解答。不过因为上面有很多别人提出的问题并不是我想问的，所以我也不会很常去看。

Q　请问您如何确认自己学到这些知识呢？

A　说真的，我也没办法确定自己有没有学到这些知识。我只能把观看视频的进度当作自己的学习进度。

Q　您有试着搭配其他方法来学习吗？

A　我有很多本程序设计的书，也想搭配这些书学习，但我不会边看书边进行在线学习。因为在线课程的内容与书中内容没有联动，要一个一个找出对应的地方也很麻烦。

Q　原来如此，真是耐人寻味。为什么您会觉得这么做很麻烦呢？

A　因为拿书出来对照的话，常会发现书和视频的教学内容有着细微的差异，却又不知道哪个比较好而陷入混乱。这么一来，我也会开始怀疑起视频内容，而失去学习的动力。

Q　我想再请教一下关于 Udemy 在线课程的事。在这些课程的最后，会做出某个成品吗？

A　我们基本上是按照被安排好的进度一一完成课题，感觉就像是在画着色图一样。

Q　原来如此。能不能请您再详细说明为什么您觉得上这些课程就像是在画着色图呢？

A　虽然明白各个工具的使用方式，却不知道该怎么应用。就算再怎么会画着色图，也没办法在一张白纸上从零画出一整张图不是吗？我认为在线课程的问题就在这个地方。

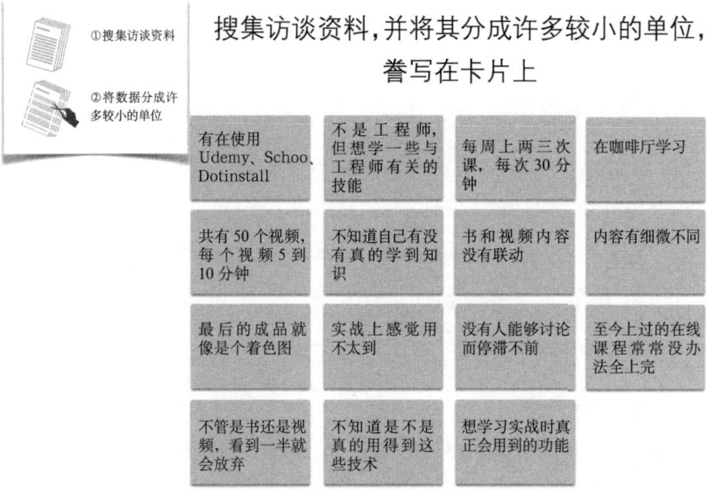

图 2-3-4

Q　除此之外，有没有注意到其他问题呢？

A　刚才也有提到，如果同时使用在线课程的教材和自己买的书的话，常会碰到内容有冲突的地方，让人感到混乱而停滞不前，而且还没有人可以讨论，让我有很大的挫折感。

Q　至今上过的在线学习课程中，上完的课程占了多少比例呢？

A　大概很低吧。虽然我买了近20本和程序设计有关的书，却几乎没有把书中习题好好做一遍。

Q　为什么不想去做那些习题呢？

A　和在线课程一样，书中的习题也和着色图很像，做到一半就会觉得让人很厌烦。就算完成了这种像着色图一样的东西，真的就能学到什么实用的东西吗？我实在很怀疑这件事，所以常常做到一半就不做了。

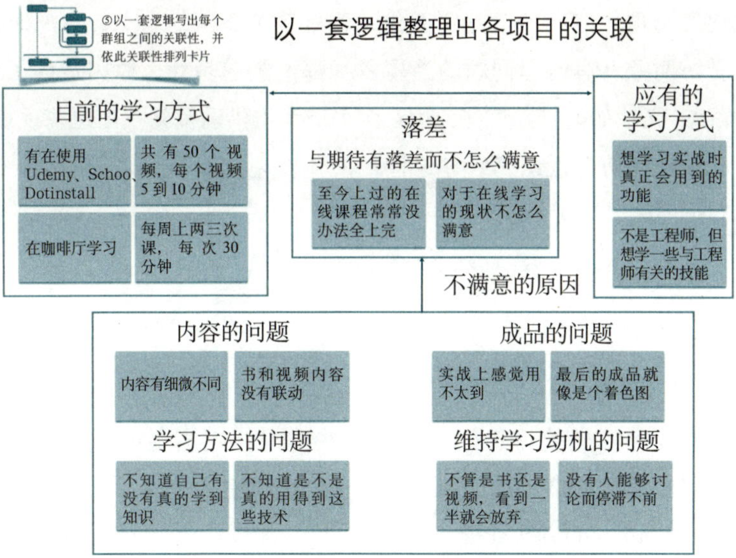

图2-3-5

KJ 法的重点

在样本的例子中，我们可根据 KJ 法的分析结果，推导出“目前的学习方法”有哪些问题。而造成这些问题的真正原因（让顾客不满的真正理由），则可分为“内容的问题”“成品的问题”“学习方法的问题”“维持学习动机的问题”四种。

如果在访谈后，只是单纯将文字记录下来的话，是没办法将信息整理清楚的（我们须让隐藏在整个过程下的因果关系明朗化）。

分析访谈内容，从“场面话”“空话”，或者是“流于表面的外行人分析”等噪声中，挖掘出顾客真正的心声、潜在课题，从表象的内侧导引出真正的原因，就是本章想要强调的重点，“解决顾客问题”（CPF）。

换言之，待解决的问题来自“现状与理想间的落差”。想办法问出“受访对象对于现状了解多少”，以及“理想中的样子是什么”，使现实与理想之间的落差明朗化，就是这个步骤的重点。有的时候连受访对象（有这个问题的当事者）都不知道是什么原因造成了这个落差，又该如何排除这些原因。而采访者得借助提问找出这些重点。

如果受访者说出“经你这样一问才发现这回事”之类的话，这很有可能就是关键的洞见。

要使用 KJ 法须注意以下三点。

重点 1　由下而上分析

不要一开始就设想好要分成哪些群组。应该要由最原始的声音（细节、具体事实）开始，慢慢堆栈出事情的全貌，以由下而上（bottom-up）的方法分析。

重点 2　不要被文字迷惑

举例来说，即使有两个以上的卡片中出现了“未就读幼儿园”的文字，也不能只凭这点就把这些卡片放在同一个群组内。应该要在看到卡片时，跳脱表面的文字，思考“这又代表什么意思呢？”将卡片描述的概念抽象化后再分类至相应的群组。

重点 3　须将所有卡片分类

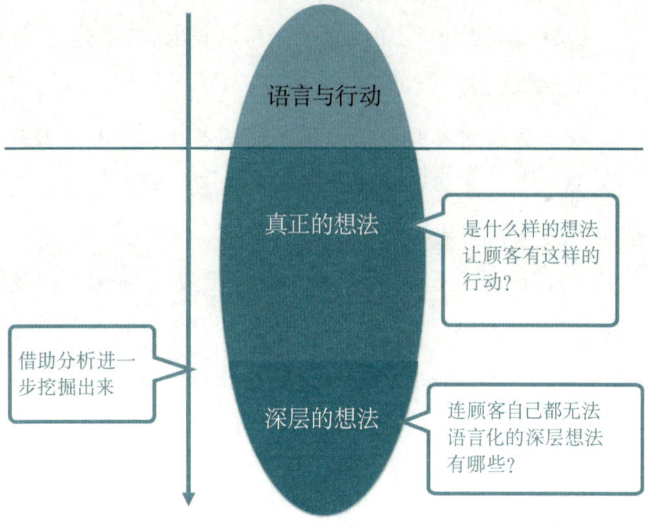

图 2-3-6

有时会做一个“其他”的标签，将不管被分到哪个群组都很奇怪的卡片分在同一个群组。但请尽量避免这种情形发生，尽可能地将所有卡片都分到某个群组内。

顺带一提，刚才我们试着用 KJ 法来分析访谈样本，然而这只是我们虚构的样本，所以分群组时能够分得很干净。实际的访谈中会有许多杂音，而且最少也要访谈 5 个人才有办法让整个故事的逻辑变得比较完整。我自己在这个阶段时至少会访谈 20 个人，这是因为要避免自己为了自圆其说而“捏造出虚构的问题”。

访谈的确认清单

以下将访谈顾客时须确认的事项整理成清单。访谈时不妨看一下这个清单，确认自己有没有忘了问的事情吧！

Qualification Question（确认访谈对象是否符合自己的默认客户群）

✓ 访谈对象是否满足传教者的条件？（有认知到这个问题，并会积极寻求解决方案。而且，现在也会利用某些替代方案来解决这个问题）

✓ 是否只是在讲空话？（明明不觉得这个问题很“痛”，却因为接受了采访，而装出一副觉得这个问题很重要的样子。要特别注意这种人）

✓ 是否有询问足够的人数？（最少也要问到 5 个人）

Existential Question（确认问题是否存在）

✓ 向顾客确认创业者想解决的问题或痛点是否真的存在。

✓ 觉得这个问题、这个痛点有多严重？是经常出现的问题吗？

✓ 对于这个问题，顾客有表现出很强烈的感情吗？

✓　这个问题是有办法解决的吗？

✓　顾客自己也认为这个问题应该要被解决吗？

✓　在顾客所处的环境中，是否有某些条件限制，使这个问题无法被解决呢？

✓　有没有办法引导顾客说出连他自己都不曾注意过的潜在性问题呢？（能否得到“听你这样说我才发现，其实 ××× 是个很大的问题呢。没想到之前我都没注意到这点”这样的响应）

Alternative Question（确认目前是否存在替代方案）

✓　目前顾客投资了多少成本在解决这个问题上？有没有使用其他替代方案？

✓　替代方案哪里不好（要花多少劳力、成本、资源？会觉得不方便或不满意吗？）

影子实习

除了访谈以外，还有一种可以了解使用者实际情况的有效方式，那就是影子实习。让调查者跟在对象周围，观察对象的特定活动，记录对象的行动与经验的方法，在产品开发的现场中经常使用。

尤其是日本人，由于他们并不习惯把自己的行动与问题语言化，因此即使进行访谈，也常常得不到想要的洞见。而在欧美，人们则已习惯于语言上的训练，像是要上台向同班同学发表自己的喜好等。

在影子实习的过程中，调查者可以借助观察使用者的特定活动，了解使用者会面对什么样的问题。顾客在使用服务或产品时会碰到的某些问题，如果不是直接在现场观察的话，可能不容易发现。

在进行影子实习时，须特别关注以下几点，或者也可以直接询问使用者。

• 有没有哪项作业是特别花时间的？

• 有没有哪项作业需要反复进行同样的事？

• 有没有哪项作业方式是为了避免问题或麻烦而不得不采取的措施？

• 有没有哪项作业会累积挫折感？

• 有没有哪个操作步骤很难记得起来？或者觉得哪个技能很没必要？（像是可以用计算机代替之类的）

• 有没有哪项作业需要同时用到实体纸张列表、Excel、纸笔记录等各式各样道具？

通过以上的访谈或观察，就能够找出还没有任何人发现（没有解决方案），事实上却是很值得探讨的问题。

由创业者亲自找出这些未解决且存在顾客强烈痛点的潜在问题，是这个阶段最重要、最需要投入的重点。

逐渐修正问题假说

实验图板的结果与学到的信息

让我们再回头看看实验图板的制作。前面提到的顾客访谈，是为了验证自己所提出的问题假说与解决方案假说，并找出潜在问题，以及替代方案的不完美之处。

访谈 10 个人之后，须以 KJ 法综合分析这些结果，并将这些结果写在实验图板上。

另外，由于一开始应该会有许多不确定的前提条件，如果没办法在一次实验循环内验证完毕的话，试着在剩下的几次循环中验证完毕就好。

像这样反复进行五六次的假说建立（头脑风暴）与实证（访谈与影子时间）循环后，就能渐渐找出应该要关注的问题。

即使后来发现已存在有效的替代方案，或者问题本身并没有造成很大的痛点，不得不否定自己的假说，这会是很重要的学习。

许多新创事业为了尽快做出自己的产品，会急于将自己的问题假说在没有任何根据之下升华成“捏造出来的问题”。如果问题假说已被反证，把时间继续花在上面也只是浪费而已，必须尽快将其舍弃。

试着访谈 20 个人以上吧

就一个问题假说而言，最少该访谈多少人才行呢？我认为 20 人是一个参考标准。

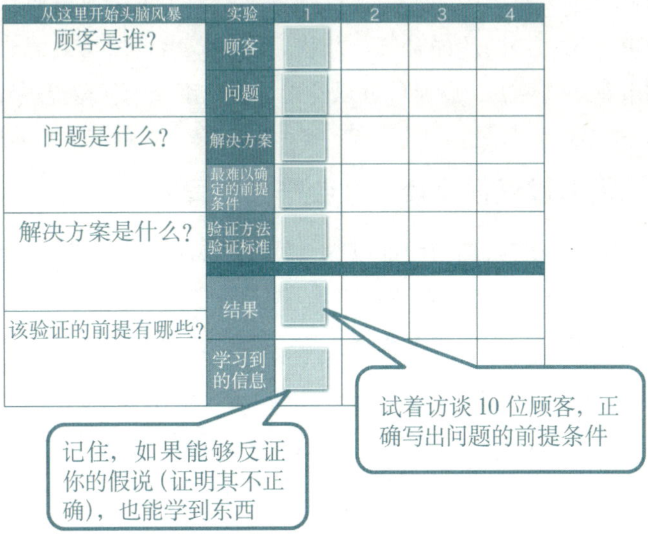

图 2-3-7

雅各布·尼尔森（Jakob Nielsen）曾提出“magic number 5”的概念。在为了找出产品使用性（user ability）问题而进行测试时，magic number 5可表示接受测试的使用者人数与问题发现概率的关系。

这里提到的5个人指的是同一个类型的使用者。据雅各布·尼尔森的说法，只要与五个同类型使用者谈过话，就能够发现80%以上的问题。

不过，在一开始针对问题进行访谈时，往往无法如调查者的期望般，访谈到同一类型的对象。因此须在访谈了许多人以后，逐渐将顾客分成数个类型，并画成分布图。假设画出来的图可分为四个象限，就表示需要访谈20个人才能达到magic number 5的目标。

另外，如果发现访谈对象真的是能成为传教者的顾客，可以提供许多宝贵意见的人的话，可以试着以适当报酬邀请对方担任顾问提供意见，协助产品开发，并约定产品做出来后马上请他试用。新创事业最需要的，就是能够以使用者的角度毫无保留提供意见的人。

因为过程很麻烦，才会产生差异

听完问题假说的验证过程（“解决顾客问题”）后，会不会让您觉得这些步骤很麻烦呢？想必一般人一定会因为想快点看到最后的解决方案长什么样子而坐立不安。要请您注意的是，想完成以上所介绍的流程，需要两到三周的时间，并要给访谈对象准备谢礼。

想想看，如果没有验证问题假说，而是直接花3个月和100万日元想做出最小可行产品，最后得到了一个完全没办法解决问题的解决方案的话，事情会变得如何呢？因为做出了一个像是产品的东西，所以有种达成某项成就的快感，但事实上什么也没学到（没从顾客身上获得洞见）。事实上，这样的新创事业还不少。

如果有人认为只要用最新科技、做出最有设计感的产品，利用社交软件一口气打入市场，就能获得大量使用者的话，请尽快把这样的人踢出团队。

新创事业的初创时期是最土气的阶段。与其花费精力在程序设计能力、设计能力、数据分析能力等制作产品时的所需技能上，不如多重视建立假说的能力、倾听能力、沟通能力等与人交流时的所需技能。

而最重要的是，创业者自己应该要亲自到现场观察，与当事人（客户）对话，彻底实现三现主义（现地、现场、现物）才行。

在埃里克·莱斯的《精实创业》中也提到："对顾客的理解越深，就能提供质量越高的产品。"

"解决顾客问题"的完成条件

最后，让我们确认一下，需要达成完成什么条件，才算是结束了这个反复琢磨问题的阶段，达成"解决顾客问题"，可以进入下一个阶段。

✓ 是否已确实验证了问题存在的前提条件，确认问题真的存在？

（这个问题是否真的会让顾客觉得"痛"？是否有找到连顾客自己都没办法语言化的潜在问题？）

✓ 对于有这个问题的顾客的想象（人物画像、顾客历程）是否明确？

（如果是以 B to C 市场为目标的新创事业，是否能明确描述拥有此问题顾客的心理状态？如果是以 B to B 市场为目标，是否能明确描述拥有此问题的用户，业务流程中的哪个部分让他觉得"痛"？）

COLUMN

创业团队的成员对问题的看法一致吗？

(Founder Problem Fit)

“创业团队”对“问题”看法是否一致

创业可说是人生的一场赌局。团队成员需要有将一生最精华的10年、20年赌在创业上的觉悟。

从问题假说的验证阶段开始，除了向顾客提问以外，创业团队成员还须持续质问自己：“应该要赌上人生来解决这个问题吗？”

在讨论构想的时期，即使团队有人员流动也没关系。因为这还只是周末创业（副业计划）的阶段，没有必要法人化，通常也不会有明确的代表人。

从第二章所提到的内容，也就是开始验证问题假说的时候，团队成员就必须逐渐把解决这个问题当一回事。“要不要把自己的人生赌在解决这个问题上呢？”每个团队成员需要开始质问自己这个问题。如果每个成员都能理解到自己是这个团队的一分子的话，成员彼此间的连结也会更加坚固。

如果“只想着要赚钱”，则难以持续

想靠着这个生意赚钱、想试试自己的技术、因为创业很流行所以也想试试看。如果仅是因为这些一时性的动机而投入创业的话，未来要认真实现“制作出人们想要的东西”(PMF)时会很难走得下去。我并不是要否定创业的乐趣，或者是否定对金钱的欲望，但这不应该是创业的第一要务。

如果在这个阶段，就让对于解决问题没有热情的人加入创业团队，那么在之后更重要的召集伙伴与募集资金等阶段，这便会成为团队的障碍。

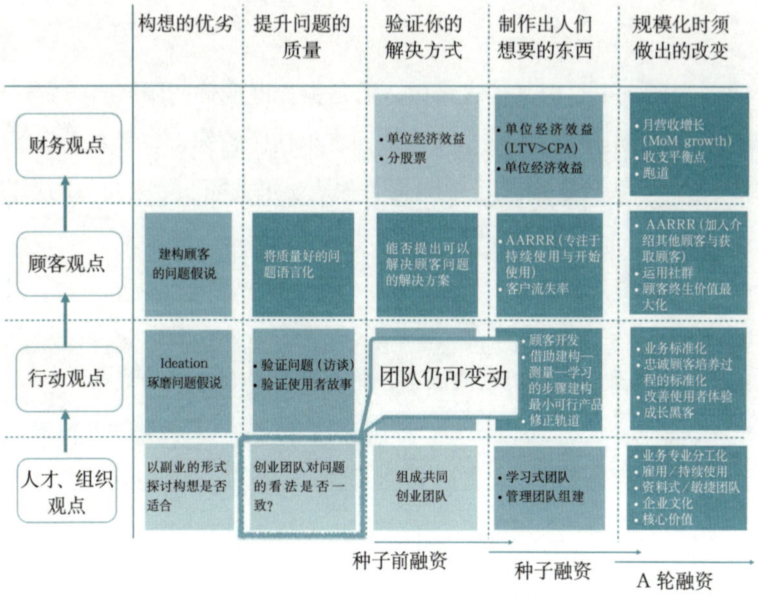

图 2-4-1　达成“制作出人们想要的东西”以前，各阶段该做的事

对于这个问题是否有热情

创业团队成员都认为应该要解决这个问题，对此有“非常强烈的共鸣”是成功的必要条件。

因此，在验证问题假说的阶段中，将对这个问题有强烈热情的人筛选出来，改变团队的组成是很自然的事。

这么做有时还可能会影响到创业者的人际关系。然而新创事业并不是朋友们的聚会，而是在汪洋中一同乘风破浪前进的伙伴，这点请不要忘记了。

让我再回头看一遍我们于第一章中曾提过的新创事业成功原因，最重要的是时机。接下来，几乎同样重要的就是团队。

Why you？

Why your team？

“为什么不是由其他人来做，而是由你（或你的团队）来做这件事？”如果团队中有些成员没办法回答出这个答案，或者对于想解决的问题没有亲身体验，那么在这时将他踢出创业团队会是更好的选择。

你至今所经历过的故事，将会是你开创事业的战略。[①]

本·霍罗维茨　安德森·霍罗维茨共同创业者

优秀创业者的条件

新创事业的创业者（或创业团队）最重要的条件如下。

---

① 本·霍罗维茨的发言引用自以下网址。
https://www.forbes.com/sites/carminegallo/2014/04/29/your-story-is-your-strategy-says-vc-who-backed-facebook-and-twitter/#1a564b471dd8

- 想解决的问题也是“自己的问题”(对问题有强烈共鸣)。
- 拥有一定的偏执（paranoia)。
- 对于新产品有一套理想、明确的使用者体验。
- 与预设客户群有强烈连结（特别是 B to B 时)。
- 有产品管理的经验。
- 3 想法有一定弹性。

其中特别重要的是第一项与第二项。如果创业者自己没办法体会到顾客的痛点，就不可能提供很好的服务；而且这样的服务不能只是“Good”，而是要“Best”，没有这种偏执个性的创业者也不可能独占整个市场。

Cookpad 的创业者，佐野阳光先生就是个典型的偏执狂。他曾说过：“有 1 000 名顾客，就会有 1 000 种行动模式。要满足这 1 000 人并不是件简单的事，但我想挑战看看。”[①]

就是因为他如此彻底地想要满足顾客，才使 Cookpad 的每月使用人数成长至 6 000 万人，成为一个巨大的生活服务提供商。

---

① 佐野先生的发言引用自《受 600 万女性支持的“Cookpad”》(上阪彻著，角川 SS Communications 出版)。

第三章

验证你的解决方式

本章目的

☆ 制作能够解决问题的解决方案假说（产品原型）（3–1）。

☆ 通过与顾客的对话与产品原型，验证问题能否被解决（3–2）。

☆ 以顾客回馈为基础琢磨产品原型（3–3）。

通过我们在第二章中的验证过程，我们确定了我们预设的客户群是什么，并找出了这些客户群实际上“真正感觉到痛的问题”。

在第三章中，我们将讨论新创事业该准备什么样的解决方案作为价值提案，以解决这些问题。“问题”与“解决方案”的切合，实现“验证解决方式”就是本章的目标。

埃里克·莱斯的著作《精实创业》被认为是新创事业的圣经。书中提到，创业团队应制作用来测试产品的“最小可行产品”，一边确认顾客的反应，一边做出接近人们需求的产品。

然而，对于人力与资金皆相当有限的新创事业来说，光是制作最小可行产品就会是很大的负担。因此，我建议在将最小可行产品推向市场前，先制作产品原型。彻底验证自己想到的解决方案是否真的能够解决原本设想的问题；以及对于顾客而言，这是否是一个好的价值提案。

本章所提到的产品原型，是可以只用便利贴或其他模拟用工具制作出来的简单产品。如果能让顾客看到这样的产品原型，就可以让他们提出更为具体的响应。而且和最小可行产品的制作费用相比，只要花费数分之一的时间与精力就能做出产品原型。这么一来就有办法制作许多个产品原型，持续验证解决方案是否适当。

比起将最小可行产品投入市场再改进，如果能借助产品原型确认顾客的反应，就算失败了也能以好几倍的速度更新。

那么，就让我们马上来说明如何制作产品原型，以及如何从访谈中获得顾客真正的心声吧！

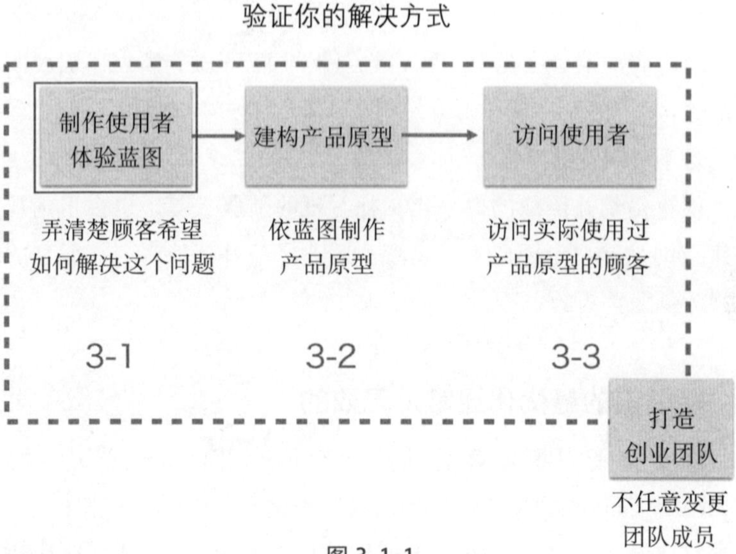

图 3-1-1

3-1 制作使用者体验蓝图

在着手最优化产品前仔细检查

必须能够通过智能手机或网站使用

本章要介绍的是如何制作产品或服务的原型，并借助访谈，验证这样的产品原型是否能够解决会顾客觉得“痛”的问题，也就是“验证解决方式”这个步骤。

或许有些读者会觉得“我们的创业与 IT 无关，所以不需要制作产品原型”。然而，现在不管是哪个产业，通过智能手机与使用者接触已是不可或缺的要素。

就算是幼儿照顾的效率化、补习班的新服务等，也会用到智能手机或网站接口。因此不管是哪个产业，最好都能将产品原型的制作视为创业重要的一环。

验证前的最优化通常是无效的

以支持新创事业著名的美国 Startup Genome 公司的报告“Startup Genome Report”的问卷调查显示，成功的新创事业大都会花许多精力在“产品的验证”上，于“验证解决方式”阶段致力于整合问题与解决方案（图 3-1-2[①]）。

另一方面，失败的新创事业会花费与“产品的验证”相同的精力在“产品的最优化”上。

这里说的“最优化”指的是压低产品制造成本或服务成本、增加许多“可有可无”的功能，以及提升产品精密度等。

我并不是说在这个阶段进行产品最优化没有意义，然而在这个阶段应专注于验证问题的解决方案，这时进行产品的最优化实在为时过早。

① 此图为作者引用美国 Startup Genome 的报告 *Startup Genome Report Extra on Premature Scaling*（2013 年 3 月）的第 41 页“Self assessed priority in validation stage”制成。

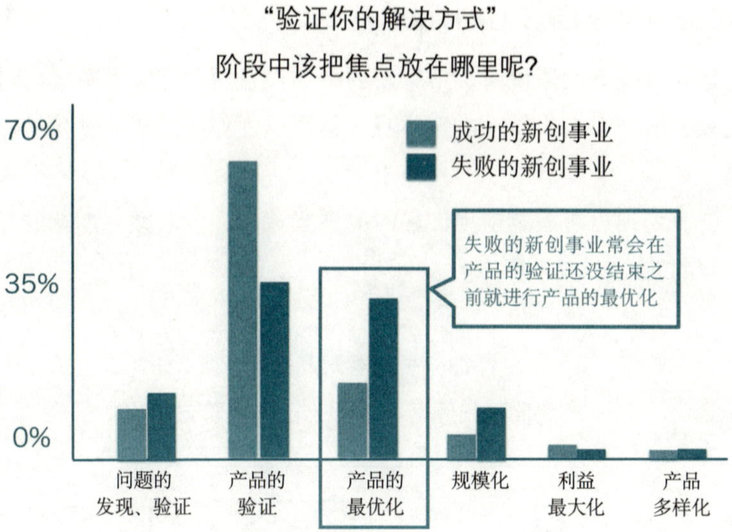

图 3-1-2

我们可以用一个比较容易了解的例子来说明。这就像是拉面店老板在能煮出一碗好吃的拉面以前，就积极与上游厂商交涉食材来源与价格优惠，或将店内厕所改装得很漂亮等“最优化”工作。如果要让拉面店的人潮络绎不绝，漂亮的厕所固然是个“可有可无”的条件，但并不是“必要”的条件。如果要让拉面店成功发展，一开始应该把焦点放在如何煮出一碗让客人满意的拉面上才对。

本章中将介绍如何制作纸上原型（在纸上完成的产品原型），用以验证问题的解决方案是否适当。并以此为基础，一边与顾客反复对话，一边琢磨解决方案假说。如果创业者能将顾客意见分析得越详细，制造出顾客不需要产品的风险就能降得越低。

Content is king. UX is queen.

建立解决方案假说时，常有新创事业误将解决方案本身视为讨论重点。但若只讨论解决方案本身，常难以制作出顾客能够接受的产品。

创业者须思考顾客使用产品时的适当流程，以及顾客期待的是什么样的使用者体验（UX）。

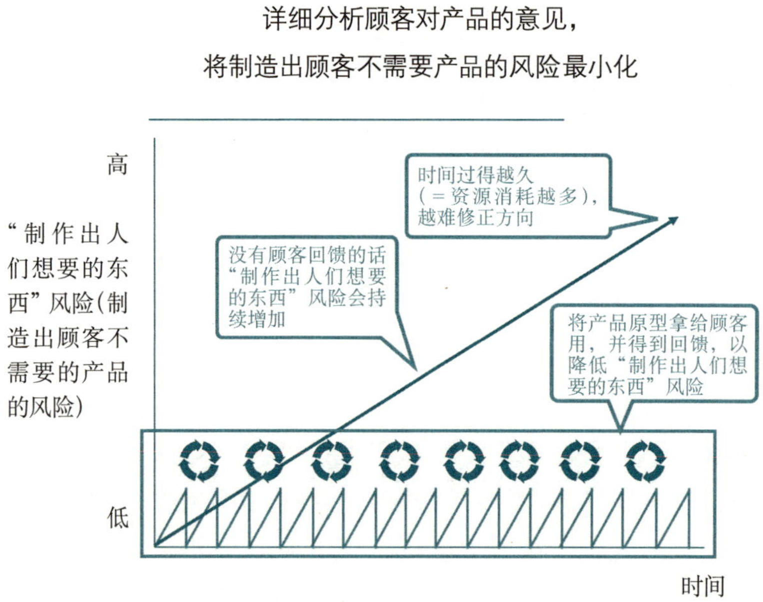

图 3-1-3

最近常可听到"Content is king. UX is queen."这句话。产品内容（contents）固然是判断解决方案好坏时的重要因素（king），不过提供使用者适当的使用者体验（UX）也同样重要（queen）。如果没有同时具备这两个条件，就不会有人想去用这个产品。

顺带一提，每个人对使用者体验的定义可能会有些差异，本书中所讲的使用者体验是指用户在面对、使用产品时可感觉到的所有体验，也称用户体验。用户体验的概念常会与用户接口（UI）混淆，用户接口仅包括操作、使用产品的接口，因此可以说用户界面为用户体验的一部分。

我们于第二章制作顾客历程时，设想了特定客户群在特定条件下的行动。在这一连串行动中，如果有某种解决方案的使用者体验能够让使用者自然而然地觉得“想用用看”，就是一个好的解决方案。

举例来说，在第二章的例子中，我们所假想的顾客凯瑟琳是一个喜欢使用照片墙（Instagram）的旅客，然而即使提供她免费 Wi-Fi 服务，这项服务却只能借着笔记本电脑从网页 app 登录的话，大概不会有多少人想用。因此，必须做出能在智能手机上使用的 app，让使用者可不受阻碍地达成目的的使用者体验才行。制作者须通过预设客户群的人物画像，以及顾客历程的框架，思考使用者期待什么样的解决方案，建立解决方案假说才行。

利用产品原型看板将解决方案可视化

接下来要介绍的是开发软件时常使用的“产品原型看板”方法。这是以先前人物画像与顾客历程的验证结果为基础，琢磨解决方案假说时所使用的方法。

这是由丰田生产方式中所使用的生产指示卡“看板”所衍生出来的方法。将便利贴贴在看板上，确认自己现在讨论的是哪个问题、应把讨论焦点放在哪个功能上、追踪产品原型的讨论进度等，这些信息都可一目了然。

1. 将过程可视化，使学习与验证过程更为明确，促进团队成员的交流

软件的开发与硬件不同，难以让其他人看到开发过程与结果。要是没有想办法将原本看不到的东西可视化便很难管理，也无法学到新的信息或进行验证。

要是有像是看板一样的共享工具，便能够共享验证的结果。

而且，由于新创事业团队成员的经验与技能皆有所不同，工作的进行方式与前提条件也会不一样。

如果工程师、设计师、业务员对于“质量”“交货日”“顾客所期待的心理状态”等重要要素的定义各有差异的话，团队成员间就容易出现沟通上的误会。我在第二章中也曾反复强调过这点。

使用看板工具，每天确认团队整体的进度与目前解决中的问题，可以减少团队成员间意志的不一致，以整个组织为主体行动。

2. 确保自己能够在适当的时机获得来自顾客的回馈

依照产品原型看板列出的流程，创业团队有两次与顾客对话的机会。一次是在开始制作产品原型前，为确认解决方案适不适合而“就解决方案对顾客进行访谈”；另一次则是在产品原型完成后，“就产品原型对顾客进行访谈”以询问顾客对使用者体验的意见。如果能照着看板的流程进行开发，自然能够降低“制造出顾客不需要的产品的风险”。

对新创事业而言，要制作出人们想要的产品，最好的方式就是直接把产品拿到别人面前，询问对方想不想要这个产品。我们将在第四章提到最小可行产品的制作与提案，就是在做这件事。

不过，就算没有实际做出产品，也可以通过“就解决方案对顾客进行的访谈”以及“就产品原型对顾客进行的访谈”，在创业早期

获得许多顾客回馈。这样的做法可以大幅节省贵重的资源。

3. 确认瓶颈之所在，适当分配资源

随着作业的进行，有时候会发现某项特定的作业难以顺利完成，也就是所谓的瓶颈。如同埃利亚胡·高德拉特（Eliyahu Goldratt）所提倡的“限制理论”①般，计划整体的进展速度会被这个瓶颈拖累。若能借助产品原型看板使整个作业可视化，那么在碰到瓶颈时，便可将资源投入于此，尽快消除这个瓶颈。

当然，创业团队也需要一套及早发现瓶颈的机制。

举例来说，让全体团队成员参加每天早上15分钟的站立会议，围绕在产品原型看板的周围，依次报告目前正在进行哪些工作，碰到了什么样的问题，便能共享目前所拥有的信息。

在真正开始进行产品开发以前，像这样的信息共享模式，有助于提升团队全员的计划实行技能。

目前有某些云端工具可以协助制作产品原型看板，不过在习惯这种方式以前，最好能在公司内显眼处摆一张白板，聚集所有团队成员，用便利贴等物理方式管理进度。②

利用看板进行筛选

接着让我们简单说明看板的使用方式吧。

---

① 限制理论是一个管理学上的想法。其指出，不论是多么复杂的系统，都会被极少数构成这个系统的要素限制其发展。埃利亚胡·高德拉特以限制理论为基础，写了包括《目标》在内的数本商业小说。

② “Jooto”即为一种能让创业团队在云端上制作产品原型看板的工具。

1. 设定问题

一开始制作看板时，须选择对应的问题。

在前一章中我们已使用了顾客历程、实验图板、顾客访谈等工具，充分验证了我们的问题（顾客历程左下方的“问题”）。将其贴在位于产品原型看板左端的项目中（图 3-1-4），这就是产品原型看板的起点。

以产品原型看板琢磨解决方案

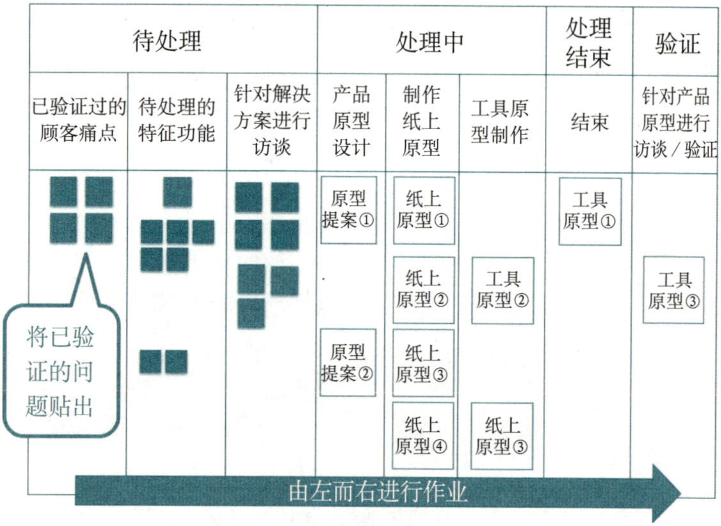

图 3-1-4

2. 思考价值提案、解决方案

思考该提出什么样的价值提案来解决这个已经验证完毕的问题；以及需要以什么样的解决方案来实现这个价值提案。

这里让我们为“价值提案”与“解决方案”分别下一个定义。价值提案可以让顾客在使用产品时获得效用，因此其内容聚焦于“顾客价值”的提升，而非产品有什么功能。至于产品功能，则是产品制作方需要考虑的事。而顾客价值则如字面所示，指的是顾客认为有价值的东西。

在思考解决方案时，重要的是顾客认为产品有多少价值，而非产品制作方认为产品有多少价值。

另一方面，“解决方案”指的则是让顾客能够获得这种价值提案的产品，或者是“实现方法”。价值提案是指要解决“什么”，而解决方案则是要“如何”解决。

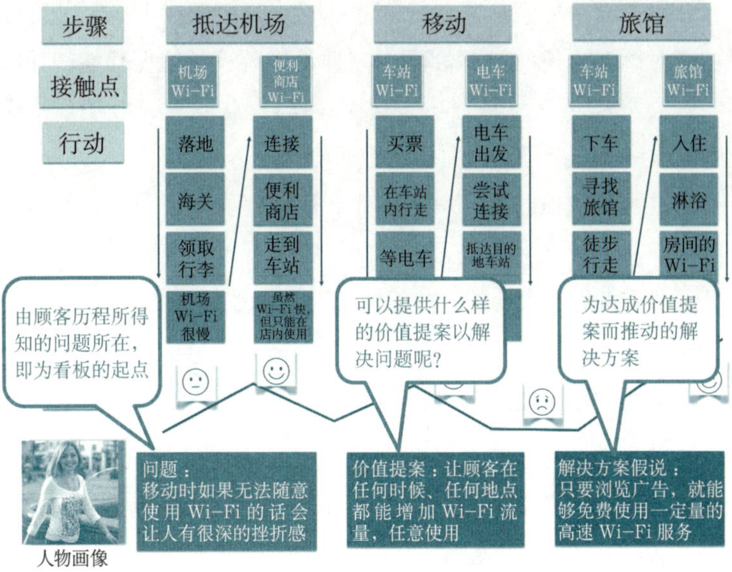

图 3-1-5　针对人物画像所面对的问题提出解决方案与价值提案

以 Anywhere Online 为例，价值提案就是“让顾客在任何时候、任何地点都能增加 Wi-Fi 流量，任意使用”，而解决方案则是“只要浏览广告，就能够免费使用一定量的高速 Wi-Fi 服务”这种具体的做法。

解决方案可以再分成多个“特征功能”(feature)。

以 Anywhere 为例，“只要浏览广告就能增加流量”“只要回答问题就能增加流量”“可以使用信用卡购买流量”等都属于解决方案的特征功能。

首先，为实现解决方案，团队成员们需要一起头脑风暴，决定要将哪些特征功能列出来，写成候选清单。由于这还只是提出构想，因此可以将任何想到的项目一一写成便利贴贴出来。

在思考解决方案有哪些特征功能时，需要随时考虑到“这种特征功能对顾客来说有没有价值？”“要是实现这种特征功能的话，顾客会开心吗？”“这种特征功能真的好吗？”像这样持续质疑特征功能的本质，便能够筛选出重要的特征功能。

经过团队成员讨论，决定用什么样的解决方案、什么样的特征功能来解决问题之后，便可将团队认为应着手实现的解决方案贴在产品原型看板的“待处理的特征功能”一栏内。

针对解决方案进行访谈

列出候选的特征功能之后，可以试着再一次与顾客进行对话。确认自己想到的解决方案（特征功能）是否真的能为顾客带来价值。

汽车大王亨利·福特（Henry Ford）曾留下这句话：“当我问顾客想要什么的时候，他们一定会回答想要跑得更快的马。”

产品原型看板

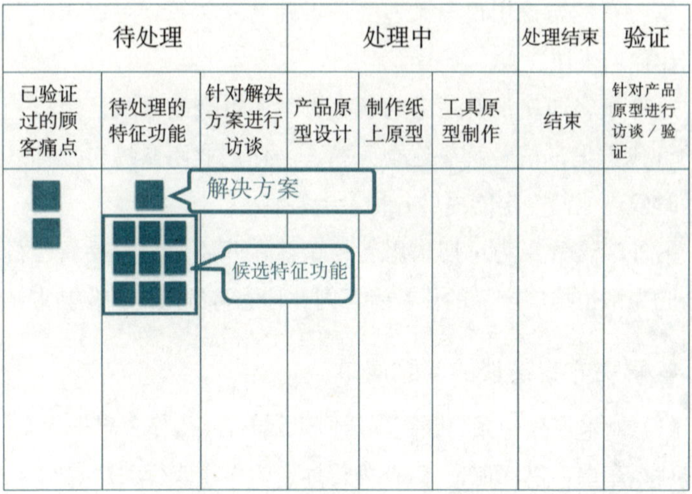

图 3-1-6　开始使用产品原型看板

这句话的意思是，思考如何由解决方案实现顾客价值，并不是顾客的工作。让只有骑过马的顾客想象汽车这种像“神灯”般的东西，对他们来说太过困难。

但也只有顾客有资格回答这样的问题。因此只要询问顾客，对于新创事业团队自己讨论出来的解决方案假说有什么想法就可以了。

“假设你有一盏能实现一切愿望的神灯，那么为了解决＜顾客欲解决的问题＞这个问题，你会许什么样的愿望，或者想要什么样的东西呢？”用这样的方式询问的话，应该就能获得有助于修正假说的回馈。

下面我们试着整理出针对解决方案访谈的问题清单，以及能够以自己的方式概括访谈过程的确认清单，以供参考。

另外，访谈对象最好是于产品诞生时就在使用的早期采用者。若在第二章的访谈中已与某些受访者建立起关系，可以再试着拜托他们让你们采访。

这种顾客即使没有适当的解决方案，也会绞尽脑汁想出一套自己的替代方案，试着解决这个问题。当你创业团队提出“神灯”问题的时候，他们一定能提供各种参考答案。

另外，这种身为早期采用者的顾客在开始使用产品后，很有可能会成为帮忙推广产品的传教者，因此请您持续与他们保持联络。

■ 解决方案访谈的问题清单

（1）如果你有一盏能够实现任何愿望的神灯，你会想许什么愿望、获得什么东西，以完成你【（作为目标）的工作或行动】呢？

（2）你认为这盏神灯（解决方案）必须要有哪些特征功能，才能解决你的问题呢？

（3）有没有哪个替代方案与这盏神灯很相似呢？

（4）这个替代方案的优点与缺点分别是什么呢？

（5）你认为在你使用这盏神灯后，能够省下多少时间和劳力等资源呢？

（6）你愿意花多少预算在这盏神灯上呢？

（7）你觉得什么样的产品能够感动到你呢？

（8）<访谈结束后>那么，当产品原型完成以后，能不能再和你碰个面，询问你在各方面的意见呢？

■ 解决方案访谈的确认清单

✓ 顾客（访谈对象）如何形容神灯？（在描述他的神灯时，身体有没有前倾呢？）

✓ 顾客如何形容神灯的特征功能呢？

✓ 这盏神灯在技术上是可以实现的吗？

✓ 就这盏神灯而言，现实中是否已存在更为妥当的替代方案呢？（会不会只是顾客自己忽略了呢？）

✓ 如果这盏神灯做得出来，那么顾客在购买、使用这项产品上会不会有任何阻碍呢？（如果考虑成本、维护、学习曲线等因素，对顾客来说，须付出的总成本有可能会增加吗？）

✓ 神灯在使用上能够切合日常生活（业务）吗？

✓ 顾客可能会因为什么样的理由而不购买神灯呢？

特征功能的优先顺序

这里说的解决方案访谈，也是尽可能访问越多人越好。

在一连串的访问结束后，可以依照得到的答案排出特征功能的优先顺序。排列优先顺序的依据为“顾客觉得各种特征功能分别能为他们带来多少价值”。而为特征功能作评价时，具体来说，可以分成“必要”“可有可无”“不需要”三个等级。

特别是“必要”和“可有可无”之间的界线特别重要。

初期新创事业的顾客，最在意的应该是产品有没有安装“必要”的特征功能。

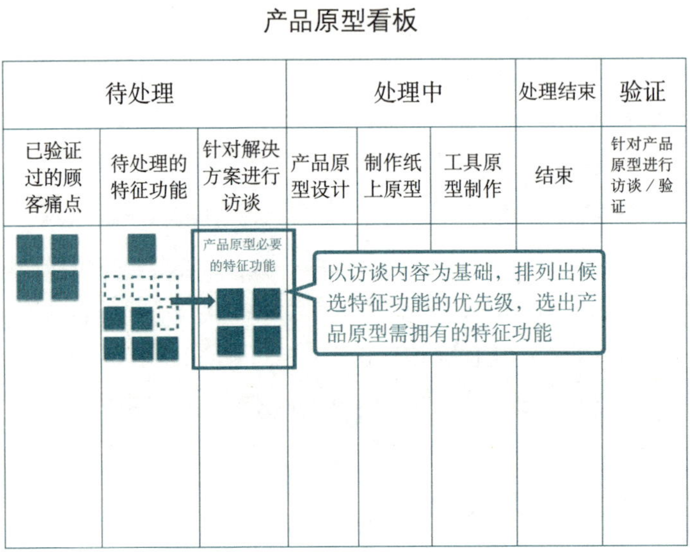

图 3-1-7　选出产品原型应有的特征功能

然而许多新创事业会在产品的初期阶段，就安装了许多他们认为顾客想要却并非必要的功能，然而这却会成为典型的失败例子。

这是因为，如果产品安装了过多“可有可无”等级的特征功能，在访谈顾客时，便难以判断最应该验证的“必要”功能是否有满足顾客的需求。

Startup Genome Report[①]曾调查过成功新创事业与失败新创事业所写的程序代码量，发现失败者所写的程序代码量明显多于成功者。在这个相当于“验证解决方式”的阶段，或称“产品验证阶段”中，两者居然有 3.4 倍之差。

这说明了，失败的创业团队经常在验证阶段的时候，就浪费了

① 引用自美国 Startup Genome 的报告 *Startup Genome Report Extra on Premature Scaling*。

大量时间与金钱。

如各位所知，脸书于2004年登场时，仅提供八种功能，如图3-1-8所示。至于通讯功能、贴文功能、通知功能、个人资料更新功能等，则是之后才添加的特征功能。

脸书初期版本（2004年）

功能一览

1）使用者账号：（须以实名注册）仅可用harvard.edu网域的电子邮件信箱注册。
2）加别人成为朋友。
3）邀请功能（但没办法从通讯簿中直接汇入邮件信箱，须一个个手动输入邮件信箱才行）。
4）个人照片：一个人只能放一张照片。
5）显示个人信息：性别、生日、宿舍名称、电话号码、喜欢的音乐、喜欢的书、自我介绍、在大学里上过的课。
6）搜寻：名称、学年、课程等个人信息。
7）限制自己的信息只显示给朋友或同学年的人看等隐私功能。
8）朋友分布图可视化的功能（之后废除）。

这时还没有通讯、贴文、通知、动态时报、状态更新等功能。

图3-1-8

在智能手机已相当普遍的现在，发送消息功能已是脸书的核心功能之一。不过在以E-mail与文字信息联络为主的2004年时，发送消息功能只是“可有可无”的功能之一（由于马克·扎克伯格是一位优秀的工程师，应能自行添加这样的功能）。

到了公司规模化的阶段，如果想获得早期采用者以外的使用者，增加“可有可无”功能就变得相当重要。不过对于脸书而言，在刚开始运营时，确认原本“必要”的八个功能（让朋友们彼此联络上的功能）是否真正获得了顾客青睐才是他们的第一要务。

若以第二章中所提到的拉面店来模拟，脸书的八个“必要”特征功能就像是拉面店的汤头、面、配料等，主要决定产品价值的东西。而拉面店有没有漂亮的厕所、有没有在深夜营业，则是“可有可无”的特征功能，并不是主要决定产品价值的东西。

然而，优秀的工程师，特别是活跃于大企业的工程师，几乎都会将“针对既有顾客、针对已明朗化的问题，提供最适当的解决方案”看作主要工作。

换句话说，这些工程会认为自己是在一张满分为一百分的考卷上作答。为了尽可能获得高分，会一一回答那些一分、两分的问题，也就是倾向于增加许多“可有可无”的功能。这对新创事业来说是很危险的事。

在顾客疯狂爱上产品之前就任意增加各种功能，就等于是在还没筛选出哪些特征功能为产品必需时，便想要仓促扩张公司规模一样。在确认到市场可接受预设之“必要”的特征功能（达成“制作出人们想要的东西”）时，再来增加“可有可无”的特征功能也还不迟。

至于某项功能是“必要”还是“可有可无”，只能记录访谈用户时的对话，以及观察用户实际使用产品时的行动，再进行定量分析才能知道结果。

“验证解决方式”阶段是第三章的主题，在这个阶段中我们还不会以定量分析的方式分析产品。而是要先通过解决方案访谈，决定各个特征功能实装的优先级。

解决方案访谈的好处在于，只要花费少许时间，以及给访谈对象酬劳便能完成，且不会有降低产品评价或公司评价的风险，是容易掌握的方法。只要有一个星期左右的时间，就能获得足够的回馈。

因此，对新创公司而言，访谈越多越好。花在这上面的成本，可以确实提升解决方案假说的质量，之后想要实现“制作出人们想要的东西”时也会比较容易。

制作电梯简报

明白应该要安装哪些特征功能时，终于可以进入制作使用者体验蓝图的阶段了。

所谓的蓝图，相当于产品原型的“设计图”。可以把它想象成一张示意图，用来表示至今所想到的特征功能，会以何种方式建立起关系，以实现解决方案。

在制作出蓝图以前，应该要再度确认特征功能的核心是什么，所以可试着将产品原型的重点整理成可以用 30 秒说明完毕的简报。

创业团队须能够在 30 秒内说明自己能够以什么样的方式，解决什么样的顾客的问题，这个问题是什么，而解决方式又与其他公司的服务有哪些决定性的差异。这种想办法在 30 秒内说服顾客的报告，又称作“电梯简报”。

电梯简报的基本格式如下所示。创业团队成员须经过充分讨论，决定括号内要填入哪些词。

我们想要＜满足／解决＞＜对象客户＞的＜期望／问题＞。我们的产品是＜产品名称＞，可提供顾客＜重要的优点、让顾客愿意掏钱出来的理由＞。与＜最有竞争力的替代方案＞不同，这个产品有＜差异化的决定性特征＞。

模拟例子：＜我们是 ×× 业界的 ××＞。

如果以刚才介绍的免费 Wi-Fi 连接服务，Anywhere Online 这个虚构的新创事业为例，可以制作出以下的电梯简报。

我们想要＜满足＞＜来日本旅游的旅行者＞的＜期望＞＜让他们在任何时候、任何地点都可以用智能手机连上网络＞。

< Anywhere Online> 这个产品，可让顾客<在浏览广告或回答营销问卷调查后，免费获得一定使用量（流量）的高速 Wi–Fi>。

与<便利商店的 Wi–Fi、车站 Wi–Fi、饭店 Wi–Fi> 不同，这个产品<让顾客能够在任何时候、任何地点使用 Wi–Fi>。

模拟例子：<我们是手机业界的电视广告 >。

之所以会说是“手机业界的电视广告”，是因为民营电视台是在广告收入的支持下，才能够免费提供影像播放服务。虽然模拟例子的部分并非必要，但这句话能够将 30 秒的简报浓缩成“5 秒简报”，故可说是非常重要的口号。不仅方便创业者在邮件或短信中介绍自己的事业，也能够引起媒体的关注。

产品原型看板

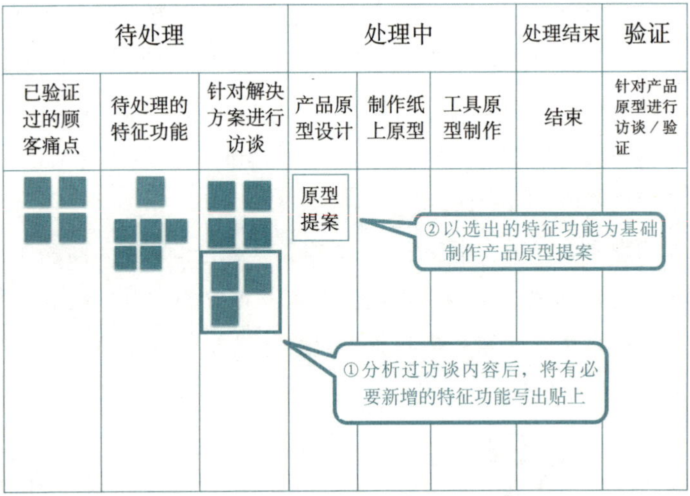

图 3–1–9　增加访谈时发现的问题，制作产品原型提案

顺带一提，自家公司产品的（差异化的决定性特征）通常是从解决方案的访谈过程中，由使用者的提示所衍生出来的。使用者大多会使用既有的替代方案，但也对其使用上的不便有一定的不满。只要将使用者对替代方案所产生的不满当作提示，写出能够差异化的决定性特征就行了。

由电梯简报直指核心

制作电梯简报的理由有三个，让我们好好来确认一下吧！

第一，明确写出自己想要做什么。

新创事业的目的是，在一个原本没有任何市场的领域，由零生出一，因此一开始的发展方向会相当分歧。初期的新创事业在陆续提出各种构想时，常会不知道应该要把努力投注在哪些重点上。

这时就可以利用电梯简报来筛选出该聚焦的重点，再次确认新创事业是为了谁、要做什么、又为何而做，统一全体团队成员的意见。

特别是“为了谁？”这个问题常在不知不觉中被忽略。在进入实际使用者体验蓝图的制作之前，确认这些基本的问题是相当重要的事。

第二，则是让团队站在顾客的立场思考。

要提供什么样的产品呢？为什么要提供这样的产品呢？顾客会愿意为此掏钱的理由在哪里？持续对自己提出这些与产品本质有关的疑问，从“为了谁？”的角度进一步了解这个产品的需求，从顾客的眼光认真思考这项产品的本质。

第三，则是为了要掌握核心。电梯简报就像激光一样，能够串联起各个原本彼此无关的要素，直接指出问题的核心。

令人惊讶的是，当我们询问“你们这个新创事业是在做什么的呢？”时，却常听到同一个新创事业的各个成员回答出不同的答案。新创团队最好能用电梯简报整理出你们想做的事业的核心是什么，并将其渗透到每一位成员的想法中。

顺带一提，亚马逊在开始建立新产品的企划时，会先设想该产品完成的样子，并在一开始就要求企划负责人制作产品的新闻稿。

新闻稿中必须以具说服力的文字说明新产品能够解决特定顾客的什么问题，解决的效率又有多高（为了谁用什么方式解决什么问题）。

通过制作新闻稿的过程，可让负责人整理自己的思绪，与电梯简报有相同的效果。

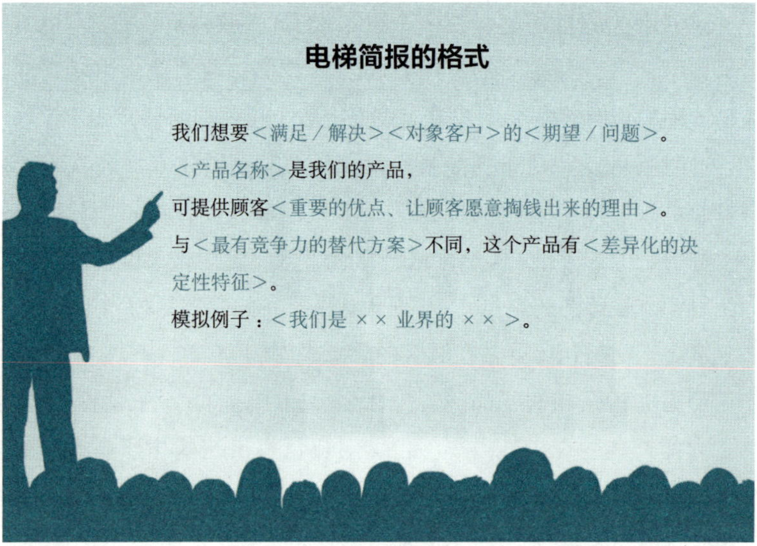

图 3-1-10

使用者体验蓝图的制作方式

借助解决方案访谈与电梯简报，在头脑中整理相关内容，从许多特征功能中选出“必要”的特征功能，并以此为基础开始制作产品原型的蓝图。

以下让我们以 Anywhere Online 为例，说明使用者体验蓝图的制作方式。虽然会提到部分技术上的东西，但还请耐心看完这段。

这里以 Anywhere Online 的智能手机 app 为例，说明如何制作蓝图。然而当最后的产品是硬件或 VR 内容时，蓝图的制作方式也会有所差异。本书会着重地说明制作蓝图时的基本流程。

我们一定会问创业者做出了什么，又为什么要做这个。被问到这些问题时，回答得越简洁，评价就越高。相反的，若迟迟回答不出答案的话，创业后很有可能会出现问题。[①]

山姆 · 奥尔特曼，Y Combinator 总裁

制作蓝图的流程大致如下。以解决方案访谈等结果为基础，验证问题与解决方案，筛选出具体的特征功能，并思考该怎么提供产品，使顾客能够自然而然地接受新产品。

让我们进一步说明筛选出特征功能过程的细节吧！

① 山姆 · 奥尔特曼的发言引用自以下网址。
https://www.youtube.com/watch?v=CxKXJWf-WMg

步骤 1 将列表中的特征功能群组化

将头脑风暴、解决方案访谈后所得到的特征功能列成一张列表。由于各个特征功能都有各自的目的，因此可借助这些目的之间的关联，将各个特征功能群组化。我们可以用“排列卡片”的方式为特征功能分类。先将列表上的特征功能写在卡片上，通过改变卡片的排列方式，讨论该如何向顾客提出解决方案，并建立起各个特征功能间的关联。当想要制作的产品有复杂的结构时，也会包含许多特征功能，所以用这种方式整理会方便许多。

虽然我们不会在这里详细说明实际做法，不过制作智能手机 app 的蓝图、群组化特征功能时，最好不要局限在卡片字面上的意思，而是要去思考：“若能在同一个画面表示这些功能的话，用户会有什么想法？”

步骤 2 从顾客的角度将特征功能结构化

接下来让我们站在顾客的角度，试着思考顾客在使用产品的过程中，各群组中的功能应该要怎么安排，才能让顾客很快上手。如果是 app，则需要考虑使用时的画面改变方式。

以 Anywhere Online 而言，从登录开始，接着会看到像是仪表板一般，能够确认流量的画面，可以在这里设计让顾客选择购买流量，或者是免费加值流量的功能。

这个步骤中最重要的是，要以使用者人物画像与顾客历程为基础，想象自己是产品的默认客户群，思考自己会碰上什么样的状况，内心会有什么想法。使用者体验的好坏，决定了使用者能否在没有压力的状况下达成他们的目的。

步骤 3　明确显示每个画面的安装功能与内容

以特征功能的群组化结果为基础，让各群组（各画面）安装的功能或显示的内容更为明确具体。

步骤 4　将特征功能填入使用画面转变流程图

依据步骤 2 与步骤 3 的内容，将已群组化的特征功能填入使用画面转变流程图（screen transition diagram）内。

步骤 5　确认有哪些核心部分需要重点测试

在思考画面该如何改变时，创业团队应可逐渐厘清产品的使用流程。其中，创业团队最需要关注的是，该如何琢磨从首页到解决问题这一连串过程的核心价值。

举例来说，如果有使用者想要借助付费来增加流量，就必须设计出更为简洁的步骤，让使用者在操作时不会搞混。设计时须随时提醒自己。

进行卡片马拉松

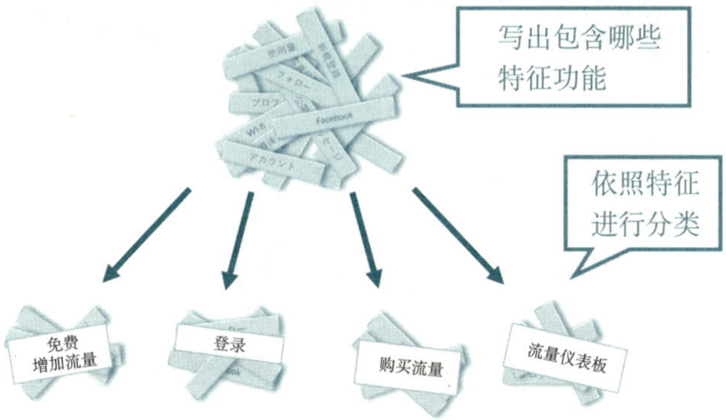

图 3-1-11

以 Anywhere Online 为例，能够让用户以很低的价格使用 Wi–Fi 是其核心特征。而用户在使用产品时所体验到的使用者体验，也与这个特征同样重要。只有在内容（解决方案）与使用者体验都能满足使用者时，使用者才会产生出“还想再使用”“想分享给别人”“想推荐这个产品”的感情。优秀的用户体验可以唤起用户对这种产品的喜爱。使用者体验可说是提升“制作出人们想要的东西”指标中“使用者黏着率”的重要要素（我们将在下一章中详细说明该如何制作出好的使用者体验以提升黏着率）。

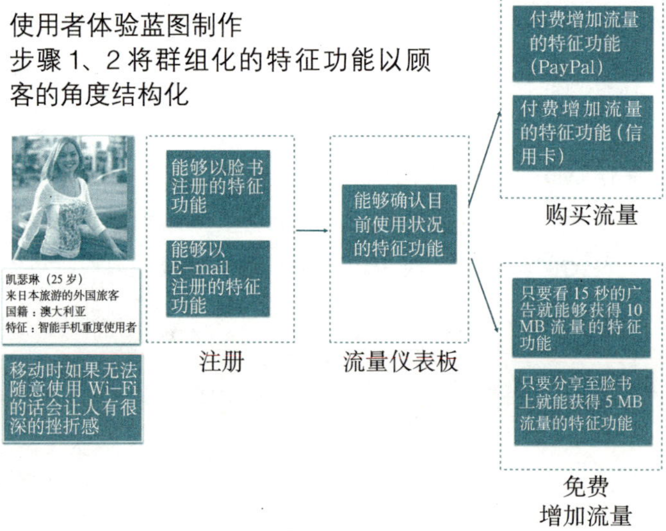

图 3–1–12

步骤 6　确认展开主选单时的使用者体验

安装越多功能，会让用户的使用流程越复杂，所以须注意在展开 app 主选单时，使用者体验绝对不能让使用者感到混乱。之前也有提到，一开始应该要专注于“必要”功能的开发。

步骤 7　设想产品使用前以及使用后的整体使用者体验

从步骤 1 到步骤 6，说明的是使用者从看到首页一直到转化成顾客（conversion，注册为顾客）为止所接触到的使用者体验。对于使用者来说，这还只是使用者体验的一部分而已，此外还有使用前与使用后的阶段。

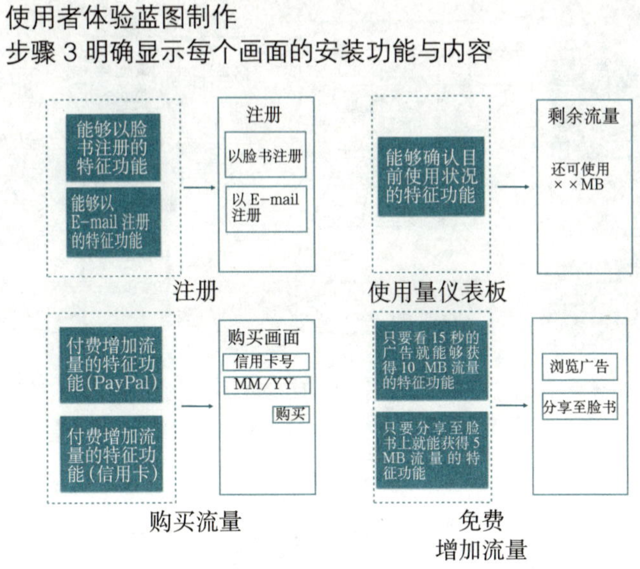

图 3-1-13

在看到首页，开始使用该服务之前，使用者心中一定抱着某些期待，而在使用完该服务后，一定也会想要追踪该服务有哪些后续动作。因此一个优秀的产品，必须要考虑使用前后的使用者体验。

使用前的使用者体验画像是“朋友在脸书上极力推荐 Anywhere Online，想必这是个很棒的服务吧。让我也想要试试看”这种让使用者产生期待的想法。由于这会让顾客想象到良好的体验，因此也称做预期性使用者体验。

使用者体验蓝图制作
步骤 4 将特征功能填入使用画面转变流程图

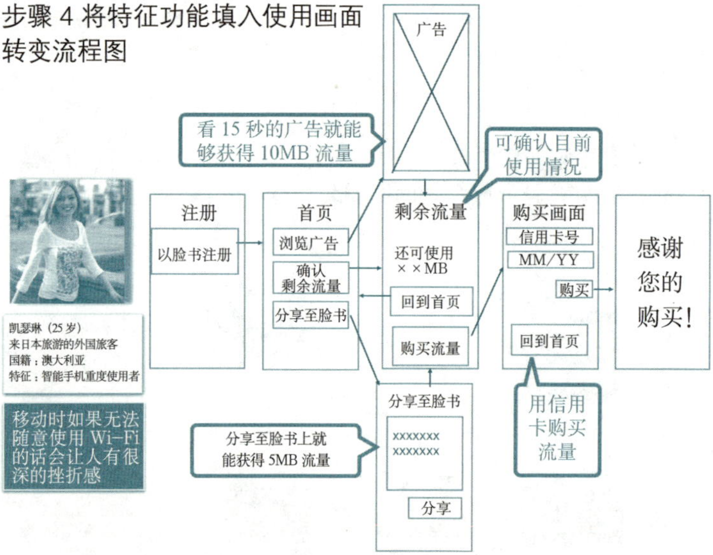

图 3-1-14

另一方面，使用后的使用者体验则像是“既然实际体验到这种很方便的 Wi-Fi，要不要试着在脸书上分享这个体验呢（而且这样还可拿到 5 MB 的流量）”这类想法。这又叫做故事性的使用者体验。

此外，有些使用者体验是贯串了使用前到使用后，逐渐累积起来的经验。顾客会通过过去使用这个产品所累积的经验，思考该如何评价整个解决方案。举例来说，像是“虽然用了许多次这个服务，但还是觉得每次都要看广告是很麻烦的事。下次应该会考虑花 10 美元购买 1 GB 的流量”这种想法，就是由累积下来的使用者体验决定了对服务整体的印象。如果能掌握这种顾客真实而生动的心理状态，便能够制作出能掌握用户心理的产品（我们将在第四章中说明掌握使用者心理的重点）。

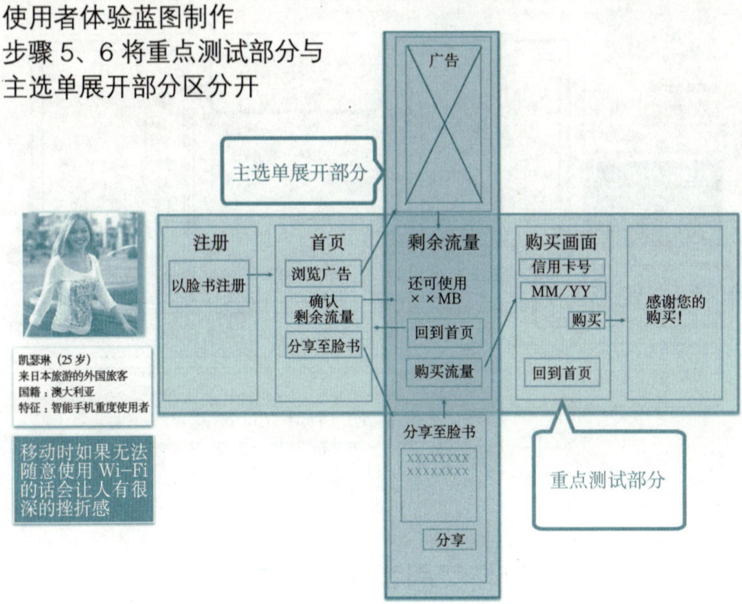

图 3-1-15

步骤 8　持续修正产品原型直到让用户满意为止

至此我们所说明的是纸上原型，也就是产品原型的纸上设计图。

试着提出产品原型提案，要是觉得没办法充分掌握到使用者的心情与期待的话，便须再度进行解决方案的访谈，或者观察目前有哪些使用者会以其他替代方案解决问题。我认为像这样以顾客的声音为基础，持续琢磨产品原型，是最好的方式。

使用者体验蓝图制作

步骤 7 设想产品使用前以及使用后的整体使用者体验

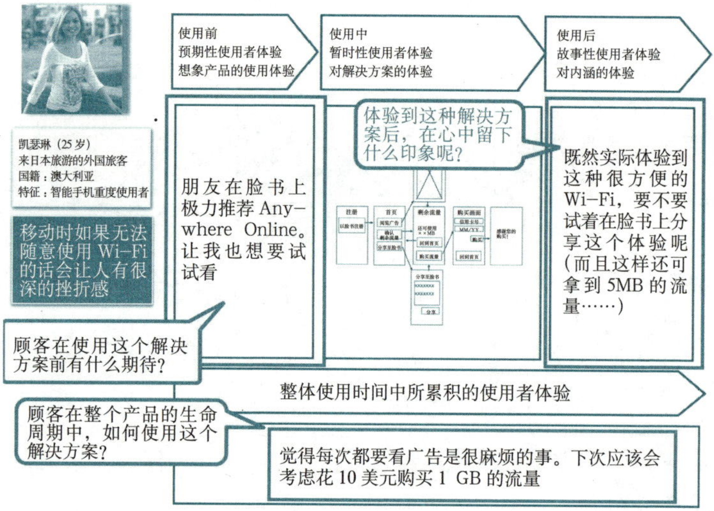

图 3-1-16

为什么要设想整体使用者体验的样子呢？

为什么在设计使用者体验的时候，要考虑顾客产品使用前后，以及整个产品生命周期中所累积的经验才行呢？

让我们再确认一次重点吧！

在现在这个时代，“提供产品”并不是只有提供顾客产品本身而已。厂商需要在充分了解顾客所处状态下，提供各种事物（包含使用产品的所有体验）才行。

举例来说，请你想象一个自己每天都会使用的服务，并思考自己在使用前的期待感、使用后的满足感，以及每天持续使用这项服务后，在使用方式上会有什么变化。

虽然这比较难用文字说明，但事实上，使用产品后的满足感，是从使用前到使用后，每一个用户与产品的接触点所构成的。

举例来说，优兔（Youtube）并非只是单纯的影片搜寻服务。它会分析你至今观看影片的倾向，并推荐你可能会想看的影片。或许你没有意识到，但事实上，你之所以会在不知不觉中打开优兔(Youtube)，是因为与你的兴趣相关程度高的影片，会一直出现在优兔（Youtube）的首页。

希望您能理解到，如果没有像这样，把从使用前到使用后的顾客体验都包括在内，思考如何加强使用者体验的话，即使这是一个很好的商业模式，也没办法让顾客固定下来。

不知道您知不知道，在脸书[①]非常早期的阶段中，就已经可以让使用者自行设定应该要把信息公开到什么样的程度，在隐私权的管理上做得非常完美。

当时是2004年，那时流行的是聚友网（My Space）或Friendster等匿名使用的社交网站。而脸书则是打着实名制加入战场。当然，也有不少使用者中排斥这种实名制的服务。自己所写出来的私密信息，经过他人加油添醋，可能会演变成可怕的谣言，损害自己的名声。

针对这一点，脸书设置了可以将自己发布的文章加上隐私权设定的功能，这让一开始对于实名制社交网站发布的文章、信息分享感到怀疑的用户安心下来，成为了固定的使用者。

---

① 脸书的隐私权设定可以决定有哪些人可以看到自己写的文字，如朋友、朋友的朋友、所有人等。

这种严密的隐私权设定可以让用户对于整体产品有一定信赖，由此累积下来的使用者体验正是脸书的卖点。毫无疑问的，在这样的机制下，才让黏着度高的使用者迅速增加。

能与朋友互相交流的确是很棒的体验。然而如果在潜意识中觉得“这会不会影响到我的隐私呢？”的话，很难成为黏着度高的使用者。

作为参考，下面以我个人的体验为基础，整理了我对于智能手机的叫车服务优步的使用者体验。

使用优步时的使用者体验

• 使用前的使用者体验：美国很多人都在用这个拼车服务，据说非常舒适，也非常方便。

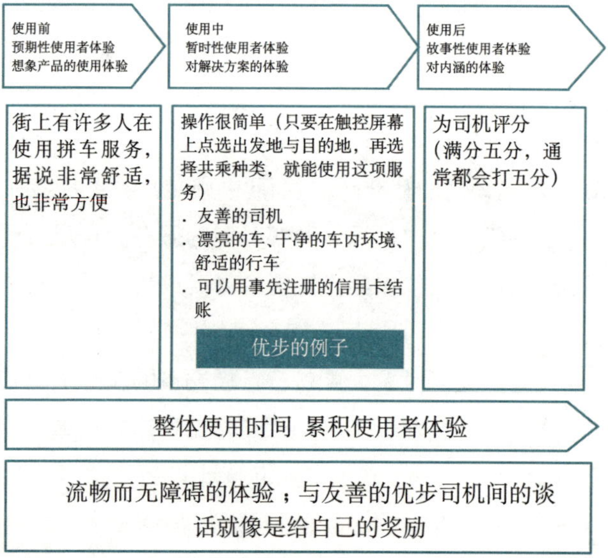

图 3-1-17

• 使用中的使用者体验：只要在触控屏幕上点击两次就能用优步叫到车，直观的操作、友善的司机、漂亮的车，是一趟舒适的乘车体验。而且可以用事先登记的信用卡自动结账，相当方便。

• 使用后的使用者体验：因为觉得很满足，故在为司机评分时打了满分五分。之后还想再使用这个服务。

• 累积的使用者体验：流畅而无障碍的体验、与友善的优步司机间的谈话给了我很大的满足感。优步的使用已成为了我生活的一部分，甚至就像是给自己的奖励一样。

曾在美国坐过出租车的人应该知道，近年来有许多出租车驾驶是外国移民，英文说得不好，对地理环境也不熟悉，搭他们的车时常会觉得有种压力。

而且，一般出租车能提供的价值只有将乘客安全送到目的地而已，不过优步却让乘客在移动时，以及下车后都能感到满足。现在优步已是我到美国出差时不可或缺的服务了。

新创事业在制作产品的时候最好能像这样，好好琢磨整体产品的使用体验。光靠着高科技或先进的技术规格就能够获得顾客青睐的时代已经结束了。

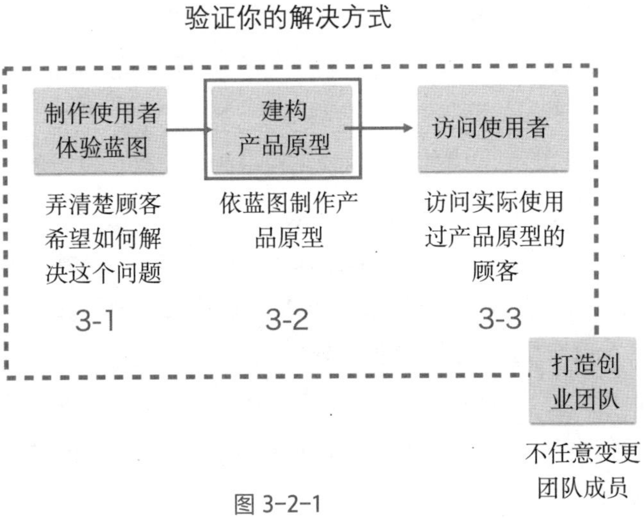

图 3-2-1

3-2 建构产品原型

以用户体验设计为基础制作出产品原型

为什么要制作产品原型呢?

接着我们将以刚才的使用者体验蓝图为基础，制作出产品或服务的原型。制作产品原型的优点有以下几个。

理由 1 让团队成员对于产品的想法高度同步

新创事业是由许多不同背景的人组成，包括设计师、工程师、业务员等。制作出产品原型后，可以让团队成员有一个具体的依据，讨论彼此的想法，能够大幅提升作业效率（可以的话，最好也可以在这个阶段让预设的顾客加入讨论）。

特别是设计师与工程师等制作方，常与招揽客户的负责人（或者是顾客）对于最后完成的产品想法不同。如果有产品原型的话，便能够以眼前所看到的具体事物为基础进行讨论。

如果只是要统一团队的想法，没有必要制作出高完成度的产品。以制作智能手机的app为例，可以用写有内容的便利贴来表示画面的转换，也就是“纸上产品原型”，产品的外形也可用3D绘图软件制作出简单的样子。只要有一个这样的东西，就能让团队成员确认彼此设定的前提条件是否有差异，更有效率地推动创业进度。

理由 2 抓住顾客的潜在需求

思考如何解决自己的问题并不是顾客的工作。他们并不擅长将自己的潜在问题化为具体的语言，也没有足够的想象力想象产品应有的样子。但如果将产品摆到顾客的面前，有时也能够扩大他们的想象。

如果能让默认顾客参与制作产品原型的过程，或许能够推导出之前在没有产品原型的状态下进行访谈时没能发现的潜在需求。顾客可能会提出像是“在我实际用了这个产品之后才想到，要是有‘××××’的功能的话，应该会更好用才对”这样的洞见。

理由3 验证多种模式

将产品拿给用户看，当场得到回馈，可以马上修正轨道，以很快的速度完成调查，因此可在短期内验证许多种模式。制作产品原型时，不应花太多时间在细节处理上，为了能迅速且有弹性地修正产品，只要让产品拥有最低限度的功能就可以了。

理由4 提升团队成员的动力

如果团队成员都能动起手来，彼此交换意见，开始制作产品原型的话，会发生什么事呢？那就是每位成员会开始把这个产品原型当成“自己的事”看待。

这个优点非常重要。

企划管理人常认为现场的事“交给现场人员决定就好”，设计师或工程师则会认为“照着规格书做就好”。至于顾客方，则会认为只要产品能够解决自己的问题就好,设计方面的事“交给厂商去做就好”。

在共同制作产品原型的过程中，可以将这种“交给其他人”的想法舍去。通过制作产品原型，能提升团队的主体性。

制作最初的纸上原型

接着让我们实际开始制作产品原型吧。

虽然都叫做产品原型，但随着制作工具以及实际可用性上的不同，可分为“互动模型（interactive mockup)”、以专用软件将各必要部分排版整理后输出的“线框稿（wireframe)”、仅使用纸张手写制作的“纸上原型”等不同阶段。在上述三种阶段，越先提到的产品原型在细节上的正确性越高，但制作所需的时间也越长。

新创事业在初创立时，制作纸上原型便已足够。虽然产品功能的重现性低，但可以用非常快的速度制作完成。以下是制作纸上原型的重点。

■ 制作许多个产品原型

制作速度很快，代表可以制作许多版本的产品原型。在原型的阶段，没有必要限缩构想的适用范围。要是觉得目前的产品原型不够好，就持续努力做出自己能够认同的产品吧。

■ 保持速度感与拟真度的平衡

即使团队能够迅速做出一个纸上原型，但如果这个原型没办法让顾客感受到自己在使用一个产品，也不会对这个产品有印象，团队在访谈顾客时也无法获得充分的访谈内容。因此制作产品原型时，也需要考虑到产品原型的拟真度。

■ 全体团队成员一起制作

这是非常重要的一点。

确实有些软件让人可以在计算机上简单地制作出产品原型。然而如果是在计算机上制作产品原型，便很难在制作时让多数人参与，一边提供意见一边进行调整。

因此，初次或第二次制作产品原型时，最好让所有团队成员一起在白板上贴便利贴，大家一起头脑风暴。

来自各种不同背景的团队成员，在吵吵闹闹的讨论中，争论彼此对于产品的想法谁是谁非。这正是创业的妙趣，也是新创事业的活力所在。

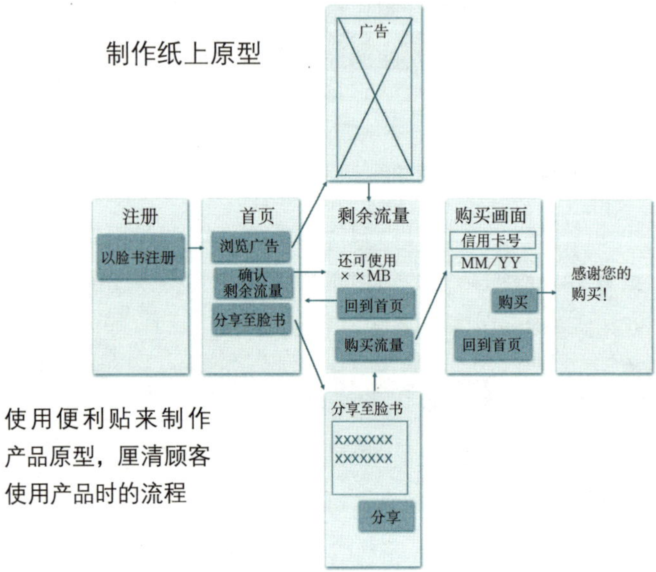

图 3-2-2

要是一直找不到共识，也无须勉强做出单一结论。可以将不同的意见以“第二个”纸上原型的形式留下来，再试着找出对应这种产品的用户即可。另外,也可以让不同的成员试着做自己的纸上原型，然后放在一起讨论优缺点，也是一种很有效率的方法。

制作产品原型时须留意的重点

不管是产品原型提案，还是制作各种产品原型，都有几个需要注意的重点，我将这些重点简单整理如下。

■ 以设计最低限度的用户接口 / 用户体验为原则

完全没有必要花费大量时间，专注在精致的设计上。不过当然，如果要让app的画面看起来更人性化,需要遵照一定程度的设计原则,只要照着这样的原则做就可以了。与其执著于细部设计,不如推出更多版本会有更好的效果。

■ 设想顾客的心理模式，想象他们对于产品可能会有何种期待

不管是什么样的顾客,在实际接触到产品以前,都会抱着某种“期待”。新创事业团队需要设想顾客人物画像的同理心地图或顾客历程,确认顾客的情绪起伏，想象他们对于产品有什么样的期待，并以此制作产品原型。

■ 不要强制顾客学习产品的使用方式

“试了好几次，终于习惯操作方式了。”

“要是不看说明的话，就不知道下一步要怎么做。”

如果只从制作者的观点进行产品制作，便容易发生这样的事。不管是制作 app 还是制作小工具，都必须以让顾客不用看说明就知道如何使用为目标。

■ 调查市场上已被人们接受的产品的用户体验

彻底分析已被人们接受的产品的用户体验，了解为什么这样的产品可以吸引顾客，以学习关于使用者体验的新观点。

以 2007 年风靡一时的手机游戏“怪盗 Royale”为例，被认为是该游戏之父的大冢刚司先生那时在 DeNA 工作，在被提拔为游戏负责人之前，他几乎完全没有开发游戏的经验。

产品原型看板

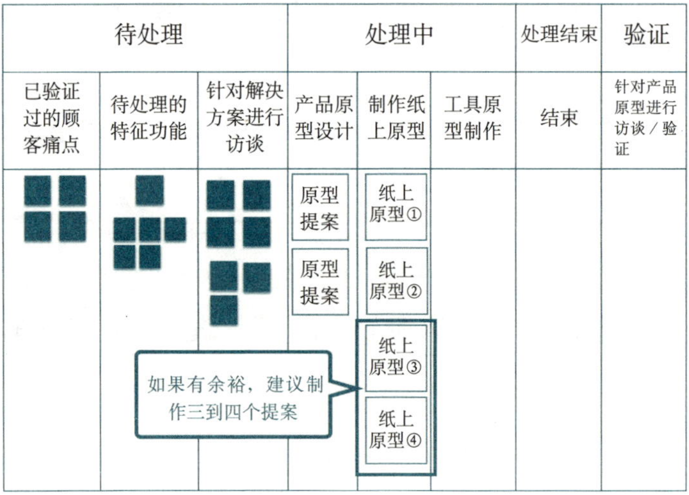

图 3-2-3

在 DeNA 的创业者南场智子小姐的著作《不帅气的经营》[①]中提到，大冢先生从被任命为负责人的那一天开始，每天埋首于玩各种手机游戏。除了很受欢迎的游戏以外，没什么人气的游戏也不放过，进而提取出成功游戏的本质。

当然，能够提取出成功游戏本质的大冢先生确实拥有天才般的眼光，但他在开发产品前的调查中所投入的努力也相当惊人。创业者需要像大冢先生这样，平时就要有分析为什么人们会对某些产品给予很高评价的习惯。

① 《不帅气的经营》：南场智子著，日本经济新闻出版社出版。

制作工具原型①

制作纸上原型的好处在于，可以让所有团队成员一面提出意见，一面完成产品。然而，纸上原型却无法正确重现实际产品的运作。

利用纸上原型将产品可能的运作方式固定下来之后，为了在某种程度上重现产品的功能，需要制作能够让顾客使用各种工具的产品原型（工具原型），模拟实际情况来进行验证，以从顾客身上获得更为详细的回馈。

在工具原型中，会将产品运作流程与画面改变过程做出来，按顺序列出各个画面，并指定可以点选的范围，让使用者能进行简单的互动。

如果要开发智能手机的 app，可以使用 Balsamiq②网站，让你能在网络上轻松制作出 app 的线框稿，是一项很方便的服务。这里以贯穿本书的案例，也就是免费连接 Wi-Fi 的服务，Anywhere Online 作为制作工具原型的范例供读者参考（图 3-2-4）。如果已完成纸上原型的话，那么工具原型的制作不用 30 分钟便可完成。制作工具原型时的要点如下所示。

■ 使用上是否直观、人性化？

在下载结束后，顾客是否马上就知道该如何使用这个产品。要是产品的操作方式不直观、难以理解的话，便会给使用者留下不好的印象，而不会再用第二次。特别是 app 类的产品，基本上不会有说明书这种东西，因此下载之后，顾客能否马上理解其操作方式，之后是否也能流畅地使用会是一大要点。

---

① 工具原型包括“线框稿（wireframe）”“互动模型（interactive mockup）”等。前者仅排列出 app 内各画面的元素，后者则又加入部分设计元素，使顾客较能想象实际操作时的情况。

② 关于 Balsamiq 可参考以下网站。https://balsamiq.com

工具原型的范例

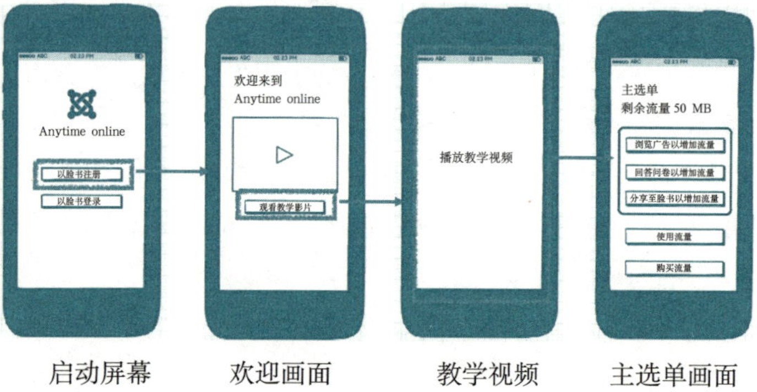

图 3-2-4

■ 功能的优先级是否正确?

产品设计上，是否能让顾客知道主要功能在哪里；常使用的功能是否被放在容易找到的地方。使用上的便利性与易读性是使用者体验设计的基本。要实现这些性质，就必须设计出依照功能的优先级给予不同醒目程度的使用者体验。要是常用的功能被放在不容易点击之处，或者需要滑动画面才看得到必要信息的话，这种 app 是红不起来的。

■ 设计是否有一贯性?

考虑到易用性，“产品内所使用的互动方式（操作按钮等）是否遵循一定规则设计”便是很重要的一点。要是在切换 app 的画面时，按钮设计风格也跟着改变的话，使用者会感到混乱，不久后便会停止使用这个 app。

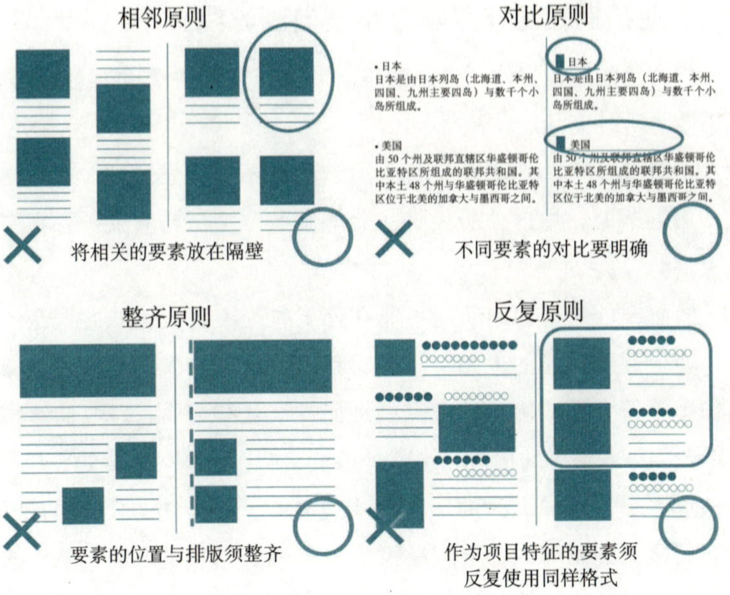

图 3-2-5 一目了然的 app 画面是设计的基本原则

■ 是否有确保操作的可逆性？

市面上的越来越多 app 在顾客操作时只能往一个方向前进，没办法返回上一个步骤，然而这并不会提供友善的使用者体验。能够一键返回主选单或上一页，或者取消上一步操作是一般 app 的基本设计之一。这种安心感也是实现优秀使用者体验的重要要素之一。

像这样制作出工具原型以后，便可将产品原型看板上的便利贴从“处理中”移动到“处理结束”。

由纸上原型琢磨出进一步的产品原型的过程中，最好让所有团队成员一起参与。制作产品原型的目的之一，就是通过这个过程，建立团队的整体性，让各成员认为创业是“自己的事”。

创业初期在工作分配上不要自画界线

将产品的制作当作“自己的事”，是新创事业中不可或缺的要素。以下我想再补充几点。

一般企业中的产品开发皆为所谓的瀑布式开发过程，从提出愿景、策划战略、用户体验设计、功能安装、测试与验证等，都有专门负责的人员。

然而，创业初期的新创事业在分工时绝不可设置如此严密的界线。如果制作产品的人和与顾客对话的人是同一人的话，可以减少制作出不符合用户需求的产品的可能性。就结果而言，这能够充分发挥新创事业最大的优势，也就是速度，制作出顾客想要的产品。

基本上，重视纵深的职责分工方式仅适用于复杂行动的进行。在新创事业的组织内，分工还没确定下来，也还没出现人事考核制度之前，执著于职责分工的行为一点意义都没有。

当然，新创事业要成功，确实需要各工作负责人的配合（参考本章最后的专栏“打造创业团队”）。然而，新创事业初期的主要工作就是寻找顾客的需求，并将其具体呈现出来。因此不管成员是工程师（Hacker）还是设计师（Hipster），所有人都应该要尽可能与顾客接触。

反过来说，就算大企业想要让全体成员都把焦点聚焦在顾客身上，实际上也很难做到。不为不同职务划出界线，正是新创事业唯一的优势。

验证你的解决方式

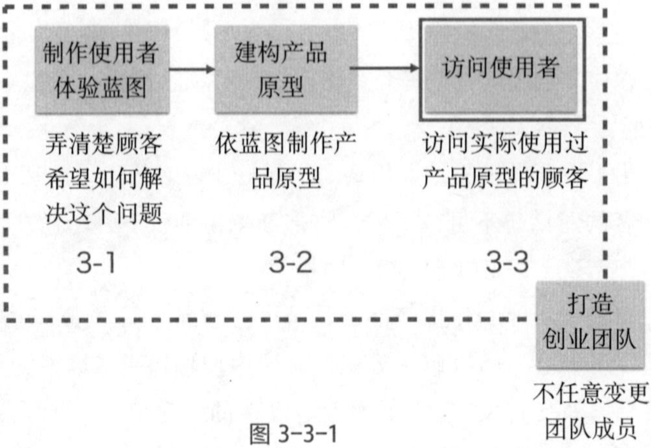

图 3-3-1

3-3 访问使用者

顾客的意见可减少创业的风险

接着要进行的是产品访谈。让第一次看到这个产品原型的用户试用，询问用户对于画面改变的流程、操作步骤有没有问题、内容的易读性如何、达成目的之前的操作是否顺畅等的看法。

其中特别重要的验证项目，则是使用这个解决方案解决问题的一连串流程。从启用（开始使用）到转化（conversion，改用付费版本等，使团队获得最后成果的步骤）的流程是否流畅，须由创业者直接观察使用者才能确认。

在让多数测试者觉得满意之后，就可算是达成了“验证解决方式”（PSF）。

为了不要做出没有人想要的产品，或说降低发生这种事的风险，与顾客的对话是不可或缺的。许多新创事业仅专注于解决方案的琢磨，却错过了获得顾客回馈的时机。

相较于实际制作出产品（最小可行产品）后发现不对劲再修正轨道，若能在“验证解决方式”阶段中便积极听取顾客的意见并以此更新、改变解决方案假说的话，花费的时间和人力资源会少很多。换句话说，如果能在这个阶段中仔细倾听顾客的意见，新创事业的存活率也能大幅提升。

乍看之下，创业就像是在赌博一样。但如果按照本书所介绍的“解决顾客问题”（第二章）、“验证解决方式”（本章）、“制作出人们想要的东西”（第四章）过程进行开发，便可排除系统性风险。亚马逊CEO，同时也是创业者的杰夫·贝佐斯就曾说过下方这句话。

> 一般人可能有些误会，其实优秀的创业者并不喜欢风险，反而会致力于降低风险。创业本身便是一种风险。因此在草创期就必须持续排除系统性风险。[1]
>
> 杰夫·贝佐斯亚马逊 CEO

① 杰夫·贝佐斯的评论引自以下演讲。
http://www.youtube.com/match?v=O4MtQGRIIuA

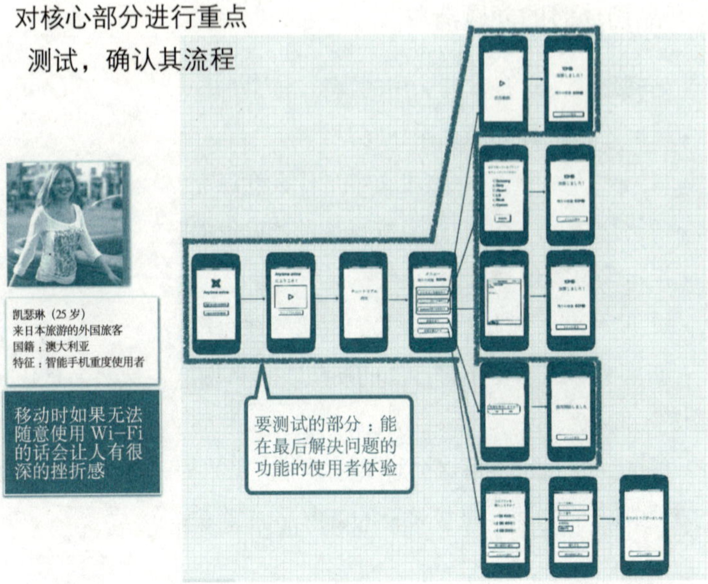

图 3-3-2

产品访谈方式

那么，接着就来介绍以产品原型进行访谈的方法。这时可以再次拜托那些在“解决顾客问题”阶段中回答需求所在的早期采用者顾客接受采访。而且准备的产品原型应不止一个，为了比较不同产品的评价，应在访谈时至少准备两个产品原型。

以下准备了在产品访谈时能抛出来的问题、访谈样本，以及访谈结束后的确认清单供作参考。与第二章提到的访谈相同，不要只顾着自己讲话，而是要尽可能让受访者讲话。

产品访谈时的问题清单

- 请问您认为这是做什么用的呢？
- 请问您现在打算怎么操作呢？
- 请问您认为 ××× 这段文字是什么意思呢？
- 请问您认为 ××× 这个按钮是做什么用的呢？
- 接下来打算做什么呢？
- 按下 ××× 按钮后，会如您所期望地运作吗？
- 如果实际的运作不符合您的期望，那么您原本预期会是什么样的运作方式呢？
- 您认为在开始使用这个解决方案（产品）时，会不会有其他必须的花费随之而来呢？（像是新的备用品、训练等）

产品访谈时的确认清单

✓ 使用者有没有像是"我现在就想要这个东西"的反应呢？

✓ 用户在使用这个产品时有没有碰上什么障碍呢？

✓ 使用者有没有看出能解决问题的最小可能性产品（最小可行产品）该长什么样子呢？

✓ 使用者有没有办法清楚说出在使用者体验上应该要改进哪些部分，或是想要什么样的产品体验呢？

从访谈结果中学习

如果想提升从访谈中学到东西的效率，可以在使用者同意的情况下，将用户操作产品原型的情况进行录像。然后全体成员一起看录像，并思考产品原型还有什么样的问题。

观看录像时，可以从用户的身体动作，获得难以用言语传达的信息。像是嘴巴上说“这个很好上手”，却时而停止手上的动作；或者是说着“好像有点复杂”，却能迅速操作每一个功能等，都是很重要的信息。

重看一遍录像时，可将发现的事记录下来，然后以这些记录为基础，筛选出产品原型“优秀的部分”和“糟糕的部分”。

回顾并整理访谈结果，并将其反映在前方所介绍的产品原型看板（图 3–1–6）上。如果用户说“要是没有这项功能的话使用会很不方便”，就在产品原型看板的“待处理①的特征功能”区域追加便利贴标示，将其列为需要再检验的功能。而用户评价低的特征功能，则从“待处理的特征功能”区域中将对应的便利贴拿掉，结束与其相关的讨论。

失败的新创事业常有着增加过多“可有可无”的特征功能的倾向。创业团队需要以顾客的意见为基础，挪出时间来筛选掉多余的特征功能，制作出以核心功能为主的产品原型。要在有限的时间内拿出成果，就不要去开发多余功能而降低效率。

另外，在进行产品访谈时，与先前的访谈一样需要以谦虚、学习的态度听取使用者的声音。有些受访者会说出“这种产品谁会想用”之类，极度不满意的评价。

开发团队不应忽略这样的意见，而是应该要仔细了解使用者之所以认为这项功能没有必要存在的理由。因为和一路发展顺利而成功的案例比起来，发展得不顺利而失败的案例反而能学到更多东西。特别是“颠覆一开始的假说”或“戳到痛处”的批评又更为重要。

---

① 待处理（backlog）指的是累积下来、未完成的工作。这里指的是虽然开发过程正在进行中，却还没着手处理的工作。

产品原型看板

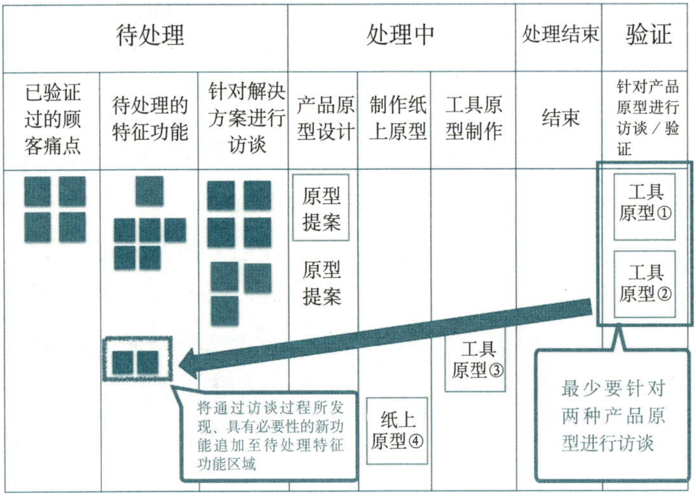

图 3-3-3　将通过访谈过程所发现的问题追加至待处理特征功能区域

我们在第一章中也提到，创业团队亲自与顾客对话是新创事业不可或缺的一环。理想状况下，创业团队须进入顾客的社群内，听取顾客的声音与回馈，并快速、反复进行修正、验证等步骤的循环，在短时间内学习到有用的信息。

“验证解决方式”的达成条件

回过头来再看一遍第三章的目的，为解决问题，我们应该要提升解决方案假说的质量。也就是我们在第一章解说精实画布时，所提到的“解决方案”与“独创的价值提案”的验证。证实我们的“解决方案”能够提供“独创的价值提案”，以解决顾客问题，就是这个阶段的目的。

在反复进行产品原型的制作以及访谈后，为判断是否有达成“验证解决方式”（解决方案适用于欲解决的问题），需要针对目前的解决方案向自己提问，只有满足这些提问中的条件，才能进入下一个阶段。

用来判断是否达成“验证解决方式”的提问

• 顾客能够清楚说出为什么要用这种解决方案吗？（能够清楚说明这个解决方案所提供的价值吗？）

• 在琢磨解决方案假说的过程中，对于顾客待解决的问题有更深的了解吗？

• 有办法筛选出拥有最底限的功能，且能够解决这个问题的解决方案吗？（有办法筛选掉“可有可无”功能，只留下“必要”功能吗？）

• 顾客有办法将暂时性使用者体验、预期性使用者体验、故事性使用者体验、累积性用户体验等的期待语言化吗？（如果不再使用这项产品，用户有办法说出理由吗？）

要是验证之后，明白基于自己所建立的解决方案假说所制作出来的产品原型，并没有办法解决顾客的问题的话，就必须再一次回到第三章的开头，制作使用者体验蓝图的步骤。这时必须尽可能减少一次变动的范围，反复进行修正（sprint）[①]，直到琢磨出足够好的价值提案。

在快速改善的过程中，会在短时间内反复进行“筛选出‘必要’的特征功能→制作用户体验蓝图→制作产品原型→产品原型访谈”

① sprint 是利用系统性开发手法“敏捷开发（agile development）”，将开发过程切割成许多较短期间的方法。在其他学派中也称作“迭代式开发（iteration development）”。

的过程，将每一次循环中所学到的东西反映在产品原型上，再进入下一次循环。

Anywhere 的精实画布

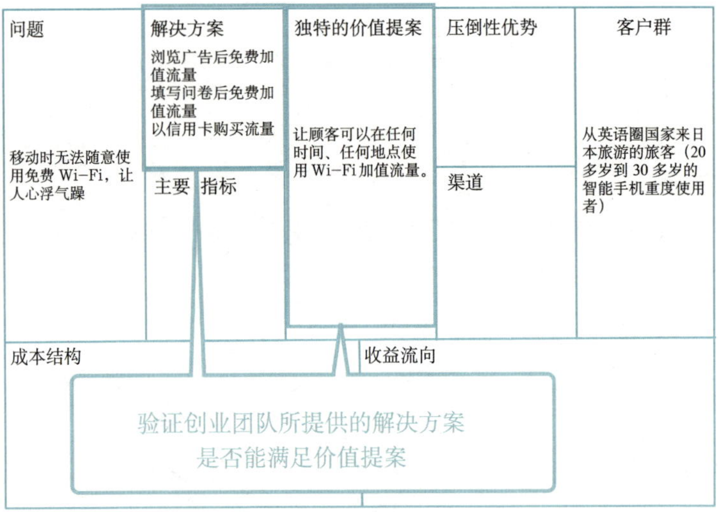

图 3-3-4

习惯这个过程之后，一个月之内大概可以进行好几次快速改善的循环。而成本也只有给受访者的谢礼与制作产品原型用的工具的费用而已，总共只要数万日元而已。

敏捷开发会将欲开发产品分成许多较小的单位，反复进行优化，使风险降至最低，是一种系统性开发方式。

精实创业是以丰田生产方式与敏捷开发为基础，将新创事业的风险最小化后的做法。

要特别留意的一点是，在“验证解决方式”的阶段中，产品原型能被验证的内容是相当有限的。由于这时还不是最小可行产品这种实际可使用的产品原型，因此只能借助访谈进行定性验证。而且，在还不知道收益性的情况下，也没办法验证商业模式的成功率。

在“验证解决方式”达到一定完成度之后，就可以进入下一个阶段，也就是实际做出产品（最小可行产品），以观察用户的反应了。

敏捷设计方法

接下来要介绍的是，能以更快的速度建立解决方案假说，并进行验证的开发方法。

谷歌的创投部门 Google Ventures 在支持新创事业时，会使用名为“敏捷设计（Design Sprint）”的计划。

这个计划从星期一开始到星期五结束共花费 5 天，是短期集中型的计划。在这段时间内需要将新的构想制作成具体的产品原型，并邀请接近实际顾客的受试者进行访谈，验证构想是否适当、效果如何，并以很快的速度反复进行这个过程。

这种方法并不会要求实际做出产品投放到市场检验，而是专注在“想出构想”与“从顾客身上学到东西”上，以反复快速的作业为其特色。

顺带一提，在日本也开设了分店的连锁咖啡厅——蓝瓶咖啡（Blue Bottle Coffee）也是在这样的模式下诞生的（Google Ventures 为蓝瓶咖啡创业初期的出资者之一）。

敏捷设计计划的过程中需要投入的行动大多可作为新创事业的参考，我将这些行动整理如下。

■ 敏捷设计的概要

星期一（Day 1）：明确写出现状有哪些问题，试着使问题明朗化，并向专家询问这些问题的症结。

星期二（Day 2）：思考解决方案，将解决方案切割成许多较小的片段，向其他团队成员实际演示（demo）。

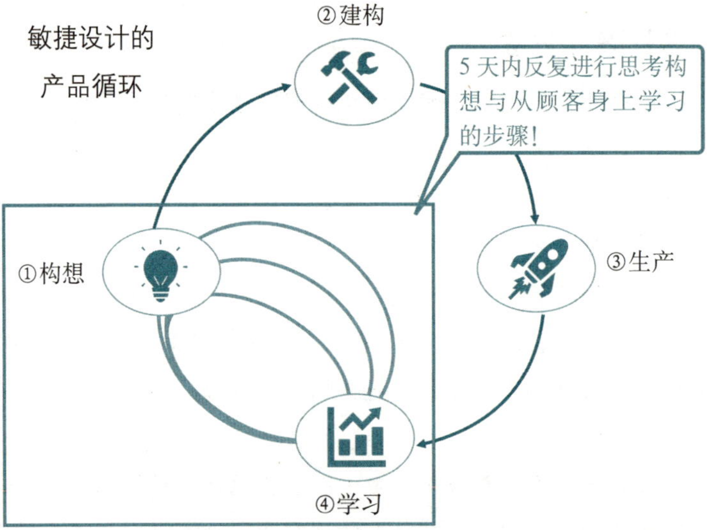

图 3-3-5 以最快的速度反复进行思考构想与从顾客身上学习的步骤

星期三（Day 3）：彼此分享每个人想到的解决方案，抽取出其中较为优秀的部分。将这些较优秀的部分连结成一个故事（产品使用过程）。

星期四（Day 4）：指派工作给每位成员（研究人员、用户接口设计师、各组件的制作者），制作产品原型，进行测试。

星期五（Day 5）：将产品原型拿给顾客操作看看，以辨别出哪些产品原型比较优秀，哪些又没那么好用。并依结果判断有没有进行“下一次敏捷设计”的必要。

这种方法最为惊人的地方就是速度。

第一天就马上把专家找来，开始验证产品中风险最高的部分（以达成“解决顾客问题”，确认问题是否存在）；第二天需要筛选出必要的特征功能，制作产品原型；第三天要寻求其他人对于解决方案的回馈；第四天一口气制作出产品原型；第五天则进行产品访谈。

敏捷设计的过程中，最与众不同的是第二天与第三天的“验证解决方式”作业（制作产品原型）的部分。由于每个人都要思考一套解决方案，因此如果团队有5名成员，就会有5个解决方案。在大家轮番说明自己的方案的同时，也获得了回馈，并指出各方案的“优秀之处”，再将其组合成最后的解决方案假说。

不只是新创事业，大企业在成立新创部门时，这种方法也很有效。

COLUMN

打造创业团队

看出有哪些团队成员会认真做事

第二章的主题是“分析这个问题有哪些前置条件”与“访谈顾客以验证顾客是否真的有这个问题”。在这个阶段中，让新创团队的全体成员共同面对这个问题是很重要的事，因此没有必要进行细致分工。

而在进入第三章的“验证解决方式”阶段后，会开始出现一些更需要投入精力的工作。比如与顾客对话、与新创团队成员一起头脑风暴以建立解决方案假说，以及实际制作产品原型等。

因此，这个阶段就有必要慢慢开始将工作分配给每一位团队成员，创业者也应该要开始思考要让这群伙伴成为什么样的团队。虽然距离真正的创业开公司还有一段距离，但从这时起，有没有办法看出每一位成员的执行力会是很重要的一件事。

当然，执行力不够，或者对于问题没有深入思考的成员就会离开团队。要注意的是，这时有人离开团队并不是件坏事。不如说，如果团队中只剩下会认真做事的成员，反而能加强团队的向心力，是值得高兴的事。

共同创业的优点

那么，在找齐了创业团队之后，还应考虑哪些重点呢？

首先，能获得很大成功的新创事业大多是共同创业。如微软公司的比尔 · 盖茨与保罗 · 艾伦；苹果的史蒂夫 · 乔布斯与斯蒂芬 · 沃兹尼亚克；谷歌的拉里 · 佩奇与谢尔盖 · 布林（Sergey Brin）等，例子不胜枚举。

如果要尽可能避免失败的话，共同创业确实会是比较好的策略。

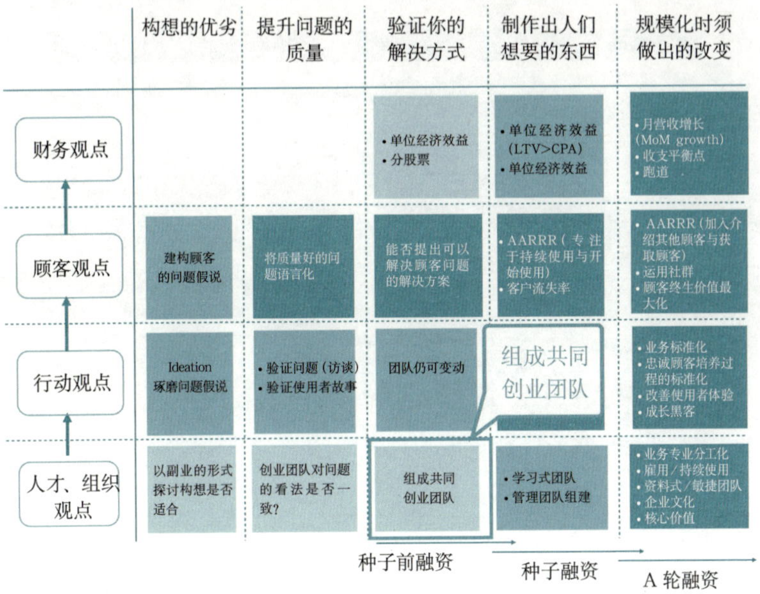

图 3-4-1

其中最重要的原因就是，如果创业者一个人要做所有事，作业效率会大幅下降。

美国的新创事业支持公司Startup Genome所发表的报告*Startup Genome Report*①2012年3月版中，整理了新创事业的创业者人数，以及该公司进入规模化阶段的平均所需时间。

在创业者只有一个人的情况下，进入规模化阶段的所需时间为创业者是两个人时的3.6倍。而且，以技术见长的创业者与以商务见长的创业者之组合，比其他组合募集到的资金多了30%，用户的成长速度也是其他组合的2.9倍。

大多数成功的新创事业都是共同创业

企业	共同创业者
微软	比尔·盖茨、保罗·艾伦
苹果（Apple）	史蒂夫·乔布斯、斯蒂芬·沃兹尼亚克、罗纳德·韦恩(Ronald Wayne)
谷歌（Google）	拉里·佩奇、谢尔盖·布林
脸书（Facebook）	马克·扎克伯格、爱德华多·萨维林（Eduardo Saverin）、达斯汀·莫斯科维茨（Dustin Moskovitz）等人
爱彼迎（Airbnb）	布赖恩·切斯基、乔·杰比亚、内森·布莱卡斯亚克（Nathan Blecharczyk）
推特（Twitter）	杰克·多西(Jack Dorsey)、诺亚·格拉斯(Noah Glass)、比兹·斯通(Biz Stone)、埃文·威廉姆斯(Evan Williams)
PayPal	麦克斯·拉夫琴（Max Levchin）、彼得·蒂尔、卢克·诺塞克（Luke Nosek）、肯·霍威利（Ken Howery）
DeNA	南场智子、川田尚吾、渡边雅之
GREE	田中良和、山岸广太郎、藤本真树
CyberAgent	藤田晋、日高裕介

图3-4-2

共同创业还有其他好处。如果与不同背景的人一起创业，可以在这个变化多端的市场环境中，搜集到更广泛的信息，使视野更加

① 引用自美国Startup Genome公司的*Startup Genome Report—A new framework for understanding Why startups succeed*（2012年3月）。

辽阔。

此外，比起只有商务专长或只有技术专长的个人创业，共同创业陷入仓促扩张（在时机还没到时便急于扩张）的概率少了19%。

如果是个人创业，其他团队成员便不容易协助确认事项或钳制不适当的行动，因此会有在问题验证与解决方案验证还不够充分的时候，就突然扩张规模的倾向。

爱彼迎CEO，布赖恩·切斯基曾在由Y Combinator主办的课程这么说过：

"与共同创业者一起讨论学到的经验与棘手事项，可以加速创业团队的学习。"[1]

共同创业不仅能让各种创业必要事务进展得更快，也能提升学习效率。在新创事业的领域中，只有能快速反应顾客需求的团队才有办法活下来，考虑到这一点之后，想必您也能理解共同创业的必要性。

理想模式是"铺梗与吐槽"

虽然这是我个人的看法，但我觉得新创事业的共同创业者最理想的组合方式是像双口相声般的"铺梗与吐槽"。想出疯狂的构想、提出愿景的人就像是铺梗的角色，而负责提出战略、战术来实现这个构想或愿景的人，则像是吐槽的角色。

史蒂夫·乔布斯、埃隆·马斯克、马克·扎克伯格，以及日本的孙正义等人都拥有梦幻般的愿景，可说是铺梗的角色。对于这些

---

① 布赖恩·切斯基的发言引用自以下的演讲。
https://www.youtube.com/watch?v=RfWgVWGEuGE

吹牛般的“铺梗”,如果没有人能将其转换为可实现的战略、战术的话，便没有办法发展成可行的商业模式。

以谷歌为例，拉里·佩奇与谢尔盖·布林两人都属于研究型人物，也就是“铺梗”的人。而埃里克·施密特（Eric Schmidt）则是一位曾管理过许多 IT 企业的沙场老将，经过他的“吐槽”之后，谷歌才得以在市场打出一片天下。

创业者必备的“恒毅力”

《恒毅力：人生成功的究极能力》在日本也是畅销书。其作者安杰拉·达克沃思（Angela Duckworth）于书中如此写道：

“和智力非常高，却没办法坚持努力下去的人比起来，智力不是最高，却能够发挥强大恒毅力持续努力下去的人，将能获得更大的成功。”

新创事业的创业者所需要的，也是这种不管碰上什么情况都不会放弃，坚持到最后的恒毅力。

戴森的创业者詹姆斯·戴森在制作出让自己满意的吸尘器以前，经历了 5 200 次的失败，就是一个很有名的例子。一般人大约经过 10 次左右的失败后就会放弃了，但他却没有放弃。

Y Combinator 的总裁，山姆·奥尔特曼曾用“你需要一个像是詹姆斯·庞德一样的人”[①]这种诙谐的方式建议创业者。

也就是要创业者去寻找执行力强且能够坚持到底的人一起合作。

不过，奥尔特曼也说过这样的话：

---

① 山姆·奥尔特曼第一段发言引用自以下网址。
http://startupclass.samaltman.com/courses/lec02/

“优秀的创业家可以在坚持与弹性之间找到完美的平衡。在相信公司的愿景而行动的同时，也会持续吸收新的观点而保持一定弹性。”

坚持是件重要的事，但如果固执于单一想法的话也不是件好事。

痛苦的时候能够互相扶持吗？

创业就像是在一片漆黑的隧道中追逐远处渺小的光点，就算中途跌倒了也要继续前进（可以把本书看成帮助你通过隧道的路标）。

而在这条痛苦又艰难的道路上前进时，共同创业者能够给予彼此精神上的支持。

说白了，创业就是由一连串痛苦组合起来的过程。

为了了解使用者的反应而制作出了最小可行产品，却得到很低的评价，不得不持续修正轨道时，可以说是一段令人沮丧到想要放弃的过程。虽然想要试着推销商品，却因为没有人听过你这家公司而理都不理你。

要舍弃掉原本写好的90%程序代码，为了资金来源到处奔走，常常担心到连觉都睡不好。

Y Combinator的合伙人，洁西卡·利文斯顿（Jessica Living-ston）曾说过：“创业就是一段一直被其他人拒绝的过程。”[①]

在规模化的日子到来前，如果有能够互相鼓励、共同奋斗的伙伴，一起撑过这段难熬的日子，会是很大的帮助。

① 洁西卡·利文斯顿的发言取自https://www.youtube.com/watch?v=KQJ6zsNCA-4。

理想的创业团队应该是长什么样子？

那么，理想的创业团队应该要由哪些成员组成比较好呢？

人们常说在硅谷，为了让新创事业的团队成员能够彼此互补，需要由“3H”（Hacker 开发者、Hustler 手腕高明的商务人士、Hipster 对流行敏感的人）组成。此外，如同前面提到的“铺梗”与“吐槽”的例子，团队中要有提出愿景（铺梗）和建立策略（吐槽）这两种角色，且要同等重视。

■ 开发者（Hacker）

这里指的并不是单纯的技术专家，而是能够迅速开发出产品的人。他们时常抱持着疑问，认为世界上没有完美的作品，因此会专注于创造出更加洗练、突出的产品。苹果公司的共同创业者之一，斯蒂芬·沃兹尼亚克与马克·扎克伯格就是典型的开发者。

■ 手腕高明的商务人士（Hustler）

见过许多顾客、利害关系人、候选的合作对象，有办法与他们建构适当人际关系的人。充满热情，也很有生意头脑。脸书的第一任 CEO 也是 Napster 创业者的肖恩·帕克、爱彼迎的布赖恩·切斯基都是典型的手腕高明的商务人士。

■ 对流行敏感的人（Hipster）

这里指的是能够制作出有设计感的用户体验／用户接口的人。如果产品只有功能优异这个优点，很可能会沦为平庸的商品，这时要有对流行敏感的人的协助，才能够设计出使用上更人性化的产品。苹果的产品也是在乔纳森·伊夫（Jonathan Ive）所率领的工业设计部门的努力下，才有办法如此普及。

■ 战略家（Strategist）

新创团队的参谋。在创业者提出夸张的愿景之后，为了实现这个目标，战略家需要能够设计出符合现实的行程表与里程碑，并从中找出能够推进计划的关键要素，拟定具体的战术与行动。脸书的首席运营官（Chief Operating Officer，COO）雪莉·桑德伯格（Sheryl Sandberg）便被认为是很优秀的战略家。

■ 梦想家（Visionary）

拥有疯狂的构想与壮大的愿景，能够描绘出商业模式与产品的整体样貌的人。比如孙正义、史蒂夫·乔布斯等，能提出乍看之下不可能实现之愿景的人，便是这里说的梦想家。

以上举出了新创团队中需要的五个角色，不过一个人扮演其中两个或三个角色也没关系。

毕竟最重要的还是共同创业的团队中，是否具备了上述所有角色。

另外，如同我们在第二章所提到的，对于你所提出来的问题，拥有上述资质的每一个团队成员是否都能够明确回答出“为什么得由你来做？”（Why you？）、“为什么得由你的团队来做？”（Why your team？）是一件很重要的事。

对新创事业的创业团队来说，能够找齐上述资质的人是最理想的，但在“验证解决方式”阶段中最好还是不要依照个人的专长进行分工。

创业初期时，从产品开发到访谈顾客，全体团队成员应该要一起参与每一个工作。

所有团队成员一起面对顾客、明白顾客面对着什么样的问题，才能够整理出对于这个问题的共同看法，以及解决方案的方向性，并提升团队的向心力。

所有团队成员在任何时候都应该要思考该如何与顾客对话，并活用各自的技能、经验、知识，思考如何为顾客做出贡献。

一个人要扮演两到三个角色

对一般企业而言，将拥有高度专业的人才分配至高度专业的工作，有助于提升部分价值链的效率。这种在一般企业中的“最优化”运作，并不适合初期阶段的新创事业。只有在公司达成“制作出人们想要的东西”，准备要让事业规模化时，才有必要在组织运营上进行细致的职位分工。

新创事业的创业团队中需要的角色

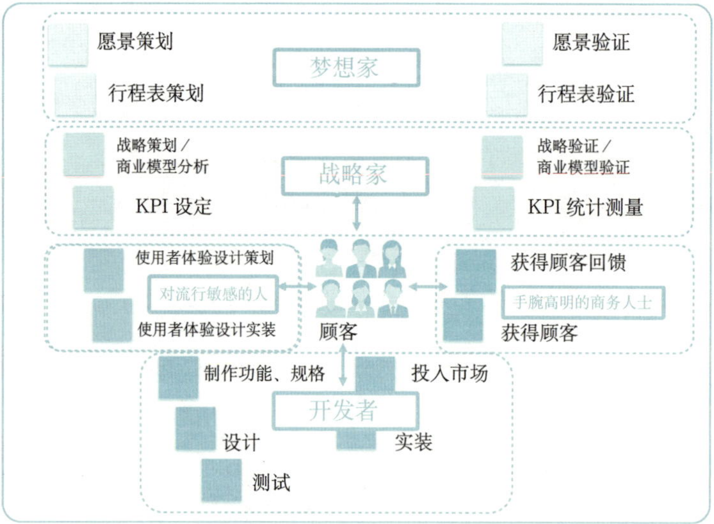

图 3-4-3

即使新创事业的成员们各有专长，最好还是能够负责两到三种工作，成为一个通才（generalist），彼此互相辅助，以跨部门的方式完成工作。

至今我已和许多新创事业的创业者见过面。其中，会让我觉得大概撑不了多久的新创事业，大多都是因为创业团队成员只了解自己专业领域的东西。

有些案例中，技术负责人只专注于技术开发而几乎不与顾客沟通；有些案例中，CEO 只专注于资金募集等运营事务上，完全不了解技术上的事。

这么一来，便没有办法以自己的专长辅助对方，自然也难以提出好的解决方案，制造出能够打动顾客的产品。

2012 年 3 月版的 *Startup Genome Report*[①]介绍了新创事业在规模化之前的平均团队人数。数据显示，成功的新创团队在规模化以前，平均团队人数不到 7.5 人。而在适当时机规模化后的新创事业，平均团队人数则增加到了 20 多人。

另一方面，失败的新创事业则常在规模化以前，团队人数就接近 20 人。在还没满足规模化的条件以前就募集了过多资金，恣意雇用了许多人以扩大组织，是仓促扩张的典型案例。

可能会有人认为，如果从新创事业的初期阶段开始，团队内就有很多人的话，应该能够分担彼此的工作，尽快达成“制作出人们想要的东西”，早一步实现规模化的目标。不过在第三章的“验证解决方式”阶段之前，尽快投入实务工作这件事并没有那么重要。

这时应该要专注在验证问题是否适当、问题的解决方案是否适

---

① 引用自美国 Startup Genome 公司的 *Startup Genome Report—A new framework for understanding Why startups succeed*（2012 年 3 月）。

当才对。为此，必须减少团队成员的平均人数，让每个人都能接触到所有的工作。让团队从顾客的反应中学习，比解决技术上的问题还要重要得多。

团队成员不能任意改变！

彼得·蒂尔在《从零到一 你能从零中创造出什么？》(NHK 出版）一书中提到，他在斯坦福大学的课程讲过这样的话：

“所谓的新创事业，就是相信你可以改变世界的人的集合。”

对于新创事业来说，愿景是其为数不多的优势之一，而创业团队就是由创业者以愿景号召而来的成员们组成。

正因如此，绝对要避免没办法认同这个愿景的人加入创业团队。

然而，我有时会看到有些人在寻找共同创业者时有些随意。还没确认一个人是否认同创业的愿景，只是因为他很会写程序，或者在业界有很多人脉这种表面上的理由，就把对方招进团队内，使创业团队超过了必要的人数。

理想的创业团队是由“愿景相同、技能不同的人”组成。彼此互补对方的弱点，朝着同一个方向前进，这样是最有效率的。

创业团队是新创事业的基础。如果以金字塔来表示，愿景在创业团队之上，商业模式又在其上，接着是产品与特征功能、用户体验等，这些构成了整个新创事业。金字塔越上端的部分越容易修正轨道（pivot)，改变后所造成的冲击越小。相反的，金字塔越底端的部分越难改变，如果硬是要修正的话，会带来很大的冲击。

之所以说新创事业不应随意地召集团队成员，是因为在公司成立后，创业团队与愿景就不能任意改变。创业过程中可以改变的只有在商业模式以上的阶层。

“CB Insights”[①]是一个专门搜集新创事业与创投事业相关信息的网站，根据他们的调查，新创事业失败原因的第三名是“不合适的团队”。由此可看出团队组成与新创事业的成功率有着密切的关系。

在成立创业团队时，应避免某些种类的人加入，我将这些人列举如下以供参考。

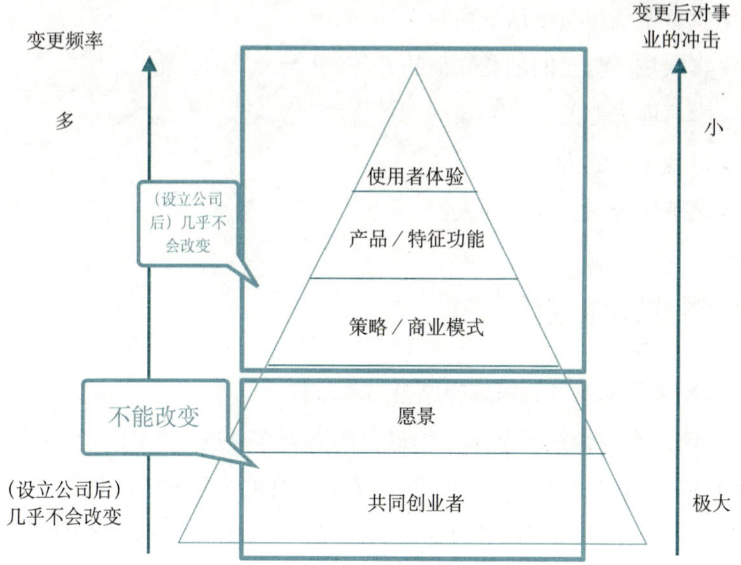

图 3-4-4 愿景不能随意改变

- 害怕失败的人。
- 从来没有试过新方法的人（只会照着过去的方法做事的人）。
- 会想很多构想，却不会去实行的人（不是实行者的人）。

---

① CB Insights 的调查纪录参考自以下网站。
https://www.cbinsights.com/research/startup-failure-reasons-top/

- 不曾有过成功体验的人。
- 完全不懂技术的人。
- 好奇心弱的人。
- 对于顾客的问题没什么感觉的人。
- 思想行为上没有弹性的人。
- 执著于赚钱的人。
- 执著于工作与生活平衡的人。
- 喜欢炫耀自己的创业知识的人。
- 学习能力差的人。
- 自我中心的人。
- 执著于分工、职位的人。

共同创业就像结婚一样

选择共同创业者就像选择结婚对象一样。

应该没有人会选择从来没约过会的人当作共度一生的结婚对象。与此相同，选择共同创业者时也一样需要慎重。创业团队成员可能在未来的 10 年、20 年内都是命运共同体。要是创业团队成员间彼此不合的话，就像是准备要离婚的夫妻一样。

创业时须特别注意资本政策。在新创事业设立公司以后会分发股票，就像是结婚一样（结婚后的财产为夫妻共同拥有）。要是没有经过深思熟虑就把其他人招入团队，并给予股份的话，就会陷入“即使想分开也分不开”的情况，这点请务必理解。

创业就是一段一直被其他人拒绝的过程。

洁西卡·利文斯顿 Y combinator 合伙人

在团队成员固定之前先不要设立公司

前面提到了许多在选择创业团队成员时须注意的事，看过这些之后，应该也能理解到“成功的新创事业”与“好的新创团队”这两件事是密不可分的。因此，选择团队成员时也需要谨慎才行。

我看过许多想要快点开始创业，急于让事业早点成形的人，明明还没找到能认同彼此的成员，却马上设立了公司，分派股票给各成员，而最后他们都失败了。

如果没有办法让所有团队成员的技能彼此互补，发挥优势的话，就很难达成“制作出人们想要的东西”。而且在考虑到之后可能会规模化、被收购（exit，创业者将股票卖掉借此获利），创业团队的组成结构就显得相当重要了。

即使发现了某个很好的构想，怀抱着热情投入研究，却不保证一定会成功。这才是创业的严酷现实。因此为了尽可能提高成功概率，请您慎重选择计划执行能力强的成员加入您的创业团队。

在找到必要的成员组成团队以前，如果急于将新创事业规模化，也只会演变成仓促扩张而迅速消失。

第四章

制作出人们想要的东西

本章目的

☆ 制作出验证用的“最小可行产品”投入市场（4–1、4–2、4–3）。

☆ 观察最小可行产品所引起的反应，进行定性、定量分析。反复进行短期间的开发循环以琢磨最小可行产品（4–4、4–5、4–6）。

☆ 如果成果不如预期，就“修正轨道”改变方向（4–7）。

在第四章中，为了观察使用者的反应，须将“最小可行产品(MVP)”实验性地投入市场。

创业团队应就顾客使用最小可行产品的情况进行定性与定量的评估测量，并由其结果找出产品应该改善的问题。最终目标为制作出目标客户群心中理想的产品，以达成“制作出人们想要的东西”(PMF)。

投入最小可行产品并使其达到“制作出人们想要的东西”可分为三个阶段，分别是“以产品原型为基础，建构客户能够接受的最小可行产品”“观察客户对最小可行产品的反应，反复并快速地改善使用者体验”“要是反复改善之后仍得不到好的结果，就应当考虑从商业模式的根本上修正轨道”。

埃里克·莱斯在《精实创业》一书中曾提倡过这样的方法：将最小可行产品投入市场，一边观察顾客的反应并进行验证，一边琢磨出产品的价值。许多第一次听到“修正轨道”的创业者，容易动不动就修正产品的方向。

然而，虽然这个阶段还只是实验性的产品，建构最小可行产品却也有一定成本。要是一直修正轨道的话，只会浪费重要的资源。

在将最小可行产品投入市场之后，观察顾客反应时需要观察得多详细呢？还有，在确认到什么事的时候，才代表应该要修正轨道呢？本章将详细介绍最小可行产品验证过程的本质。

能够好好地琢磨最小可行产品，制造出人们想要的产品的新创事业，自然而然会在市场上受到关注，媒体与投资者的询问频率也会增加。

制作出人们想要的东西

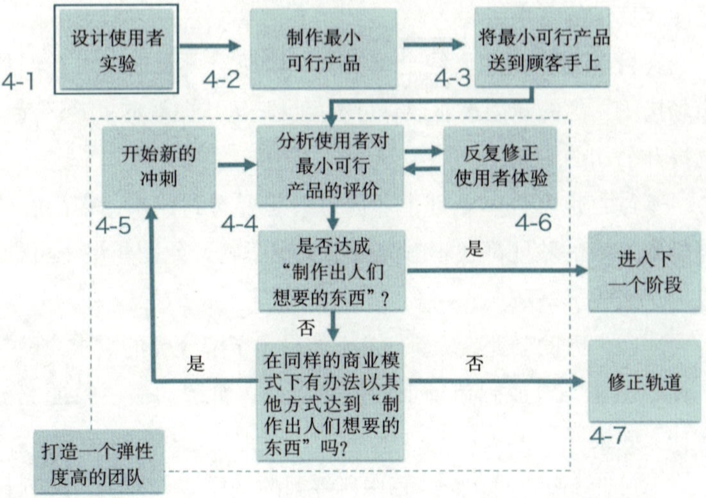

图 4-1-1

4-1 设计使用者实验

彻底实践精实创业

准备好投入生产最小可行产品的条件了吗

从第一章到第三章，我们验证了您创业的构想或问题假说是否适当、该问题的解决方案是否适当。在满足了这些条件之后才会开始生产测试市场用的产品（最小可行产品），以验证该产品是否有满足顾客真正的需求。

到目前为止，您已经走了很长一段路，只要最小可行产品能被市场接受，您的新创事业很有可能就会进入J曲线的上升区域，一口气提升公司的价值。

不过，也有许多新创事业因急着想要看到成果，在问题的验证与解决方案的验证都还不够充分的情况下就开始制作最小可行产品，最后却失败了。

这些失败的创业者大都觉得：如果想了解顾客的需求，就赶紧把产品做出来，投放到市场上看反应就好，事前的假说验证应该不会有什么效果。

不过，就像我们在第二章中所提到的一样，就算是最小可行产品，要实际做出一个产品也得花上数个月。要是花了那么多时间做出来的最小可行产品，却不符合市场需求的话，开发产品时所花费的数个月时间便完全浪费掉了。

对于缺乏资源的新创事业来说，少了数个月的时间会成为致命伤。很可能会错过将产品投入市场，或者是规模化的适当时机。

在达成“解决顾客问题”（第二章）与“验证解决方式”（第三章）之前，就急着将产品投入市场——我以前在日本创业，以及美国创业的时候也有过这样的经验。那时我还没有读过《精实执行：精实创业指南》这类讲解如何精实创业的实践手册，因此很轻视琢磨问题假说[①]之类的步骤，只靠着不知从何而来的自信，急着将商品投入生产，做出了没有人想要的最小可行产品。

---

① “问题假说”指的是创业者认为顾客可能有什么样的痛点而提出的假说。而“价值假说”指的则是创业者认为顾客在使用该产品的时候能获得什么样的好处（价值）而提出的假说。

我想即使是现在，应该也有数十家、数百家的新创事业在创业时会不自觉地捏造问题假说与价值假说，直接进入制造最小可行产品的阶段。

虽然这么说有点狠，但真的有许多问题解说与价值假说，是在创业团队毫无自觉中“捏造”出来的。即使将最小可行产品投入市场，顾客也不会有任何反应（因为没有人想用），只看到一脸茫然的创业者。如果您的新创事业像这样，反复将最小可行产品投入市场却又一直失败的话，我建议在开始阅读本章以前，先确认自己有没有达成第一章到第三章的条件。

要是假说的验证还不够充分的话，没有必要急着进入下一步。从构想的发想到建构出最小可行产品，中间的验证过程甚至可以达到一个月之久。我想再次强调，这些验证过程可以大幅减少新创事业失败的概率。

本章中所提到的最小可行产品验证方法，是整理了各式各样书籍的信息，并基于我自己的经验后，所建构出来的方法，可让创业者更易于实践精实创业。我希望创业者们在了解接下来要介绍的概念后，能实行这些方法与行动，使更多新创事业达成“制作出人们想要的东西”。

将“最小可行产品”投入市场＝实验

为了达成“制作出人们想要的东西”，让我们再简单说明一遍这个过程中最重要的道具最小可行产品是什么。

最小可行产品（Minimum Viable Product，简称MVP）是埃里克·莱斯在他的著作《精实创业》中所提倡的概念，可译为“拥有最简单功能的产品”。

最小可行产品就是精实创业式的开发过程中所制造出来的产品。

精实创业的特色在于，将新的构想或概念以最快速度做成产品（最小可行产品），以实际看到顾客对产品的反应，反复进行“建构（Build）—测量（Measure）—学习（Learn）”的循环。在这个过程中持续验证创业者的假说，借助累积“验证中的所学到的事物（validated learning）”，提升新产品或新服务的成功率。

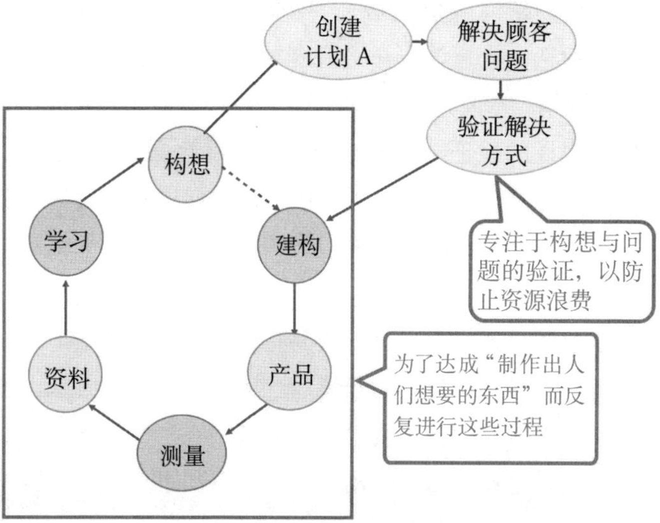

图 4-1-2　构想验证与问题验证可减少开发时间的浪费

精实创业最大的功劳，是借助制作最小可行产品的过程反复进行实验，使产品一步步接近符合顾客需求的“制作出人们想要的东西”（PMF）状态。新创事业的成功，奠基于价值假说的成立。而价值假说则需要通过最小可行产品这个实验来验证。也就是实际观察顾客的反应，验证价值假说是否正确。“从验证中学到的事物”是实验能获得的最大成果。如果以学到的事物作为基础，反复琢磨最小可行产品，便能够制作出人们想要的东西，达成“制作出人们想要的东西”状态。

以最小可行产品观察是否存在需求

或许有些人不知道得最小可行产品的“最小可行性”是什么意思。

这里让我们以插图来简单介绍一下最小可行产品的概念吧（图 4–1–3）。在瑞典的 Crisp 公司内担任系统开发指导的亨里克·克尼贝里（Henrik Kniberg）[①]于 2014 年左右描绘了这张图。

最小可行产品的制作方式

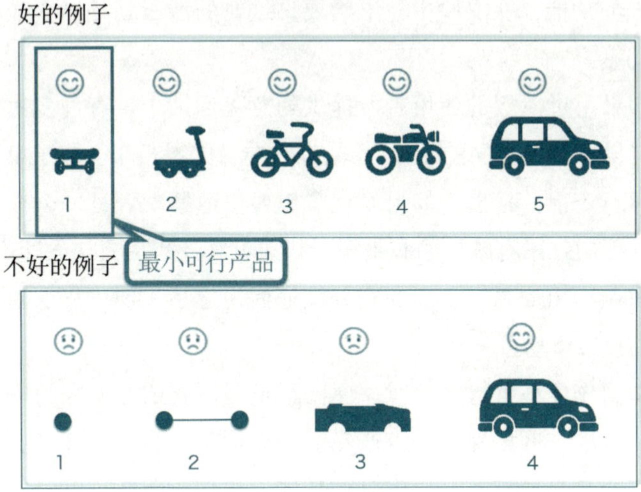

图 4–1–3

假设我们想制作一个能帮助人们从 A 地点移动到 B 地点的产品。这时我们得先验证“有人想从 A 地点移动到 B 地点”这个问题假说。

---

① 亨里克·克尼贝里的博客上的这张图让他写成了一本书。居住在斯德哥尔摩的克尼贝里在 Crisp 公司担任敏捷开发的指导者。他提到“我画了这个插图，并在一次报告中使用过后，这张图瞬间传遍世界”。http://blog.crisp.se/2016/01/25/henrikkniberg/making-sense-of-mvp

如果要验证“有人想要移动”这件事是否为真，只将汽车的一部分，像是一个车轮之类的投入市场，是一件没有意义的事。因为人没办法只靠车轮来移动。

这时，我们必须制作出像是滑板这种让人可以移动的“最小可行性”的产品，确认顾客的反应。在实验的最初阶段中，只要确认能帮助人们移动的产品在市场上有没有需求就好。至于为了乘车安全而以不锈钢制成的车体、动力转向系统（方向盘）、汽油引擎等可有可无的功能，在实验中并不需要。这时的滑板就相当于最小可行产品。

如果用过滑板的使用者所提供的意见回馈中，有许多人提到想要“能操作改变方向的装置”，附有方向盘的滑板车变成了第二次的最小可行产品。接着，如果发现“想要快速移动”是一个很重要的需求，可制作附有踏板的脚踏车。如果顾客还想用更快的速度移动，可以再制作出摩托车。而在充分验证假说之后，便可将汽车作为最终产品投入市场。

在制作最小可行产品时，便已预定之后要依照顾客的反应改变产品，所以一开始并不知道产品的最终形态会长什么样子。因此最小可行产品只要拥有最小限度的功能，让创业团队可以验证当时的价值假说就可以了。

埃里克·莱斯也在《精实创业》一书中提到了关于最小可行产品配备的功能：“通常，创业者与产品功能开发负责人所认为的最小可行产品仍拥有过多的功能。”

DoorDash[①]的最小可行产品模型

作为参考，让我们用一个例子来介绍什么是最小可行产品吧。

2013 年时，有 4 名斯坦福大学学生在读书期间创业，成立了现在市值总额达 10 亿美元，属于“独角兽俱乐部”之一的 DoorDash。这家公司提供代客购买、配送餐点的服务，现在仍急速成长中。

他们一开始制作的最小可行产品非常简陋，是一个仅由单一页面构成的网站。上面只有“价值提案（明确显露出该服务所提供价值的标语）”“价格”“订购的步骤与电话号码”“各店家菜单的 PDF 档”等最低限度的信息（图 4–1–4）。

建构这样的最小可行产品只须花费一个小时。

制作一个只拥有最低限度功能的落地页（landing page），验证顾客是否真的有配送餐点的需求，就是这个最小可行产品在最初的实验中聚焦之处。

创业成员都是斯坦福大学信息工程硕士班的优秀工程师。以他们所拥有的技能，要做出一个精炼的最小可行产品并不是难事。然而，就一个新创事业而言，验证“归根结底，顾客真的需要这样的产品吗？”这个问题才是最重要的目的，因此最小可行产品中只配备了最低限度的功能。

在最小可行产品投入市场后的隔天，手机马上就接到了订购电话。接受订购后，他们自己前往餐厅购买餐品外带，并驾驶自己的车子将餐点送到顾客手上。

将最小可行产品刚投入市场的一段时间内，都是由他们自行配送餐品。通过与顾客的直接对话，获得来自顾客的回馈，了解如何

---

① DoorDash 的网站：http://www.doordash.com/。

提升配送服务的质量（提升用户体验的质量）。

我们在前面也提到，脸书在 2004 年刚开始开放使用时，只安装了八个功能。功能会那么少的理由，并不是因为技术能力不足或资源不足，而是为了要验证这种只拥有最低限度功能的产品，是否能提供用户价值。以哈佛大学为始，并陆续在其他大学开放后，马克·扎克伯格才开始依照使用者的反馈追加必要的功能。

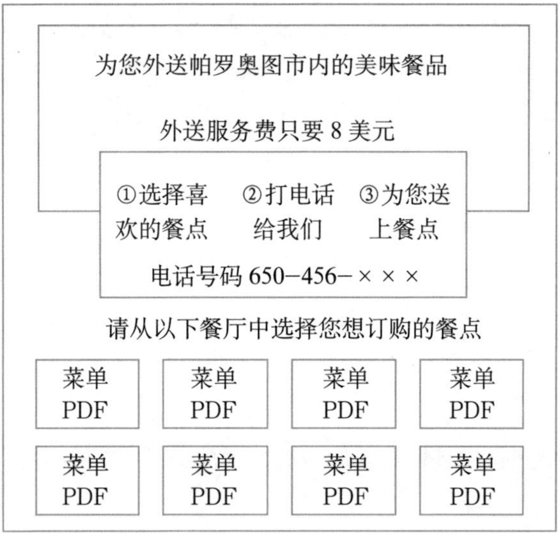

图 4-1-4

避免制作多余的功能

从 DoorDash 与脸书（Facebook）的例子中我们可以学到，就算团队拥有懂得最先进技术的工程师，拥有最高规格的开发环境，一开始做出来的实验性产品通常也不会有太多的功能。不只因为增加功能会拖延投入市场的时间，而且因为如果功能太多增加实验的变因，便难以验证顾客想要的是什么样的功能。

在鞋子的网络贩卖中获得很大成功的 Zappos[1]，于 2009 年以 9 亿 4 000 万美元的价格被亚马逊收购，他们的最小可行产品与 DoorDash 一样，只备有最低限度的功能。

在他们开始运营时，并没有安装对于电子商务网站而言相当重要的直运功能（drop shipping）。所谓的直运，指的是由鞋子的制造商或批发商直接将商品配送至订购者，使网络商店在运营时不需要负担仓储成本。

接到订单以后，创业者谢家华（Tony Hsieh）与其他创业团员亲自到街上的鞋店，直接购买鞋子，从原本的鞋盒中拿出鞋子，再装入 Zappos 的鞋盒配送出去。

这个初期最小可行产品是想要实验"人们是否真的有在网络上购买鞋子的需求"。直运对于他们的服务而言是"可有可无"的功能，却不是"必要"的功能。在新创事业的初期阶段，不应将资源花费在"可有可无"的功能上。

提出竞争者所没有的价值提案

不过要留意一个重点。即使是最小可行产品，对顾客的价值提案中，至少得保留一个功能是其他竞争者所做不到的。

以 DoorDash 为例，他们的价值提案是"可以在自己家里吃到之前只能在外面吃到的料理（虽然仅限定帕罗奥图市）"。而 Zappos 则是提出了"不需要出门，在家里就可以买到鞋子"这种明确的价值提案。

---

① Zappos，https://www.zappos.com/.

亚马逊早期贩卖的商品仅限于书籍，却拥有一百万种以上的书籍库存。“只要来亚马逊网站，就一定能找到你想看的书”，亚马逊提出了这个明确，且实体书店办不到的价值提案，使顾客固定了下来。

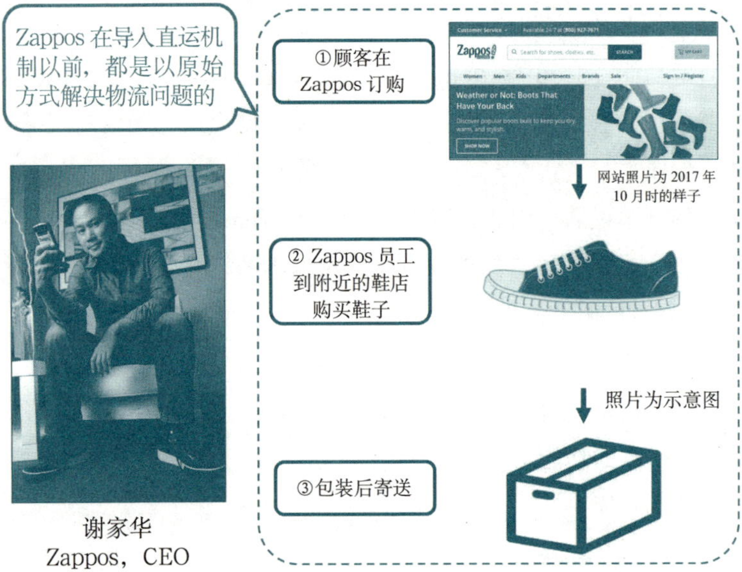

图 4-1-5

照片：Zappos 提供（CEO 谢家华），网站照片为 2017 年 10 月时的样子。Zappos，https://www.zappos.com/

以下列举出数个创业团队成员在制作最小可行产品的时候绝对不能做的事。

制作最小可行产品时不可做的事

- 想搜集到所有与顾客需求相关的信息（应该将范围缩小至几个应验证的重点上）。

- 将能够以人力做到的功能进行自动化（应该要让团队成员直接面对顾客，观察其反应）。
- 将顾客想要的所有功能做出来（无从得知顾客最需要的是哪种功能）。
- 将详细的规格书交给负责产品开发的人（应尽量减少资源的使用，以拥有最低限度功能的产品进行实验）。

塑造最小可行产品的雏形

最小可行产品也有各式各样不同的类型

虽然都叫作最小可行产品，却也有许多不同的种类。以下介绍几种主要类型的最小可行产品，这些内容在《精实创业》一书中也提到过。不过再怎么说，这些也只是最小可行产品的基本形态而已，并没有涵盖这个世界上所有最小可行产品的类型，这点还请特别注意。

类型 1　落地页最小可行产品

就算是只有单一页面的落地页或预告网页（teaser site），只要能够协助验证欲建构的网站服务进行价值验证或问题验证，就足以胜任最小可行产品的角色了。

先前介绍的 DoorDash 在刚创业时正是以落地页作为其最小可行产品。他们只制作了这项服务的入口，剩下的业务则靠人力进行。在开始运营后，创业团队能够与顾客直接对话，并从中学习，进而改善配送服务。

结果，他们从创业开始算起，只花了一年就从硅谷的知名创投公司红杉资本（Sequoia Capital）那里获得了相当于20亿日元的资金，并使用这些资金与大数据技术，建构出优化的配送系统。

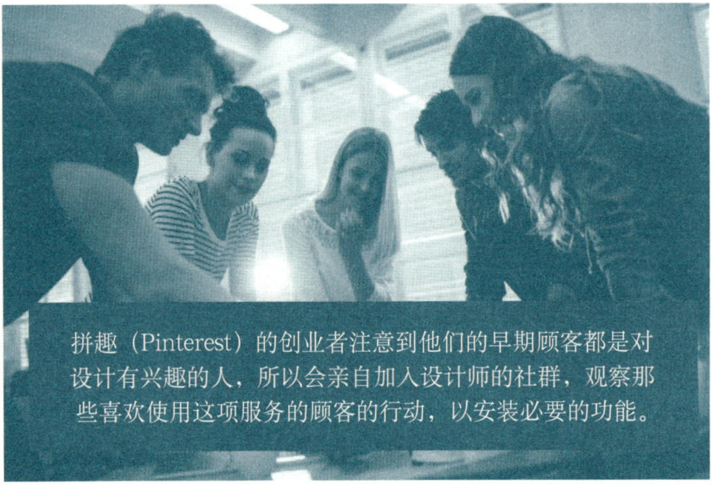

图 4-1-6

Photo Created by Peoplecreations – Freepik.com.

类型 2　用户开发型最小可行产品

还有一种类型是用户开发型最小可行产品。

这是把重点聚焦在基础客户群与社群培养的最小可行产品。首先思考可能会有哪些顾客想要这个产品、他们的人物画像是什么样子，然后想办法将这些顾客汇聚在一起。创业团队的目标是打造出一个能够让拥有类似想法的人交换意见的地方，在制作最小可行产品的同时，也需要培养产品的使用客户群。

像 Mercari 这类平台型新创事业，或是媒体型新创事业，便很适合制作这类最小可行产品。

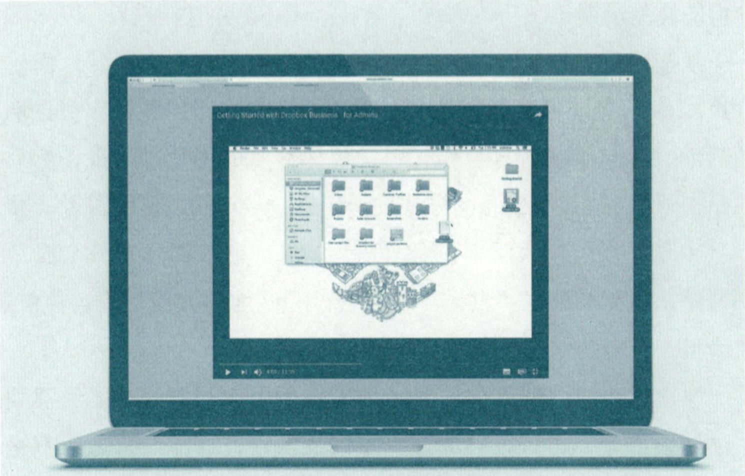

多宝箱（Dropbox）一开始制作的最小可行产品是
产品的实际演示视频（demo）。

图 4-1-7

Photo Created by Aleksandr_samochernyi – Freepik.com（笔记本电脑）。图中的画面是目前多宝箱的服务画面。

举例来说，拼趣(Pinterest)就是一个可以让用户将图片加入书签，并与他人共享的用户生成内容[①]（User Generated Contents，UGC）网站。其主要内容就是使用者自己喜爱并“钉选”[②]的图片。

拼趣（Pinterest）的创业者，本·西尔伯曼（Ben Silbermann）注意到创业初期的使用者都是对设计有兴趣的人，于是西尔伯曼便亲自到设计师们的聚集之处，请他们试用产品的测试版本，以获得

---

① 用户生成内容（UGC）网站指的是像博客或网络相册网站那样，可让使用者上传自己制作之内容的网站。

② 使用者可将自己喜欢的照片钉选在 Pinerest 的钉选墙上（等同于加入书签）。其他人可通过钉选墙上的照片集看出这个使用者的风格。

他们的意见反馈。

某些博客社群中，成员们会彼此分享自己喜欢的照片。而拼趣（Pinterest）则举办了可以让各社群成员分享自己的照片在钉选墙上的活动，并与某些博客合作，将“把你喜欢的图片钉下来，然后分享出去吧！”以连锁信息的方式发送出去，一口气增加使用者人数。

在服务逐渐扩大时，拼趣（Pinterest）也不再只是一个照片分享网站，还能够分享“食谱”“旅行介绍”“地图搜集”等各种信息，成为了一个多样化的社交网站。

像这样，将由拥有相同兴趣的人们所组成社群的社群经营纳入产品的一部分，再将社群的意见反馈反映在产品的改善上，就是用户开发型产品的特征。拼趣（Pinterest）在运营开始后不到一年便开始急速成长。2017 年时，在全世界已有每个月两亿人次的活跃用户。

类型 3　门房型最小可行产品

创业团队自己扮演像是饭店门房一般，什么都做的最小可行产品，就称作门房型最小可行产品。刚才介绍的 DoorDash 与 Zappos 都属于这种类型。

1980 年代，美国国际商业机器公司（Internation Business Machines Corporation，IBM）着手验证新形态的计算机使用方式。这种方式叫做“Speech to Text”（语音辨识），当用户对着与计算机相连的麦克风说话时，这个功能能将声音转变成文字。事实上，这个计划在实验阶段时，计算机内并没有安装可以自动听打出文字的程序。而是有一个打字速度很快的人躲在房间角落的一个小隔间里，聆听用户对麦克风说的话，然后打出对应的字来。

当时光是使用计算机这件事就需要花上不少钱，如果要开发有语音辨识功能的程序，甚至得花上数百万美元的开发费用。

因此在开发出程序以前，IBM 选择先用打字员测试这是否为使用者的需求，以人力来实验这样的服务是否有意义。

虽然这不是新创事业的案例，却是门房型最小可行产品的好例子。

类型 4　影片最小可行产品

影片最小可行产品指的是利用影片来验证用户对这项产品是否有兴趣的最小可行产品。

以多宝箱（Dropbox）为例，这是一个云端版的数据保存服务，世界上的使用者已超过了 5 亿人。

这个最小可行产品只是一个约 3 分钟的多宝箱实际演示视频。在实际做出产品之前，用动画说明其功能，以获得来自预设客户群的意见反馈。

这个影片被放上了由 Y Combinator 所经营[①]，以工程师为主要客户群的信息网站“Hacker News”。该网站的读者几乎都是早期采用者，因此开发团队可以获得许多高质量的意见反馈。在正式运营前的注册页面中，也放了这个视频。

在公布该视频之前，注册为用户的人数只有 5 000 人，不过在公布这个影片最小可行产品之后便迅速增加至 75 000 人。

类型 5　断片型最小可行产品

与 app 之类从零开始做出来的最小可行产品不同，断片型的最

---

① 由 Y Combinator 所运营的“Hacker News”网站为 https://news.ycombinator.com。

小可行产品是由既有的各种平台组合在一起，使其作为单一产品运作的方式。

由于从使用者的角度来看只会看到一个产品，所以在实际验证产品是否能提供价值时，能够充分显示出产品功能的意义。

提供优惠券的网站高朋（Groupon）一开始是利用博客管理服务 WordPress 制作出网站，再加上苹果邮件（Apple Mail）与 AppleScript 等由苹果公司提供的功能，最后做成优惠券的 PDF 文件，送到使用者的信箱内。

这与利用人力的门房型最小可行产品相同，开发初期不需要花费任何费用，只要适当地组合既有平台的功能，就能提供服务。

不说别的，作为本书原型的投影片集《创业的科学 STARTUP SCIENCE 2017》就是一个应用了断片型最小可行产品概念的例子。

我先将投影片上传至 Slideshare 这个以简报数据为主题的社交网站，然后在 Medium 这个博客平台上贴出这个简报数据的链接，并在 STORES.jp 这个在线商店平台销售付费版 PDF。

当时我认为没有必要特别制作问答界面，所以只在 Medium 上贴出自己的脸书网址与邮件信箱地址（靠这些方法，我在几乎没有花费任何成本的状况下，就让投影片的累积分享次数达到 5 万次，于是我才开始考虑要出书）。

类型 6　工具最小可行产品

日本的著名美食信息社交网站“Retty”上有许多喜欢美食的人们。2017 年 7 月时，一个月的使用者人数超过了 3 000 万人。

事实上，Retty 一开始并不是一个以美食信息为主的社交网站，而是一个能够让用户记录自己喜欢哪个餐厅的信息管理工具。

如果该社交网站的使用人数没有在一定量以上的话，就算有交换信息的功能意义也不大，还是无法让目标客户群体验到他们想要的使用者体验。

因此，Retty 一开始先以美食信息的记录功能吸引用户使用，之后再逐渐开放其他功能。

最小可行产品就是“最小可贩卖性产品”

“做出来前就要能卖。”

这是 Y Combinator 在支持创业者的计划中反复强调的一句话。

Anyperk[①]（现在的 Fond）是由该计划培育出来新创事业，其 CEO 福山太郎在某本采访他的书中提到了以下内容。

“Y Combinator 告诉我们，在开始制作商品之前，就必须确定这个商品能卖得出去。”[②]

也就是说，将产品模型（mockup）或产品原型制作成最小可行产品给顾客看时，须让顾客有想要先付订金预购最终成品的冲动。

或者说，制作出来的最小可行产品需要有一定的魅力，使顾客会想掏钱买下来，除了是最小可行产品之外，也得是最小可贩卖性产品（Minimum Sellable Product，MSP）。

---

① Anyperk（现在的 Fond）的 CEO 福山太郎的话取自以下书籍：《新装版 创造未来的创业家～二十个日本创业家的失败与成功故事～》[卡西·沃尔（Casey Wahl）著，Crossmedia Publishing 出版]。

② “做出来前就要能卖”似乎是从 Y Combinator 毕业的成员们印象最深的一句话，YC 的合伙人保罗·布赫海特就常说这句话。像是前面提到的“Hacker News”中，就曾提到布赫海特讲过这句话。http://news.ycombinator.com/item?id=5651003

顾客会付钱吗？

如果顾客愿意为这个产品付钱的话，便能够让创业团队当场确认自己的产品有多少价值。在考虑最小可行产品的价值提案是否恰当时，这是很重要的一点。

要是免费提供最小可行产品的话，或许能增加想试用产品的用户，但如果这些使用者用过之后不满意，通常也会觉得“反正是免费的，既然不好用就放着别理它吧”。这样的话，虽然创业团队投入了资源研发最小可行产品，却学不到什么有用的信息。

另一方面，如果用户付费购买这个产品，即使付的钱不多，也会执著于获得相应的价值。或许使用者会有些抱怨，但这些不中听的意见反馈，对于新创事业来说，却是宝贵的学习机会。

前面提到的 CEO 福山太郎也曾说过“所谓的最小可贩卖性产品，指的是能让买家‘因信赖而购买’的产品。(如果要证明价值提案是否恰当)‘卖得出去’才是最简单而明确的证明方式”。

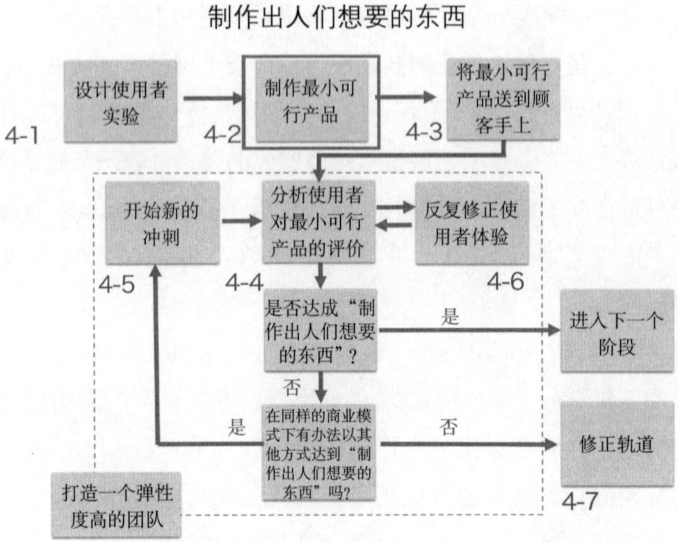

图 4-2-1

4-2 制作最小可行产品

最大化利用从最小可行产品学到的东西

使用冲刺画布

那么，该如何制作最小可行产品，才有办法将团队学习到的东西做最大化利用呢？

这里我想要介绍两种可以回答这个问题的工具。

首先是可以让创业团队整理出一次最小可行产品实验中，学习哪些东西的“冲刺画布（sprint canvas）”，另一个则是可以让创业团队针对至今对各种问题假说与价值假说的验证，管理其验证结果在最小可行产品上实现的进度的“冲刺看板（sprint kanban board）”。

借助这两个工具，可以让全体创业团队成员明白现在的作业进度。

“冲刺”（sprint）是“敏捷开发”[①]（agile development，短时间内反复进行开发、持续改善的软件开发方法）的“争球法”（scrum）中的用语。首先设定一个产品使用流程作为目标，然后在一周至一个月期间内，将能够做到这个使用流程的功能制作出来。这段预设用来迅速进行开发工作的期间，就叫做冲刺期间。

或许有些人会有疑问，软件开发方式与新创事业的成功与否有什么关联呢?

事实上，之前我们所提到的精实创业方式，也是基于敏捷开发所打造出来，能将风险控制在最小的创业方法。

并非以一口气做出最终产品为目标，而是将开发期间切成许多小片段，迅速、反复进行开发过程，使产品逐渐接近最终形态。这种产品开发方式又叫做敏捷开发，是目前许多新创公司在极度缺乏资源的情况下促使自己急速成长（成长黑客）的基本做法，请牢牢把它记下来。

---

① 敏捷开发会预先定出一周到一个月的开发期间，然后在这段时间内反复进行改良以提升产品质量。而在反复开发的过程中，每一次开发所用到的单位时间，在某些敏捷开发的流派中称作“冲刺期间”，而在其他流派则称作“迭代（iteration）”。这是美国的新创事业领域将软件开发计划的管理方法应用在公司经营上的例子。

利用冲刺画布进行验证

为了将软件开发方式应用在新创事业制作产品的流程上，让创业团队能够以更高的效率验证他们从用户的意见回馈等信息中学习到的东西，我设想出了这个名为冲刺画布的机制。

如前所述，最小可行产品是为了了解用户反应而进行的实验。而实验是否能称得上成功，则要看创业团队从这次实验中学到了多少东西。

冲刺画布

<table>
<tr><td colspan="2">想通过实验了解的事
顾客会通过 Anywhere Online 增加 Wi-Fi 可使用流量，并使用这些流量吗？</td></tr>
<tr><td colspan="2">想实现的使用者故事
用户启动 app、注册为用户。
使用者会通过浏览广告增加 Wi-Fi 可使用流量，并会用掉累积下来的流量</td></tr>
<tr><td colspan="2">安装该功能所需的成本、时间
20 人日（6 周）</td></tr>
<tr><td>使用者故事的定量验证结果
开始使用 ：注册率 80%
持续使用 ：3 日内再访率 25%
产生营收，转化为付费使用者 ：每日平均浏览广告 5 次</td><td>使用者故事的定性验证结果
• 每浏览一次广告所获得的流量太少而有不满
• 有一半的人认为仪表板画面很难看懂
• 有太多与自己无关的广告</td></tr>
<tr><td colspan="2">本次冲刺所学到的东西
• 使用者会通过浏览广告而增加 Wi-Fi 的可使用流量，这点与原本想的一样
• 使用上很不方便（每看一次广告所增加的流量太少），黏着率很低</td></tr>
<tr><td colspan="2">下次冲刺想进行的实验
安装“回答问卷调查以增加可使用流量”的功能，使可使用流量的增加幅度为目前的 3 倍</td></tr>
</table>

图 4-2-2

冲刺画布的整体结构大致上如图 4-2-2 所示。冲刺过程大约在一周至一个月内完成一次循环。按照整张画布的顺序，由上而下依序填入各项目，便能将一次冲刺过程中所学到的东西可视化。

接下来让我们依序说明冲刺画布上所记录的项目吧！

首先将大前提，也就是冲刺期间内“想通过实验了解的事”写出来。第二栏则写上要在什么样的过程（使用者故事）中验证实验项目。

第三栏写的是，如果要安装使用者故事中会用到的功能，需要花费多少成本、时间。

第四栏则是要写出实际将最小可行产品投入市场后所获得的定性结果（来自使用者的回馈）与定量结果（如果产品是网站，定量结果就是网站的点击数等具体数字）。

第五栏可写出在冲刺过程中所学到的东西。最后则依照这些结果，整理出之后的冲刺过程想学到什么样的信息。

若用 PDCA 循环来说明的话，“想通过实验了解的事”“想实现的使用者故事”就像是 Plan（计划）；“安装该功能所需的成本、时间”是 Do（实行）；“使用者故事的定量验证结果”“定性验证结果”“本次冲刺所学到的东西”是 Check（验证）；“下次冲刺想进行的实验”则相当于 Act（改善）。

那么，接下来就来具体说明如何将“冲刺看板”与“冲刺画布”这两个工具搭配使用吧！

使用冲刺看板工具

以使用者故事为基础进行开发工作时，如果使用“冲刺看板”管理计划，可以方便团队的每个成员掌握当下进度。与第三章中用来管理产品原型制作进度的“产品原型看板”类似，在冲刺看板中，可以将上面的便利贴依照作业进度，由左边的字段逐渐往右移动，将开发过程可视化。

冲刺看板

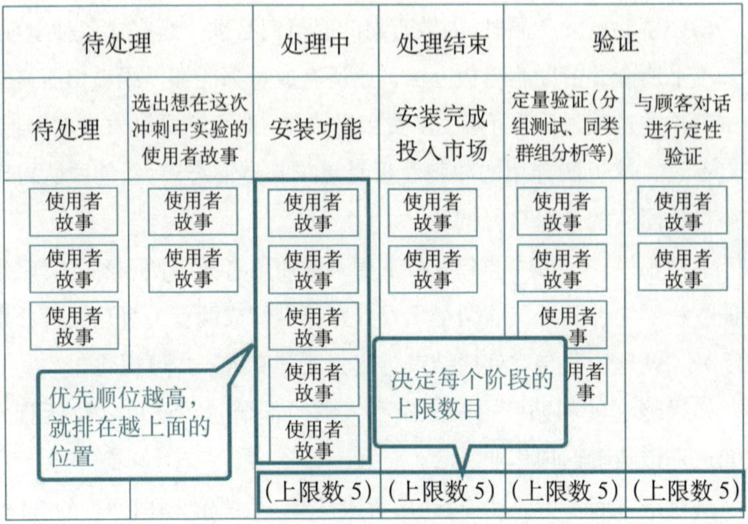

图 4-2-3

冲刺看板上最左端的待处理一栏为冲刺过程开始之处。与贴在产品原型看板最左端的“特征功能”不同，贴在这里的是“使用者故事”这个更大的概念。不过冲刺看板与产品原型看板一样都有三个优点。

（1）将作业过程可视化，使学习与验证过程更为明确，促进团队成员的交流。

（2）对于看板上的每一个使用者故事①都会进行定性验证与定量验证，所以可确保团队的学习机会。

（3）哪里是瓶颈、哪里不是瓶颈一目了然，使团队得以适当分配人力时间等资源。

---

① 使用者故事是以产品原型看板中的“特征功能”为基础，想象使用者会在什么情况下、怎么使用这个功能而编织出来的一段故事。

让所有团队成员掌握作业进度

新创事业开发产品时，人数有限的成员们必须一起完成各种事项。

本书所介绍的冲刺看板方法，让所有成员都能够一眼看出所有进行中工作的进度，所以可避免浪费宝贵资源、避免产品开发进度倒退。

不过，这里所介绍的冲刺看板只是“基本形态”。新创团队可以依照自己团队的情形自行调整。

举例来说，您可将冲刺看板上用来贴使用者故事便利贴的“定量验证”和“定性验证”这两个项目分别再纵切成两行，将这两行分别标示为“处理中”与“处理结束”使验证进度进一步可视化。

如果能在便利贴旁再贴上负责人的脸部照片，还可以让所有人都知道是谁负责这项作业。

请在这方面多下点功夫，让所有成员看一眼就能明白冲刺的进度。

如果想让贴满便利贴的看板，有效提升团队生产力，有一个的重点就是要注意“处理中”这栏（这个阶段）内，用户故事的排列顺序。

冲刺看板的应用

待处理		处理中	处理结束	验证	
待处理	选出想在这次冲刺中实验的使用者故事	安装功能	安装完成投入市场	定量验证（分组测试、同类群组分析等）	与顾客对话进行定性验证
使用者故事① 使用者故事② 使用者故事③		（上限数 5）	（上限数 5）	（上限数 5）	（上限数 5）

图 4-2-4

优先级较高的使用者故事应被贴在位置较高的地方，由上而下一一处理。

此外，为了避免浪费时间与资金在安装“可有可无”的功能上，可以设定每个阶段中同时处理的使用者故事上限，譬如说只能同时处理“五个以内”的使用者故事之类。

冲刺画布的准备——
写出想利用最小可行产品进行实验的用户故事

所谓的使用者故事，就是拥有某个问题的用户，如何使用产品的“特征功能”来解决他的问题。顾客在使用产品的过程中，会用到各种特征功能。请您试着思考拥有最低限度价值的最小可行产品应该具备哪些特征功能、可以实现什么样的使用者故事，并将其制作出来提供给顾客。

至今我们已多次提到可以让旅行者使用免费 Wi-Fi 的服务，Anywhere Online 这个例子，这里再让我们回顾一次。

以下列举出数个欲以最小可行产品验证的用户故事（图 4-2-5）。

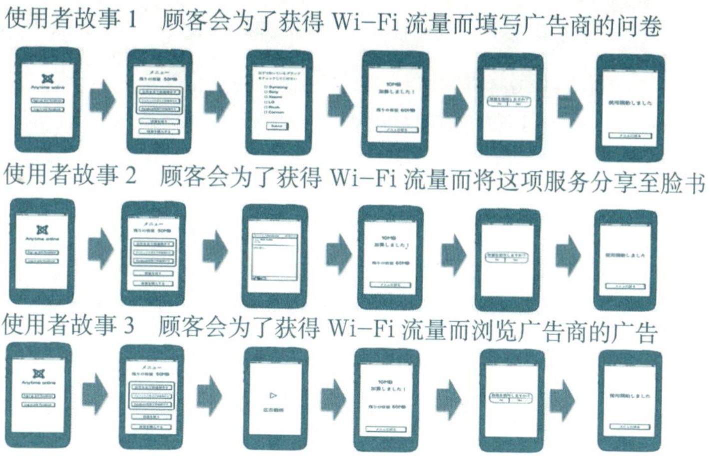

图 4-2-5

(1) 顾客会为了获得 Wi-Fi 流量而填写广告商的问卷。

(2) 顾客会为了获得 Wi-Fi 流量而将这项服务分享至脸书。

(3) 顾客会为了获得 Wi-Fi 流量而浏览广告商的广告。

适用“冲刺方法”进行产品开发的“好的使用者故事”，应满足以下条件。

好的使用者故事的重点

- 让顾客感受到产品的价值。
- 使用者体验不复杂（简单的使用者体验）。
- 从用户的角度来表现故事。
- 有临场感。
- 默认范围（规模）不会太广，也不会太小（一个故事应只有一个动作，使其能被测试）。
- 可被验证（可验证这个故事能否实验）。

思考使用者故事的时候，可以参考以下的格式进行。

< 用户 >想要实现 / 解决 < 某个目标 / 问题 >。这是因为 < 某个理由 >。为了达到这个目的，需要安装 < 某个特征功能 >。

换句话说，撰写使用者故事时，必须考虑“这是谁的故事”“为了达成什么目标”“这个故事可为顾客带来什么价值”“这个故事需要用到有什么特征功能的产品”等因素。

我们在第二章中曾介绍的食谱信息管理网站 Cookpad。虽然他们的目标客户群是家庭主妇，但他们从事前的访谈中了解到，家庭主妇“要是得等到一秒以上才能显示出画面的话就不想用了”，因此该公司网页反应速度的要求非常高。

特别是晚餐时间非常忙碌，让用户对显示速度的要求又更为严格。在这个故事中，将显示速度视为重要功能而安装反应速度更快的系统，正是 Cookpad 能够以家庭主妇为基础，将顾客范围扩展至所有女性客户层的关键。

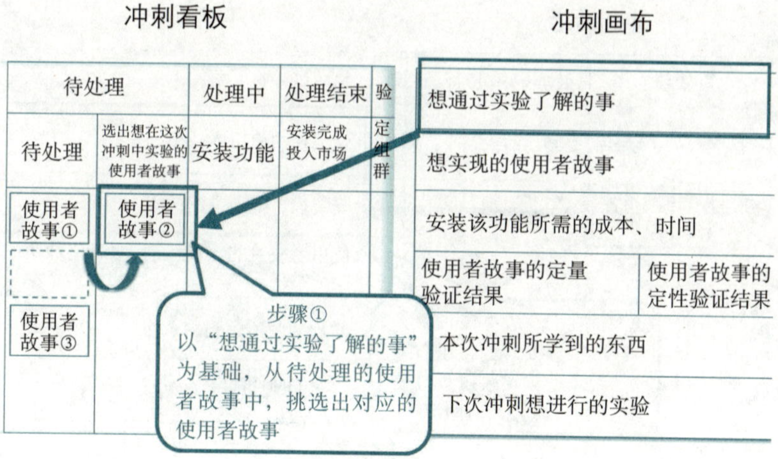

图 4-2-6

如果将女性使用者的需求以使用者故事的方式表现的话，如下所示。

＜Cookpad 的家庭主妇使用者们＞＜想要快点看到食谱＞，因为＜准备晚餐的时候还得一边照顾小孩，非常忙碌＞。

因此，Cookpad 安装了＜可以在一秒内显示出结果＞的功能。

将故事分成数个较小的单位

验证使用者故事的时候，在可验证的范围内，将产品功能尽可能细分成较小的单位一一验证，是这个步骤的重点。

先想出数个使用者故事，写在便利贴上后将其贴在冲刺看板上的“待处理”一栏，但绝对不能有“为了验证这些使用者故事，得反复做同样的事而花上不少时间。不如把三个使用者故事融合在一起，做成一个实验计划，这样只要验证一次就好”这种想法。

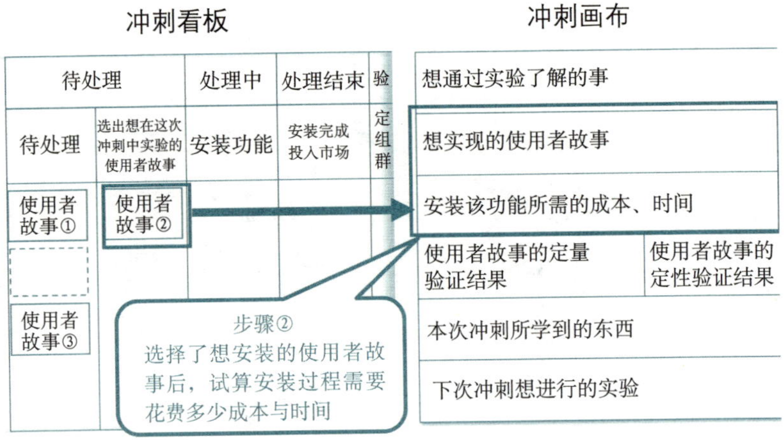

图 4-2-7

要是一个使用者故事所涉及的范围过大，在验证最小可行产品的阶段中就难以判断是故事的哪个部分命中了使用者的需求。

以制作 Anywhere Online 的最小可行产品为例，假设创业团队想同时验证“使用者会为了获得更多 Wi-Fi 流量而填写广告商的问卷”“为了获得流量而将服务内容分享至脸书”“为了获得流量而浏览广告商的影片”这三个使用者故事，而制作了相应的最小可行产品。

这么一来，即使因为最小可行产品同时实现了这三个使用者故事，而让使用者的黏着率提升了 35%，也不知道是这三个使用者故事中的哪一个，对于使用者的黏着率做出了贡献。

如果一个使用者故事中包含了内容广泛的待验证项目，便难以显现出冲刺过程的学习效果。什么都学不到的最小可行产品，即使投入市场也只是在浪费资源而已。

虽然作业上看起来可能会花较多的时间，但把想验证的项目区分成一个个较小的故事，依序验证，踏实地累积学习到的经验，才是达成“制作出人们想要的东西”的近路。

冲刺画布的使用方式 1
——选择想通过实验了解的事

接着就让我们试着由其中一个使用者故事制作出最小可行产品，并一一确认冲刺过程中每个步骤的效果，以说明在获得了对于最小可行产品的意见回馈后，如何从顾客的反应确实学习到信息。

假设我们这次想利用 Anywhere Online 的最小可行产品进行实验以了解的问题是“顾客是否会为了获得 Wi-Fi 流量而回答问卷、分享网站，或浏览广告？”所以先将这个故事写在便利贴上，再贴在冲刺画布上。

就算硬是要一次验证那么多目标，学习效果仍相当有限，所以最好能够将使用者故事切得更细、更具体，再进行验证。

举例来说，我们可以将先前提到较为庞大的使用者故事，切出“顾客是否会为了获得 Wi-Fi 流量而在脸书上分享网站通知？”这个较小的故事，并将其写在一张便利贴上。如果决定这次的冲刺过程要验证这个故事，便将冲刺看板上的这个便利贴从“待处理”栏往右移一栏至“选出想在这次冲刺中实验的使用者故事”。

至于待处理一栏中还留着的故事便利贴，会在之后的冲刺过程中一一验证，所以先暂时保持原样，贴在看板的待处理一栏。

冲刺画布的使用方式 2
——讨论应安装的功能与成本

选择了一个想要在这次冲刺过程中验证的使用者故事后，就要思考如何安装相关功能，并判断安装功能时会花费多少成本与时间。

一般在开发新产品时，会经过一道道手续，细腻地完成新产品。不过在开发最小可行产品的时候，制作过程不需要那么严格。

三角测量：以单一工作为样本，以相对规模大小估计安装整体最小可行产品功能所需时间

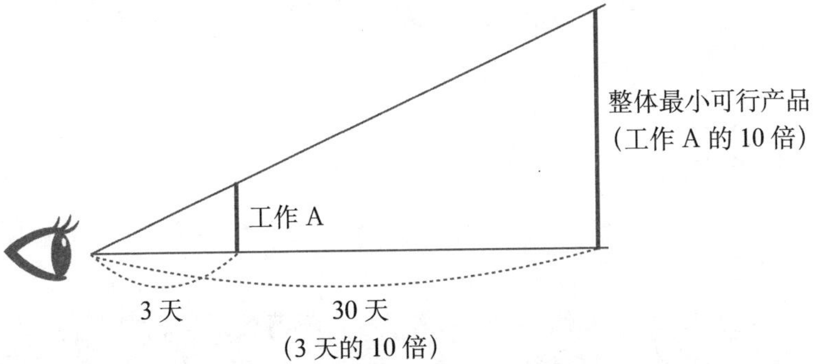

图 4-2-8

只要粗略地推测要实现这个故事的话“技术上的难度有多高？”“安装（写出程序代码等）过程大概会花多久时间？”等就可以了。

利用“三角测量”估计工作量

我们可以用类似“三角测量”的方式来估计所需工作时间。

举例来说，假设工作 A 的工作量是完成最小可行产品的必要工作量的十分之一。如果安装工作 A 需要 3 天，那么要完成最小可行

产品就大约需要 30 天。

在新创事业内为每个成员分配工作或资源时，可以像这样借助相对规模大小粗略估计工作量。

当团队开始安装使用者故事中提到的功能时，便可将“使用者故事”的便利贴移至“处理中”。

完成了一个使用者故事的冲刺过程后，可以试着实际贩卖产品，或者在网站形式开放使用，以观察使用者们的反应。

将最小可行产品投入市场，是为了获得使用者的意见回馈而进行的实验。最重要的是，只要做出最小可行性的产品就好，要尽早将产品推向市场以免错过时机。

如果以上工作皆已完成，便可将原本贴在冲刺看板“处理中”一栏的使用者故事便利贴往右移动，贴在“处理结束、上市”一栏内。

像这样将制作最小可行产品的实际过程反映在便利贴于冲刺看板的位置上，可以让全体团队成员都能掌握这个产品在用户故事的验证进度到了哪个步骤。

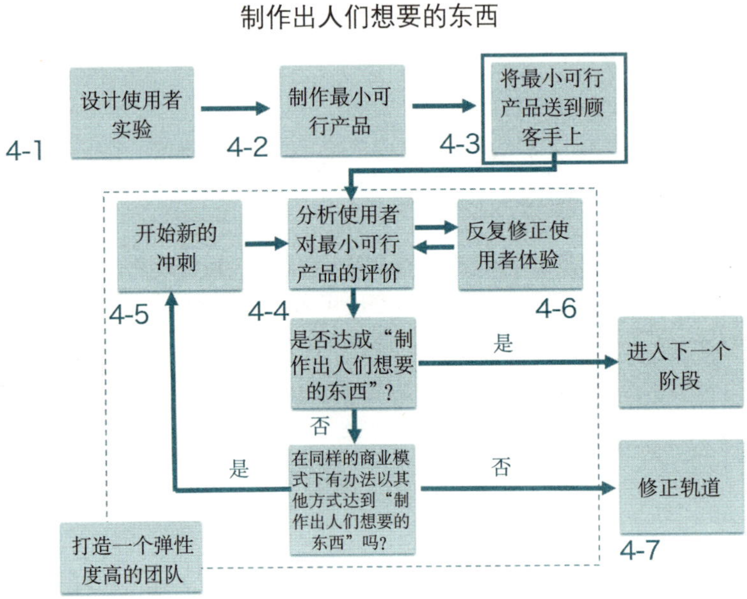

图 4-3-1

4-3 将最小可行产品送到顾客手上

在产品还未成熟的时期就该拿到市场

最小可行产品上市的时机

在让顾客验证最小可行产品时，最重要的是要尽早将最小可行性产品拿到市场上测试，尽可能地观察、搜集顾客的反应。

这时一定要压抑自己那种想要再调整一些最小可行产品的功能、想要再把产品设计得更好看一点的心情。

相反的，最好要在你们觉得产品还未成熟的时候尽快投放到市场上。面向商务人士的社交网站领英（Linkedin）的创业者里德·霍夫曼（Reid Hoffman）曾说过“要是新创团队在将最小可行产品投入市场时，不会有任何一点害臊的感觉，就表示投入市场的时机已经太晚了”①。

如果你在对别人说明这项产品时会觉得害臊，就表示其他企业还没有注意到这个问题（当然，前提是这个问题确实存在）。

如果能越早取得使用者的意见反馈，反复进行冲刺开发，比之后才加入的竞争者还要先达成“制作出人们想要的东西”的可能性就越大。相反的，如果在将最小可行产品投入市场时，完全不觉得说明这件产品的功能时有任何羞于启齿的地方，就表示这个产品很有可能是一个“任何人都觉得很好的构想”。如此一来，很可能会出现许多竞争者，让市场一下就变成红海。如我们在第一章所提，这并非新创事业该走的路。

搜集顾客的真正心声

假设最小可行产品是一个网站式的服务，将其投入市场后，只靠“Google Analytics”之类的网站分析工具分析顾客反应是不够的。应该要走出户外，实地搜集顾客的心声。

借用 Y Combinator 的创业者保罗·格雷厄姆的话来说明，如

---

① 里德·霍夫曼的发言引用自以下网址。
https://www.youtube.com/watch?v=lKDcbFGct8A

果要实现“制作出人们想要的东西”，新创事业该做的只有“制作产品”和“与顾客对话”这两件事而已。

如果新创事业是以硬件的制造为主，顾客会直接来店面购买陈列的产品，可在此时询问他们的联络方式。如果经营的是需要通过网络使用的服务，当顾客注册成为使用者时，可以拿到他们的信箱地址。如果是使用脸书登录服务的话，可以知道使用者的脸书账号。所以创业团队可通过电子邮件或发送信息与顾客接触，直接拜托他们接受访问。

愿意使用最小可行产品的顾客中，应该有不少人符合“会将产品推广给周围的用户”的条件，也就是“传教者”。我们在第二章与第三章中，曾试着借助访问找出“传教者”顾客。新创团队可将最小可行产品拿给这些顾客，并拜托他们接受访问，会有很不错的效果。

每天都有新的新创事业诞生，也一直有新的产品陆续投入市场。然而，其中大多数都在还没崭露头角前就从市场上消失了。其最大的原因就是新创团队的学习完全不够。

倾听顾客的心声，就是有这么重大的意义。

早期采用者聚集之处

我常因出差来到硅谷，上次出差时我用了爱彼迎的服务，住在圣何塞市郊外的一处民宅。屋主是一位 60 多岁的女性。我试着询问她日常生活时都在做些什么，她说她会用智能手机去接下优步与来福车（Lyft）[1]的驾驶工作，也会接下前面曾提过的生鲜食品代买服务 Instacart 的采购者工作（到店面购买食品的人）。她的周围似乎有

① 美国的来福车与优步同样是提供叫车服务的大公司。

不少会这么做的人。

事实上，硅谷内有许多愿意测试新形态消费、服务的早期采用者与传教者。就我的感觉而言，大约两三成的人时常会去寻找有哪些新的服务，并实际试用。所以新创团队可在此获得比较过不同产品的用户意见。

当然，并不是说一定要在硅谷测试新服务。只要瞄准那些在使用过你们的最小可行产品后，很有可能会成为传教者的社群或产业就可以了。

如果要制作与护理相关的产品，可以试着询问街上的护理机构或日托机构。也可通过相关的读书会与研讨会，自行加入顾客所在的社群。

如果新创事业的产品为硬件，善用众筹方式可以有效地吸引大众注意。会去确认众筹信息的人，大多是对信息敏感的人。如果能够访谈愿意支持自己计划的人，想必能够获得很棒的意见回馈。

新创事业常看起来很土气

如同我们在第二章中所提到的，要寻找“传教者”顾客，可以经他人介绍、通过社交网站寻找、参加相关的展示会等，只要是想得到的方法都可以尝试。

致力于创业者教育的史蒂夫·布兰克曾在他的著作 *The Startup Owner's Manual* 提到：“在创业初期，在访谈行程填满整个月历以前，创业者必须持续创造与他人见面的机会。”

如果是 B to B 的新创产业，创业者自己就必须从早到晚打电话给潜在顾客，要是有顾客透露他们可能需求，创业者就必须立刻冲到顾客面前进一步说明。如果是 B to C，则应该去拜托任何一个认识的人注册这个新创产业的服务试用。

传说般的顾客开发过程

在线结账工具 Stripe 是在 Y Combinator 指导下发展而成的新创事业，是金融科技业界的独角兽。Stripe 的创业者是当时年仅 20 岁，爱尔兰出身的约翰·柯林森（John Collison）与帕特里克·柯林森（Patrick Collison），他们于 2010 年创业。

他们于 2010 年加入了 Y Combinator 的批次计划（batch，为期 3 个月的加速器计划），建立了 beta 版的结账服务。

在网络服务领域创业的创业者，通常会询问使用者“要不要试试看 beta 版？”并在获得同意后响应“那么我就把链接送过去”，将链接以电子邮件或短信的方式送出。

然而柯林森兄弟却在有人说可以尝试看看后，直接跑到对方面前说“请让我们把软件直接安装到你的笔记本电脑里面”，亲自完成软件安装。

亲自到现场，与使用者直接面对面，观察使用产品的顾客最真实的反应，并与顾客直接对话。这些会成为非常有用的信息，对于他们未来的成长也有很大的帮助。

大多数的新创团队成员都接受了以成为工程师为目标的教育，或者从事的是顾问这类内容比较抽象的工作。这些人相对缺乏直接提供顾客服务的经验。因此，他们常把制作出精炼的系统或数据当成自己的工作，却很少像是一个业务员般积极与使用者接触，倾听他们的需求。

新创事业的创业团队得舍弃这类老旧观念。对新创事业而言，最有效率的学习方式就是离开办公室，直接向顾客学习。因此全体成员都应该进入顾客的社群内，了解他们的想法。

Y Combinator 的保罗·格雷厄姆也曾说过：“创业者必须亲自去招揽使用者，而不是待在原地等待使用者自己聚集过来。不管是哪一种创业，创业者都必须走出公司去招揽顾客。”

因此新创事业的团队成员应该一步一个脚印，卖力地去开拓市场才对。

对于新创事业来说，被投资者或顾客拒绝是工作的一部分。当最小可行产品的概念过于先进时，向一百个人推销，通常只会有两三个人表示兴趣。

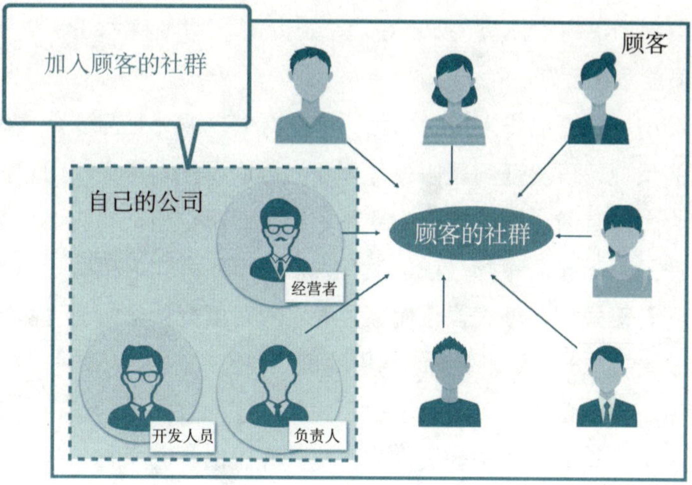

图 4-3-2

再怎么卖力推销自己的团队制作出来的最小可行产品还是一直被拒绝，常有人因此而丧失自信。每天都在想着如何从对方口中听到一句“Yes”。

不过，就算推销一直被拒绝，也不要悲观地认为是因为团队的能力太差或构想太差。而是应该要想办法抽离这种心情，继续向前迈进，寻找新的顾客。对于创业初期的团队而言，抗压性是很重要的能力。

与市场直接对话

卖出产品，获得评价

至此，我们已说明了将最小可行产品投入市场后，与传教者顾客直接对话的重要性。

只观察通过网站或网络社群所获得的定量性质的意见回馈（顾客停留在网页的时间、放弃率、注册率等数字）的话，创业团队会很容易忽略产品用户体验，如“用起来很方便”“用起来很舒服”等定性性质的意见反馈。

将最小可行产品投入市场之际，有些新创事业会以问卷方式研究顾客的反应，以验证问题假说等事项，但这没什么意义。问卷里的设问，大多是新创团队成员先预测了结果而制作出来的，但在最小可行产品真正投入市场之前，没有人知道市场会如何接受这项产品。以问卷形式询问顾客，会使顾客的思考范围变狭窄，很可能会降低达成“制作出人们想要的东西”的可能性。

团体访谈也是一种很没效率的方式。以这种方式进行访谈，受访者的意见很容易被周围的人左右，使顾客难以将心中真正的想法语言化，创业者难以通过这种方式获得洞见。

相较于大企业，新创事业的竞争优势在于能够安排很多应变策略（footwork）。新创事业在制作产品时，要能够频繁地拜访顾客，并与之直接对话。相对的，应该避免花太多时间在那些大企业也做得到的市场营销活动。

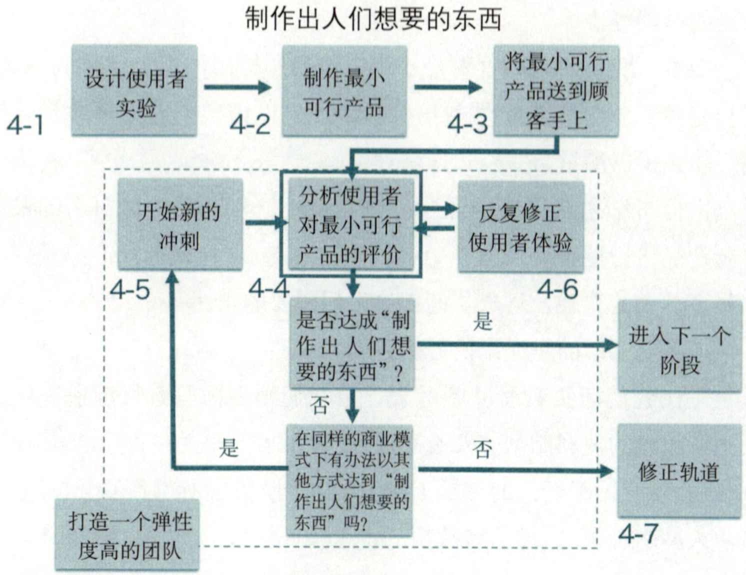

图 4-4-1

4-4 分析使用者对最小可行产品的评价

在反复冲刺、改善的过程中，分析使用者对最小可行产品的评价

定性上的发现，定量上的证明

至此，我们已经说明了最小可行产品的设计、建构，以及投入

市场的过程等。

接着，我们要以顾客对最小可行产品所提出的意见回馈为基础，进行定量数据分析与定性数据分析。如果以精实创业循环来比喻的话，相当于“测量”“学习”等阶段。

由分析结果获得新的经验以改良最小可行产品，再对新的最小可行产品进行验证，反复执行“冲刺过程”。这样就能让产品受到越来越多的人的欢迎，达成“制作出人们想要的东西”。

接着要介绍的是详细的分析过程。

先让我们回头看看冲刺看板，当我们把上面写着目前所关注的使用者故事的便利贴从“安装完成、投入市场”一栏移到“定量验证”一栏时，就开始了真正的分析工作。在这个阶段中所得到的分析结果，会填入冲刺画布的“使用者故事的定量验证结果”一栏内（图 4–4–2）。

大多数的新创事业在将最小可行产品投入市场后，并不会充分分析顾客的反应，而白白浪费了学习的机会。

一般企业将产品投入已知市场时，有几个指针可供测试投入产品的效果。包括应达到多少销售额、利润率等关键目标达成指标（KGI），以及为达成这些目的，顾客人数与每位顾客的单价应该是多少等关键绩效指标（KPI）。

然而，在达成“制作出人们想要的东西”之前，销售额与利润率对于新创事业来说，并不是那么重要的指标。

对于新创事业来说，“顾客喜不喜爱你的产品呢？”是达成“制作出人们想要的东西”之前的唯一指标。

就算顾客人数很少，制作出他们喜爱的产品仍是最重要的一件事。

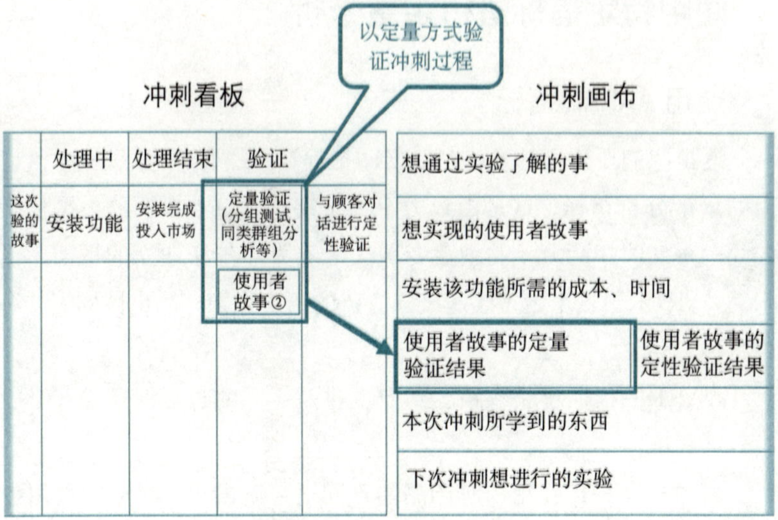

图 4-4-2

详细解说精实创业的过程中如何解读分析结果的书籍《Lean Analytics—新创事业的数据分析、应用方法》的作者，阿利斯泰尔·克罗尔（Alistair Croll）曾说过："发现定性上的性质，并以定量方式证明之。"[1]换句话说，就是要直接与顾客对话，了解什么样的顾客会"对产品感到疯狂"。在理解到这种定性上的性质之后，再以定量方式分析某个具体的指标应达到什么数值，才能使产品达到"制作出人们想要的东西"。掌握这些部分，对于最小可行产品效果的测量会有很大的帮助。

① 《Lean Analytics—新创事业的数据分析、应用方法》（阿利斯泰尔·克罗尔等著，O'Reilly Japan 出版）。
克罗尔的话引用自以下网址：https://www.youtube.com/watch?v=0cEfe9mSatM。

使用特定指标进行定量分析

使用 AARRR 指标

这里我们要介绍的是“AARRR 指标”，是新创事业领域中常使用的定量分析指标。这是由致力于种子期新创事业投资的大型创投公司——500 Startups 的创业者戴夫·麦克卢尔所建立的框架。由于“AARRR”这个名字念起来和海盗的叫声很像，故也被称为“海盗指标”。

AARRR 指标将获取顾客到产生收益之间的过程，分成五个阶段分别评价。

如图 4-4-3，在用户对产品的不同适应阶段中，对应的使用者人数会越来越少，而呈现漏斗状的排列。

各适应阶段的意义如下。

导入 AARRR（海盗指标）

AARRR 将获取顾客到由获得的顾客产生收益的一连串流程分为五个阶段，形成一个评价的框架

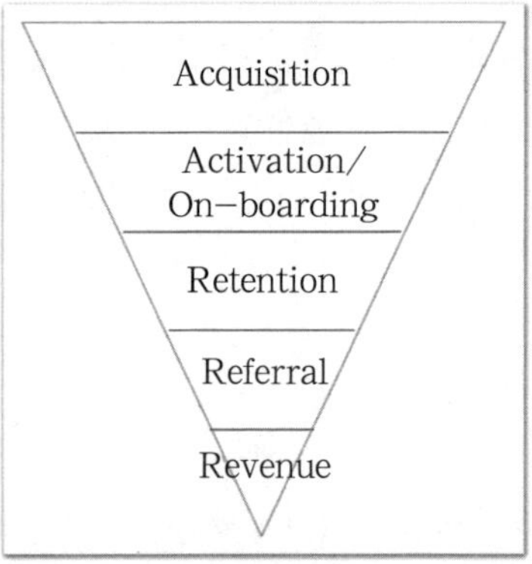

Acquisition：获得

Activation/On-boarding：注册、满足于一开始的体验

Retention：持续使用

Referral：介绍其他顾客

Revenue：确保营收

图 4-4-3

- Acquisition：获取顾客（用户访问产品的落地页等）。
- Activation(On-boarding):开始使用(安装app、建立账号等)。
- Retention：持续使用（再度访问网页、再次利用）。
- Referral：介绍其他顾客（在社交网站上分享之类）。
- Revenue：产生营收、转化为付费使用者（付费购买商品、成为付费会员等）。

如果以智能手机app的最小可行产品为例，在将最小可行产品投入市场后，如果有1 000名使用者造访落地页（landing page）[①]，那么实际试用app的使用者（Activation）或许只有100人。照这个思路，实际付费的使用者（Revenue）则可能只有1位。

当漏斗上有越多孔洞，就代表有越多使用者脱离，在还没进行到付费使用的阶段前就放弃使用最小可行产品。因此，AARRR指标有时也会以开了许多破洞的水桶来举例。

在验证最小可行产品的阶段中，新创事业该聚焦在五个指标中的开始使用（Acquisition），持续使用（Retention），产生营收、转化为付费使用者（Revenue）三个指标。

如何让顾客开始使用产品、如何让顾客在使用产品的过程中感到满足并持续利用、进而花钱买下产品，是这个阶段的焦点。

这三点正是能看出“一个产品能否为人们所喜欢”的指标。

在会漏水的阶段时募集顾客只是在浪费时间

用我们先前提到的拉面店例子来说明，如果要提升这三个指标，最该做的事就是努力成为一家能做出美味拉面的拉面店。让第一次

---

① 落地页（landing page）指的是对产品感兴趣的用户，通过博客或网站广告等公布了产品信息的地方所链接到的网络页面。

来店里吃拉面的顾客会一而再再而三地来访，使店铺生意兴隆。然而，要是拉面很难吃，服务也没什么值得一提的地方的话，再怎么靠广告吸引顾客，也没办法培养出常客。在美食信息网站上也会出现许多“这家店很难吃，不会再来第二次了”这样的差评，使愿意造访的顾客人数更少。

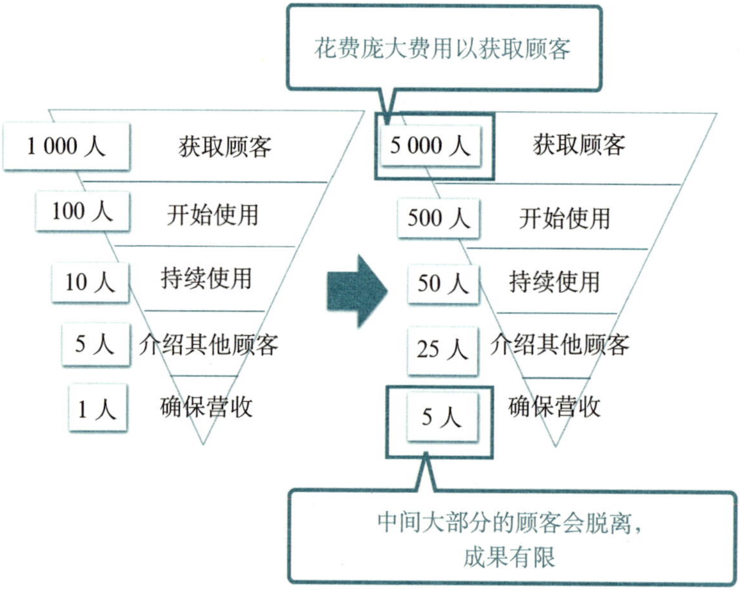

图 4-4-4

假设某个新创事业的 app 有 1 000 人下载，而最终愿意付钱的使用者只有 1 人。这样的话，即使在广告、宣传上花费庞大的费用，让下载人数提高到 5 000 人，也只是像往有破洞的水桶里倒水一样，最后只会留下 5 人。就算提升广告的力度，也只是白白浪费了这些投资而已。

如果在达成“制作出人们想要的东西”之前，便积极投资在获取顾客上的话，就像是往有破洞的水桶里倒水一样。

创业团队需要持续验证最小可行产品使产品逐渐接近“制作出人们想要的东西”的状态，确认顾客行动并直接询问其理由，借助这些方式找出水桶的破洞，并一个个补起来。只有当水桶的洞几乎都被补起来后，才能让使用者在第一次接触到这个产品的时候便疯狂爱上，成为一个持续使用该产品的忠实用户。

以“AARRR”框架为基础的 KPI 设定

那么，接着就让我们来说明 AARRR 指标该如何应用在实际工作情形上吧。让我们再次用以旅行者为服务对象的免费 Wi-Fi 连接服务 Anywhere Online 为例，思考如何运用这个框架。

图 4-4-5 为使用者在使用 Anywhere Online 时的使用者体验随时间的变化（包括 app 画面）。每个画面都对应到某个 AARRR 的阶段。

将各画面依阶段的不同分类之后，可以在各特定画面中观察各阶段的表现情况，定义定量 KPI 指标。

试着写出每个阶段的 KPI

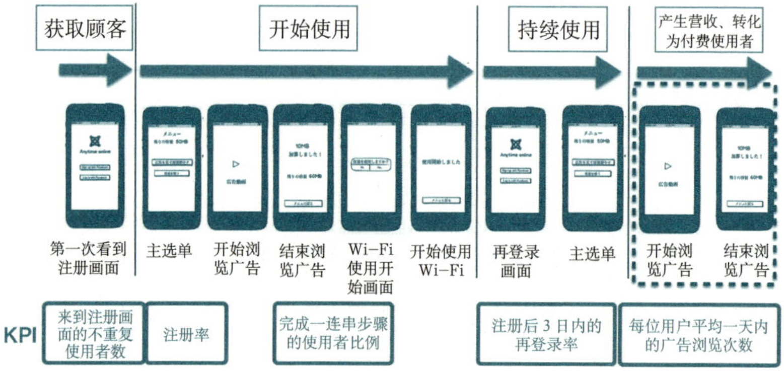

图 4-4-5

顾客获得阶段可以用“来到注册画面的不重复使用者数（unique user，UU）”[①]作为 KPI 指标；开始使用阶段可以用“使用者注册率”与“（包括浏览广告在内）完成一连串步骤的使用者比例”作为 KPI 指标；持续使用阶段可以用“注册后 3 日内的再登录率”作为 KPI 指标；产生营收、转化为付费使用者的阶段可以用“每位用户平均一天内的广告浏览次数”作为 KPI 指标。

另外，如果这些 KPI 的测量有些困难的话，可以将这些 KPI 因子分解成比较小的指标，又称作“sub KPI”，使其较容易测量。

举例来说，在开始使用的阶段中，“（包括浏览广告在内）完成一连串步骤的使用者比例”这个 KPI，就可以切割成“主选单的脱离率”“浏览途中的脱离率（由开始浏览率及结束浏览率计算得出）”“（看

① 不重复使用者数为一定期间内访问某网站的人数。在同一个期间内，即使同一个使用者多次访问，也只计为一个人。另外，注册指的是成为 app 或网站服务的使用者。

完广告后的）开始使用率”等较容易测量的sub KPI，追踪使用者的行动。

为什么将KPI因子分解成sub KPI再测量是很重要的事呢？

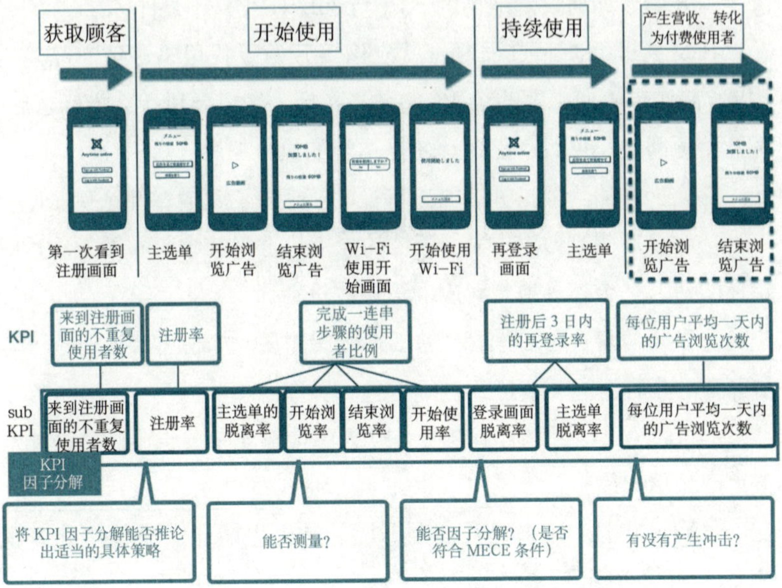

图 4-4-6

因为这样可以更精准地看出顾客是因为什么理由而脱离这项服务。

以“（包括浏览广告在内）完成一连串步骤的使用者比例”为例，在原本的标准中，仅以广告浏览完成率作为KPI。这样的话，即使发现每天的测量值与目标值差很多，也会因为KPI涉及的范围过广，而难以了解是什么原因造成使用者脱离。这时可以将这个KPI因子分解成较小的sub KPI，推导出如“开始浏览率过低，会导致广告浏览完成率偏低”这样的结论。这么一来，便可以开始思考该执行什么样的具体策略、该营造出什么样的故事，才能提升 app 内的“广告开始浏览率”。

不过，对于目前完全不存在任何市场的最小可行产品来说，要决定一开始该如何设定适当的 KPI 与 sub KPI 并不是件容易的事。

在反复进行冲刺过程时，就应该要开始寻找用来评估产品是否达成“制作出人们想要的东西”的适当指标。知道要用什么指标之后，再开始琢磨最小可行产品，这才是适当的执行顺序。

那么，好的测量指针有哪些特征呢？让我们试着举几个例子吧。

• 容易联想到改进方式：指针的规模是否足够小，如果无法达成指标的话，是否容易拟定对应的策略改进。

• 容易测量：是否有适合的工具方便测量。如使用者注册数等容易测量的指标。

• 符合 MECE[①]条件：这项 KPI 是否能够不重复也不遗漏地涵盖整个产品用户体验。

• 有冲击性：如果提升这项 KPI，是否也能让产品整体的表现（KGI）有显著提升。

产品最重要的 KPI 是什么？

让我们就四个测量指标中的最后一个“有冲击性”再多做一点说明。

所谓的有冲击性的指标，指的是用来评估“影响最终目标的主要因素”的指标。在经过反复的冲刺过程与验证过程之后，应可发

---

① MECE 是逻辑思考的用语，由 Mutually、Exclusive、Collectively、Exhaustive 的第一个字母组成，意为“彼此没有重复，也没有遗漏”。

现某些 KPI 与销售额、利润率有很密切的关系。

举例来说，2014 年的德国足球国家代表队将最重要的 KPI 设定为“缩短接到球至传球出去之间的时间”，并将这个概念彻底灌输到球员的意识中。

德国队分析了过去的比赛结果，发现从接到球至传球出去所花的时间越短，比赛的胜率就越高。于是，他们将这段时间缩短到 1.6 秒，是原本的一半，使比赛变得更有速度感，而德国也获得了当年的世界杯冠军。

运动的最终目标当然是胜利，不过要将胜利的方法指标化却是件困难的事。德国代表队为了胜利，试着分析该以什么作为指标，才能在提升该指标时对最终表现有足够的冲击性，最后推论出了接球到传球间的时间这个结果。

影响力大的 KPI 在多数情况下都是优先参考的指标。若有办法提升这个 KPI，最后的结果也能得到很大的改善。

在 2017 年 4 月时，已有超过 500 万名使用者在使用智能手机专用的家庭收支账簿 app——Money Forward。该公司的社长兼 CEO 辻庸介先生曾提到，“使用者在 app 中登录银行账号的比例”被 Money Forward 视为重点提升项目，是一项具有冲击性的 KPI。

如果在该公司的 app 中登录金融机构的账户信息，便可以直接读取账户余额。将银行账户信息与每天的收入支出信息在 app 内连接起来，可以可视化自己的家庭账簿。

这个瞬间是让使用者感觉到获得最多价值的一刻，也是让黏着率一口气上升的时间点。这正是产品打中顾客需求的关键时刻。

在新创事业借助冲刺过程验证最小可行产品的时候，能否找到这种具冲击性的指针，会是产品能否达成“制作出人们想要的东西”的关键。

定量测量的重要理由

定量测量的重要理由可整理成以下三点。

- 以目标为基准，正确认识到自己处于什么样的相对位置。
- KPI 是创业团队成员等利害关系人之间，客观而不易动摇的共通语言。
- 以具体数值将目标与现状之间的落差可视化，让创业团队容易推导出能够弥补这段落差的行动或工具。

质量管理的专家爱德华兹·戴明（Edwards Deming）[①]曾留下“我们信仰上帝。除此之外的东西都须拿出数据证明”这句话。意思是，人类并不像上帝般万能，在没有客观数据的支持下，无法做出适当的判断。

当用户的行动结果被以定量的数据描述出来时，可排除主观偏见与模糊地带。就最小可行产品而言，可以使用前面提到的AARRR指标。

将 AARRR 指标作为具体的 KPI 进行各种测量动作时，不应以实际数字记录，而是要以比例方式表示，在反复的冲刺过程中才容易互相比较。

假设一开始的获取顾客数（访问落地页的人数）为 100%，其中有多少比例的使用者会进入开始使用阶段（注册为使用者、下载app），抵达相关页面；有多少比例的人会完成注册程序（开始使用）；有多少比例的人会在 3 日以内再次登录（持续使用）；有多少比例的人会实际购买付费版的产品（产生营收、转化为付费使用者）等，大致上包括这些指标（图 4–4–7）。

---

① 爱德华兹·戴明博士是战后在日本推广质量管理的统计方法的统计学者。为纪念他的贡献而设置的“戴明奖”让他广为人知。
爱德华兹·戴明博士的话引用自 *Statistical Adjestment of Data*（Dover Publications）。

通过这个过程，创业团队可以明白，从获得使用者到借助销售付费版获得营收的过程中，每个阶段会有多少比例的用户脱离这个产品。而且，即使下一次的冲刺过程中，获得的使用者人数不一样，只要将人数转换成比例，仍有办法比较不同冲刺过程中顾客的黏着率。

了解目标与现状的落差之后，引入能够弥补这段落差的行动或工具

以比例方式表示

	最小可行产品的测量结果(实际数字)	最小可行产品的测量结果（比例）	目标值
获取顾客（访问者）	332 人	100%	100%
开始使用（注册）	305 人	92%	95%
开始使用（注册流程结束）	93 人	28%	80%
持续使用（3 日以内再度访问）	23 人	7%	80%
产生营收、转化为付费使用者（每位用户平均一天内的广告浏览次数）	4.2 次	4.2 次	10 次

图 4-4-7

另外，在选定 KPI 后，最好也要同时决定每个阶段的目标数值，使目标值与现状之间的落差一目了然，也可让人马上看出应该要改善哪些地方。

最小可行产品中最重要的 KPI 为黏着率

获得更多顾客、使更多顾客黏着下来、转化为付费使用者（购买商品、成为付费会员之类）等，是新创事业的最终目标。

然而，如果在达成“制作出人们想要的东西”前的最小可行产品阶段就想到达成所有的 KPI，很容易会变成仓促扩张（在时机还没到时便急于扩张）。

对新创事业而言，首先应该要制造出会让少数人疯狂爱上的产品。在新创事业的世界中，“Rule of Cross-10（卖给最初的 10 人）”是一个很著名的原则。如果连一开始的 10 个人都不想买这个产品的话，就绝对不可能让 100 万人买下这个产品。

要增加产品用户人数是有一定顺序的。首先应该要让最先注意到这个产品的一小群用户从还算喜欢这个产品，逐渐转变成爱上这个产品的狂热粉丝（图 4-4-8）。培养出产品的狂热粉丝、并使产品更具魅力之后，才会有越来越多人注意到，进而使用这个产品，而狂热粉丝们也会积极地向周围人群推广这个产品。营造出这样的环境之后，再去思考如何增加使用者。

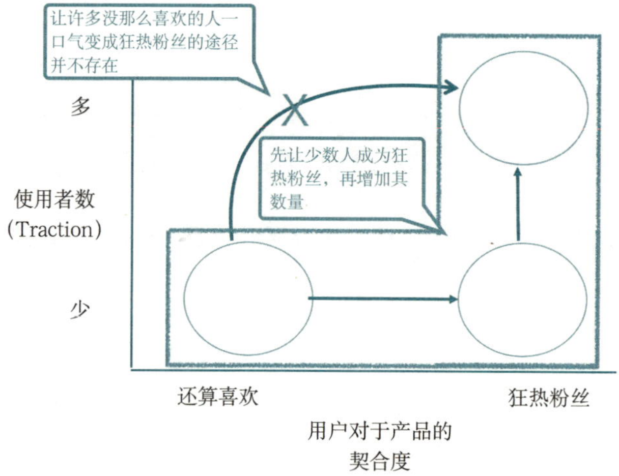

图 4-4-8

那么，该用什么样的指标来判断初期用户对于产品有多狂热呢？

用来测量用户与产品的契合度（engagement，黏着度、结合度）的指标包括开始使用，持续使用，产生营收、转化为付费使用者等三个。也就是将有“想用看看”“想再用看看”“就算要花钱也想再用用看”等想法的使用者分别占了多少比例，来测量用户对产品的狂热程度。

其中，同时也可视为产品黏着率的持续使用（再访问、再利用）代表了目前的产品打动了多少顾客的心，在多少顾客的内心中留下了强烈记忆，因此也是一个与顾客的狂热程度有强烈相关的指标。

设定 KPI 时容易掉入的陷阱

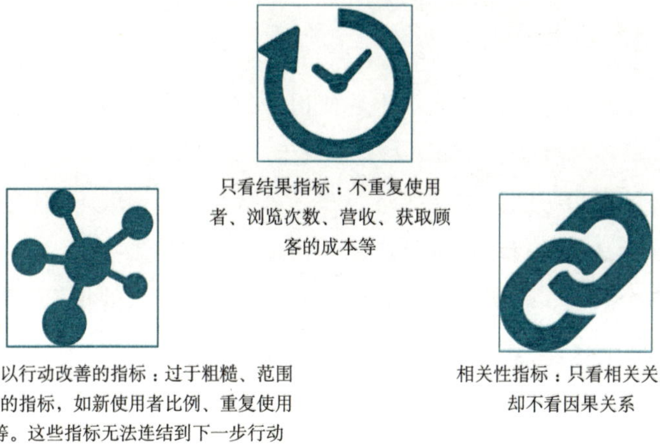

图 4-4-9

让顾客每天都会想到自己在使用这项服务。不是因为看到了这个服务的广告而想起有这个服务，而是因为这项服务烙印在记忆的深处，使用这项服务已成了习惯。要看影片的话就到优兔(YouTube)，要在跳蚤市场卖衣服的话就到 Mercari，让这些想法自然而然从使用者的脑中浮现。就像这些服务般，如果要提升使用者的黏着率，就必须制作出能让使用经验深深烙印在用户的记忆中的产品，让用户自己想要去使用这个产品。

不要被虚荣的指标迷惑

在将最小可行产品交给用户评价时，须通过反复的冲刺过程琢磨出适当的 KPI，用来判断产品优劣。

在设定、变更 KPI 时容易落入几个陷阱。为了避免创业团队浪费宝贵的时间，以下就让我们来介绍几种陷阱。

1. 只看结果指标

如果是网站服务，那么不重复使用者数、浏览次数、营收、招揽每单位顾客所需成本（CPA）等都属于“结果指标”[①]。

只看结果指标的话便会忽略问题，忽略问题的话就不知道接下来该进行什么样的行动以修正产品。如果想知道结果指标为什么会是现在这个数值，就必须参考其他能够说明这个现象的指标，因此须将其他指标设为 KPI。

2. 无法以行动改善的指标

只看“新使用者比例”这种大范围的指标，还是难以判断接下来应该要有哪些具体行动。

---

① 结果指标指的是与使用过程无关，仅以数字表示结果的指标。

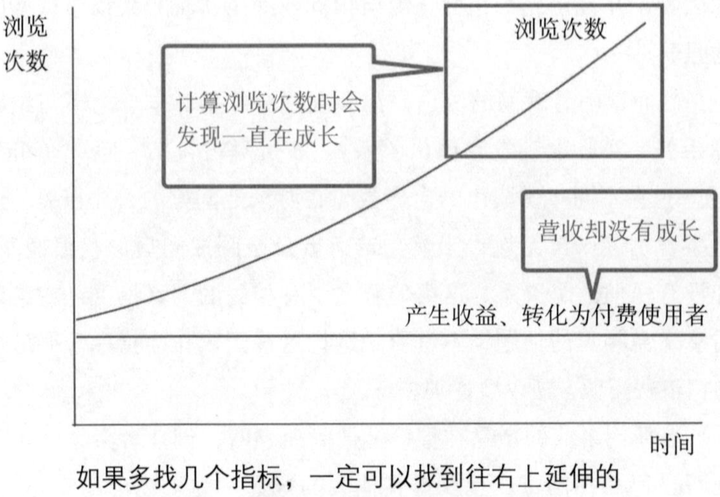

图 4-4-10　仅顾着寻找往右上延伸的指标
只是自我满足而已，没有什么意义

所以须将这些粗糙的指标放在一边，把焦点放在“新使用者是从什么途径来到落地页”这样的指标，并调查其参考地址（referrer）[①]的组成比例。如果发现许多使用者是看了某个博客的文章后才连接到这个落地页，便可委托其他会写类似主题的博客作者，请他们写几篇与公司产品有关的文章，这样的策略明显具体得多。

3. 乍看之下似乎有相关性的指标

为了验证最小可行产品，必须观察那些对于结果指标影响很大

① 参考地址（referrer）指的是使用者是从什么地方看到，或从什么地方连接到新创事业所准备的落地页。可以用 Google Analytics 等网站分析工具调查。

的因素，并设定先行指标（因果指标或冲击指标）来衡量这些因素的强弱。

然而，随着时间的流逝，常会发现有些指标乍看之下与结果指标相关，实际上却没有因果关系。“演员尼古拉斯·凯奇（Nicolas Cage）在不同年份演出的电影数与在游泳池溺死的人数相关”这件轶事曾引起一阵话题，当然，这两者只是画成图后形状很像而已，并没有任何因果关系。这类乍看之下有相关的因素是可以在茶余饭后拿来当聊天的话题，不过要是选择这些因素作为指标，很可能会白白浪费资源，所以要特别注意。

当新创事业的产品在推广上遇到瓶颈时，创业者会越来越急于证明自己是在前进，且获得其他人的好评。为了让自己安心下来，许多创业者会开始注意浏览次数或不重复使用者数等简单易懂的指标，让自己看似获得了许多人的肯定。

前一阵子，有一个新创团队对我做了一次简报。那时我问他们：“你的新创事业有足够的 traction（足以推动事业的使用者数）吗？”

他们想都没想就回答：“不，现在还没有。不过，我们的脸书上有 5 000 人点赞。”听到这个回复后，我想都没想又再回问 ：“那又怎么样呢？”脸书上的点赞数与顾客喜不喜欢这个产品之间并没有直接的因果关系。

从投资者的观点来看，创业者把什么当成 KPI 可以明确表现出创业者的专业程度。所以，如果这时把脸书的点赞数拿来炫耀的话，投资者便会完全失去投资意愿。

那些容易让人感觉自己做出成果的指标，在创业的世界中又被称作“虚荣的指标”。以下让我们以几个例子说明。

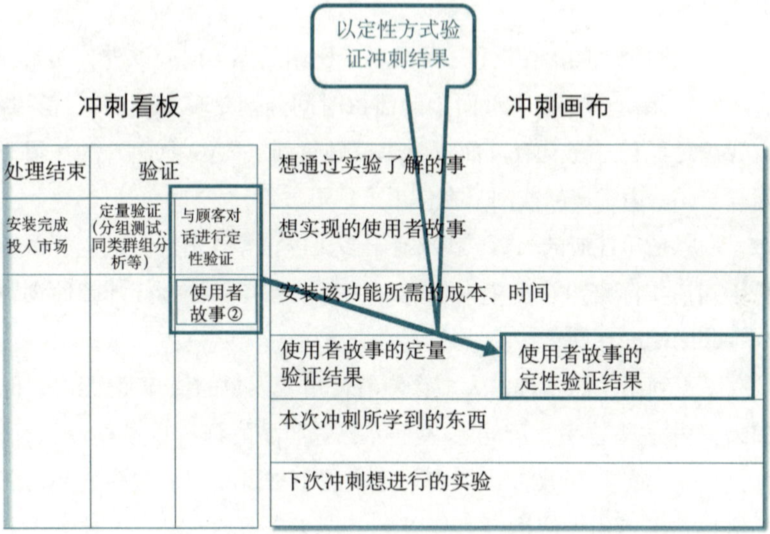

图 4-4-11　以冲刺画布写出最小可行产品的定性分析结果

• 浏览次数：使用者访问网页的次数。如果不是成功报酬型广告（affiliate marketing）[①]的商业模式，浏览次数便不会与营收有直接相关，所以无任何意义。

• 访问人数（访客数、使用者数）：不知道访问网站的是哪些人、造访的频率又是如何的话，就算看到访问人数一直增加也没有意义。

• 不重复使用者数：如果不知道顾客是为了什么而连到这个网站，只知道访问人数也没什么意义。不知道访客在哪个页面停留，停留的时间又是多长的话，就没办法验证最小可行产品。

• 社交网站的跟随、成为粉丝、点赞：与达成“制作出人们想要的东西”没有直接关系（不过，如果这些数字在千万以上的话又是

---

① 成功报酬型广告（affiliate marketing）的机制中，若有其他店家在某网站上刊登广告并借此卖出商品的话，该网站可以获得一定额度的报酬。

另一回事了）。

• 在网页上的滞留时间：除了整个网站的滞留时间以外，如果没有一并记录用户在不同页面上的滞留时间分别是多久的话，就只是自我满足而已（在支持页面或常见问题页面（FAQ 页面）的停留时间越长，就表示产品或网页在使用上很不方便）。

• 以信箱注册的人数：就算有很多人以信箱注册并订阅内容，如果不知道实际寄出含促销内容的邮件后，会有多少人打开邮件浏览内容的话就没有意义。

以上列出来的指标，大多会随着使用者人数的提升而跟着增加。如果只看这些数字，可能会以为市场对产品的评价也在逐渐上升，以为最小可行产品改善有了成效而安心下来。然而，这些数字再怎么增加，也不代表使用者疯狂爱上了自家公司的产品，不代表产品已进入“制作出人们想要的东西”阶段。举例来说，浏览次数与黏着率几乎没有任何关联。

相反的，如果被这些指标误导，将资源错用在其他地方的话，对你的新创事业只会有负面影响。

借助访谈的定性分析获得新的洞见

访谈客户

到这里,我们说明了以数据为基础进行定量测量的重要性。然而，新创事业如果只看数字的话，能通过最小可行产品学到的东西仍有其限制。

如果只接受转换成“数字”形式后的顾客意见回馈，虽然可以确保立场客观，却会在不知不觉中忽略了顾客的主观体感。

请您回想起“Content is king. UX is queen.（产品内容的优

劣固然重要，然而使用者体验也同等重要）”这句话。

为了了解顾客真正的想法，必须知道顾客如何接触这个产品，对这个产品有什么样的感觉之类的各面向信息。如果无法掌握这些信息，那么借助最小可行产品学到的东西会显得片段化而不连贯。

以下整理了一些问题的清单，新创团队可借此引导顾客回答出定性的信息。

最小可行产品的顾客访谈问题清单

- 使用这个产品后有感觉到这个产品的价值吗？
- 请列出您觉得这个产品最有价值的三个功能。
- 为什么您会觉得这些功能很有价值呢？
- 有没有哪些功能是您从来没用过，或者有没有觉得哪些功能没有价值呢？
- 为什么您认为这些功能没有价值呢？
- 会推荐这些产品给家人或好朋友使用吗？

在产品原型的阶段进行的产品试用访谈中所拟定的问题，主要都是为了厘清最小可行产品应有的样子。

不过在将最小可行产品投入市场后的顾客访谈中，必须想办法问出顾客在实际使用后有什么样的感觉。

问出“有没有哪些功能是您从来没用过，或者觉得哪些功能没有价值呢？”这样的问题，并聆听负面的意见回馈，是这个阶段的重点。

新创团队应该要想办法引导顾客说出如“难以理解产品的功能与效能”“按下按钮后个人信息好像就会曝光，觉得有点恐怖”之类，不想使用某些功能的理由。

创业团队不应将最小可行产品评价较低的部分隐藏起来放着不

管，而是应该要找出评价之所以会那么低的理由，在下一次的冲刺过程中扳回一城。

全体团队成员一起学习

搜集到定量与定性信息之后，应将这些信息的意义语言化，并传达给所有团队成员，应用在下一次的实验中（图 4–4–12）。

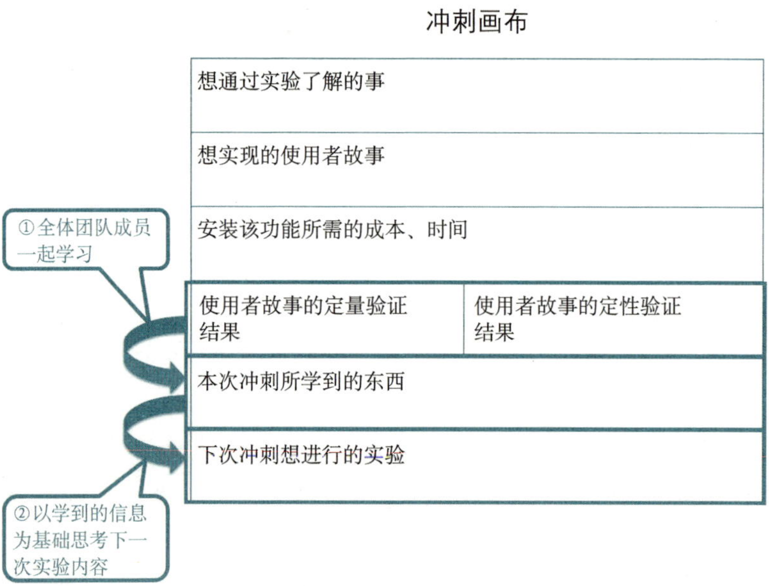

图 4-4-12　让全体创业团队成员都能共享从最小可行产品上学到的信息

顾客的声音大都只是外行人表面上的评价与分析，而非专业人士的意见。分析顾客的声音，使其目的明朗化，挖掘出顾客的潜在需求，正是创业者的工作。

如果想找出顾客意见中所隐藏的信息，可以将访谈内容写在便利贴上加以分类，再使用第二章所提到的 KJ 法整理这些意见。

另外，可以将学到的信息分为产品面上的信息与销售面上的信息，这样更容易整理出下一步策略。以下整理出了一些在这个阶段中最好能够意识到的问题。

与产品面信息有关的问题列表

• 顾客为什么要使用这个产品?

• 顾客觉得产品的哪个功能最有价值？为什么呢?

• 顾客为什么不使用这个产品呢?

• 创业团队针对产品所建立的价值假说有哪些部分是正确的，哪些部分是错误的呢?

• 顾客对产品的评价标准，与创业团队原本设想的产品评价标准一致吗？还是有所落差呢？哪些部分一致，哪些部分有落差呢?

• 这次冲刺过程（最小可行产品）中学到的最重要信息是什么?

• 哪些既有功能需要改善?

• 哪些既有功能应该要废除?

• 应该要追加哪些功能?

与销售面信息有关的问题列表

• 在讨论是否要购入产品时，会以哪个人的意见为主呢？（销售 B to B 产品时）

• 如果会以不只一个人的意见为主，这些人在组织间的关系为何？该怎么向他们提出价值提案才好呢?

• 以哪个阶层作为拓展客源的入口比较好呢?

• 若要让顾客认同产品并购入，用哪种方法比较有效？

• 试着向顾客推销，在一连串的推销过程中，最没有效果、风险最高的是哪一个步骤？

• 哪些人会反对购买这个产品呢？这些人反对的理由可能有哪些？

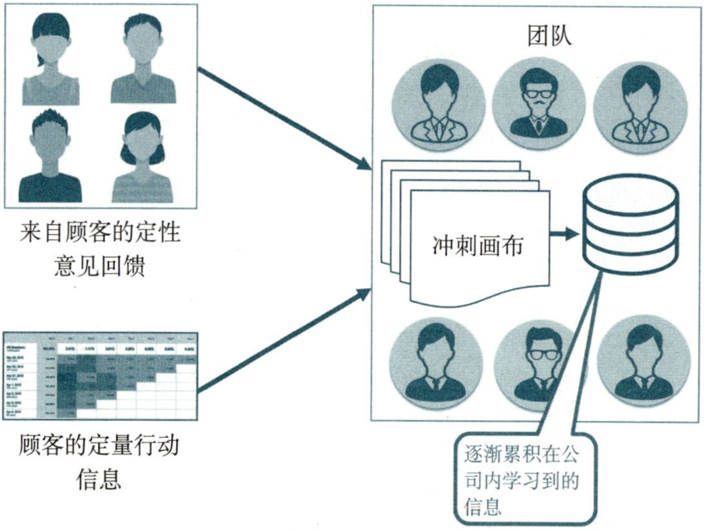

图 4-4-13

设计一套能够有组织地建构知识的机制

将最小可行产品投入市场后，为了将顾客访谈所得到的信息传达给所有创业团队成员，须将这些学习到的信息分成“潜在知识”与“外显知识”，这样整理起来会比较容易。“潜在知识”指的是无法语言化的知识，是基于个人经验，在不知不觉中学习到的知识。与多个拥有相同潜在知识的人对话，并将这些对话重叠起来，便可找出客观的“外显知识”。而借助外显知识的排列组合，在实践构想、制作产品的过程中，又会产生一些潜在知识。

创业团队须在反复冲刺、累积知识的过程中，尽可能在有限的时间内累积更多的知识。而这将决定产品有没有办法达成“制作出人们想要的东西”。

在冲刺过程中学到的知识，应填在冲刺画布中的“学到的东西”字段内。

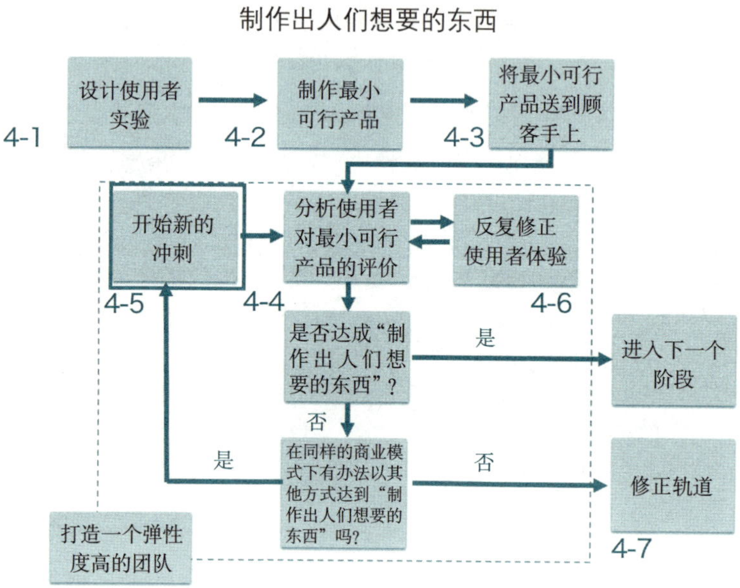

图 4-5-1

4-5 开始新的冲刺

再进行新的冲刺以达成“制作出人们想要的东西”

将最小可行产品投入市场，实行第一次的冲刺行动，会得到什么样的结果呢？说不定最小可行产品一推出就直击顾客的需求，成为让许多人为之疯狂的产品，立刻就达成“制作出人们想要的东西”(PMF) 条件，这种幸运的例子也不是没有。

不过据我所知，这样的案例十分稀少。在将最小可行产品投入市场，第一次从顾客身上学到东西后，大多还须以此为基础修正轨道，设定新的使用者故事，然后再次投入市场。

如果要再次将最小可行产品投入市场，该如何设定新的使用者故事呢？应该要尝试一个全新的使用者故事吗？还是要从冲刺看板的待处理一栏内，选择一个还停留在这个阶段的用户故事当作最小可行产品的依据呢？这时须仔细分析第一次冲刺行动后的定量分析、定性分析结果再作判断。

无论如何，只要实验性地执行一次冲刺行动，应该就能产生出新的使用者故事，接着只要再将其加入冲刺看板上的待处理栏就可以了。所以创业团队可以一边调整冲刺看板的进度，一边进行第二次实验(图4-5-2)。

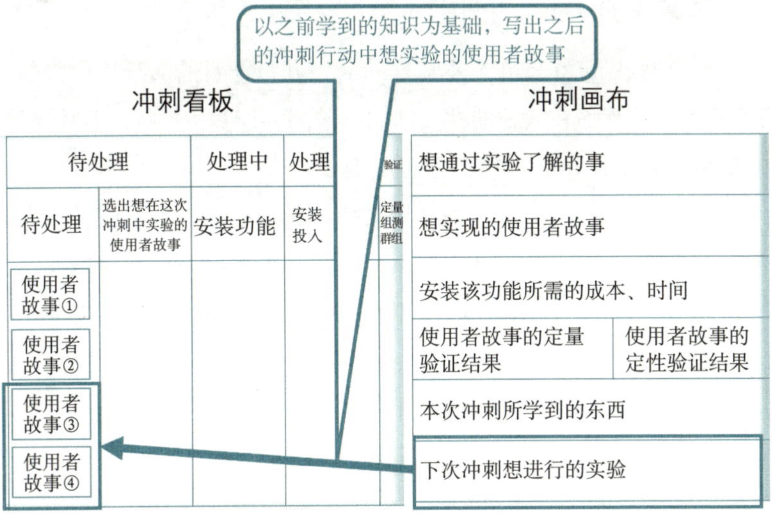

图 4-5-2　将在第一次冲刺行动中所学到的知识追加至新最小可行产品的使用者故事中

的大致偏好才是主要目的。反复执行冲刺过程，并提出许多最小可行产品的版本后，如果“要是没有这个产品的话会让我很困扰”“这个产品实在太棒了”这样的意见回馈越来越多，便可得知最小可行产品的改进方向是正确的。

优秀的使用者故事应站在使用者的角度

如前所述，在思考使用者故事的时候，可参考以下模板。

＜用户＞想要实现/解决＜某个目标/问题＞。这是因为＜某个理由＞。为了达到这个目的，需要实装＜某个特征功能＞。

如同这个模板所述，制作最小可行产品时所参考的用户故事必须考虑到“这个使故事的主角是谁？”“这个故事是为了达成什么目的？”“为什么这个故事有其价值？”等问题。

顾客离开 mixi 的原因

社交网站 mixi 曾在日本风靡一时，其每个月的活跃用户曾超过 1 500 万人。然而在其他的社交网站（脸书、连我、推特、照片墙等）的抬头下，现在 mixi 的用户已越来越少。

不过，社交网站 mixi 的用户之所以越来越少，并不仅是因为竞争者的增加。我认为 mixi 之所以会衰退，最大原因在于他们没有办法持续探索更好的使用者故事，安装对顾客而言最有价值的功能。

将最初的最小可行产品与第二版最小可行产品放在一起比较

	最小可行产品的测量结果(实际数字)	最小可行产品的测量结果（比例）	第二版最小可行产品的测量结果（实际数字）	第二版最小可行产品的测量结果（比例）	目标值
获取顾客（访问者）	332 人	100%	325 人	100%	100%
开始使用（注册）	305 人	90%	299 人	92%	95%
开始使用（注册流程结束）	93 人	30%	102 人	35%	80%
持续使用（3 日以内再度访问）	23 人	25%	25 人	25%	80%
产生营收、转化为付费使用者（每位用户平均一天内的广告浏览次数）	4.2 次	4.2 次	6.1 次	6.1 次	10 次

图 4-5-3

像这种利用分组测试方法进行的同类群组分析，须搜集不少用户的数据才行，得花上不少时间与人力。

但长远来看，将这种定量的评价系统应用在冲刺循环的产品评估上，可以更有效率地知道新最小可行产品的研发成果。时间对新创事业来说是相当宝贵的资源，这个方法可大幅降低时间上的花费。

在达成“制作出人们想要的东西”之前，网络服务的网站能聚集到的人潮非常少，要找到数百人、数千人的受试者是很困难的事。如果受试者过少，就难以判断分组测试所得到的结果是有意义的差异，或者只是误差。

不过，这里最重要的并不是数字上的细节变化。借助反复的冲刺过程修正最小可行产品的轨道，以改善顾客的评价，并了解顾客的大致偏好才是主要目的。反复执行冲刺过程，并提出许多最小可行产品的版本后，如果“要是没有这个产品的话会让我很困扰”“这个产品实在太棒了”这样的意见回馈越来越多，便可得知最小可行产品的改进方向是正确的。

优秀的使用者故事应站在使用者的角度

如前所述，在思考使用者故事的时候，可参考以下模板。

＜用户＞想要实现/解决＜某个目标/问题＞。这是因为＜某个理由＞。为了达到这个目的，需要实装＜某个特征功能＞。

如同这个模板所述，制作最小可行产品时所参考的用户故事必须考虑到“这个使故事的主角是谁？”“这个故事是为了达成什么目的？”“为什么这个故事有其价值？”等问题。

顾客离开 mixi 的原因

社交网站 mixi 曾在日本风靡一时，其每个月的活跃用户曾超过 1 500 万人。然而在其他的社交网站（脸书、连我、推特、照片墙等）的抬头下，现在 mixi 的用户已越来越少。

不过，社交网站 mixi 的用户之所以越来越少，并不仅是因为竞争者的增加。我认为 mixi 之所以会衰退，最大原因在于他们没有办法持续探索更好的使用者故事，安装对顾客而言最有价值的功能。

图 4-5-4

在竞争渐趋激烈时，mixi 关注的却不是消费者想要的功能，而是致力于安装其他竞争者已有的功能。我认为这就是 mixi 的失败原因。

数年前，mixi 的创业者笠原健治先生仍是 mixi 社长时，曾在一个记者会上提到 mixi 与脸书、推特的差别。笠原先生说，脸书可以让使用者与朋友及工作上的伙伴交流；推特可以让使用者搜集感兴趣的企业、有名人士的相关信息；而 mixi 则是让使用者与亲密好友交流的地方。

虽然笠原先生这么说，但 mixi 却新增了新闻浏览之类，与和亲好朋友交流无关的功能。

如果 mixi 想要让原本的使用者更喜欢该网站的服务，或许不应该把发展方向着重在社群接口的更新，而是要设法改变信息平台，让用户与亲密好友之间的信息传送体验变得更好。

虽然这可能只是事后诸葛亮，但就在 mixi 还搞不清发展的方向性时，连我（LINE）便发展出了可以让使用者与亲密好友愉快交谈的信息平台，一举抢下市场。

从这个例子我们可以看得出来，如果想将新的用户故事融入产品、改善产品的话，不应站在制作者的角度，而是要站在使用者的角度，随时思考使用者想要的是什么才行。

不要随便增加新功能

一次冲刺行动结束后，可制作出新的最小可行产品版本，此时必定会为产品追加新的功能。

然而，绝对不能不经思考就一股脑地把新功能加进产品。如果在访问顾客之后，判断某些功能确实应该要加进产品内的话，固然有新增这些功能的必要。但我看过很多新创事业不去管使用者真正的需求，却为了挖掘出更多可能的需求，而新增了一大堆功能。

我们每天都会用到的电子表格软件 Excel 与 Gmail 虽然有非常多的功能，但每天实际用到的却只有其中的很小一部分。

大企业在开发新产品时，常会因为希望新产品更有魅力，而将新增“可有可无”功能的理由正当化。

然而，对缺乏资源的新创事业来说没有办法像大企业那样任意新增新功能。新创事业应专注于发掘目前世界上没有的使用者故事。而且，新增功能要做的事不只有看得到的部分，还须考虑许多隐藏成本，包括测试、调整、开发过程的复杂化、同时进行多项工作可能会分散注意力等。

工程师一直想新增功能

另外，就算最小可行产品没有任何不足，还是有不少工程师会想要新增功能，这点必须特别注意。在考虑要不要新增最小可行产品功能的时候，如果新的功能无法为顾客带来更高的价值，那么当工程师提出新增功能的要求时，创业者基本上都应该以“NO”响应。

在冲刺的过程中，比起新增特征功能，减少特征功能可以让用户更明白这个产品的意义，得到较好的实验结果。

在新增两个功能之后，依其使用状况删除一个很少被使用的功能。开发新产品时或许可以用这种方式作为评估新增功能的标准。

至今我们曾提到多次“Startup Genome Report”，由他们的调查显示，在达成“制作出人们想要的东西”前的产品验证阶段（制作最小可行产品的阶段）中，失败的新创事业所写的程序代码的量，是成功新创事业的3.4倍（图4–5–5）。因此我们可以说，对于资源相当有限的新创事业来说，让最小可行产品的功能限制在最小范围内，是成功的一个关键。

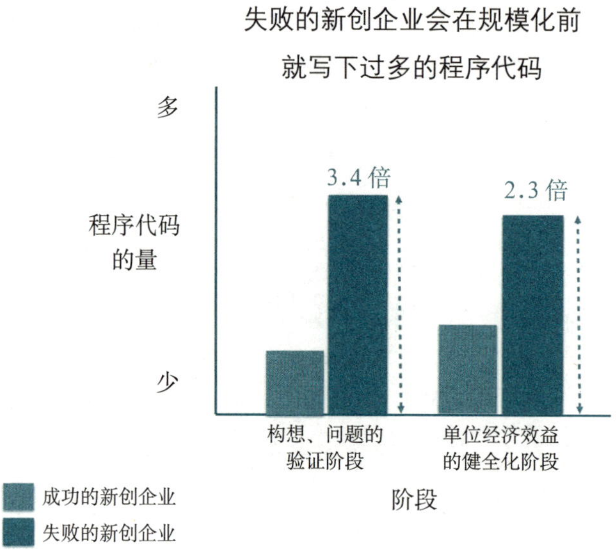

图 4-5-5 失败的新创企业会写下大量程序代码

图片来自由美国 Startup Genome 的报告 *Startup Genome Report Extra on Premature Scaling* 制作而成的书籍。

达成“制作出人们想要的东西”了吗？

判断是否达成“制作出人们想要的东西”的标准

在最小可行产品上实现新的使用者故事，持续进行定量分析与顾客访谈的定性分析。如果经过许多次循环后所筛选出来的因素，能让团队制造出顾客会想要持续使用的产品，便达成了“制作出人们想要的东西”条件。

要判断产品是否有达成“制作出人们想要的东西”，可以观察是否满足以下三个条件。

- 使用者是否有保持高黏着率？

• 从获得顾客到产生营收的机制是否已确立下来？（是否能将产生营收的流程语言化、结构化？）

• 精实画布的项目是否成立？

满足这三个条件才算是达成了“制作出人们想要的东西”。我们在第一章与第二章中使用了精实画布这个工具，确认创业团队的构想是否符合市场的需求，以及新创团队所建立的问题假说是否真的就是顾客的问题。目前做出来的最小可行产品是否满足这些条件，就是判断产品是否达成“制作出人们想要的东西”的关键。

基本上，并没有明确的数值可以用来判断产品是否有达成“制作出人们想要的东西”。不过，只要满足以上三个条件，就能够在没有宣传的情况下，吸引更多顾客来使用新产品。会有越来越多人通过社交网站等渠道知道这个产品，创业团队应可感受到这些实际变化。

顾客是否为此疯狂？

美国 Qualaroo①创业者肖恩·埃利斯（Sean Ellis）将可以让产品的销售、知名度大幅成长的实用知识命名为“成长黑客（growth hack）”。他也发明了一个测试顾客对产品有多狂热的方法，这种方法又名为“肖恩·埃利斯测试”。

在这项测试中，会询问实际使用过这个产品的顾客“如果没有这个产品的话会觉得如何呢？”如果有 40% 以上的使用者回答“觉得非常可惜”的话，便可判断未来仍可靠这项产品持续获得新的顾客。40% 这个数字是检验过各个新创产业案例后定出来的标准。

无论如何，产品有没有达成“制作出人们想要的东西”，不应只看定量分析的数字，而是要实际听取使用者的心声，再依此判断才对。

---

① 美国 Qualaroo 公司开发的营销工具，可协助网络业务公司让访问网站的顾客黏着下来成为常客。

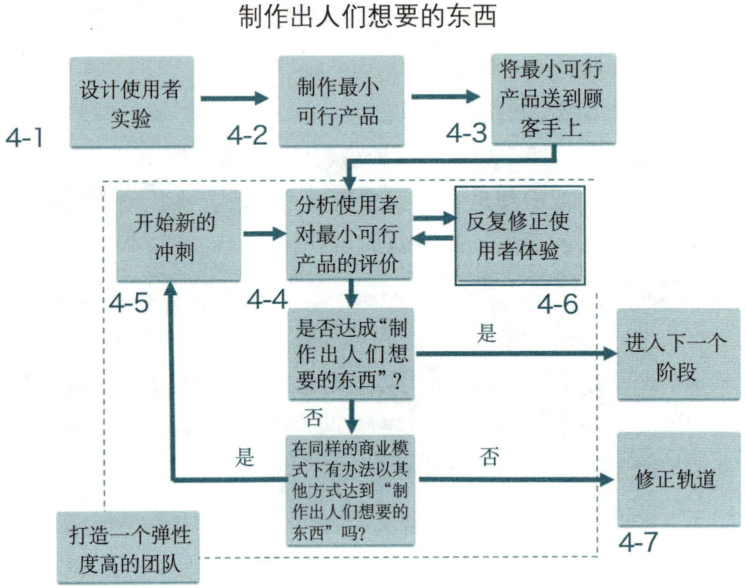

图 4-6-1

4-6 反复修正使用者体验

使用者体验会影响使用者的黏着度

持续改善使用者体验

到目前为止的第四章内容，我们介绍了如何借助冲刺行动，从使用者的角度写出一个个使用者故事，并将其融入产品中，制造出尽可能贴近用户需求的最小可行产品。

不论是修正使用者故事，将用户想要的功能新增至最小可行产品内这类规模较大的轨道修正；还是改善 app 或网站的方便性等“使用者体验改善”这类规模较小的轨道修正，对于提升使用者黏着率都相当有效。

最近常可听到“Content is king. UX is queen.（产品内容的优劣固然重要，然而使用者体验也同等重要）”这句话。不管产品提供了多优秀的功能，要是用户体验过于低劣，就没办法提升顾客的黏着度。

接下来将会解说具体的使用者体验改善策略，包括如何让顾客成为活跃的使用者并黏着下来，以及如何让顾客深深爱上你们的产品。提到使用者体验，一般人可能会觉得这是 B to C 的产品才要重视的东西，然而对于 B to B 的产品来说，提高顾客的黏着度也是相当重要的。

提升使用者黏着度的秘诀

理解使用者体验黏着模型

要达成“制作出人们想要的东西”，必须增加产品或服务的魅力，提升顾客的黏着度。

因此，许多新创事业会想要增加产品的新功能。不过，就像前面文章所说的一样，这在提升使用者黏着度上通常会有反效果。大多数后来追加的特征功能几乎不会用到。所以不应该随意地增加产品功能，而是要将必要功能筛选出来，剔除其他不需要的功能，让用户体验更受使用者喜爱，这才是提高使用者黏着度的重点。

那么，要提高使用者黏着度的话，又该如何改进使用者体验才行呢？

我曾指导过许多新创事业，也曾以各种不同面向研究如何改善使用者体验。依照这些经验，我将改善使用者体验，提升顾客黏着度的流程整理成图 4-6-2。

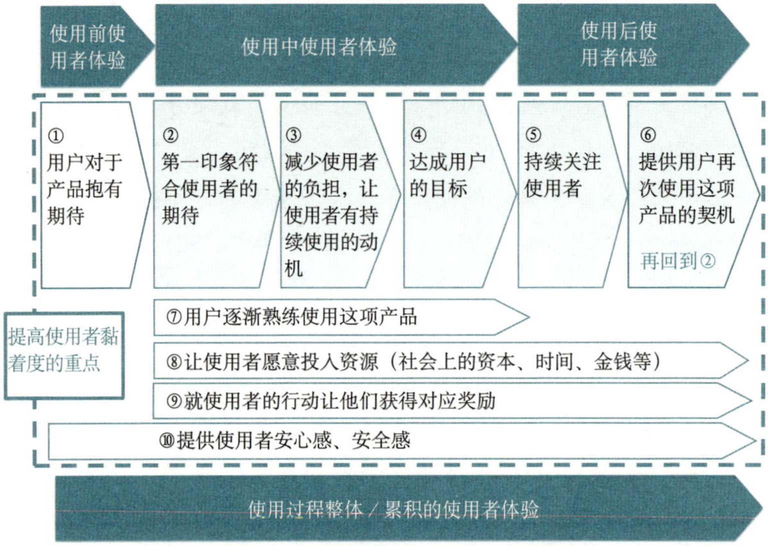

图 4-6-2　使用者体验黏着模型的整体流程

以下我会将这个模型称作“使用者体验黏着模型”。

我们在第三章中也曾提到，我们可以沿着时间轴，将使用者体验分为因为对产品的期待而跃跃欲试的“使用前使用者体验”、实际使用产品时的“使用中使用者体验”，以及因为期待再次使用产品而跃跃欲试的“使用后使用者体验”三个部分。

还有一点不能忘记的是，使用者会通过这三个用户体验累积对产品的整体感觉，这就是所谓的“累积的使用者体验”。如何改善从使用前到使用后的使用者体验，让使用者在累积使用者体验的过程中感受到产品整体的魅力，便是提升顾客黏着度的重点。

图 4–6–2 的虚线所围住的部分便是提升顾客黏着度的重点。

在使用前使用者体验中，①必须让使用者在第一次看到产品时就想要试用看看，因此使用方法必须易于了解。而在使用中使用者体验中，②需要让使用者觉得，使用这个产品时的感觉与使用前所期待的感觉相同；③且使用这个产品时，可以减轻用户的负担，让使用者想要继续用下去，④最后达成用户的目标。至此，应该能让使用者产生想一直使用这项产品的想法。而在使用后使用者体验中，为了让这样的想法持续下去，需要⑤持续关注使用者，并提供使用者⑥再次使用该产品的契机。比方说，显示“这么做的话会更方便”这样的信息，让顾客会想要再次使用这个产品。

像这样持续关注使用者，使用者便会再次使用这个 app，且因为②以后的使用者体验而想要持续使用这个产品。与最小可行产品的冲刺行动类似，使用者体验的改善也是在经过②～⑥的反复循环中，持续增加累积的用户体验质量，提升顾客的黏着度。

想通过累积的使用者体验提升顾客黏着度时有几个重点。

首先，必须让用户“熟练”产品的使用（⑦）。当用户习惯产品的操作之后，才会觉得这个产品很方便。接着是“让使用者愿意投资资源”，比方说让使用者愿意投资时间在社交 app 上，跟随其他人的动态或增加朋友（⑧）。而“让使用者获得奖励”，则是像拍卖网站般，让卖家的评价会随着使用次数而逐渐上升的机制（⑨）。

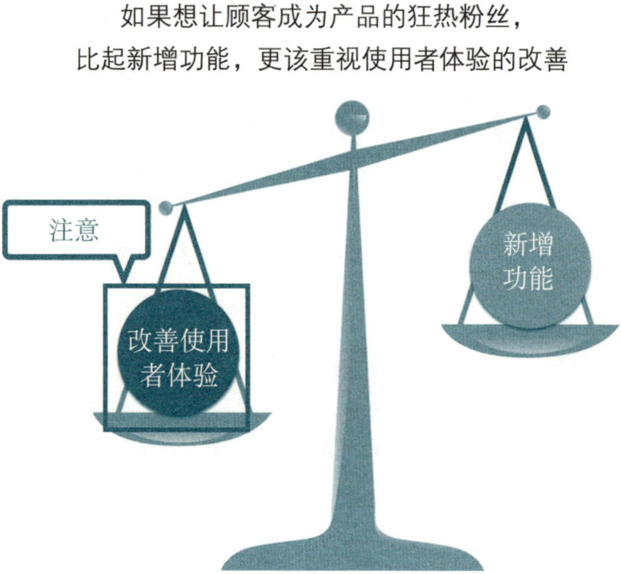

图 4-6-3

“安心感、安全感”顾名思义，就是要让用户在使用产品时能够感到安心、安全（⑩）。如果是实体产品，要确保用户不会在使用产品时受伤；如果是社交软件，要确保使用者的隐私权不会被侵犯。至于“累积的使用者体验”，将会在之后详细说明。

让 1.5 亿人为之疯狂的色拉布（Snapchat）

让我们以美国 Snap 公司所开发，附有传送照片功能的实时通讯 app“Snapchat”为例，说明“使用者体验黏着模型”的思考模式吧（①～⑩）！

美国 Snap 公司于设立 6 年后的 2017 年 3 月在纽约证券交易所上市。目前每天有 1 亿 7 000 万以上的使用者，年轻人为主要使用者。

这个 app 之所以能够爆发性成长，是因为它在 app 的许多地方都安排了会让顾客在不知不觉中持续使用下去的卖点。

使用者体验黏着模型要从顾客与新创事业所提供的产品相遇的那一刻开始说起。

以色拉布（Snapchat）为例，许多使用者是在看到周围的朋友在使用，觉得“看起来很有趣”，或者是在推特（Twitter）及照片墙（Instagram）上看到其他使用者说“Snapchat”很有趣，才下载了色拉布来使用。如果要增加以此为契机而开始使用色拉布的使用者，必须让他们产生“拍有趣的照片好像是件很愉快的事”这样的直觉，而这样的期待又与社交网站上的分享有关（①）。

关键在于，要让使用者在开始使用这个产品时，维持“好像很有趣”“感觉用起来很嗨”的期待感，甚至要将这种期待感放大。首次打开色拉布的 app 时，起始画面的商标下方有一个“注册”按钮。在①的阶段中，心怀期待的使用者便会按下这个按钮，开始使用这个 app（②）。

另外，色拉布的操作相当简单。只要一个按钮，就可以将智能手机内的通讯录数据汇入 app 或发送邀请，马上就可以开始与朋友互发信息。而且，如果完成注册手续，便可以将 app 切换成摄影模式。不会有很多时间烦恼不知道该怎么操作，马上就能上手（③）。

将拍下来的照片发送给朋友，便达成了使用者的目的。如果能让使用者觉得“用起来很简单！”的话，距离他们成为常客便只剩一步了（④）。

当使用者从朋友的评论中，知道色拉布有可以把照片中的自己变成动物脸的滤镜之类，让拍照变得更有趣的功能，用户就会试着制作并发送这类照片。用相机功能拍下自己的照片后，在自己的脸上点一下，就会出现数个候选滤镜供选择，马上就可达成使用者的目的。使用者会期待 app 能够把自己的脸变得多有趣，进而提高对 app 的黏着度（⑤）。

此外，如果将有趣的照片发送给朋友，并从朋友那里得到回复的话，便可以再次使用这个 app（⑥）。

这样看下来，可以实际感受到色拉布的使用者体验确实考虑到了如何增进使用者的黏着度。

确认自己拍的东西能不能成为有趣的内容。
如果拍到比想象中还要有趣的照片，便可得到“惊讶”作为奖励。

照片 Snapchat

图 4-6-4

色拉布也考虑到使用者“累积的使用者体验”。在使用 app 的过程中，app 会将使用者在照片上的涂鸦记录下来，也会陆续增加可使用的贴图种类，让使用者在色拉布的使用上越来越“熟练”（⑦）。

在阶段③中将通讯录发送出去时，app 会依照手机内的信息，询问用户：“是否新增这位朋友？”像这样将通讯录里的人一一新增为朋友之后（也就是“投资”了你的资源），便会逐渐让你变得无法轻易离开色拉布（⑧）。

这样的投资，可以让使用者获得将自己拍的照片转变成有趣内容的满足感、通过滤镜加工而获得超乎期待的照片作品等。这种惊讶的感觉就是使用 app 的“奖励”，可增加使用者的黏着度（⑨）。

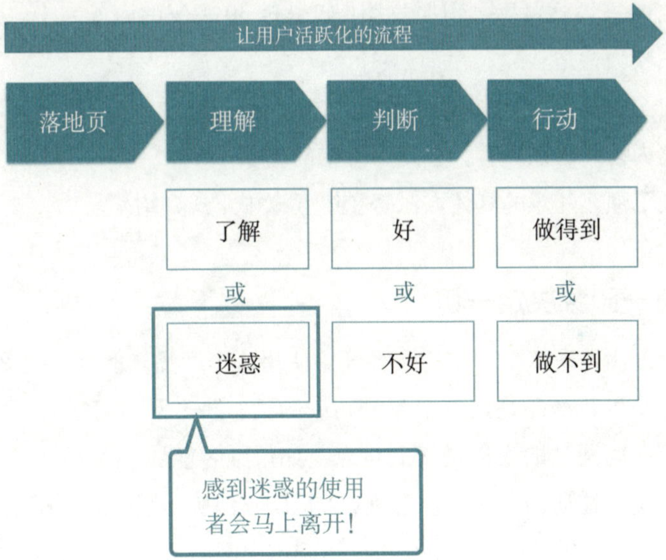

图 4-6-5

另外，之前也提到，色拉布最大的特征是可以设定将传送给朋友的照片或视频于 10 秒之内自动删除。在使用其他社交软件时，常发生用户觉得自己失败的瞬间很有趣，可以成为聊天的话题，而将相关信息出去，却在之后觉得相当羞耻而后悔。由于色拉布的照片可以自动删除，所以提供了“让人安心、有安全感”的使用者体验（⑩）。

接着，让我们就用户体验黏着模型（图 4-6-2）的各要素，依照①～⑩之不同阶段，一一详述每个重点吧！

与产品相遇的契机

用户在什么样的情况下与产品相遇，是①的重点。

请回想一下第二章中我们设想的顾客人物画像。想象顾客通常会从哪些地方搜集信息，在哪里与新产品相遇，并试着在那些地方送出相关信息。假设目标顾客的人物画像是 10 多岁的女性，那么在网络上的宣传就可以利用照片墙；如果是 30 多岁的商务人士，则改用脸书较为合适。

与至今所介绍的访谈过程相同，拿着产品直接到设想顾客所在的社群内访问潜在顾客，会是个不错的方法。

吸引顾客注意的具体方法将在第五章中正式介绍。

第一印象决定一切

能否让发现这个产品的顾客开始使用这个产品，就是②的重点。如果最小可行产品是网站服务或 app 的话，将产品价值以直观方式传达给访问网站的人便是一大重点。如果顾客能够一眼看出产品的价值，便会注册为使用者。然而，如果顾客到了这个阶段仍不知道产品价值在哪里的话，就不会再度访问这个网站了。

顾客完成注册程序，开始使用 app 时，要是没办法让他们有“这项服务非常方便”的第一印象，他们马上就会停止使用这个产品。

然而让顾客留下好的第一印象的难度也一年比一年高。

原因就在于智能手机的普及。活在这个时代的我们，任何时候都会受到各种刺激与信息的诱惑。与没有智能手机的年代相比，这个年代的手机使用者须面对各式各样的诱惑，注意力很容易被分散，想必每个人都认同这点。现在，能够吸引多少人注意就是企业成功的关键。

在顾客开始使用产品的阶段中，如果要让顾客成为活跃使用者的比例有所提升，如何用最简单易懂的方式将产品的价值传达给顾客，吸引预设顾客的注意力，便是一大重点。

明了易懂是让用户成为忠实用户的关键

5 秒内看出价值

在这个“注意力经济”的世界中，吸引顾客的注意是一件很重要的事。过去没有实际成绩的新产品或新服务如果要赢过竞争者，就必须在落地页这类顾客首次接触的地方下功夫，彻底将没有用的功能删除，仅留下应传递给顾客的信息，以最简洁的形式传递给顾客。

就我自己的感觉，顾客能忍受的时间大约是看到落地页以后的 5 秒内。要是没办法在 5 秒内引起顾客的兴趣，顾客就不会再次访问落地页。

请回想一下我们之前提到的硅谷食物宅配服务 DoorDash 的最小可行产品。

进入 DoorDash 的最小可行产品网页后，网页中央“为您外送帕罗奥多市内的美味餐品”这段引人注目的标语立刻映入眼帘，且顾客马上就能意识到只要三个步骤就可以下订单。

请试着回想我们在第一章中曾提到的设想中顾客的人物画像，借此筛选出要放在落地页上的信息。

清楚明白地展示影片或教学模式

最近常会看到新创团队将简短的视频或使用者应注意的重点直接放在落地页上，让使用者在使用前就能先大致体会到产品的核心功能。

从访问落地页到成为活跃使用者（注册为使用者）的阶段之间，顾客的心中会经过“理解”“判断”“行动”三个步骤。理解产品；判断这个产品是否有价值；如果顾客认为有使用这个产品的必要便会行动，注册成为使用者。如果在这些过程中有哪个地方不明白，顾客就不会注册成为使用者。

让我们以开发股票买卖 app 供智能手机使用的 One Tap BUY（东京，港区）为例，说明如何用简单易懂的方式发布信息，引导顾客成为黏着度高的使用者(图 4-6-6)。在安装好 app，开始使用之后，30 秒后就能进入教学画面，模拟买进股票的情形。

②教学模式的设定

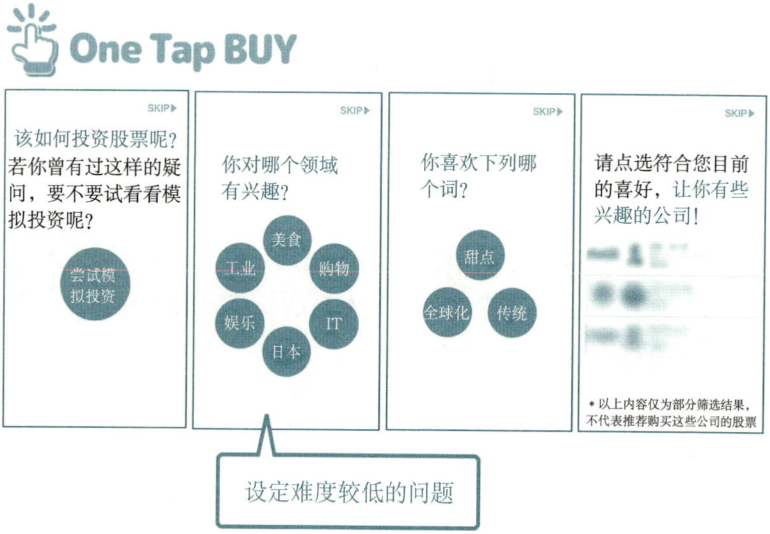

图 4-6-6

他们询问使用者的问题并不是“您的目标是资本利得吗？还是股息呢？”这种股票 app 特有的问题，而是从“您对哪个领域有兴趣？”“您喜欢下列哪个词？”这种难度较低的问题开始，随着一次次的画面点击，app 会从使用者的答案判断应该要推荐哪些股票给用户，并将其显示在画面上。

教学模式可以帮助用户理解股票的买卖，引起使用者的兴趣，让他们也想尝试实际购买股票。

过去的网站中，常会针对使用者觉得不好理解的地方制作常见问题页面（FAQ 页面），解答。然而在这个讲求速度的时代，不会有人想去阅读 FAQ 页面。要是对于产品有任何不了解的地方，使用者就会马上放弃使用这个产品。请以此为前提制作你的最小可行产品。

比方说，碰到操作比较复杂的地方时，马上显示出操作说明，或者建构对话式的教学模式等用户优先的用户体验。

然而，就像功能过多的产品难以让顾客成为黏着度高的使用者一样，如果用教学模式说明所有特征功能，只会让使用者觉得很烦。

创业团队可以将每一个特征功能依照其“功能上的重要程度（功能的独立性与使用频率）”与“功能的易理解程度”计点评估，如果总点数在一定数字以上，再准备说明或教学（图 4–6–7）。

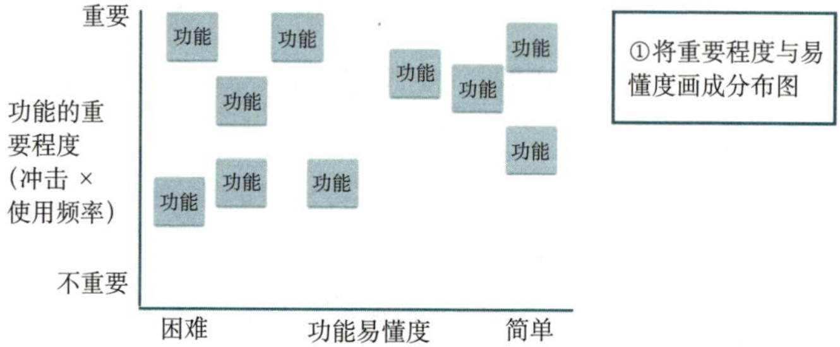

②依重要程度与易懂度评分

	功能的重要程度		易懂度（5为最难，1为最简单）	总分（教学的必要程度）
	冲击	使用频率		
功能 1	3	2	3	8
功能 2	3	3	1	7
功能 3	4	4	5	13
功能 4	4	1	2	7
功能 5	2	5	5	12

筛选出需要教学的功能

图 4-6-7

将注册过程简单化

想必不少人都有看上了某个产品，而想注册为使用者，却因为注册时须输入的项目过多而中途放弃的经历。对创业者来说，没有比这更可惜的事了。就像是进了店面、选了商品，却看到收银台前排着长长队伍而愣住，黯然离开的客人一样。使用者注册的使用者体验在获得顾客上有着很重要的意义。

许多新创服务会有以脸书等社交网站的账号进行使用者认证的机制，让使用者可以输入最低限度的数据就完成注册，一口气降低注册的复杂度。现在有些产品甚至连用户注册都不需要，而是开放部分产品功能让未注册用户使用。市面上越来越多相当大方，让人不禁怀疑“让顾客在注册之前就能使用这些功能真的好吗？”的产品。

或许也可以说这是因为如果不提供那么丰富的优惠，就难以引起使用者的注意。

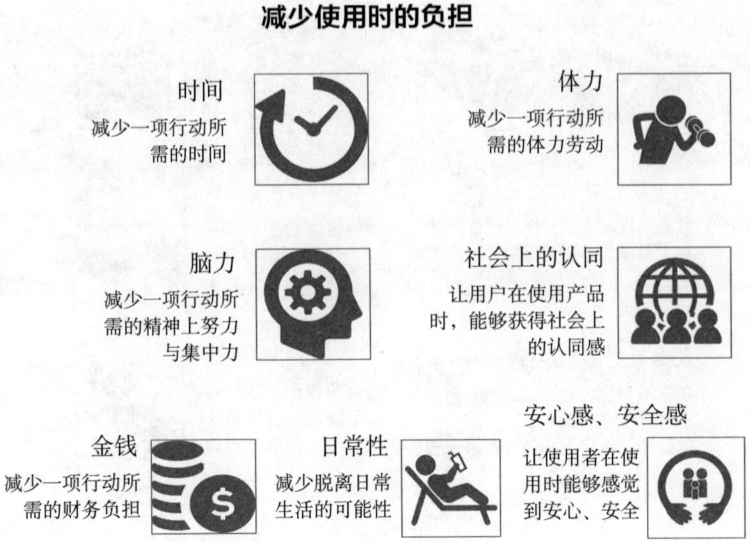

图 4-6-8

减轻使用者的负担

在通过注册程序获得新的用户后，就必须让他们在使用产品的过程中减轻负担（压力），才会持续使用这个产品（相当于使用者体验黏着模型中的③），因此有必要好好拟定产品的策略。减轻使用者负担的主要策略可分为以下几种。

■ 减轻时间的负担

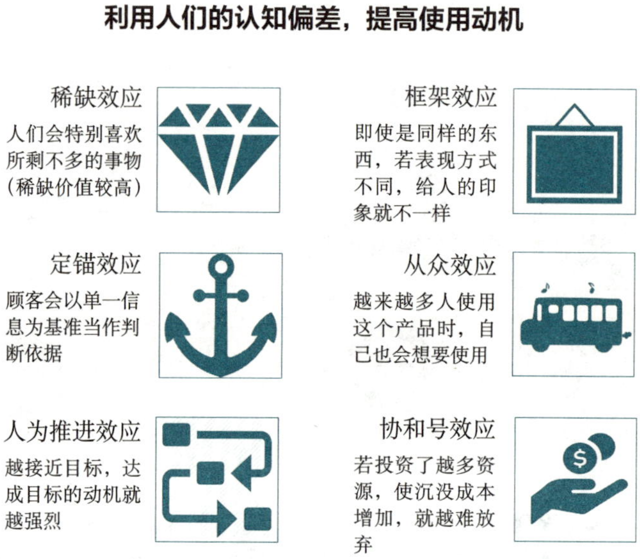

图 4-6-9

减少一项行动所花的时间。

举例来说，前面提到的色拉布的滤镜有辨识人脸的功能，不需要用户指定脸的大小或眼睛的位置就能自动为人脸加工，大幅缩短作业的时间。

■ 减轻身体的负担

减轻为得到某项结果须付出的身体劳力。

目前操作个人计算机或智能手机时，都需要敲击键盘或点击画面。

另一方面，在美国有爆发性成长，不久前也在日本上市的亚马逊智能音箱（Amazon Echo）与Google Home等语音辨识喇叭可以用声音操作，因此可大幅降低操作复杂度。

■ 减轻脑的负担

减轻顾客脑的负担。

亚马逊有“购买这个商品的人也会浏览这些商品”的推荐功能。有了这个功能，用户就不用思考该用哪个关键词搜寻，以及有哪些相关的产品，降低了他们的思考负担。

同样的，如果能事先准备好有魅力的模板，也可以减轻使用者在设计时（如编辑照片）需要消耗的脑力。

将鼠标指针移到选项或按钮上时就会出现使用提示这种“实时教学”功能，让用户不用记忆复杂的操作方式也能顺利上手，可提高使用者的黏着度。

■ 减轻金钱的负担

降低使用者的金钱成本，便能够提高使用者的黏着度。这应该不用多做说明。

降低产品价格固然是种方法，除此之外还包括取消契约时免手续费、明确列出使用者需要付费的时间点（如果是预约旅馆，可以强调在前一天取消就不收取消费用等），都应下功夫做好。

■ 减轻社会认同造成的负担

人们会在意周围的人对自己的评价。尤其是 10 多岁的年轻人特别有这样的倾向。

就算一个 app 功能再怎么好用，要是设计很死板的话，使用者可能会觉得“要是让人知道我在用这个东西的话，别人可能会以为我是一个很死脑筋的人！”而感到不安，不再使用这项产品。

因此，新创事业需要清楚描绘出预设顾客的人物画像，思考周围的人会对这个人物有什么样的评价，进而设计出符合顾客的使用者体验。

引导用户达成目标

就算顾客开始使用产品或 app，如果这些产品或 app 没办法帮助用户达成他的目标，像是用购物 app 买到商品，或者用旅馆 app 预约房间的话，使用者便不会继续使用这个产品。如同我们在使用者体验黏着模型的④中所提到的，新产品需要帮助用户达成他们的目标。

以下介绍几种引导用户用这个产品达成目标的技巧。

■ 稀缺效应

当人们知道产品剩下的数目不多，或者快过了可使用的期限时，就会感觉到产品的稀缺价值。当他们听到“只剩 5 个位子”“只有今天免费”等信息时，就会想要现在马上买下来或开始使用。

■ 定锚效应

“原本定价为 9 800 日元的产品降价为 4 800 日元贩卖”，听到这类消息时，用户常会以平常的定价作为判断标准（被定锚），觉得买到就是赚到而顺手买下来。

■ 从众效应

支持某个选择的人越多，人们便会觉得这个选择是正确的。“有 100 万人下载了这个 app”“今天有 88 人预订了本产品”，像这样强调销售成绩，便可降低使用者在购买或申请上的心理门槛。

■ 人为推进效应

如果知道自己离终点很近，使用者就会觉得“还有一步就抵达终点了”而努力完成目标。

研究显示，如果让用户在网站上输入各种数据的途中，看到“只剩下一个步骤就结束了”的信息,会有较多用户愿意努力把数据填完。

与使用者交流以提升黏着度

在引导用户达成目标（转化为常客，conversion）后，为了提升黏着度，须时常关注用户的动态。这就是使用者体验黏着模型的⑤。

举例来说，在顾客购入商品后，应发送“感谢您的购买”之类礼貌上的信件。而使用者预约旅馆后，在预定入住的前几天，要发送邮件提醒使用者。发送这类信息的同时，可以询问用户对于产品或服务的感想，这对使用者体验的改善来说相当重要。

近年来，顾客在购买产品或注册服务后，对于来自厂商的关注有越来越高的期待。因此也可以说厂商的关注是判断用户是否对这项产品有高黏着度的重要依据。

提供再次使用产品的契机

别忘了使用者体验黏着模型⑥的“提供再次使用产品的契机”。为了让曾用过该产品的用户再度使用，可以寄送邮件、提供使用方式或设定上的建议等。

即使新创事业不打算寄送邮件或信息，也可以像前面所提到的色拉布例子一样，当使用者第一次用色拉布发送信息给朋友，并得到回复时，色拉布就会建议你再次发送信息给朋友。

更理想的情况是，当用户开始使用这项产品时，会逐渐累积使用产品时的记忆，形成“累积的使用者体验”，进而自动产生“想要再用一次”的想法。

举例来说，谷歌或脸书已渗透进我们的生活，就算运营公司没有极力宣传，仍有很多会持续使用。

让顾客熟练操作

比起第一次使用某产品，持续使用该产品一段时间后，使用者的操作应该会变得更熟练，进而提高使用的积极性。如果想提升使用者黏着度，这种“累积的使用者体验”便是一大重点（使用者体验黏着模型的⑦）。

游戏即为典型的例子。除此之外，像是照片墙或 Cookpad 这种用户生成内容（User Generated Content，UGC）服务的使用者在熟练以后，使用动机也会变得更强。这类服务能够让使用者在持续上传创作内容的过程中，逐渐提升照相、摄影等加工技术，或者是撰写食谱技巧，当他们获得其他使用者的反应的话也能提升使用这项服务的积极性。

对于 Mercari 或雅虎拍卖这类拍卖网站的卖家来说，使用的次数越多，便可累积越多技能（照相摄影、广告标语、定价、与买家的交流、包装技术等）以提高商品售出的价格，也能提升使用积极性。

让使用者投入资源

在《钩瘾效应》[1]一书中整理了一些提高用户对产品黏着度的方法，也介绍了一些有趣的研究结果。

① 《钩瘾效应：创造习惯新商机》[尼尔·埃亚尔、莱恩·胡佛（Ryan Hoover）著]一书中介绍了让用户在使用产品的过程中，逐渐提升其黏着度的方式“hooked model”。书中也提到服务提供商应给予使用者某些奖励，并整理了建构使用者体验的基本内容。

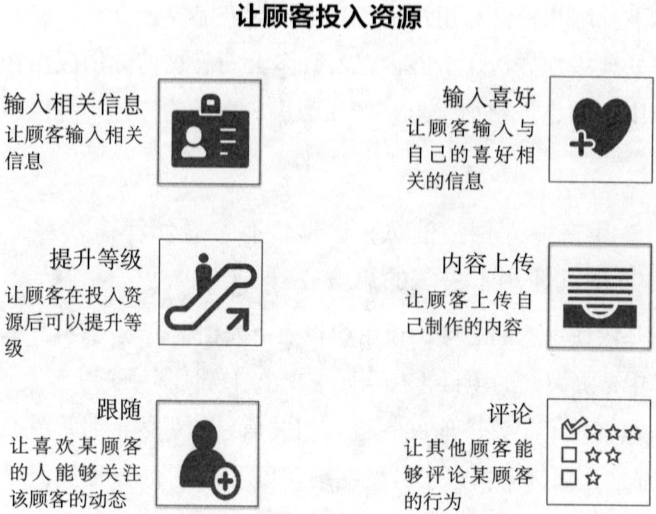

图 4-6-10

在一项实验中，研究者将某个折纸作品拿给受试者看，并请他决定价格。如果没有给予其他任何信息，只是单纯给对方看折纸作品的话，价格平均约为 5 美分。不过，如果让受试者知道这是由折纸专家制作而成的折纸作品，受试者定的价格平均为 25 美分。而在另一个实验中，其他受试者在为自己的折纸作品定价时，平均约为 24 美分。

这个实验结果显示，如果是自己付出劳力后完成的作品（投资劳力），人们会给予比较高的评价。

在《钩瘾效应》中，作者尼尔·埃亚尔（Nir Eyal）等人说明了让使用者投入资源的重要性。

如果能让使用者将时间、金钱、劳力、社会资本（社会地位、朋友关系等）、精神信仰、个人资料等各种资源投资在产品上，用户对产品的黏着率也会提高（使用体验黏着模型⑧）。

以下介绍几种借助用户体验让用户对产品投入资源，提升顾客黏着率的代表性方法。硅谷内已有许多公司将这些方法应用在自己的 app 上。如果您想加强自家产品与用户之间的连接，可以参考这类构想。

■ 让用户输入相关信息：让他们有“既然都输入那么多信息了，就继续使用下去”的想法

在开始使用产品之际，让用户输入个人档案，选择自己的兴趣、从清单中选择关注的项目，甚至要求交出身份证等……

当顾客投资了许多时间在输入相关信息的手续上时，就会觉得“既然都输入那么多信息了，就继续使用下去吧”，进而提高他们的使用积极性。

我并不是要创业团队刻意让使用者输入许多没有用的信息，而是希望创业团队能意识到，输入相关信息这个行为，会影响到使用者的黏着度，以及再次使用服务的概率。

当然，让用户输入信息时必然会造成用户操作上的负担，所以要下功夫设计要求信息的方式，如以对话方式引导用户输入信息、以美观易懂的排版方便用户选择选项等。如果输入信息的方式太过复杂，反而容易让使用者放弃。

让用户在看到产品之后马上就想使用是新产品的一大重点，所以也可考虑让用户在习惯产品使用方式后，再要求用户输入相关信息。

■ 选择喜好：使用者使用次数越多，商品推荐的精准度就越高

优兔、亚马逊、谷歌搜寻、脸书、新闻 app 的 Gunosy 与 Smart News 等，都有很高的使用者黏着度。

这些服务会以用户过去的使用记录与属性为基础，决定要推荐什么样的商品或信息给用户。这样的功能就是这些服务的核心。使用者在这些服务上花费的时间越多，推荐的精准度也会提升。对于未来将陆续登场的产品或服务来说，高精准度的推荐功能是相当重要的要素。

■ 提升等级：用户的等级会随着他们累积的经历而提升

在 CrowdWorks 网站上接案工作的人称作 CrowdWorker。当他们累积了足够经历时，CrowdWorks 会授予他们 Pro-CrowdWorker 的称号，代表他们是可信任的 CrowdWorker。有了这个称号之后，他们的接案成功率与案件单价会跟着提升。

这就是用户在产品或服务上投入时间与劳力之后，获得了奖励的机制。

■ 内容投稿：过去使用者自己的投稿会成为“拖油瓶”

有一种方法可以让使用者以内容的形式持续投资资源（知识、时间、劳力、社会资本）在产品上。

举例来说，使用者在某个美食社交网站上持续投稿了好几年，累积了大量上传内容的话，就不会轻易改用其他服务。使用者自己所累积的使用内容，也有着“拖油瓶”的功能。

■ 跟随别人与自己的跟随者：增强使用者与其他社群使用者的连接

社交网站的跟随功能，也是阻止用户转换平台的心理“拖油瓶”。像社交网站这种在使用时会关注别人的动态，也会有人关注自己动态的服务，会让使用者投资大量时间，累积大量的社交资本。当使用者在社交网站上累积的社交资本增加时，较容易取得他人的信任。

如果改用其他社交平台的话，这些资本就要重新从零开始累积起来，因此使用者不会轻易转换平台。

■ 将使用者的评价可视化：累积使用者的评价

不管是爱彼迎还是优步，如果没有用户评价功能的话，想必也不会那么流行。

如果爱彼迎的屋主能够准备好干净的房间，以及小小的惊喜（巧克力之类）取悦旅客，就能够获得较高的评价。与低评价的屋主相比，高评价的屋主可以设定较高的价格。

应给予持续使用的顾客奖励

对持续使用产品的顾客，应给予相应的“奖励”，这对于顾客黏着度的提升也有很大的帮助（使用者体验黏着模型⑨）。

如同我们所知道的，能够解决顾客拥有的问题是使用这个产品所能获得的最大奖励。不过除此之外，如果能让顾客感觉到这个产品有其他附加价值的话，顾客的黏着概率也会有飞跃性的提升。成功的新创团队会花许多心思在奖励的设计上，以下说明数种具体的做法。

图 4-6-11

■ 社交上的奖励

脸书上的“赞”、游戏里的使用者排名、mixi 内把来到自己的页面寻找信息的人可视化为“访问者”功能等皆属于社交上的奖励。

对社交类服务的使用者来说，如果其他使用者给他们很高的评价，他们就会想要一直使用这个服务。毕竟人类都有着想要获得周围人们认同的欲望。人们可通过与他人之间的关系、共鸣，获得喜悦与充实感。

■ 狩猎般的快感

过去时代中，人类以追捕猎物为生。就像追捕猎物一样，追寻信息的时候人们自然而然会觉得兴奋。Mercari 便利用了这一点来建构使用者体验。当用户输入想搜寻商品的关键词时，相关商品便会以瓷砖般的分布方式呈现。这会激发出用户想要找到目标商品的欲望，使他们持续往下滑动画面。

脸书用来显示用户投稿内容的“动态消息”页面，也有着这种让使用者感受到狩猎般快感的使用者体验。在我们打开脸书的时候，会因为想要看到更有趣的内容而一直在动态消息的页面往下滑，期待能够与未知的信息有一场命运般的相遇。

依照脸书的说明，平均一天会有 1 500 则投稿有资格被放入同一位用户的动态消息栏内。脸书会根据这些投稿的内容与使用者之间的关联强度，以及过去使用者对这类型投稿的反应，选出 300 则投稿显示在用户的动态消息栏内。

■ 成就感

如同“精灵宝可梦 GO”这类搜集游戏般，让玩家有“只要再搜集几只宝可梦就能够搜集完毕”的感觉，且能实际感觉到自己正一步步朝着目标迈进，故能够鼓励玩家持续玩下去。将减肥过程、准备考试过程与养成游戏结合起来的 app 也有一样的效果。像英语单词这种需要使用者付出努力，才能训练起来的技能，在训练时也常会用到这个概念。在用户完成一定课程目标后，会颁发认证书之类的奖励，以满足使用者的成就感。

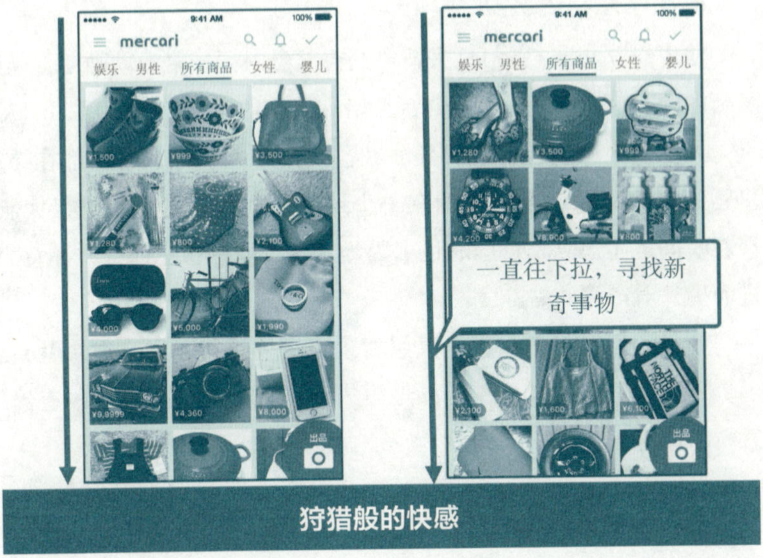

照片 Mercari

图 4-6-12

■ 自主性

让用户在产品的使用上有一定程度的自主性。即使是设定虚拟角色的功能，也能够让用户在使用产品时有种掌控一切的感觉。举例来说，在精灵宝可梦 GO 游戏的初期设定中，玩家可以改变虚拟角色（主角）的服装、发型等外表特征，甚至可以做到细节改变。某些信息 app 或社交网站也会让使用者可以调整主画面的背景及图标（icon）的颜色。就像是改变自己的房间布置一样，花点时间把环境调整成使用者自己喜欢的样子，可以让用户更加喜欢这个产品，提升对产品的黏着度。

■ 出乎意料的奖励

使用交友 app Tinder 来搜寻约会对象时须一直滑动画面，以显示新的配对对象。每次滑动时都会给人兴奋的感觉。

人类的大脑就像是一台随时在预测未来的机器，永远都在寻求事物的因果关系。要是突然有一个违反已知规则的信息进入大脑，会在瞬间乱了思路，但同时也会因为看到了新的信息而提升注意力，进而提升对产品的黏着度。

如果使用产品的过程一直照着预定进度进行，用户很快就会腻了，所以最好能将随机性巧妙地融入 app 内，让使用者偶尔有出乎意料的惊喜。

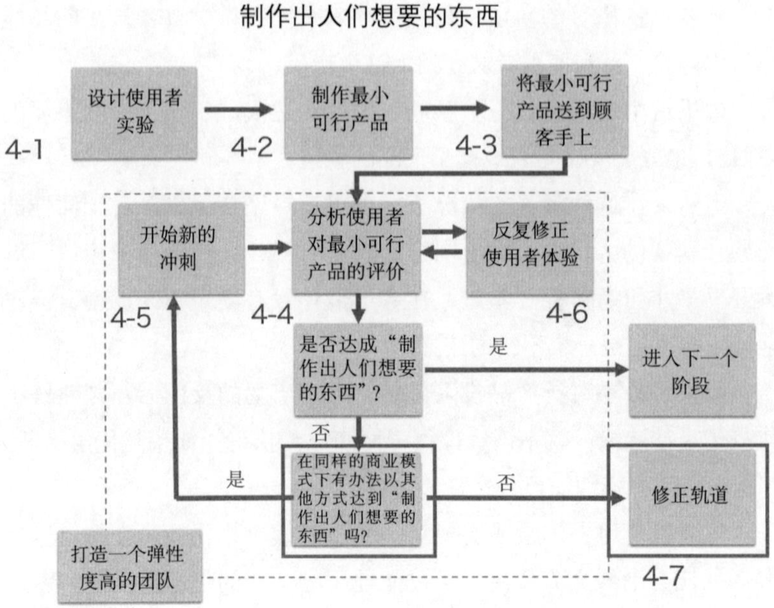

图 4-7-1

4-7 探讨是否需要修正轨道

该坚持下去，还是该修正轨道?

修正轨道也伴随着风险

将最小可行产品投入市场后，以定量方式与定性方式验证其结果，并依据使用者的回馈反复进行冲刺行动，持续改善产品的功能与用户体验，直到使用者疯狂爱上这个产品。

如果这个过程进行得不顺利，没办法达成“制作出人们想要的东西”，最好要反思是否该修正产品的轨道。

当然，在这种艰苦的状况下，也可选择坚持下去，对于同样的问题、同样的客户群，提出同样的解决方案、同样的商业模式，继续开发最小可行产品。不过，在客户群还没有固定下来以前，干脆地修正轨道也是一个不错的选择。

如果将最小可行产品投入市场，观察市场的反应后，判断修正轨道是最佳选择，就不该犹豫再三而应立刻执行。如果是优柔寡断，只会白白浪费资源而已。

与改善使用者体验或实现新的使用者故事相比，修正轨道这件事本身就会消耗庞大费用。尽可能地压缩金钱的消耗，虽然可以延长新创事业的持续期间，让新创事业在把钱烧光以前可以修正好几次轨道，但也不要忘了，修正轨道的次数还是有一定的限制。

修正轨道一定都伴随着伤害

修正轨道的过程，对新创事业来说不可能毫无伤害。一旦决定要修正轨道，至今与顾客间所累积的关系都会回到原点；原本经过全体团队成员讨论而制造出来的产品，也需要从头开始做起。

而且，即使想彻底进行最小可行产品的定量分析、定性分析，却会因为资源有限，使创业团队没有办法全面反思所有可能性。

因此，通常只能由创业团队自己以主观方式判断是否应该要修正轨道。但这么一来，团队成员中，一定有人会因为自己做出来的产品在修正轨道的过程中被舍弃而感到不满。所以在决定是否要修正轨道时，也需要考虑组织内的人际关系。

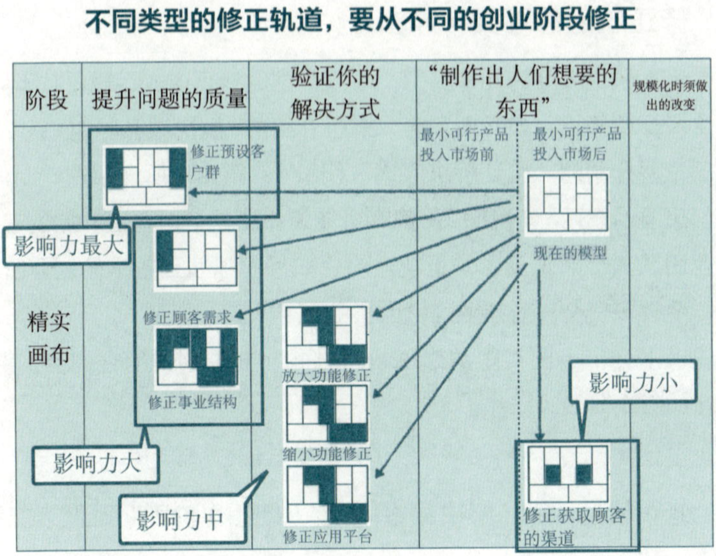

图 4-7-2

在修正轨道之前，创业者需要好好地向团队成员说明理由，争取所有人的认同。

以下列出几个在判断是否要修正轨道时需要注意的重点，供作参考。

- 即使经过许多次的冲刺行动，或者多次改善了使用者体验，也没办法提升使用者的黏着度。
- 虽然提升了使用者的黏着度，依照当前的成长速率来看，不可能达到控制市场的地位。
- 明白到再这样下去，未来公司的获利没办法达到当初投资金额的 5 到 10 倍。[①]

① 对于没有信用记录的新创事业来说，初期资金大多来自自己的资金以及从创投基金募集而来的资金。创投基金通常会要求在自己的资金退场（exit）时，能获得 5 到 10 倍的报酬。

修正轨道的种类与冲击

修正轨道可分为几种类型。不同类型的修正方式，需要从不同创业阶段开始修正。如我们在第二章所介绍的“解决顾客问题”(CPF)、第三章所介绍的“验证解决方式”(PSF)、第四章所介绍的“制作出人们想要的东西”(PMF)等,都有可能是修正轨道时再次开始的起点。创业团队需要意识到，修正轨道时，如果要返回到越早的创业阶段，就需要越多资金，对事业经营的影响也越大。

以下列出不同类型的修正轨道方式，并分别说明它们会回溯到创业的哪个阶段。

修正轨道回到“解决顾客问题”(CPF)阶段(回到第二章)

• 修正预设客户群（Customer Seqment Pivot)。

• 修正预设问题（Customer Needs Pivot)。

• 修正事业结构（变更事业结构，像是从B to B变更成B to C之类的)。

修正轨道回到“验证解决方式”(PSF)阶段(回到第三章)

• 放大功能修正（从产品中筛选出一部分功能进行修正)。

• 缩小功能修正（新增功能以扩大产品的适用范围)。

• 修正应用平台（从原本的应用程序的经营改为平台的经营，或者反过来。改变平台经营模式也属于此类)。

修正轨道回到“制作出人们想要的东西”(PMF)阶段

• 修正获取顾客的渠道(Channel Pivot,改变贩卖、流通的渠道)。

由修正轨道对计划所造成的影响大小（回溯的程度）来看，影响最大的是“修正预设客户群”。这需要重新制作一个精实画布，从新创事业的前提条件、顾客的设定重新做起。

影响同样很大的还有“修正预设问题”与“修正事业结构”。虽然预设顾客仍相同，但关注的需求却有所改变，故须从问题假说的建立重新做起。

修正事业结构时，想解决的问题仍相同，但商业模式会从 B to C 变成 B to B（或者是从 B to B 变成 B to C）。

放大功能修正与缩小功能修正前后的默认客户群基本上是相同的，想解决的问题也是同一个。不过这类修正会借助缩小或扩大解决方案的适用范围来改变新创事业的轨道（某些情况中，可能不会改变解决方案，而是改变想解决的问题与预设客户群）。

成功修正轨道的例子

优惠券的团购网站高朋在 2007 年创业时名称为“The Point”，当时他们想做的是一个可以让拥有相同问题的人联署进行游说活动的平台。

试着想象“The Point”的精实画布，他们的预设客户群是游说活动家，想解决的问题是“（虽然想要改变法律或行政条例，却因为）只有一个人而难以发挥影响力”。而其解决方案则是提供“联署”这样的功能。

“The Point”虽然保持着还不错的黏着率，却没有出现爆发性的成长。因此在 2008 年时，便修正了预设客户群，从“想联署的人”改变成“想团购的人”。

想团购的人与想联署的人一样，都是想发挥共同影响力，影响较大的组织，只是从政府改成了大型厂商或大型流通企业。对于这样的顾客,新创团队提出“团购可以节省金钱花费”的价值提案假说,开创了一个新的产品市场(“一个人难以发挥影响力”的问题设定并没有改变)。

他们发现,在试着将产品修正为团购网站后,不仅保有了原本使用者的影响力,对于团购对象的餐厅、美容院来说,在招揽顾客上也有一定的效果。这些店家不需要花费大笔预算在广告上,使招揽每单位顾客所需的成本(CPA)大幅下降。

高朋与爱彼迎类似,是一个可以同时解决需求方(购买优惠券的人)与供给方(零售店等店铺)的平台。在修正了预设客户群之后,高朋以惊人的速度成长,至 2011 年时市值总额达到了 130 亿美元,并成功在美国纳斯达克交易所上市。

提到成功修正轨道的例子,就不可能不提照片墙这个服务。照片墙是一个可以让使用者分享照片的社交 app,在现在的年轻人之间受到了压倒性的支持。照片墙在创业之初是一项名为“Burbn”的服务,可以让使用者分享当下所在地的位置信息,是一个社群打卡 app。虽然也可以拍照上传分享,但基本上还是以分享位置信息这个功能为主,就像是让人在有名的观光景点或餐厅打卡的 Foursqure 一样。

然而,在将最小可行产品投入市场,验证哪种功能更经常被使用时,却发现使用者最常用的却是照片分享的功能。于是创业团队为了让 app 更符合使用者的需求,进行了放大功能修正,加强分享照片的功能。

创业团队将产品从“附有分享照片功能的打卡 app”转变成“附有打卡功能的照片分享 app”。并“强化滤镜功能,让用户能加工出更漂亮的照片”,以及“提升照片的上传速度”,让用户更能享受分享照片的过程。

修正轨道后：高朋（Groupon）的精实画布

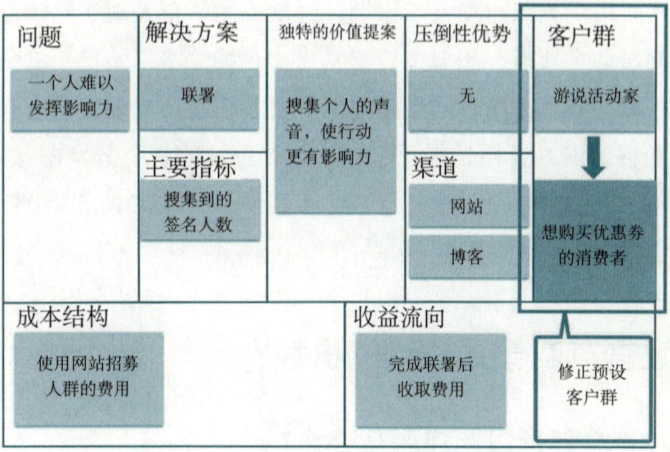

图 4-7-3

Groupon的精实画布是以至今对该公司的报道为基础由本书作者整理而成。

也就是说要“从用户的观点琢磨产品”，以达成“制作出人们想要的东西”。2012 年，照片墙开始运营后仅过了一年半，便被脸书以 10 亿美元的价格收购。这时照片墙的营收还是零，员工也只有 13 人。当时很多人批评“脸书真是买了个贵得不得了的东西”。但到了现在，照片墙的活跃使用者已达到 7 亿，可以说是脸书买下的许多公司中最为成功的一个。

其实视频分享网站优兔（YouTube）也曾经修正过轨道。优兔的前身是一个在 2005 年时成立，名为“Tune in Hook Up”[①]的视频分享网站，让使用者可以与其他人配对交友。当时他们认为，单靠照片或文字还是没办法了解对方，所以他们提出了“以视频介绍

① “Tune in Hook Up”意为“借助这个渠道连接（到你的对象）”。

自己，减少配对错误机会”的价值提案。

然而用户成长速度不如预期，且创业团队也发现实际情形与他们的问题假说相反，想要单纯将其当作视频分享网站使用的使用者占了很大的比例。所以之后创业团队便不再把产品设定为寻找约会对象的视频网站，而是修正平台，改往单纯的视频分享网站发展。2006 年，优兔在创业后只过了一年半，便被谷歌以 16 亿 5 000 万美元的价格收购。

还有几次修正轨道的机会？

在资金耗尽以前还剩几个月？

新创事业的工作，就是与顾客对话，并通过定量测量的结果，制作出会让顾客为之疯狂的产品。要是没办法制作出黏着度高的使用者体验，不管再怎么琢磨功能或追加新功能都不受顾客欢迎（无法达成“制作出人们想要的东西”）的话，就需要修正轨道。

前面也有提到，修正轨道会消耗资源与成本，所以不可能在毫无损失的情况下完成轨道的修正。新创事业在资金耗尽（burn out）[①]以前，还撑得下去的期间又称作跑道（runway）[②]。也就是说，如果没办法在冲到跑道尽头前起飞，出现 J 型成长曲线的话，新创事业就会失败。

新创团队必须思考，在资金耗尽以前还有几次修正轨道的机会。

埃里克·莱斯的著作《精实创业》中，列出了三项达成“制作出

① 计算新创事业每个月必须花费的金额，可得到资金消耗速率（burn rate），包括房租、人事费、开发费等。

② runway 原指机场跑道，这里用来表示在达成规模化、事业起飞以前，新创事业还能撑多久时间。详情如后述。

人们想要的东西”之前新创事业的创业者应达成的财务指标具体如下。

(1) 资金消耗速率。

(2) 资金何时会耗尽?

(3) 在资金耗尽前可以修正轨道几次?

首先，新创事业需要把关好资金消耗速率。许多新创事业在产品还没被市场接受以前就扩张公司规模，例如雇用过多人力，或者是明明还没达成“制作出人们想要的东西”，却大肆广告以争取大量顾客，使资金消耗速率过高，最后导致公司破产。

其次，在达成“制作出人们想要的东西”之前，应尽可能减少现金流出，具体做法包括以股票或选择权代替薪资、自行制作产品、以博客的内容营销取代商业广告等。尽可能地拉长跑道，使商业模式与产品有足够的时间达成“制作出人们想要的东西”。

如果在多次冲刺行动后，还是无法增加使用者黏着率的话，就必须思考是否该修正轨道。为以防万一，创业团队最好能先研究过至今所介绍的各种修正轨道方式，计算出每次修正轨道时需要花费多少资金。在没有任何准备之下就修正轨道只是浪费资金，使资金耗尽的时间提早到来。

常见却不恰当的修正轨道行动

以下列出几种常见于新创事业，却不恰当的轨道修正行动。

■ 因为工程师的不足而修正轨道

在“验证解决方式”的阶段中证实了顾客拥有某个待解决问题，却因为工程师的不足，只好不情愿地放弃这个构想，修正轨道去做其他产品。我看过很多这种案例，这些新创事业实在是相当可惜。

这类案例多是因为新创事业的团队没有找到优秀的工程师，才会造成这种情形。然而阐述愿景、吸引稀有优秀人才加入团队也可说是新创事业的重要工作，因此团队应该要积极去寻找人才，避免因为工程师这项资源的不足，使创业必须修正轨道。

■ 与顾客意见无关的修正轨道行动

在与业务合作对象或投资者讨论合作、投资方案时，有些新创团队会忽略顾客的意见（第一线信息），直接修正事业轨道。

特别是在达成“制作出人们想要的东西”之前，与大型企业谈业务合作时，比起倾听顾客的意见，新创团队很可能会把较多的注意力放在合作对象的动向上。

就结果而言，新创团队并没有基于顾客的问题提出解决方案，而是站在产品制造者的立场上，单方面地决定修正轨道。

这种修正轨道行动，几乎不可能做出预设客户群会想要的产品。

■ 过于主观，未经验证就去做的修正轨道行动

“总觉得这样不太对。”

“我又想到了一个感觉还不错的构想。”

无论是哪种，都不是由定性分析、定量分析所得到的结果，不能当作修正轨道的理由。这种由创业团队主观决定的修正轨道行动相当常见。要 100% 排除主观性并不是件容易的事，然而创业团队须尽可能地从定量性数据中看出顾客对产品的想法。除了用于判断是否要修正轨道之外，定量性的资料也是获得团队成员认同时的必要参考依据。

■ 做得不够彻底的修正轨道行动

这样的例子也经常发生。没有彻底地琢磨过产品的用户体验与功能应该要如何改善，就早早决定要修正轨道。这大多是因为创业

者的毅力不足。创业时，行动大胆与速度快是很重要的事，然而毅力也同样重要。如果已将产品投入市场，就不应过早撤出，而是要在充分学习了必要信息、仔细验证完该验证的事项后再做下一步打算。轻易决定要修正轨道，不但学不到东西，还会加速资金的消耗。

COLUMN

打造一个弹性度高的团队以达成“制作出人们想要的东西”

将最小可行产品投入市场，以达成“制作出人们想要的东西”为目标。处于这个阶段的创业团队，人数大多在 3 到 10 人之间。

这时的创业团队，业务以最小可行产品的建构为主，不过在这个阶段中也要开始招揽使用者以加强使用者体验，甚至也要开始强化公司的管理体制。从募集资金的角度来说，是从前种子期迈向种子期的阶段。

在以“制作出人们想要的东西”为目标的阶段中，如果确定要修正轨道，那么许多前提条件可能会被推翻。所以对于这个阶段的团队来说，须考虑三大重要事项。

1. 弹性

工作时须以情况随时会出现变化为前提。碰上不同情况时，资源的分配也须跟着调整，还须打造出能够随时调整工作流程及工作分配的团队（不能仅以由上而下的方式俯瞰市场）。

第四章中所介绍的冲刺画布与冲刺看板等，是在开发最小可行产品时，能让每一个团队成员掌握开发进度的工具。创业团队应善用这些工具，让成员间的交流更为紧密，建构出以产品应用现场为主体，能够弹性调整开发计划的团队体制。

2. 毅力

这里说的毅力也有人称之为抗压性（resilience）、沮丧时能马上再站起来的能力等。无论如何，这种毅力是新创事业必须的力量。

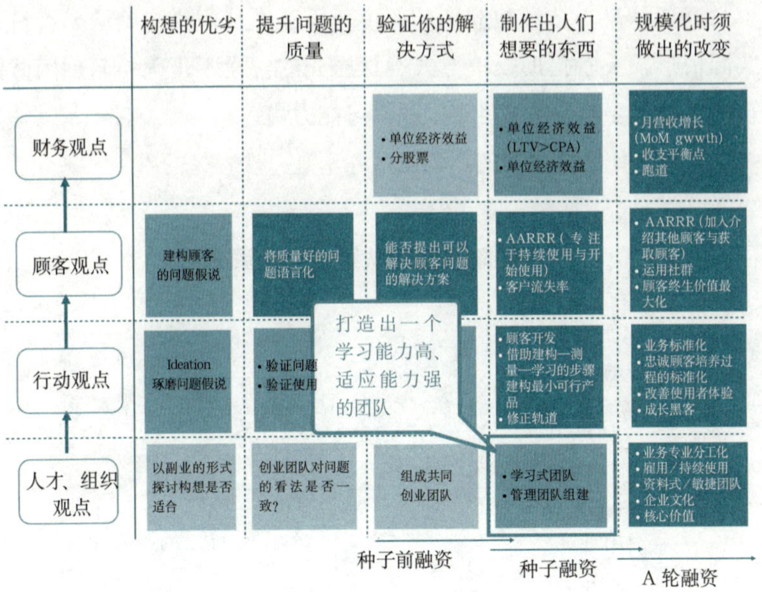

图 4-8-1

总而言之，新创事业随时都处于不稳定的状态。不论是募集资金还是开拓产品销售通路，都常常会被他人拒绝而感到沮丧。将产品以最小可行产品的形态投入市场时，一开始一定有一大堆问题，有时还会收到许多使用者的抱怨。这时，创业团队需要的是能够随时恢复平时精神状态、持续做好该做的事的弹性与精神回复力。

3. 学习能力

舍弃原来的假说与解决方案再建立新的假说与解决方案，顺利的话，可以在连续的废弃与重建（scrap and build）过程中学到新东西；就算进行得不顺利，为了维持新创事业的存续，也要尽可能从中学到新信息。持续建立新的假说，验证这些假说，确认是否符合实际情形，或者借助反证方式确认原先的假设不正确。新创团队的初期成员需要的就是这种很强的学习能力。

要定义什么是成功的新创团队并不是一件容易的事。

不同阶段的团队组成与资源分配

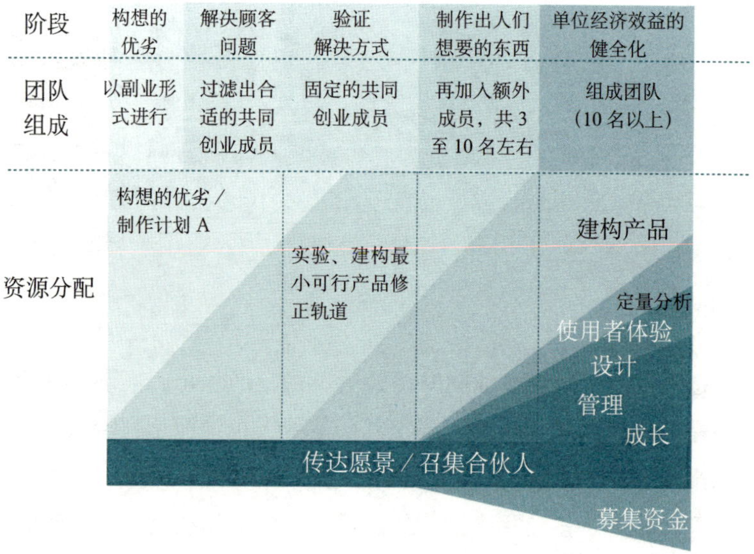

图 4-8-2

不过，要定义什么是失败的新创团队就简单多了。以上提到的要素只要少了任何一个，就有很大的可能会失败。专业能力与技术自不用说，强健的心理也是新创团队不可或缺的要素。在寻找团队初期成员时，要看的不只是对方拥有多强的程序能力这种显而易见的技术或知识，而是要与对方实际深谈，了解他的心理层面。

第五章

规模化时须做出的改变

本章目的

☆ 测量每单位顾客的可获利性（5–1）。

☆ 使来自每单位顾客的获利（LTV）最大化，招揽每单位顾客所需的成本（CPA）最小化，确立能够规模化（扩大事业）的公司体制（5–2、5–3）。

到这里，创业团队已同心协力渡过了创业的最大难关，制造出会让顾客疯狂爱上的产品（“制作出人们想要的东西”）。

“终于可以靠规模化（事业扩张）来回收之前的投资了！”

但在这之前还需要考虑一件事。

那就是要评估单位经济效益，也就是要让每单位顾客的可获利性稳定化、健全化。所谓的单位经济效益，是用来表示每获得一位顾客时，会增加多少获利或增加多少损失的指标。或许这个指标没那么有名，但这在新创事业中是相当重要的指标。

大多数的新创事业都倾尽全力达成“制作出人们想要的东西”，却几乎不会去评估这些产品有没有达成单位经济效益化。

要是在没有评估每单位顾客的可获利性的情况下，贸然将产品投入市场进行规模化，只会让新创事业陷入赤字危机。

之前明明花了那么多精力在“制作出人们想要的东西”的达成上，好不容易做出了梦寐以求的产品，却因为不当的规模化，使公司须面对资金耗尽的危机。

单位经济效益便是一个能够由产品获利性，判断新创事业是生是死的指标。

单位经济效益的计算并不困难，只要求出来自每单位顾客的终生价值（LTV），再减去招揽每单位顾客所需的成本（CPA）就可以了。

即使得到无法获利的结果也无须过度担心。大部分的新创事业在这个阶段时，单位经济效益都是负的，只要再想办法提升每单位顾客终生价值和削减招揽每单位顾客所需成本，那么通过规模化来取得更大的成功并不是难事。我们会在作为最终章的第五章中说明具体做法。

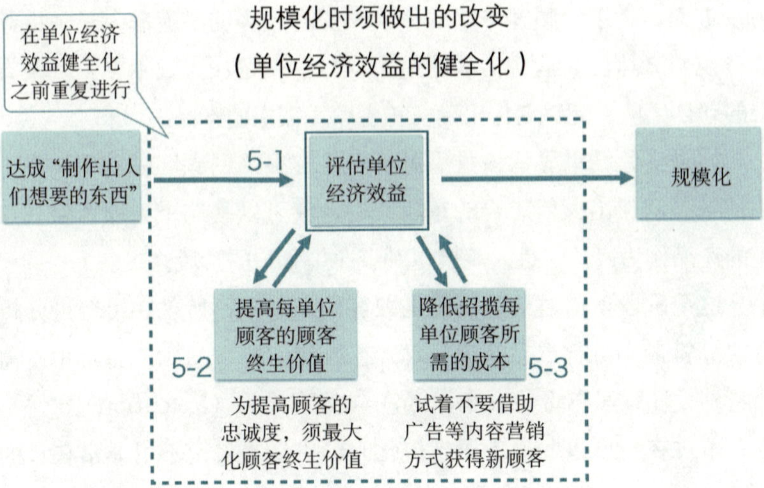

图 5-1-1

5-1 评估单位经济效益

打造顾客增加后收益也会增加的商业模式

从部分最优化到整体最优化

在达成“制作出人们想要的东西”之前，创业者须时常面对顾客，不停制作最小可行产品以进行实验，让团队得以从中学习到新信息。

另一方面，为了给顾客更好的体验，提高顾客的黏着率，还须持续改良使用者体验。这些活动的最大目标，就是让人数不多、资源有限的新创团队，能够制作出确实符合顾客需求的产品。

如果实验结果显示该最小可行产品有很高的顾客黏着率，终于达成了“制作出人们想要的东西”时，就可以将这个为顾客疯狂热爱的产品作为武器，进入规模化（事业扩张）的阶段。

这个阶段以前，最重要的是顾客的黏着率，所以在用定量分析方法分析最小可行产品的评价时，在所使用的 AARRR 指标中，需要特别关注顾客启动（Activation）与顾客维持（Retention）。

不过在新创事业准备要规模化时，也要将之前不用非常在意的另外三个指标，顾客获得（Acquisition）、顾客推荐（Referral）、收益提升（Revenue）纳入考虑。只有努力提升这些指标，使单位经济效益更加健全，才能在增加顾客的同时也增加获利。

单位经济效益指的是企业可从每单位顾客获得的利益（若是 B to B 的产品，就是企业可从每一家公司客户获得的利益）。具体来说，单位经济效益就是每单位顾客的终生价值（LTV）减去招揽每单位顾客所需的成本（CPA）。如果顾客终生价值减去招揽每单位顾客所需成本后得到的是正数，就表示单位经济效益处于健全的状态（LTV>CPA）。

要让单位经济效益为正，就必须减少获得顾客的成本（降低 CPA），或者是尽可能拉长每一位顾客使用产品的时间，以最大化利益（提升 LTV）。

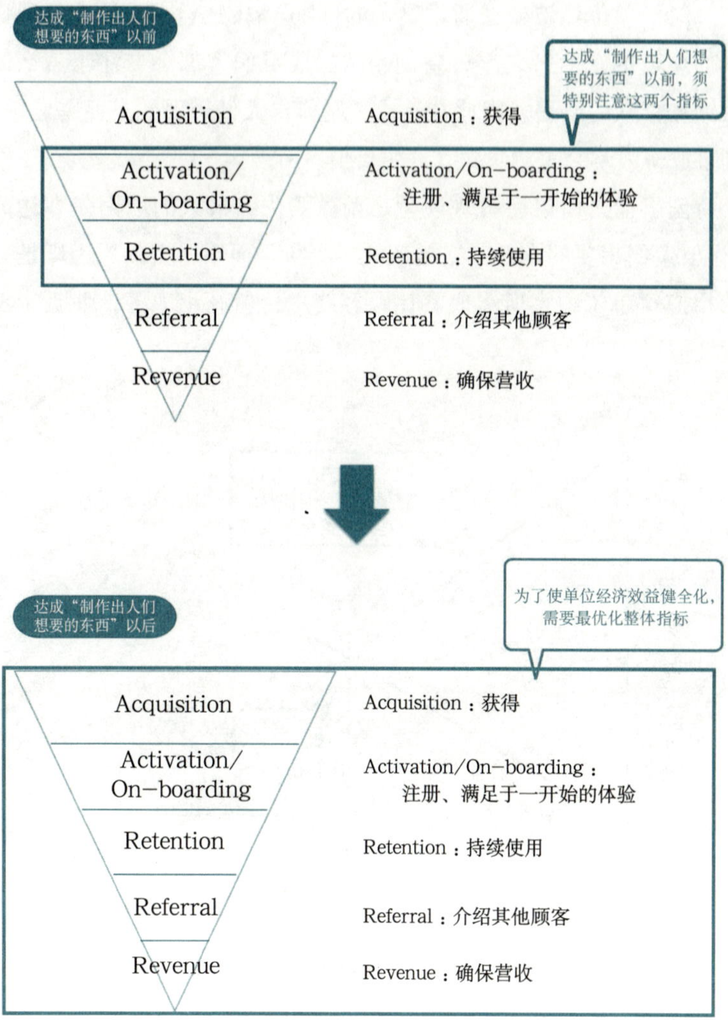

图 5-1-2　达成“制作出人们想要的东西”后，所有 AARRR 指标皆须纳入考虑

为什么对于新创事业来说，在规模化以前健全化单位经济效益那么重要呢？因为一般来说，新创事业刚达成“制作出人们想要的

东西”时，单位经济效益通常是负的（LTV<CPA）。在达成“制作出人们想要的东西”之前，新创团队的成员们大都会专注于怎么制造出顾客喜欢的产品。因此在达成“制作出人们想要的东西”之前，新创事业一般不会去测量顾客终生价值。

新创事业之所以会在规模化之前就消失，最大的原因是在达成“制作出人们想要的东西”之前就耗尽资金，而第二大的原因则是公司的招揽每单位顾客所需成本比顾客终生价值高出太多，使资金出现短缺情形。

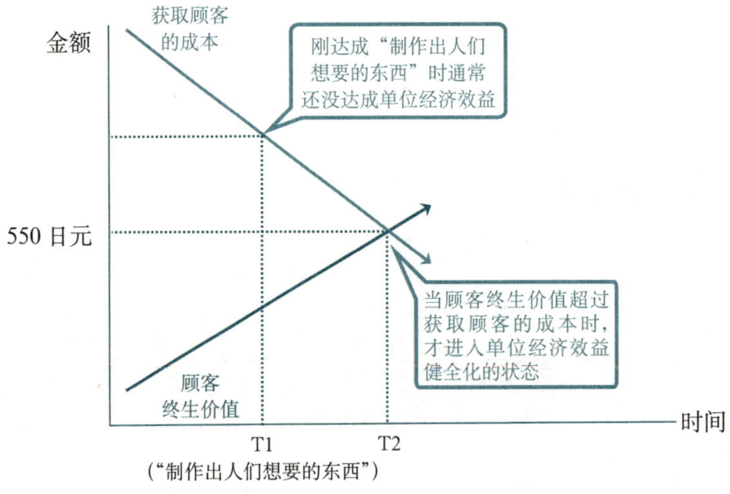

图 5-1-3

如果要回避这样的危机，就必须确认单位经济效益的现状，以确保公司在规模化之后能够获利。

让我们实际来看看该如何计算单位经济效益吧。

举例来说，如果达成“制作出人们想要的东西”时，招揽每单位顾客所需成本为 800 日元，顾客终生价值为 400 日元，那么每增加一位顾客，新创事业就会损失 400 日元。如果在这种情况下规模化，资金流失的速度就会越来越快。

本章将会说明改善单位经济效益的方法，但有一点要特别注意，那就是单位经济效益的健全化策略并不会马上见效。实施这些策略时自然需要一些成本，因此短期内会使现金流稍微恶化，使达成盈利的时间点再往后延。

然而在进行单位经济效益的健全化时，新创团队没有必要过于在意短期现金流的恶化。确保新创事业新的商业模式能够持续产生获利，才是最重要的工作。

先不要规模化

以下将介绍一个在没有考虑到单位经济效益健全化的情况下，就将公司规模化的案例。

2013 年创业的美国新创事业，Washio 是一个随选式（on-demand）干洗服务，可以在你需要的时候前来收取脏衣服送去干洗。在 2014 年时，Washio 成功募集到了 1 000 万美元的资金，走上成长轨道。然而，在第一个展开这项服务的城市内，他们每个月都会流出数万美元的现金。但他们却没有着手改善单位经济效益，而是立刻将服务拓展到美国的六个城市。他们为了追求营收和用户数而一口气规模化，但每个月的赤字也扩大到 50 万美元。虽然他们在资金即将见底时试着募集更多资金，但却暴露了他们的单位经济效益尚不健全的状态，使他们最终不得不停止运营，并将公司卖掉。

以 Washio 的情况来说，他们需要早一步进入市场，利用网络效果等规模化的优点占得先机，以避免其他竞争者加入。然而在产品本身的单位经济效益还没确立之前就扩大事业规模，却是个无谋之举。

像 Washio 一样，一开始就募集到数百万美元的资金，看起来很有希望的新创事业，却因为单位经济效益尚未健全而失败的例子比比皆是。

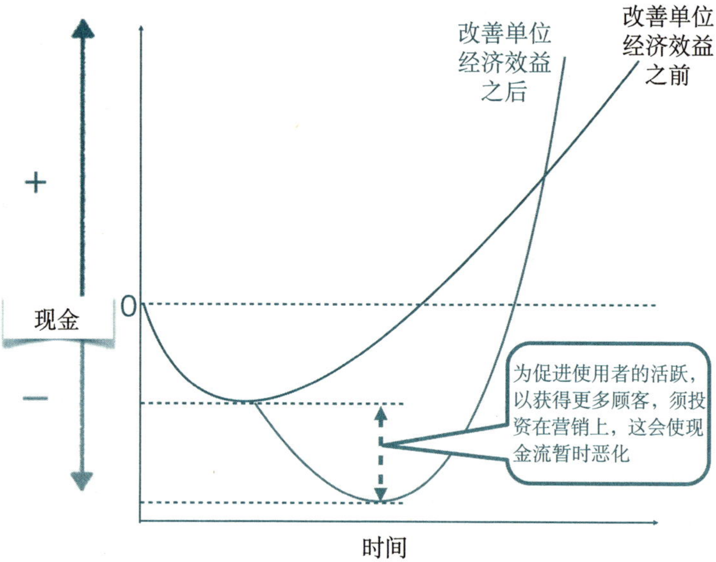

图 5-1-4

Y Combinator 的保罗·格雷厄姆曾说过“不要规模化”[①]，我认为这应该解释成在达成“制作出人们想要的东西”后“在实现单位经济效益健全化之前，不要以规模化为目标”才对。

① 保罗·格雷厄姆的发言引用自他的个人网站：http://paulgraham.com/ds.html。

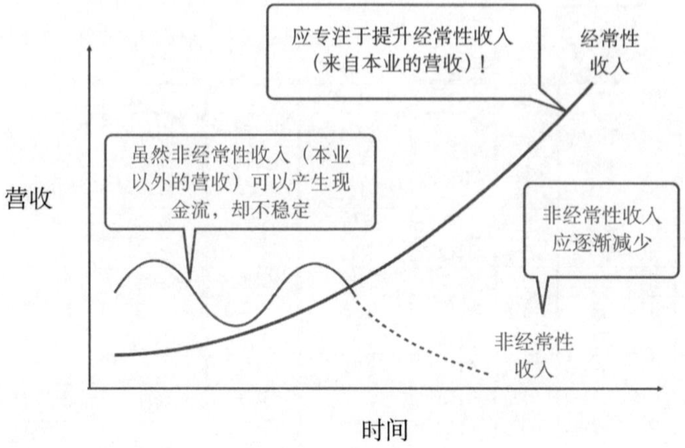

图 5-1-5

专注在本业的营收上

在测量单位经济效益时有一个很重要的前提，就是要将自家公司的营收分为经常性收入（recurring revenue，来自本业的营收）以及非经常性收入（non-recurring revenue，本业以外的营收），且只将前者列入计算。

Recurring 为“循环、反复出现”之意。说得再详细一点，经常性收入指的是由公司的核心业务产生，“来自本业且持续不断的收入”。对 SaaS①这类定期更新型的网络服务来说，经常性收入指的是每个月向顾客收取的费用；对电子商务产业来说是贩卖商品的营收；对拍卖网站等市集型服务②则是顾客成交时所付出的手续费。

---

① SaaS 为 Software as a Service 的简称。这类服务将过去属于系统一部分的软件，或需要安装的软件放在云端提供服务。这可以减少用户对系统的维护管理费用。

② 市集型服务指的是像网络拍卖般，经营一个市场平台，让商品的供给者（卖家）与需求者（买家）在这里交易，并收取交易手续费的商业模型。

sub KPI（A）　sub KPI（C）　sub KPI（E）

SaaS 式订阅服务事业的商业模式的顾客终生价值计算方法

	A	B	C	D=B×C	E	F=D×E	Σ（F）
	月解约率 (churn rate)	维持率	顾客平均单价	平均每位顾客贡献的月营收	毛利率	平均每位顾客贡献的月盈利	累积利益（顾客终生价值）
第一个月	5%	100%	$100	$100	50%	$50	$50
第二个月	5%	95%	$100	$95	50%	$48	$98
第三个月	5%	90%	$100	$90	50%	$45	$143
第四个月	5%	86%	$100	$86	50%	$43	$185
第五个月	5%	81%	$100	$81	50%	$41	$226
第六个月	5%	77%	$100	$77	50%	$39	$265
第七个月	5%	74%	$100	$74	50%	$37	$302
第八个月	5%	70%	$100	$70	50%	$35	$337
第九个月	5%	66%	$100	$66	50%	$33	$370
第十个月	5%	63%	$100	$63	50%	$32	主要 KPI
:	:	:	:	:	:	:	:
第 N 个月	5%	0%	$100	$0	50%	$0	$1000

D 列的“平均每位顾客贡献的月营收”是由“当月营收除以维持率为 100% 时的顾客数（即第一个月的顾客数）”计算而得。

图 5-1-6

另一方面，非经常性收入指的是来自核心业务以外，“非来自本业而无法持续不断的收入”，如产品开发委托费、顾问费、咨询费、客制化手续费、功能实装费、不定期获得的营收等。

来自本业以外的营收虽然也可以产生现金流，但由于并不是本业营收，因此不能算在单位经济效益内（而且产品开发委托之类的商业模式很难规模化，无法成为新创事业的支柱）。

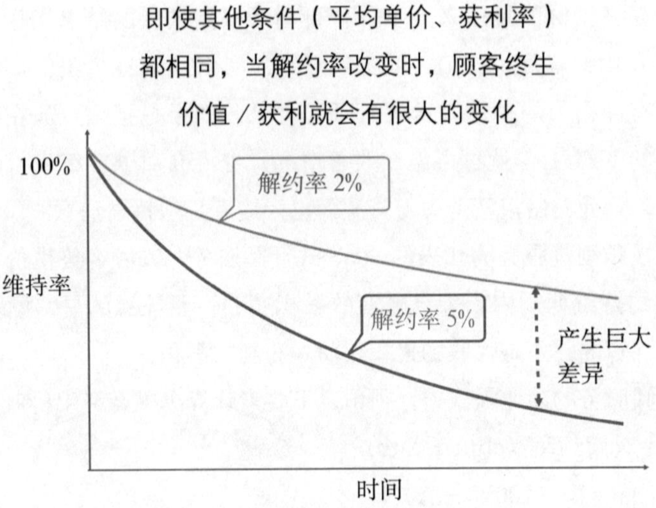

图 5-1-7

新创事业应尽可能减少非经常性收入，专注在提升经常性收入上。

如果是开发产品时的焦点与资源分散至本业以外的工作，那么创业团队平常就会被各种工作进度追着跑，错失规模化的时机。脸书的 CEO 马克・扎克伯格在 2004 年服务刚启用时，曾为了活用工程师的才能而接下一些委托业务，不过在脸书业务开始急速成长时，便不再接受委托业务，专心在本业上。

计算顾客终生价值

计算顾客终生价值 1

定期更新型的关键是“解约率”

为了说明如何计算单位经济效益，让我们先从一些案例来看如何计算顾客终生价值。

顾客终生价值是用来表示各种行动所得到结果的结果指标。如果要最大化顾客终生价值，就必须仔细思考对顾客终生价值影响最大、最有冲击力的关键因素或 KPI 是什么。如果是把焦点放在冲击力不足的 KPI 上，就算再怎么改善情况，也不会对顾客终生价值造成影响，只会白白浪费劳力与资源而已，这点必须特别注意。

以视频浏览服务为代表的 SaaS 式订阅服务，其顾客终生价值为订阅契约持续期间内，来自顾客的累积获利。要注意的是，顾客终生价值计算的并不是营收的累积，而是获利的累积。

订阅服务的商业模式中，须由以下要素计算出顾客终生价值。

A：月解约率（churn rate）

B：维持率（100% − A）

C：顾客平均单价

D：平均每位顾客每个月贡献的营收（B 营收）

E：毛利率

F：平均每位顾客每个月贡献的盈利（D × E）

Σ（F）：累积获利（顾客终生价值）

像这样将顾客终生价值因子分解后，就可以知道关键的 KPI 是什么。要提高订阅服务的获利，关键就在于月解约率。

解约率的效果会逐渐累积。即使平均单价与毛利率等条件都相同，只要解约率改变了 1%，都会对顾客终生价值造成很大的影响。

顺带一提，如果商业模式是 B to B，那么当企业顾客的规模越大时，解约率的目标值通常会越低。这是因为，当企业顾客的规模越大，要改用其他服务时，转换成本会相当高，因此不会随意解约。

企业顾客的规模越大，在销售上所消耗的时间就越长，签下契约前所花费的金额也越大。不过，一旦选定服务供货商，通常会签下有效期间很长的契约。因此，B to B 的新创事业为了提升单位经济效益，通常会瞄准大型企业客户。

另一方面，个人企业或中小企业的解约率就相当高了。小企业的事业内容本身容易出现变化，也有很高的概率倒闭。所以订阅型服务[①]的解约率相对较高。

站在硅谷创业投资者的角度来看，顾客是个人企业、中小型企业时，订阅型服务每个月的解约率应以 3% ~ 7% 为目标；顾客是大企业时，则应以 0.5% ~ 1% 为目标。

此外，对于一般的订阅型服务来说，顾客终生价值应为招揽每单位顾客所需成本的 3 倍以上才是理想状态。招揽每单位顾客所需成本是在顾客开始订阅前所花费的成本，而顾客终生价值会以现金的形式逐渐累积起来。根据过去许多新创事业的所得到的经验，如果要有效运用资金，顾客终生价值应为招揽每单位顾客所需成本的 3 倍左右最为恰当。

要改善单位经济效益，可使用同类群组分析法（cohort analy-sis）[②]分析顾客解约率随时间的变化，并持续改善以降低解约率（图 5-1-8）。

① 订阅型商业模式的解约率参考自托马斯·通古兹（Tomasz Tunguz）的博客。他是美国 Redpoint Ventures 的创业投资家。
http://tomtunguz.com/saas-innovators-dilemma/

② 同类群组分析法是借助比较不同群组使用者的行为，分析出团队策略的改变会对产品的表现有什么影响，再将分析结果作为新创事业制定策略的参考。

以同类群组分析法计算黏着率

每个月的付费会员维持率（%）

顾客成为付费会员的月份

	16/6	16/7	16/8	16/9	16/10	16/11	16/12	17/1	17/2	17/3	17/4	17/5
16/6	100	40	20	11	9	7	6	6	5	5	4	3
16/7		100	41	21	12	9	7	6	6	5	5	4
16/8			100	41	22	12	10	8	7	6	6	5
16/9				100	42	22	12	10	8	7	7	6
16/10					100	43	23	13	11	9	8	7
16/11						100	43	24	14	11	9	8
16/12							100	43	25	14	12	10
17/1								100	44	26	15	12
17/2									100	44	27	16
17/3										100	45	28
17/4											100	45
17/5												100

可计算出顾客黏着率是否会随着时间推移而增加

如上图所示，同类群组分析法中不使用解约率，而是直接由会员数目相除算出“维持率”再进行下一步分析。

图 5-1-8

同类群组分析法在第四章提到定量验证时就有介绍过了。如果分析结果显示解约率没有下降的话，就必须借助访谈顾客厘清原因，将消除顾客不满列为最优先事项。

另外，或许你已经发现，到了以改善单位经济效益为目标的阶段时，新创事业在做的就不是最小可行产品之类的实验性计划，而是真正把它当作一门生意，致力于追求获利。创业团队需要制订出明确的获利目标，并讨论该如何行动才能够达成目标。在追求单位经济效益的健全化时，新创事业应逐渐转变成以规模化为目标的组织，也就是一般的公司组织。

计算顾客终生价值 2

随着产品的不同，电子商务[①]型事业的 KPI 也有所差异

计算电子商务型事业的顾客终生价值时，须参考的要素如下（图5–1–9）。

A：每个月的购买概率

B：平均一次购物中所购买的商品数

C：平均每个月所购买的商品数（A×B）

D：平均一个商品所贡献的营收

E：平均每个月的营收（C×D）

F：毛利率

G：平均每位顾客每个月贡献的获利（D×E）

Σ（G）：累积获利（顾客终生价值）

① 电子商务所贩卖的商品，与提升相关 KPI 的策略的关系，参考自阿利斯泰尔·克罗尔的著作《Lean Analytics—新创事业的数据分析、应用方法》。作者将该书的内容简化后放进本书内。

电子商务型事业的商业模式的顾客终生价值计算方法

sub KPI（A） sub KPI（B） sub KPI（D） sub KPI（F） 主要 KPI（$148）

	A	B	C=A×B	D	E=C×D	F	G=E×F	Σ (G)
	平均每位顾客							
	每个月的购买概率	平均一次购物中所购买的商品数	平均每个月所购买的商品数	平均一个商品所贡献的营收	平均每个月的营收	毛利率	平均每位顾客每个月贡献的获利	累积获利（顾客终生价值）
第一个月	100%	1.2 个	1.2 个	$105	$126	40%	$50	$50
第二个月	40%	1.5 个	0.6 个	$103	$62	40%	$25	$75
第三个月	24%	1.5 个	0.36 个	$99	$36	40%	$14	$90
第四个月	18%	1.5 个	0.27 个	$97	$26	40%	$10	$100
第五个月	15%	1.5 个	0.23 个	$97	$22	40%	$9	$109
第六个月	13%	1.5 个	0.2 个	$96	$19	40%	$7	$116
:	:	:	:	:	:	:	:	:
第十个月	8%	1.5 个	0.12 个	$102	$12	40%	$5	$140
第十一个月	7%	1.5 个	0.11 个	$102	$11	40%	$4	$144
第十二个月	7%	1.5 个	0.11 个	$103	$11	40%	$4	$148

图 5-1-9

电子商务的商业模式中，提升顾客终生价值的 KPI 包括毛利率、购入次数、平均一个商品所贡献的营收三个。但要特别注意的是，随着贩卖商品的不同，电子商务在管理 KPI 上的策略也会有所差异，如下所示。

• 二手车、住宅、结婚典礼场地、保险：

价格高，一年内再度购买的概率很低，因此应着重在招揽新顾客上。

• 民宿、机票、研讨会：

招揽新顾客与培养顾客忠诚度等两方面的政策都需要进行。

• 化妆品、衣服、营养品：

一年内再度购买的概率很高，因此应致力于培养顾客忠诚度。

计算顾客终生价值 3

市集型事业的手续费是关键

第三个例子要讲的是市集型事业，也就是网络拍卖之类的产业。此时顾客终生价值可由以下要素计算出来。其中 A 到 E 为平均每位顾客的数值（图 5-1-10）。

市集型事业的商业模式的顾客终生价值计算方法

	sub KPI A	sub KPI B	C=A×B	sub KPI D	E=C×D	sub KPI F	sub KPI G	H=E×F×G	Σ（H）
	平均每位顾客								
	每个月的购买概率	平均一次购物中所购买的商品数	平均每个月所购买的商品数	平均一个商品所贡献的交易额	平均每个月的交易额（GMV）	交易手续费比例	毛利率	平均每位顾客每个月贡献的获利	累积获利（顾客终生价值）
第一个月	100%	1.2 个	1.2 个	$105	$126	20%	60%	$15	$15
第二个月	40%	1.5 个	0.6 个	$103	$62	20%	60%	$7	$23
第三个月	24%	1.5 个	0.36 个	$99	$36	20%	60%	$4	$27
第四个月	18%	1.5 个	0.27 个	$97	$26	20%	60%	$3	$30
第五个月	15%	1.5 个	0.23 个	$97	$22	20%	60%	$3	$33
第六个月	13%	1.5 个	0.2 个	$96	$19	20%	60%	$3	$35
第七个月	11%	1.5 个	0.17 个	$97	$16	20%	60%	$2	$37
：	：	：	：	：	：	：		：	主要 KPI
第十一个月	7%	1.5 个	0.11 个	$102	$11	20%	60%	$1	$4[illegible]
第十二个月	7%	1.5 个	0.11 个	$103	$11	20%	60%	$1	$44

图 5-1-10

A：每个月的购买概率

B：平均一次购物中所购买的商品数

C：平均每个月所购买的商品数（A × B）

D：平均一个商品所贡献的交易额

E：平均每个月的交易额（C × D）

F：交易手续费比例（take rate）

G：毛利率

H：平均每位顾客每个月贡献的获利（E×F×G）

Σ（H）：累积获利（顾客终生价值）

经营市集型产业的新创事业的每月获利，可由每个月的交易额乘上交易手续费比例求得。而这些获利的累积，就是顾客终生价值。

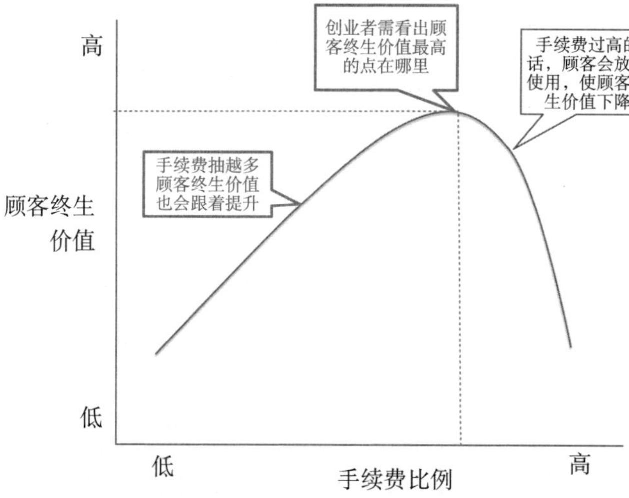

图 5-1-11

不过，如果提高交易手续费比例，愿意在此设店面的卖家就会减少，难以提升交易额。也就是说，交易手续费与交易额有负相关，能否取得平衡便取决于运营方的手腕。

市集型新创事业在提升顾客终生价值时应注意的地方并非提高交易额，而是应将交易手续费比例设定在多少。交易手续费包括开店费用、营收手续费、广告刊登费等。

如果提升手续费，平均每位顾客每个月贡献的获利就会增加，使顾客终生价值上升。但如果手续费过高，会被买家卖家所排斥，使顾客终生价值下降。如何将手续费价码维持在刚刚好的程度，就是维持高 LTV 的重点。

此外，对市集型商业模式而言，越多人参加网络效果就越好，这是一大关键。如果卖家（开店者）越多，买家（消费者）对商品的选择就越多，这个市集在他们心中的价值也越高。当然，对于卖家来说，买家越多，交易量就越多，使卖家跨入这个市集的动机更为强烈。

由此可知，市集型商业模式相当重视网络效果，因此在成立初期时，应将交易量设为 KPI 加以重视。

降低手续费以增加使用者

以网络拍卖网站的代表 Mercali 为例，他们深知提高交易额的重要性，因此在服务刚上线时，以零元手续费为号召，使开店者大量涌进。开店者的增加使商品种类越来越齐全，消费者与交易量也随之增加。

同样的，众筹业界的手续费平均约为 20%，而 CAMPFIRE 则在 2016 年时推出 5% 的低手续费服务。他们认为，如果能大幅降低众筹的门槛，应有助于扩大市场（2017 年的则是 8%）。

像 Mercari 或 CAMPFIRE 这种市集型商业模式，如果要提升参加者的动机，首先应该要以扩大流通量、交易量为目标。流通量扩大至某个程度以后，就能吸引到使用者的目光，让更多使用者想来尝试这个市集的服务，并可增加使用者的黏着率（图 5−1−12）。

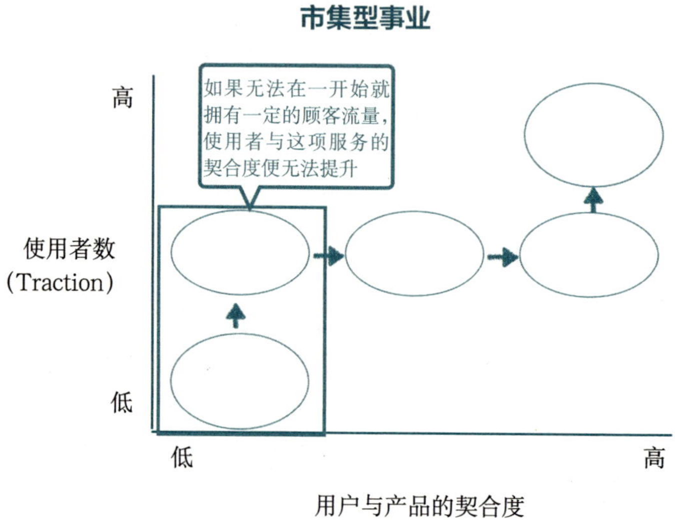
市集型事业
如果无法在一开始就拥有一定的顾客流量，使用者与这项服务的契合度便无法提升
高
使用者数
(Traction)
低
低
高
用户与产品的契合度

图 5-1-12

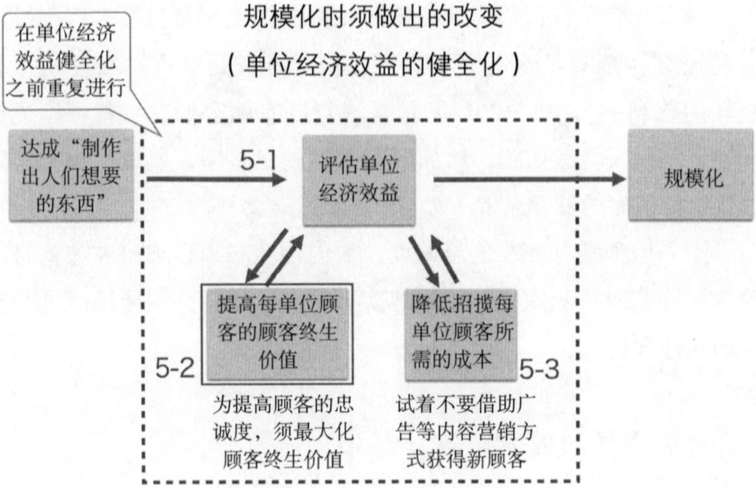

图 5-2-1

5-2 提高每单位顾客的顾客终生价值

培养长期稳定顾客的秘诀

提升顾客的黏着度以改善顾客终生价值

要使单位经济效益健全化，如何提升既有顾客的黏着度、顾客终生价值能增加到多少，都是这个阶段的重点。

因为一般而言，招揽新顾客所花费的招揽每单位顾客所需成本大约是维持既有顾客花费的 5 到 6 倍。考虑到这点，假设来自新顾客的获利率为 5% ~ 20%，那么来自既有顾客的获利就可以达到 60% ~ 70%。既然如此，增加既有顾客的黏着率，就成了想改善顾客终生价值时的首要之举。

为了提升既有顾客的忠诚度，新创事业必须仔细研究如何将新顾客培养成对产品疯狂热爱的忠实顾客。以下将介绍能达成这个目的的几种方式。

让顾客跨过魔术数字

有一种提升顾客黏着度的方法，是先研究出用户要使用多少次产品才会喜欢上这个产品，再想办法让顾客的使用次数达到这个数字。这里的使用次数又叫作顿悟时刻（aha moment）。

顾客使用产品时，重复执行某项行动到一定次数以上，或者接触到某项特殊体验时，与产品的契合度会突然提升。要让使用者达到这个状态所需的使用次数，就称作魔术数字，是一个使用过程的里程碑。

以云端档案管理服务多宝箱（Dropbox）为例，“将一个档案上传”后，使用者可以在任何地方下载到这个档案，就能理解它的方便性；以脸书为例，“拥有 14 位以上的朋友”之后，就能够明白使用脸书的乐趣。

对叫车服务优步的使用者来说，是在第一次叫车的瞬间；对爱彼迎的使用者来说，则是旅客抵达屋主家里的瞬间。这些都是让顾客觉得“有使用这项服务真是太好了”的顿悟时刻。

获得新顾客后，想马上提升他们与产品的契合度，培养他们成为高忠诚度顾客并不是件容易的事。首先，为了让顾客喜欢上这个产品，需要有效率地引导他们使用产品，让他们的使用次数超过魔术数字（感受到顿悟时刻），让他们的使用经验达到一个里程碑才行。

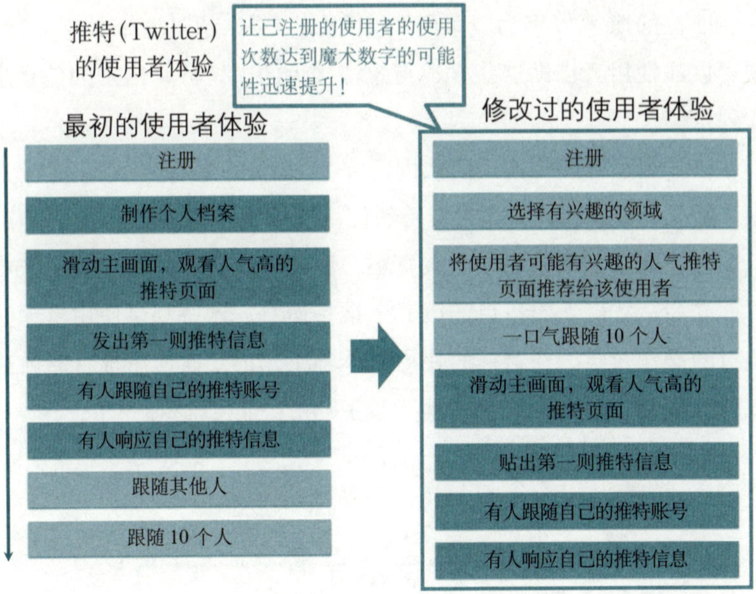

图 5-2-2

本图的色块中，浅色的代表应让使用者及早体验到的使用者体验，而深色的则是晚一点再体验也没关系的使用者体验。

为了做到这件事，需要分析自家产品的魔术数字是多少，并设法调整、改善使用者体验，以引导用户达到这个数字。

在一开始将产品投入市场时，应该完全不知道自家公司产品的魔术数字是多少，顿悟时刻又是在发生在何时。与最小可行产品实验时相同，创业者需要以定量数据分析用户的行动或使用情况，或者进行访谈，比较不同用户持续使用产品的时间，了解用户是在什么时候、在哪里、在什么契机下开始疯狂爱上这个产品的。

跟随 10 个人以上后，便会成为推特的常客

推特的魔术数字为“跟随 10 个人以上”。超过这个数字之后，便可以让使用者借助这些兴趣与想法接近的人所分享出来的信息享受到乐趣。

在开始运营的初期，团队内部完全没有人想到魔术数字这个现象。因此与现在相比，当时推特的使用者体验有些部分仍相当糟糕。以前在注册之后需要输入个人资料，而且要在浏览了几个人气推特页面之后，才能发出自己的第一个推特信息。这些都是使用者无法跳过的操作教学。在这样的使用者体验下，第一次使用推特时就达成“跟随 10 个人以上”这个魔术数字的用户非常稀少。

推特（Twitter）的魔术数字

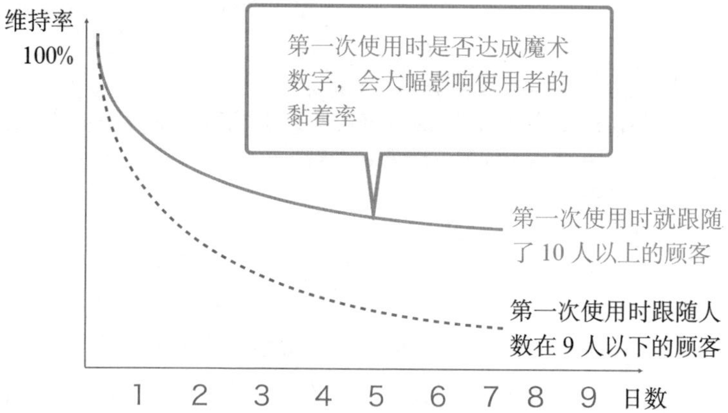

图 5-2-3

上图是为了让读者了解其概念的示意图，并不代表实际的维持率。

之后，推特试着分析使用者，明白大部分使用者在跟随 10 个人以上后，就会持续使用下去，于是推特更改了注册时的使用者体验。

新的使用者体验会询问刚注册完的顾客对哪些领域有兴趣。在顾客输入几个有兴趣的领域之后，推特会列出与这些领域有关的用户。即使是新来的使用者，也能很快地选出 10 名想要跟随的用户。在这样的机制下，从使用者刚开始使用时，网页画面就会列出许多用户有兴趣的信息，让用户实际感受到推特的乐趣。

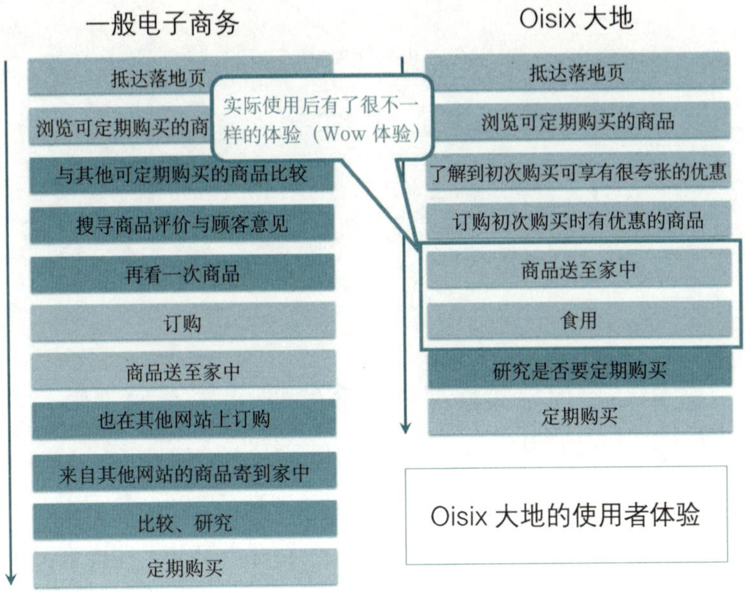

图 5-2-4

本图的色块中，浅色的代表应让使用者及早体验到的使用者体验，而深色的则是晚一点再体验也没关系的使用者体验。

在改进使用者体验时，推特只是调动了注册步骤的顺序，就让初次访问的顾客达成魔术数字的比例有所提升，大幅提高了黏着率。

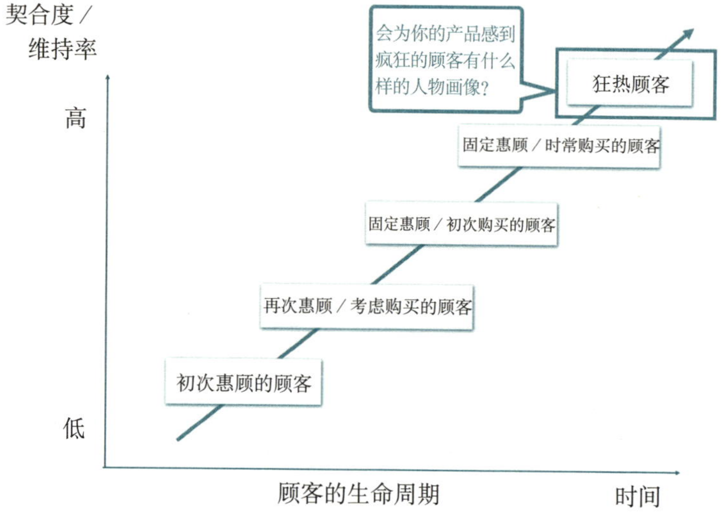

图 5-2-5

先用商品优惠策略抓住顾客的心

Oisix 大地以有机蔬菜的配送闻名。在该公司招揽顾客的策略中，有一个让我觉得很特别的地方。他们注意到，即使商品有在一瞬间吸引到顾客的注意，顾客仍会把他们的商品与其他公司的商品放在一起比较，故须针对这点在营销上面下功夫。

一般来说，从网络上定期订购食材运送到家的人，也会在网络上搜寻其他类似的服务，比较内容与价格之后再决定要订哪一家。其中，有些使用者会先单次订购各家公司的商品，都尝试、比较过了之后再决定要订哪一家的商品。但这么一来，使用者就得花很长一段时间才会成为常客，难以提升转化效率。

于是，Oisix 大地打出的战略，就是让每一个购买者看到之后，都会被产品的量与性价比震慑到（Wow 体验）的“初次限定特价组合”，用很便宜的价格就能买到很多商品（在 2017 年 9 月时，1 980 日元就可买到十六项蔬菜水果）。

当顾客知道有这种买到就是赚到的机会时，就会暂时忘记配送契约或其他公司的服务，反射性地按下订购的按钮。

对于 Oisix 大地来说，这个初次限定特价组合虽然没办法产生获利，但只要顾客吃过一次美味的蔬菜，喜欢上他们的产品的话，就很有机会成为黏着度高的会员。Oisix 大地就是利用这个初次限定特价组合，让顾客经历顿悟时刻，成为“疯狂粉丝”。

使顾客成为疯狂粉丝

要让顾客成为疯狂的粉丝，必须先明白，让他们深深爱上一个产品须经历哪些过程，这些过程中的心理状态又是如何变化的。要是没办法掌握这些信息，就难以站在顾客的角度，建构出让顾客喜欢上产品的流程；难以拟定对策；难以将初次访问、初次使用产品的顾客培养成更为喜爱公司产品的顾客。

我试着整理了每个阶段的顾客定义，以及各阶段的顾客心理状态。

疯狂顾客：全心全意爱上了这个产品的顾客。要是没有这个产品，他们会觉得相当痛苦。他们甚至连产品的背景都了如指掌，能够成为推广产品的“传教者”。

忠诚顾客：时常使用产品的顾客。要是没有这个产品，他们会觉得有些痛苦。如果有更好的价值提案，他们很可能会开始使用付费服务，成为疯狂顾客。

固定顾客：定期使用产品的顾客。他们在使用产品后，觉得产品的价值超乎了他们的期待，对于产品有很强的参与感。

如果这类顾客在使用产品的过程中，了解到各种相关信息的话，会越用越熟练，进而提升对产品疯狂的程度。

再访顾客：曾使用过产品，中断一段时间后，又想再回来使用产品的顾客。他们常会希望能加深对产品的参与感。

再访顾客通常对产品已有一定程度的了解，因此使用者体验的改良是否到位、能否满足魔术数字（顿悟时刻）的条件，响应他们的期待，将会是他们能否成为固定常客的关键。

初访顾客：初次使用产品的顾客。还不了解产品是什么样的东西，处在最有可能脱离顾客角色（不再使用产品）的阶段。如何让这类用户尽早达成魔术数字的条件，也是一件很重要的事。

如果将所有顾客视为一个整体，试着拟定单一策略以提升他们的黏着性并不是件容易的事。

如图 5–2–5，如果将顾客依照对产品喜好度的高低分成数个类别，思考如何让各类别的顾客往上提升一个阶级，便能够拟定出具体的策略。然后再借助这些策略，在心理层面上提升各类顾客对产品的喜好程度，进而提升顾客终生价值。

分析黏着率低的原因

要提升顾客的满意度与黏着度，就必须分析顾客为什么会对产品产生负面想法。

创业团队可试着访问那些没有成为常客、不再使用产品的顾客，询问他们“为什么没有注册成为用户（购买产品）？”“为什么没有成为常客”之类的问题以搜集信息。

在倾听各阶段顾客的声音时，可就以下列出的要点提出问题，寻找能够提升顾客终生价值的契机。

针对没有再次惠顾的顾客

- 为什么会有第一次的惠顾呢？
- 为什么没有再次惠顾呢？
- 使用产品前的期待与实际使用产品后的感觉有落差吗？（如果有落差的话）差别在哪里呢？
- 产品的价值提案是否有难以理解的地方呢？
- 在产品的使用方式上是否有难以理解的地方呢？
- 什么样的价值提案，才能够吸引您再次惠顾呢？
- 注册过程中，有没有哪个步骤让您犹豫不决呢？

针对曾再次惠顾，却没有成为常客的顾客

- 为什么会再次惠顾呢？
- 为什么曾再次惠顾，却没有持续使用产品呢？
- 什么样的价值提案或特征功能，才能够吸引您持续使用这个产品呢？
- 觉得这样的价值提案或特征功能可以为您带来什么价值呢？
- 为什么没有购买商品（注册）呢？

针对常客

- 为什么会定期惠顾呢？
- 如果希望能提升您的惠顾频率，要增加哪些要素或特征功能才行呢？
- 要追加哪些功能，您才愿意付费使用呢？
- 您会想将这个产品推荐给亲朋好友使用吗？为什么呢？

针对曾是付费会员，之后却解约的顾客

- 为什么要解约呢？
- 有什么不满吗？
- 要有哪些功能或用户体验，才愿意再次成为付费会员呢？

关键在于“将成功的机会卖给顾客”

营销支持软件的开发者，美国新创事业 HubSpot 的共同创业者，同时也是首席技术官的达尔莫什·沙阿（Dharmesh Shah）曾说过“一门生意成功的关键，并不在于将解决方案或产品卖给顾客，而是将成功的机会卖给顾客”[①]。就像 SaaS 型的商业模式一样，创业团队应该要以贩卖成功的机会给顾客（Customer Success as a Service）为目标。

顾客通常并不知道自己该怎么做才会成功。在顾客之前找出让他们成功的方法，做出提案，才是新创事业的终极目标。

实现了这个目标的公司包括脸书、谷歌、照片墙、连我、Cookpad 等服务。这些公司在当初创业时，只是一个由数人组成、默默无名的团队。

他们之所以能提供世界上不可或缺的服务，是因为他们比任何人都花了更多精力思考如何让顾客成功，持续提供了超乎期待的解决方案与用户体验，顾客终生价值也持续提升。

---

① 达尔莫什·沙阿的发言引用自以下网址。
https://www.youtube.com/watch?v=dnfwckhZiLc

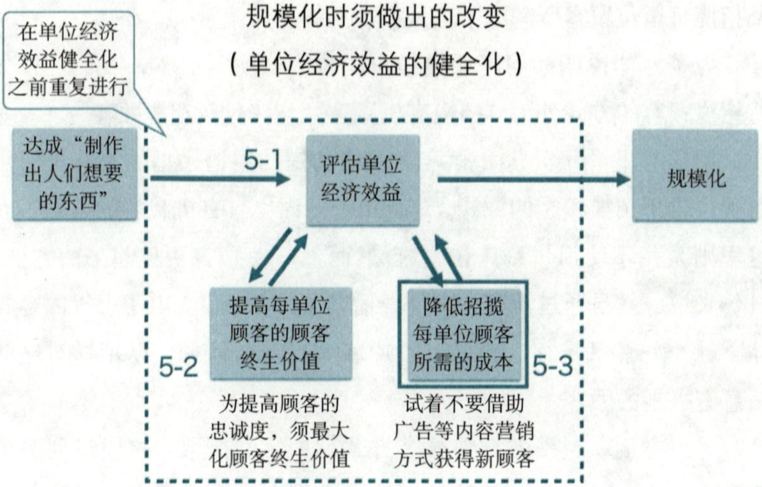

图 5-3-1

5-3 降低招揽每单位顾客所需的成本

掌握达成“制作出人们想要的东西”后的获取顾客成本变化

招揽有机顾客

要改善单位经济效益，除了提升顾客终生价值之外，想办法降低招揽每单位顾客所需成本也是很重要的工作。

为了具体说明如何降低招揽每单位顾客所需成本，我们可以先将招揽顾客的方式分为“招揽有机顾客”与“付费招揽顾客”。

招揽有机（organic）顾客为网络营销的用语，指的是在不使用付费广告下招揽顾客的方式。Organic 一词也有有机栽培的意思，在这里则是指不使用付费广告，“自然而然”使顾客聚集起来的方法。具体来说，就是通过博客、影片、播客（podcast）、电子书等内容媒体、社交媒体（推特、脸书、照片墙等）发送信息，以招揽对这些信息有兴趣的顾客。

另一方面，付费的招揽顾客方式就如字面所示，是通过列表型广告（listing ads，如搜寻关键词广告等）、展示型广告（display ads，如网站广告栏所显示的广告）、脸书广告等付费广告来招揽顾客。

当然，花钱买广告的方法获得顾客的即效性最高。

另一方面，从中长期来看，以有机方式招揽顾客的表现会比较好。可接触到的客户群较广，也可将产品的优点好好地传达给顾客，故转化率较高。这些用户大都在深入了解产品以后才购买、使用，就结果而言，常能将解约率压到最低，因此在降低招揽每单位顾客所需成本上是相当有效的方法。

图 5–3–2 是一个计算招揽每单位顾客所需成本用的模板，包括以下要素。

A：制作／人事费

B：广告刊登费

C：总费用（A + B）

D：转化人数（招揽到的使用者数）

E：招揽每单位顾客所需成本（CPA，招揽每单位顾客的费用 = C/D）

以有机方式招揽顾客

		A	B	C=A+B	D	E=C/D
	渠道	制作／人事费	广告刊登费	总费用	转化人数	获取顾客的成本
有机获取顾客的成本	博客	$1000	$0	$1000	32人	$31
	投稿至推特	$100	$0	$100	2人	$50
	投稿至脸书	$100	$0	$100	3人	$33
	投稿至谷歌	$0	$0	$0	55人	$0
	投稿至优兔	$1000	$0	$1000	20人	$50
	Total			$2200	112人	$20
付费获取顾客的成本	列表型广告	$100	$2000	$2100	60人	$34
	再营销广告	$100	$1000	$1100	80人	$14
	脸书广告	$50	$1000	$1050	25人	$41
	展示会	$1000	$5000	$6000	50人	$120
	Total			$10250	215人	$48
	Total 获取顾客的成本			$12450	327人	$37

借助广告招揽顾客

图 5-3-2　招揽顾客的方法可依成本分为“有机”与“付费”

如图 5-3-2 所示，将招揽顾客的方式分为有机招揽与付费招揽分别进行管理，较容易掌握招揽每单位顾客所需成本。在分别列出有机招揽、付费招揽渠道的数值后，可将各渠道所需的花费拆解成几项以进一步分析。正确掌握哪个策略、哪个活动可以招揽到多少顾客，在计算招揽每单位顾客所需成本效果时是很重要的一环。

像这样计算出各渠道的招揽每单位顾客所需成本后，便能够找出在中长期下以较便宜的成本招揽顾客的方法，并借以改善单位经济效益。这可以说是在“制作出人们想要的东西”之后，决定新创事业命运的关键。

市集型创业的初期获取顾客成本偏高

像网络拍卖这种中介人与人、人与店家之交易的平台，属于市集型服务。这种服务在创业初期时的招揽每单位顾客所需成本通常偏高。

其原因如同本章中在“计算单位经济效益”一节中所提到的，市集型事业的商业模式中，如果没有足够的使用者与在此开店的店家，便无法活跃这个市集，难以提升顾客的黏着度。

如果用户在搜寻市集内的产品时，找到自己想要产品的概率（媒合率）偏低的话，就不会想要继续使用这个市集。而当使用者越来越少时，也不会有人想在这里开店。

因此，对于大多数的市集型新创事业来说，即使一开始会有较高的招揽每单位顾客所需成本，也要想办法获得大量顾客。

叫车服务优步在创业初期时，登记的司机很少，这时的优步还是以时薪雇用这些司机。因为要是让乘客花太多时间等车的话，就没办法让乘客感受到优步的方便性。

Mercari 在运营初期不收手续费，也是为了促进市集的活跃，即使这会使招揽每单位顾客所需成本占营收的比例偏高。

像这样持续以过剩的价格诱因招揽顾客，会使现金流恶化。如果价格诱因的金额过大，会对新创事业的运营造成很大的影响。

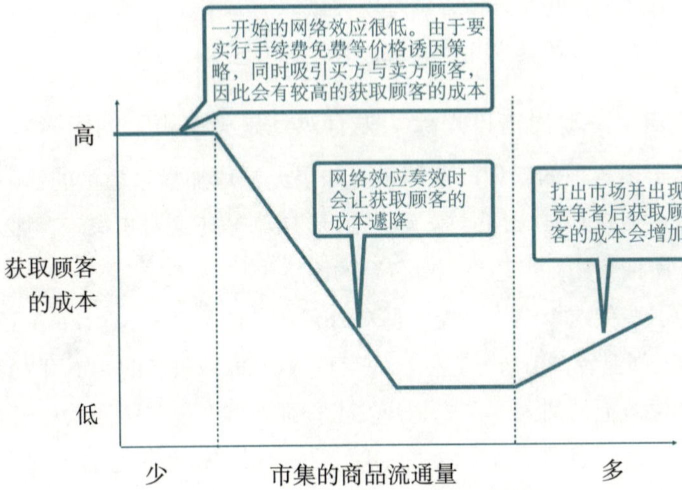

图 5-3-3 市集型商业模式获取顾客的成本会随商品流通量变化

图 5-3-3 显示了市集型产品的招揽每单位顾客所需成本与商品流通量的关系。

运营初期时，如果卖家（供给者）与买家不够多，就没办法让市集活跃起来。所以需要以较高的招揽每单位顾客所需成本吸引买卖双方加入。当市集逐渐活跃起来后，便会吸引许多人在这里开设店面，并吸引许多买家加入，所以可以较低的招揽每单位顾客所需成本持续运营。而当这个市场被打开之后，就会有其他竞争者加入，业者为了抓住顾客需要开始打广告，使招揽每单位顾客所需成本再度上升。

市集型新创事业削减招揽每单位顾客所需成本的方法

如果市集型新创事业想在使用者还不多的初期阶段改善单位经济效益，除了发行优惠券或降低使用费这种有如最后王牌般的金钱诱因方式之外，还有许多方法可以尝试。

以下就来介绍其中几个具有代表性的方法。

■ 自己主动出击，消除“先有鸡还是先有蛋”的困境

对于市集型的新创产业而言，如果无法增加卖家数量的话，便难以吸引买家参与；如果买家人数不足的话，也不会有卖家想要加入。也就是所谓“先有鸡还是先有蛋”的困境。

为了改变这个结构，经营群众外包业务的 CrowdWorks 在开始运营前，创业者吉田浩一郎社长便亲自拜访 30 位著名的 app 开发者，一个个说服他们加入。在这些开发工程师在群众外包网站上注册后，CrowdWorks 便准备了一个告知网页，写道“这些有名的工程师都在这个网站上注册”。看到这些有名的工程师加入这项服务后，陆续有 1 300 名工程师也在这个网站注册为会员。

随后，吉田社长拿着这 1 300 名工程师的名单到处拜访企业，向他们说明“我们有那么多工程师可以接受软件工程外包”以开发客户，并获得了 30 家公司的合同。这个案例中，吉田社长不使用打广告这种会增加招揽每单位顾客所需成本的方法，而是靠自己的行动增加顾客。

■ 以需求远大于供给的特殊市场为目标

在某些特定状况下，供给量远远不足以应付需求量。如果能准确地预测出这类市场的所在，并提供对应服务的话，不需要广告，就可以招揽到许多新顾客。举例来说，叫车服务优步就是以许多人会外出的假日，或是大型研讨会、运动赛事活动的举办期间为目标。

在活动举办期间，住宿地点与停车场的供给量会陷入短缺，因此民宿服务或停车场媒合服务的业者即使不提高招揽每单位顾客所需成本也能够招揽到顾客。

■ 自己扮演制造者、供应者的角色

创业者亲自处理各种业务，“什么都做”的话，自然也能降低招揽每单位顾客所需成本。

如前面所提到的，爱彼迎的 CEO 布赖恩·切斯基会亲自接下摄影师的工作，拜访一家又一家的屋主，并照下房间的照片。这么做不仅可以第一手听到顾客的心声，持续琢磨问题假说与最小可行产品，也可以在不提升招揽每单位顾客所需成本的情况下，促使那些觉得拍照片很麻烦而犹豫不决的屋主在爱彼迎的网站上登录自己的房间。

■ 借助其他服务或平台发送信息

这种方法又被称作子集策略（Subset Strategy），是指借用其他公司提供的服务或平台，以最低的成本招揽顾客。

举例来说，爱彼迎在 2009 年时，便试着解析（hacking）了美国最大的地区信息广告网站 Craigslist 的系统，当屋主发布房间的时候，就会自动显示在 Craigslist 上。

此外，为了培养使用者社交而在脸书上建立社团，广义上来说也属于这类手法。

借助有机顾客来减少招揽每单位顾客所需成本

内容营销的效果很好

为招揽顾客而祭出的营销策略五花八门。

图 5-3-4 是以与使用者的契合度的强度、可接触到的使用者数量这两个项目为双轴，所画出的各种营销策略的分布图。

对于新创事业来说，我最推荐的是使用博客等能够累积内容的工具进行内容营销，招揽有机顾客。

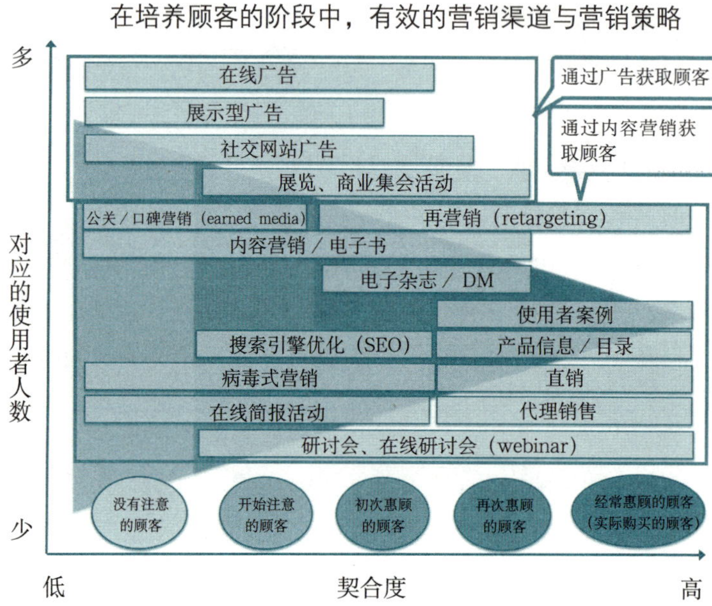

图 5-3-4

内容营销的优点与缺点整理如下。

优点

• 可以减少费用。

• 可借助发表高质量的博客文章或视频，建立自己在业界的权威。

• 可以接触到更多的潜在顾客。

• 高质量的内容（文章或视频）会在网络上传播，接触到更多不同群体。

• 可借助举办各种活动或研讨会来建立社群。

• 可借助举办各种活动或研讨会增加与顾客的接触。

• 如果能满足活动或研讨会的参加者，这些信息就会自然而然地传播出去。

缺点

- 与广告相比，即效性较低。
- 与广告相比，对于需求已明朗化的顾客[①]的要求较弱。
- 需要资源（人、时间）。

实施内容营销的前提条件为创业者能将对顾客来说有价值的信息发送给顾客。

但归根结底，如果创业者没有这些信息的话，一开始就不可能会在这个领域创业了（如前所述，对于新创事业的创业者来说，专业性也是必须要素之一）。

另外还有一点特别要提的是，内容营销能够接触到的顾客数目，比付费广告的目标客户群数目多很多。

如图 5–3–5 所示，付费广告要求的对象是“想要立刻使用这个产品的顾客”（需求已明朗化，想要立刻使用产品的人）。

而内容营销则有培育“（需求还未明朗化的）顾客”的效果。

在内容营销接触到“没有注意这个问题的顾客（不怎么在意这个物的人）”时，可将他们培育成“开始注意这个问题的顾客（某种程度上开始会对产品有兴趣，在意起这个问题的人）”。如果能提供更多信息，还能够将他们进一步培养成“需求明朗化的顾客（虽然需求已明朗化，但现在并不会想要马上拥有这个产品的人）”，最后则会变成“想马上获得这个产品的顾客”。在所有顾客中，“想马上获得这个产品的顾客”之外的潜在顾客占了压倒性的多数。这些潜在的利益，绝对值得创业者消耗资源去招揽这些顾客。

---

① 需求明朗化的顾客指的是“现在想马上获得”产品的顾客。

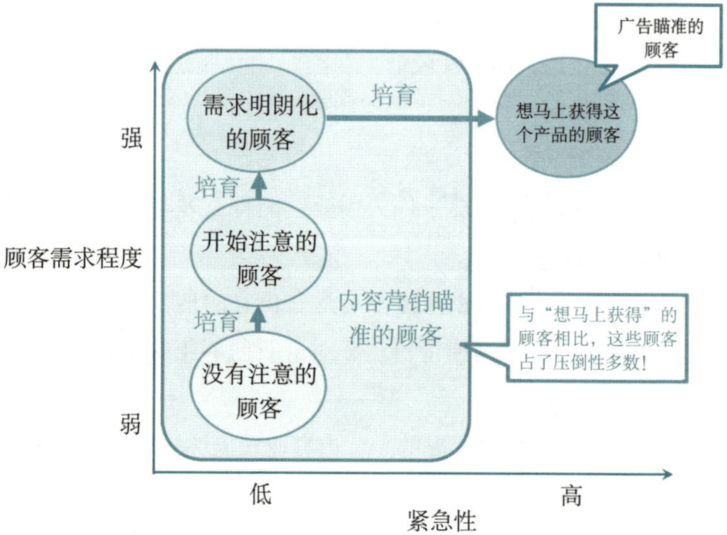

图 5-3-5 培育顾客成为“想马上获得这个产品的顾客”

应用内容营销时的重点

如果能适当使用内容营销会有很好的效果，但另一方面，也会花费许多人力与时间等资源。为了不要浪费这些资源，以下列出几个制作内容时的重点，让创业者能够一一确认，确保制作出来的内容有招揽顾客的效果。

制作营销内容时需要确认的重点

✓ 转化的目标是什么：想通过内容营销让顾客经历什么样的转化过程呢（如注册、首月免费使用、购买产品等）？

✓ 要对谁发送这个信息（人物画像是什么样子呢？）：如果传达信息的对象不同，营销内容的制作方式、表现手法、内文也应有所改变。所以创业者需要弄清楚要将这个信息发送给什么样的顾客。

✓ 要制作什么样的内容：确认该人物画像感到困扰的事、关心的事是什么，以及需要哪方面的信息，然后准备符合该人物画像所拥有的问题的内容。

✓ 为什么要提供这些内容：创业者常会自然而然地站在制作方的角度思考。所以须确认这样的营销内容能够提供什么样的价值提案。

✓ 如何提供这些内容：制作好的营销内容会在什么样的状况下、用什么样的渠道与顾客接触（如朋友的口碑、名人的口碑或博客、优兔、与新创事业有关的文章等具体的方法）？

✓ 能产生杠杆效应吗？制作好的内容有办法在其他渠道上使用，或转变成其他形式的内容多重应用吗？

制作营销内容需要成本。创业者可同时借助多种渠道发送内容，借此增加与使用者接触的机会，提升营销效率。比如邀请预设客户群举办研讨会，请这些顾客将研讨会内容写在博客上，再将研讨会过程录像下来放在优兔上之类的。之后会再详细说明相关内容。

制作与准备营销内容可能会花上不少时间。我建议创业者先准备一个未来可应用在许多地方的杀手级内容。

以转化页面为核心

如果要以内容营销培养顾客，可参考图 5–3–6 机制，以三个阶段构成。①制作转化页面，让被产品吸引而来的顾客能在这个页面购买商品、注册为使用者。②制作出有魅力，能引导顾客至转化页面的内容。③利用脸书、推特等社交媒体将这些内容分享、传送出去，接触其他潜在顾客，以扩大客户群。

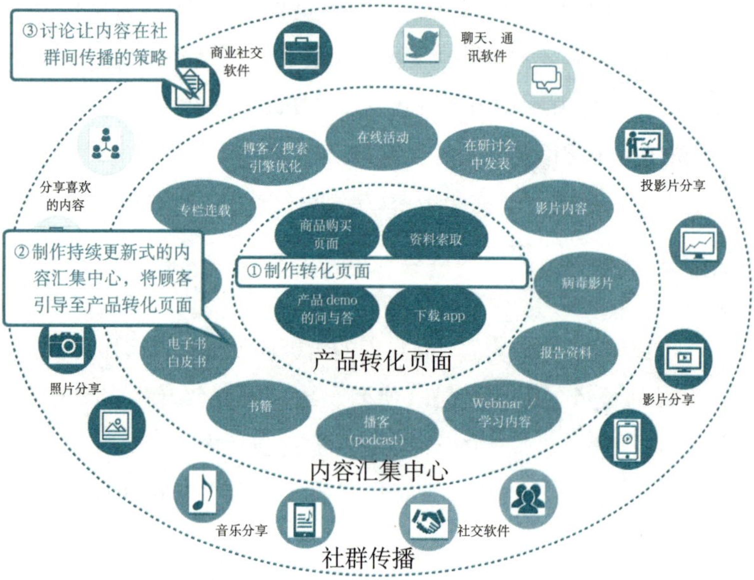

图 5-3-6　以内容营销吸引潜在顾客的机制

在阶段①中，要制作什么样的转化页面，取决于创业者的目的。如购买商品、数据索取、对于产品 demo 的问与答、下载 app 等，随着产品的不同，应在自家公司网站放上不一样的转化页面。

阶段②中，须思考什么样的渠道才有足够的诱因吸引顾客来到这个转化页面。在数字内容方面，有博客、自家公司网站上的专栏连载、信息图表（infographics）、影片内容、在线研讨会（webinar）、报告数据、电子杂志等选择。

此外，也可以出版书籍、举办在线活动、在研讨会中发表等，借助现实中的活动吸引顾客。

还有一个很有效的方法，就是向有许多“传教者”关注的媒体投稿，或是事先与潜在顾客见面说明。如果目标客户群是设计师的话，可以将设计案件放到云外包的网站，并一一联络所有来应征的人，试着与他们当面讨论产品。

制作好用来将顾客引导至转化页面的营销内容后，接着就该研究如何将这些内容散播出去，也就是阶段③。

阶段③中最重要的是确认想要使用这个产品或服务的顾客在哪里。

现在有许多渠道能将信息传播出去，包括谷歌、雅虎等搜索引擎，以及脸书、推特、照片墙等社交网站等。此外还有像优兔这类视频网站，以及被称作策展媒体（curation media）的信息整理网站。

创业团队须仔细思考，这些信息渠道中，哪些渠道可以让创业者有效接触到产品的目标客户群。

选择适合目标群众的渠道

随着年龄、性别的不同，常使用的信息渠道也有很大的差异。举例来说，一般认为与男性相比，女性群体更注意名人、潮流明星（influencer）的意见。

如果您想提供以女性群体为对象的服务的话，与其自己写博客，不如委托网红、潮流明星在博客或照片墙上写下相关文章，会有更好的效果。

像这样，在了解那些可能对你的产品有兴趣，想尝试的顾客后，配合他们的特性选择适当的信息渠道来发送信息，是开发新顾客的重点。

接着，让我们来看看，在使用不同信息渠道时，分别应准备什么样的信息吧！

招揽顾客诀窍 1

懂得怎么用的话，“博客”是招揽顾客最好的方式

博客在制作上的成本较低，也可以持续保留内容。如果能定期更新博客的内容，就会是一个花费少、效果又很好的渠道。

要获得有机顾客的重点，就在于找出让潜在顾客成为忠实顾客的契机，将“没有注意这个问题的顾客”“开始注意这个物体的顾客”“需求明朗化的顾客”培育成“想要马上拥有这个产品的顾客”。

写博客时，为了引起潜在顾客浏览的兴趣并长期浏览，须推出 how-to 信息、产品相关业界最新潮流信息、产品比较文章等策划，并陆续放上新内容才行。

以下介绍几个靠博客宣传的案例。

Marketo 是一个 2006 年成立的美国新创事业，提供顾客营销自动化（marketing automation）①的工具。现在已由新创事业成功规模化成为大企业。

在 Marketo 推出营销自动化产品至市场以前，便持续在自家公司的博客上更新“提高电子杂志邮件开封率的邮件标题命名方式”“提高广告点阅率的 10 个重点”等对默认顾客有益的信息。

在将产品投入市场前的阶段，Marketo 便搜集到了 14 000 人的顾客名单，而在产品上市后的第一个月，就有数百人成为了付费会员。

持续写博客文章，可以在将产品投入市场前就增加与顾客的接触，并借助免费提供的信息，获得顾客的信赖。

---

① 营销自动化是以邮件开封率、网站访问记录等为基础，分析顾客感兴趣或关心的事物，并自动以适当方式营销的机制。

博客的内容应越写越具体

开发记账 app 的美国公司 Mint[①]，便致力于博客的内容营销，借此招揽到 150 万名使用者。

Mint 招揽顾客的战略如图 5–3–7 所示。首先发布“省钱术”“生活智慧”之类的内容，这些内容与公司的记账 app 关系较低，却能够引起潜在顾客的共鸣，有很好的聚集顾客效果。

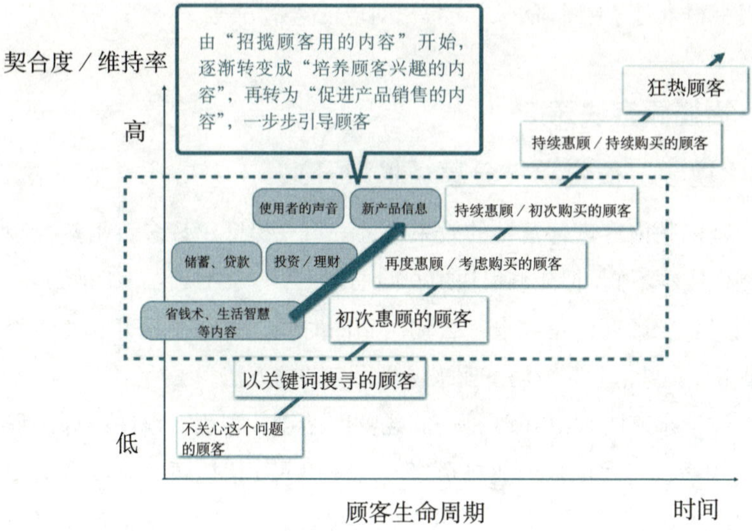

图 5–3–7　Mint 招揽顾客的战略

当顾客逐渐聚集之后，再陆续在博客上新增“储蓄、贷款”“投资、理财”等实践难度较高的内容，将主轴转移至金融话题，培养读者对金融信息的兴趣与关注。

---

① Mint 于 2006 年创业，通过他们的记账 app 提供个人资产管理服务。于 2009 年时被资产管理软件的大企业 Intuit 收购。https://www.mint.com/

像这样逐步提升顾客的金融知识，博取顾客的信任，再将自家公司的 app 信息与“用户案例”等内容发送给顾客，便能够一口气让许多博客读者从潜在顾客转变成付费会员。

Mint 通过博客“用能引起一般人兴趣的内容吸引顾客”“以特定内容培养聚集而来的顾客”“向信任该博客内容的顾客推销产品（引导顾客转化)”。这样的生命周期不仅适用于博客的经营，也是在拟定营销策略时，需要随时提醒自己的概念。创业团队需要明白他们的目标群众处于哪个阶段，再推出对应的营销方式。

招揽顾客诀窍 2

“视频”很容易被分享、扩散开来

以视频内容进行营销的效果最近一口气提升了许多。虽然视频的制作成本不低，但能够很快地在脸书、照片墙等社交网络扩散开来，能明显延长顾客停留在自家公司网站的时间，故有很显著的搜索引擎优化[①]效果，对于新创事业来说是很有效的方法。

位于东京的 Skillhub 是一间经营网站设计课程、程序设计课程的在线学校，我也是创业成员之一。Skillhub 招揽顾客时没有花费任何广告费，仅靠视频内容的分享就成功聚集了 12 000 名高质量（高顾客终生价值）的用户。

Skillhub 所使用的战略与刚才提到的 Mint 相同，都是先用招揽顾客用的内容吸引顾客，逐渐培养他们的兴趣与关注度后，最后再

① 搜索引擎优化（Search Engine Optimization, SEO），是指在设计网页时，配合搜索引擎的搜索机制，使顾客在搜索时，让这个网页被显示在搜索结果的前几名。有证据显示，网页的访问者停留在网页上的时间越长，就会被认为是越有用的网页，在搜索结果中会被显示在前面（不同搜索引擎可能会有不同结果）。

引导他们转化成付费使用者（图 5-3-8）。

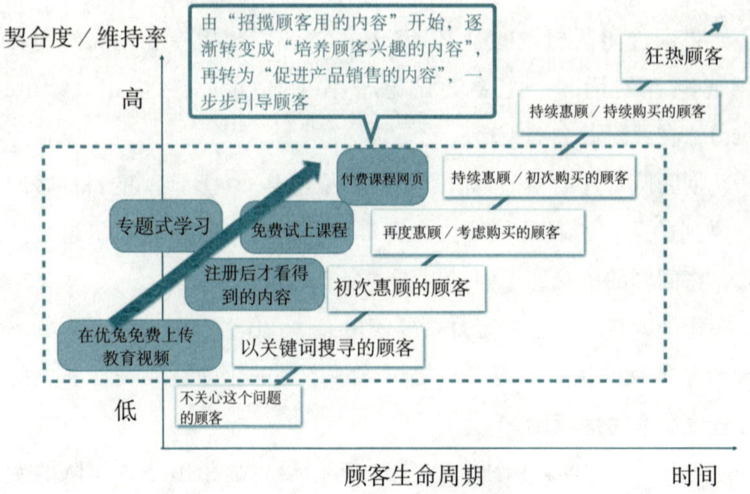

图 5-3-8　Skillhub 招揽顾客的战略

他们之所以能招揽到那么多顾客，就是因为他们持续上传免费的教育视频到优兔。上传的影片数目高达 300 部。

他们用大量视频内容增加与使用者接触的机会，引导他们来到自家公司的网站。网站还准备了更丰富的视频，当他们在网站上注册成功后，就可以观看这些视频。在通过免费视频学习的过程中获得乐趣的使用者们，到了这一步，往往会很自然地完成注册手续。

随着新创产业的产品特性、目标用户特性的不同，引导顾客转化成付费顾客的途径也有所差异。新创团队应该要思考每个步骤中，该如何引起顾客的兴趣、该如何加深顾客的兴趣，并持续累积自己的内容。

招揽顾客诀窍 3

以企业为对象的电子书或在线研讨会

如果新创团队想做的是 B to B 的产品，想用专业性高的内容来招揽顾客的话，一定要尝试电子书（eBook）、白皮书（white paper）、在线研讨会等策略。

新创团队可在电子书与白皮书内，整理 B to B 产品的目标客户群会碰到的问题，以及其解决方案等内容。也可借助在线研讨会的方式，将同样的信息通过网络以研讨会的形式公开。

在作为顾客的企业决定是否要使用 B to B 的产品时，考虑的不只有产品本身的优劣，也会将提供这项产品的企业在相关业务上的专业程度纳入考虑范围。

以电子书或白皮书等形式集结内容，可以显示出新创团队的专业程度。由于这类内容的信息量很多，所以制作时需要花费很多时间与各种资源，但成品带来的效益绝对值得花费这些资源。

制作电子书的优点

• 能够显示出自家公司的专业性、在业界的权威，较易取得顾客信赖。

• 可将内容应用在其他形式的内容（如博客、研讨会、书籍等）。

• 可掌握潜在顾客的兴趣、关注的面向，提升经营的效率（可以根据顾客下载了哪个电子书、白皮书，了解顾客的特性）。

• 可以在初次会面前将详细信息传达给顾客。初次会面时，某些业务的前提、背景可以简单带过，马上进入具体事项的讨论。

与前面提到的例子相同，如果想利用电子书或白皮书这类内容招揽顾客、引导顾客购买产品或注册的话，也应设计成“吸引”“培育”“推销”三个阶段。

让我们以美国的新创事业 entelo 为例，说明这种情形（图 5-3-9）。Entelo 是一个 SaaS 型服务，能够协助招聘人员在招募工程师时的工作。

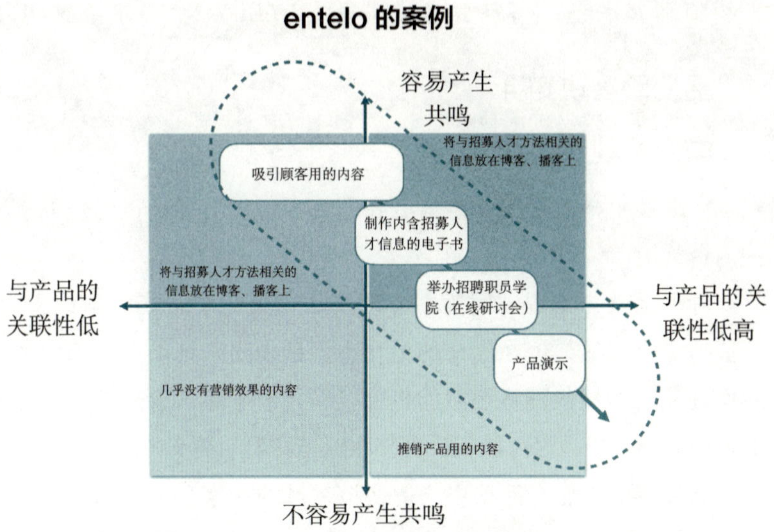

图 5-3-9 entelo 招揽顾客的战略

这个新创事业首先制作能够吸引目光的内容，在博客或播客上持续发表与招聘工作相关的信息。而会被这些信息吸引的人，自然就是一般企业的人事部门职员，也就是 entelo 的目标顾客。为了让这些读者或听众成为潜在顾客，entelo 将许多与招聘职员相关的趋势或提示整理成电子书，放在网站上让人下载。下载这些信息时，须在一张表格上填写企业名称与联络信息。不过 entelo 在搜集到这些联络信息后，并不会马上开始推销产品。

Entelo 会为这些潜在顾客定期举办名为“招聘职员学院（Recruiter Academy）”的在线研讨会，提高这些潜在顾客与 entelo

的契合度与黏着度，并在演示产品时引导他们进入申请服务页面，以期将他们转化为付费顾客。简单来说，就是先借助电子书与在线研讨会，让潜在顾客感觉到 entelo 的专业性。获得高评价后，再开始进行促销活动。

招揽顾客诀窍 4

举办“现实活动”

在现实中举办活动，邀请潜在顾客参与线下聚会，也是很重要的内容营销。

对于运营方来说，因为举办现实活动会花费一些成本或人力，可能会是个门槛。但在这样的场合下，新创团队可以直接和顾客面对面交流，增加与顾客接触的机会，而且对于参加者来说，已经大老远跑来会场了，很可能就会直接在这里注册、购买产品。

此外，如果能在活动中，邀请该领域的专家、著名人士演讲或座谈，还可以将活动影片上传至优兔、将活动内容写成博客文章、分享投影片、在脸书上直播、以播客分享等，将内容转换成其他形式再次利用（图 5–3–10）。

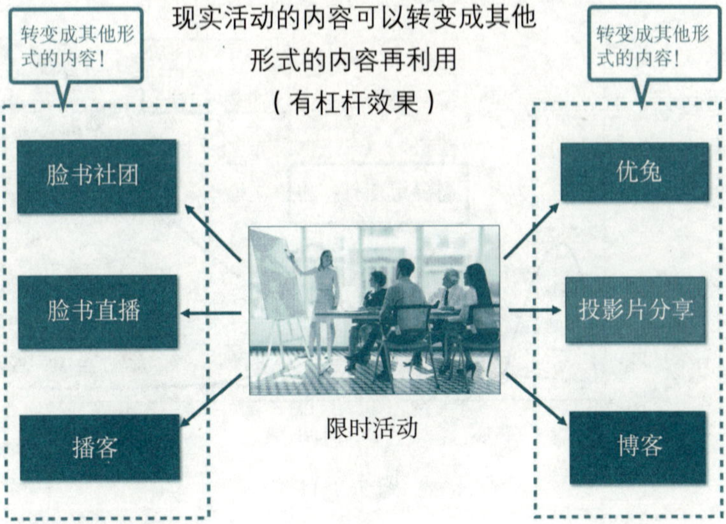

图 5-3-10

照片（中央）：Created by Katemangostar Freepik.com。

持续累积产品信息以期未来能推广至其他客户群

存续型与流动型的差异

这里让我们先试着整理存续型营销（stock，如内容式营销等）与流动型营销（flow，如广告营销等）的差异（图 5-3-11）。

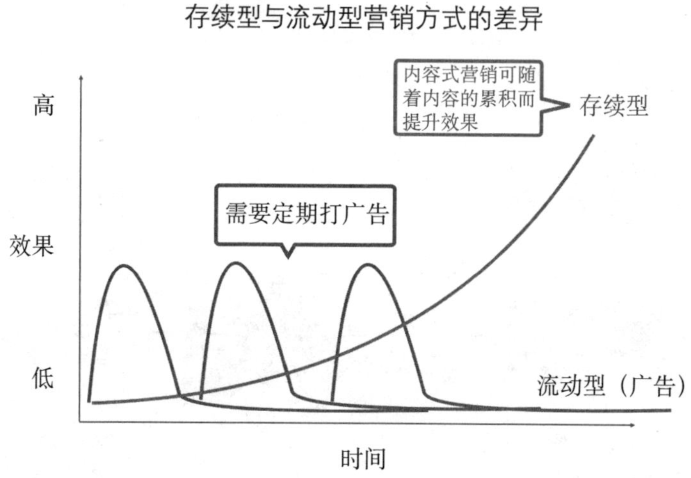

图 5-3-11

付费广告虽然有很高的即效性，效果却持续不久，属于流动型的营销方式。在广告停止播放的瞬间，就不会再有任何潜在顾客访问自家公司的网站。

另一方面，存续型的内容营销在发送信息以后，便会以博客或视频的形式累积下来。

如果创业团队能够持续定期上传高质量的内容，那么创业团队与“有在关注产品的顾客”（未来有可能会购买产品的潜在顾客）接触的机会也会持续增加。

存续型营销的内容在制作上较费力，在顾客看到这些内容后，很可能在经过一段时间后才能发挥效果。不过，如果能善用存续型营销，只要花费很少的价格就能获得很大的成果。

当然，依照商业模式或时机的不同，有时也必须倚重流动型的广告。为了将新创事业规模化，需要一次获得大量用户，这时使用电视广告之类的方式会比较有效。

利用“病毒式营销”[①]一口气扩大事业

病毒式营销也是一种招揽顾客的方法。所谓的病毒式营销，指的是利用口碑之类低成本却很有爆发性的方式招揽顾客的营销手法。

病毒式营销的优点在于一开始影响力增加的速度十分惊人，且持续时间很久(余波会持续很久)。一般而言，就算花了许多钱做广告、办活动也很难达到这种效果（图 5-3-12）。如果能一口气冲出话题，不只是早期采用者，连一般用户对该产品的认知度也会迅速提升。

能够引起热潮的内容会爆发性地扩展开来

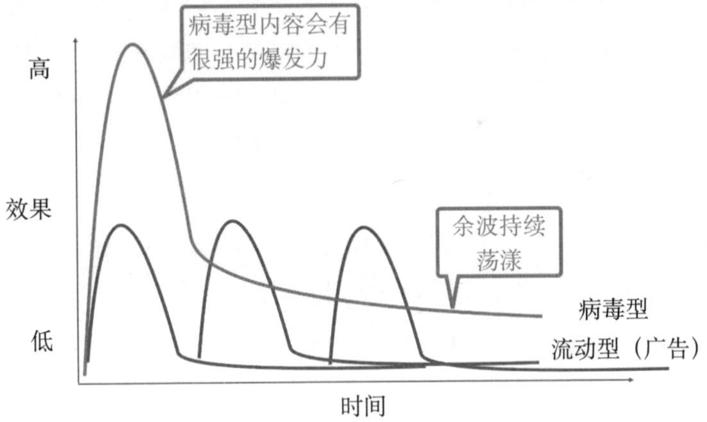

图 5-3-12

美国的 Dollar Shave Club[②]以低价提供高质量的刮胡刀，且

---

① 病毒式（viral）营销指的是利用口碑等营销方式，使产品的知名度像传染性病毒般爆发性增长。

② Dollar Shave Club 的视频网址如下：https://www.youtube.com/watch?v=ZUG9qYT-JMsI。读者可将其视为爆发力强大的口碑营销案例。

每个月寄送至会员的家中。创业者在视频中亲自演出，以独特的风格推销自家的刮胡刀。当他们将视频上传至优兔（YouTube）之后，在社交网站上迅速成为了话题。短短90秒的影片，只过了两天，观看次数就达到数百万次。

订购了他们的刮胡刀的顾客多达12 000名，在当时成为了一个社会现象。

2016年时，联合利华以约10亿美元的价格收购了Dollar Shave Club。

营销时也要“精实”

健全的内容营销或举办线下社交活动等营销方式，不仅可以降低招揽每单位顾客所需成本，还有着提升顾客对产品的认识度、信赖度，以及品牌力量、征求人才时的号召力等正面效果。

在达成“制作出人们想要的东西”之后的新创事业，最好能够找机会与创业伙伴们一起头脑风暴，思考在公司要规模化时，用什么样的营销策略才可以有效地吸引顾客注意。

头脑风暴时应讨论的主题如下所示。

- 这些产品的目标客户群是谁？
- 这些目标客户群平时会使用哪些渠道获得信息？
- 这些渠道可以接触到多少顾客？
- 如果要从这些渠道获得顾客的话，需要花费多少费用？
- 这些渠道的营销策略在顾客生命周期（认知、培养、购买、持续使用）的哪些阶段会有较好的效果？
- 可以让多少潜在顾客转化为付费使用者？
- 实行这些策略需要花费多少时间？

• 需要多少时间进行测试?

在选定要用什么策略营销后，也不必急着马上投入那么多预算或资源。

首先应该要以较少的预算，尝试预计实行的策略，并验证其效果。就像我们会以最小可行产品测试市场能否接受这个产品一样，我们可以用最小可行营销活动（Minimum Viable Campaign，MVC）来测试营销策略是否有效。如果发现某种营销方式很有效，就可以一口气投入大量资源进行营销活动。

对于已达成最小可行产品的新创事业，我们已经说明过该如何借助提升顾客终生价值与降低招揽每单位顾客所需成本的组合，达成单位经济效益。

在决定营销策略时，我也推荐先用“最小可行产品”验证这项策略是否有效。能用多高的效率执行《精实创业》一书中所提到的“建构—测量—学习”循环，便能捕捉到顾客多细微的反应。这两个概念在本书中被反复提到，可说是本书的关键所在。

新创事业可通过规模化的过程逐渐转型成一般企业，不过“建构—测量—学习”这个循环永远会是企业成长的动力。

结　语

如同我在本书一开始时所提到的，本书所设定的读者人物画像是数年前的我。那时的我已在美国创业，独自摸索了好一阵子。于是我以“如果那个时候看到这本书的话，自己与自己开创的事业的命运或许会大不相同”为标准，琢磨出本书的内容。

“创业是为了让世界变得更好。”

我打从心底这么认为。回顾从 20 世纪后半叶到 21 世纪初这段时间，对世界造成最大冲击的，不正是新创事业吗？（试着想象看看，如果世界上不曾出现过苹果、谷歌、脸书、雅虎、亚马逊、微软的话，现在的世界会是什么样子呢？）

14 世纪到 16 世纪的文艺复兴时期，意大利的佛罗伦萨聚集了许多人、事物、金钱，使人类的知识蓬勃发展。21 世纪的硅谷同样聚集了许多人、事物、金钱，在新创产业的发展下，将引起人类知识的再次爆发。

在文艺复兴时期的佛罗伦萨，美第奇家族支持了许多艺术家、科学家、建筑师的创作与研究；而在目前的硅谷，创投公司也致力于投资许多创业者，培育出许多新创事业。

100 年后的历史教科书中，苹果的共同创业者史蒂夫 · 乔布斯，与特斯拉的共同创业者埃隆 · 马斯克等创业者，应该会和莱昂纳多 · 达 · 芬奇（Leonardo da Vinci）有相同的地位吧。

文艺复兴时期之所以能够发展出许多新技术，不只是因为拥有丰富的人、事物、金钱等资源。如同伽利略·伽利莱伊（Galileo Galilei）所说的“大自然这本书是以数学这个语言写成”，确立了科学方法，才是这个时代之所以辉煌的原因。

2010年时，埃里克·莱斯所提倡的“精实创业”，是新创事业最初的科学方法（以“制作出人们想要的东西”为目标将产品投入市场，与科学实验不谋而合）。

我想通过这本书，试着让埃里克·莱斯所提倡的科学方法变得更加完善、更加易于实践。

而这项实验是否能够成功，还要看两三年后能否收到读者，也就是我的顾客传来“读了《创业的科学STARTUP SCIENCE》后，让我的创业十分成功”这样的信息。

如果有许多在新创事业或新事业部门任职的人，在看了本书之后能提出更好的计划，让这个世界变得更美好，对我而言就是最大的鼓励。

最后，我要感谢提出书籍策划，与数量庞大的投影片搏斗后整理出书籍内容的日经BP社的宫坂贤一先生，协助编辑的作家乡和贵先生，制作精美封面设计的设计师、TRIPLELINE的中川英佑先生。

田所雅之